OEUVRES COMPLÈTES
DE
A. F. OZANAM
AVEC
UNE PRÉFACE PAR M. AMPÈRE
de l'Académie française

TROISIÈME ÉDITION

TOME TROISIÈME

ÉTUDES GERMANIQUES
I
LES GERMAINS AVANT LE CHRISTIANISME

PARIS. — IMP. SIMON RAÇON ET COMP., RUE D'ERFURTH, 1.

LES

# GERMAINS

AVANT

## LE CHRISTIANISME

RECHERCHES SUR LES ORIGINES, LES TRADITIONS, LES INSTITUTIONS
DES PEUPLES GERMANIQUES,
ET SUR LEUR ÉTABLISSEMENT DANS L'EMPIRE ROMAIN

PAR

### A. F. OZANAM

PROFESSEUR DE LITTÉRATURE ÉTRANGÈRE A LA FACULTÉ DES LETTRES DE PARIS

QUATRIÈME ÉDITION

PARIS
LIBRAIRIE JACQUES LECOFFRE
ANCIENNE MAISON PERISSE FRÈRES DE PARIS
LECOFFRE FILS ET Cⁱᵉ, SUCCESSEURS
RUE BONAPARTE, 90

1872

# PRÉFACE

Toute la société française repose sur trois fondements : le christianisme, la civilisation romaine, et l'établissement des Barbares. Ce sont les trois sujets d'étude auxquels il ne faut pas se lasser de revenir dès qu'on veut s'expliquer le droit public du pays, ses mœurs, sa littérature. Mais il n'est pas facile d'ignorer le christianisme; il remplit le présent comme le passé, et force les plus indifférents à s'occuper de lui. L'antiquité romaine a laissé des monuments qui se défendent de l'oubli par leur grandeur et leur beauté. Les barbares, au contraire, n'ont que des chroniques arides et des codes incomplets; et ce peu qu'ils nous apprennent ne commence qu'après l'invasion, c'est-à-dire quand ils sortent de la barbarie. C'est aussi l'époque où s'arrêtent la plupart de ceux qui ont porté la lumière dans les premiers siècles de notre histoire ; et, avec une louable réserve, ils se sont contentés d'étudier les institutions des Francs, des Goths, des Burgondes, depuis l'entrée de ces peuples dans la société chrétienne. A cet égard, il ne reste rien à faire après les leçons de M. Guizot, après les travaux de M. Thierry, de M. Guérard, de M. Naudet, de M. Pardessus, de M. Laboulaye et de plusieurs autres que je ne puis nommer, mais qu'assurément personne n'oublie.

Toutefois, depuis trente ans, les recherches qu'on ne devait point commencer en France, dans un pays tout romain par ses souvenirs, ont tenté la curiosité des Allemands, ces héritiers directs des Germains. Ils ont entrepris de s'enfoncer au delà du siècle des invasions, de pénétrer dans les traditions germaniques avant le temps où elles s'altèrent par le désordre de la conquête et par le commerce de l'étranger, de rétablir l'histoire des peuples du Nord à une époque qui n'eut pas d'historiens, et de les suivre assez loin pour savoir enfin d'où ils vinrent, et par quels liens ils tiennent au reste de la race humaine. Des études si graves, et qui semblent vouloir tant de calme, naquirent cependant de l'agitation publique et de la guerre. Ce fut en 1812, dans cette sanglante année, que deux jeunes gens, les frères Grimm, découvrirent dans un manuscrit de la bibliothèque de Cassel, le poëme de *Hildebrand et Habebrand*. L'Allemagne applaudit à la publication de ce chant, où éclatait le génie libre et guerrier de la barbarie. Le succès décida deux des plus belles vocations littéraires de notre temps ; et les frères Grimm ouvrirent ces fouilles qui devaient produire la *Grammaire allemande*, la *Mythologie allemande*, les *Antiquités du droit allemand*, l'essai sur la *Tradition héroïque*, et mettre à nu tout le fond des antiquités du Nord (1).

Des travaux si heureusement conduits ne pouvaient rester isolés : toute l'Allemagne savante y voulut mettre la main. Bopp rattacha les idiomes germaniques à la famille des langues indo-européennes, dont il écrivait la grammaire comparée. Gans, Phillips, Klenze, poussaient l'analyse jusqu'aux derniers fondements du droit allemand, et y montraient les mêmes principes qui soutiennent toute la législation de Rome, de la Grèce et de l'Inde. En Danemark et en Suède, Rask et Geijer tiraient des poëmes scandinaves une lumière qui rejaillissait sur tous les peuples du Nord. En Angleterre, Thorpe et Kemble reconnaissaient, dans

(1) M. Jacob Grimm vient de couronner ses travaux en publiant l'*Histoire de la langue allemande*.

les premiers chants des poëtes anglo-saxons, l'écho des traditions allemandes. De toutes parts, de jeunes savants s'étaient mis à creuser le sol de la patrie germanique ; et, comme ce paysan que Virgile représente labourant un champ de bataille, ils admiraient les débris glorieux qu'ils retrouvaient dans chaque sillon, et les tombes des géants dont ils étaient les fils :

Grandiaque effossis mirabitur ossa sepulcris.

Mais l'admiration a ses dangers : à la suite des maîtres une école s'est formée, qui a fini par ne rien voir que de gigantesque et de plus qu'humain dans les mœurs de l'ancienne Germanie. On a vanté la pureté de la race allemande, quand, vierge comme ses forêts, elle ne connaissait pas les vices de l'Europe civilisée. On n'a plus tari sur la supériorité de son génie, sur la haute moralité de ses lois, sur la profondeur philosophique de ses religions, qui pouvaient la conduire aux plus hautes destinées, si le christianisme et la civilisation latine n'avaient détruit ces espérances. Ces rêves ne sont point ceux d'un petit nombre d'antiquaires fourvoyés : les esprits les plus élevés ne s'en défendent pas toujours. On sait avec quelle autorité les critiques prussiens, décidés à nous refuser l'inspiration poétique, ont fait justice de Racine et de la Fontaine. Il n'y a pas longtemps que Lassen, cet orientaliste consommé, opposait, dans un éloquent parallèle, le paganisme libéral des Germains au dieu égoïste des Hébreux; et Gervinus, l'historien de la poésie allemande, ne peut se consoler de voir que la mansuétude catholique lui a gâté ses belliqueux ancêtres (1).

Les découvertes historiques de l'Allemagne pouvaient donc se trouver compromises, aux yeux de l'étranger, par l'usage qu'on en faisait. D'ailleurs, les ouvrages de M. Grimm, excepté la *Grammaire*, où il y a beaucoup d'art et de génie, étaient surtout des collections de documents bien choisis, qui attendaient leur emploi. Les Allemands nous laissent volontiers ce travail de rédaction, trop frivole pour eux. En 1831, M. Fauriel inaugurait la chaire de littérature étrangère par ces belles leçons, où il éclairait d'un jour si nouveau les commencements de la littérature provençale. C'est là qu'il rencontrait le poëme barbare de *Walther d'Aquitaine*, et l'étude de cet épisode étrange le conduisait à exposer toute la suite de l'épopée germanique. En 1832, M. Ampère ouvrit la brillante carrière de son enseignement, en

(1) Lassen, *Indische Alterthumskunde*, p. 415; Gervinus, *Geschichte der poetischen National-Litteratur*, p. 313.

menant ses auditeurs aux sources encore peu connues de la poésie scandinave. On se rappelle avec quel applaudissement il introduisit le premier, dans la chaire classique, les chants de l'Edda, les récits des Sagas, et tant de textes curieux dont la barbarie éloquente étonnait nos oreilles. D'un autre côté, M. Saint-Marc Girardin, après avoir analysé les institutions de l'ancienne Allemagne, la montrait pour ainsi dire toute vivante dans la fable héroïque des Nibelungen. En 1844, M. Lenormant consacra vingt leçons d'un cours aussi attachant que profond à éclaircir, par le témoignage de toute l'antiquité, l'origine des peuples qui envahirent l'empire romain. Il ne faut pas oublier non plus que les travaux de MM. Marmier, Bergmann, Eichhoff, Edelestand du Meril, ont achevé de naturaliser parmi nous les vieilles langues et les vieilles littératures du Nord. L'Allemagne ne peut plus nous accuser d'être restés indifférents à la découverte de tant de trésors littéraires, qui sont aussi notre patrimoine. Car, après tout, les recherches dont il s'agit intéressent toute l'histoire de France; et rien n'importe plus que de savoir enfin ce qu'étaient, avant leur conversion, ces Francs, ces Bourguignons, ces Visigoths, ces Normands que nous appelons nos pères, qui mirent leur épée au service de notre foi, leur liberté dans nos institutions, et leur génie dans nos arts.

Les questions germaniques en sont là, assez agitées déjà pour réveiller l'attention publique, encore assez neuves pour ne point la fatiguer; assez éclairées par la discussion des faits pour qu'il y ait lieu de résumer et de conclure. Peut-être me pardonnera-t-on d'entreprendre un travail si bien préparé, surtout quand j'en trouve les premiers exemples dans cette chaire de la Faculté des lettres, dont je tiendrais à honneur de continuer les traditions. Je me propose premièrement de mettre en œuvre des matériaux choisis par des mains plus sûres que les miennes, et de tirer, s'il se peut, de ses ruines l'antique Germanie, en rapprochant les restes de ses institutions et de ses traditions ; en ranimant enfin ses vieux peuples, en les accompagnant dans leurs migrations et leurs conquêtes, jusqu'au moment où le christianisme choisit les Francs pour en faire les serviteurs préférés de la Providence et les ouvriers principaux de la civilisation.

On ne trouvera pas ici cette lente discussion des documents, ces controverses épineuses, mais nécessaires pour fonder une science. Il s'agit de populariser une science déjà faite, en poussant ses résultats jusqu'aux points où ils intéressent par leur nouveauté et leur étendue. Chez ces peuples, où l'on ne découvre d'abord que des superstitions sanguinaires et la passion de l'indépendance poussée jusqu'à la guerre de tous contre tous, je crois reconnaître des traits inattendus de puissance et de grandeur. Je vois une doctrine religieuse rattachée, par d'incontestables analogies, aux plus fameuses religions de l'antiquité; des lois qui sauvent les principes de la propriété, de la famille, de la justice publique, et qui s'accordent en plus d'un point avec les lois de Rome et de l'Orient; des langues dont le vocabulaire et la grammaire attestent un singulier travail de la pensée, en même temps qu'on y démêle tous les signes d'une étroite parenté avec le latin, le grec et le sanscrit; une poésie enfin qui, sous des formes imparfaites, reproduit l'inspiration, les procédés, et souvent jusqu'aux fables de l'épopée classique. Partout reparaissent les traces d'une tradition commune aux peuples errants du Nord et aux sociétés policées du Midi; partout les restes d'un ordre ancien aux prises avec l'esprit de désordre et de destruction; partout un état de lutte qui est le propre de la barbarie.

Cette lutte de deux principes contraires, qu'on découvre déjà dans les mœurs primitives des Germains, éclate bien plus manifestement en présence de la civilisation romaine.

D'un côté, je trouve que Rome avait pénétré plus profondément qu'on ne pense, non-seulement dans le territoire, mais dans l'esprit de ces peuples; elle leur avait successivement ouvert les rangs de ses armées, les frontières de son empire, les portes de son sénat et de ses écoles. Cet établissement pacifique des barbares prépara la chute de l'empire, mais l'adoucit. D'un autre côté, la domination des Romains, compromise par l'avarice et la cruauté, provoque d'abord la résistance d'une partie des Germains, et ensuite leurs représailles. C'est la cause de ces irruptions violentes, dont les récits contemporains n'ont point exagéré l'horreur. Je m'explique ainsi les contradictions qui m'étonnaient d'abord dans l'histoire des invasions; et je reconnais, non pas l'impuissance, mais l'insuffisance du génie romain pour faire l'éducation des peuples du Nord.

Il est temps de montrer le christianisme achevant l'œuvre qui avait désespéré la politique des Césars. A mesure que l'ancienne Rome perd du terrain et des batailles, à mesure qu'elle use et qu'elle épuise contre les barbares ses trésors, ses armées, tout ce qu'elle avait de pouvoir, une autre Rome, toute spirituelle, sans autre puissance que la pensée et la parole, recommence la conquête, attend les barbares à la frontière pour les maîtriser quand ils deviennent maîtres de tout, et pénètre enfin chez eux, au cœur de la Germanie, pour y chercher les nations attardées et récalcitrantes. Pendant que les Goths, les Vandales, les Lombards, passent à l'arianisme qui les perdra, la foi s'empare du peuple franc ; dès ce moment, les invasions ont trouvé leur barrière, et l'empire romain ses successeurs. Je m'attache à ce peuple, à la grandeur duquel tout l'Occident travaille ; et, en étudiant chez lui la civilisation chrétienne, je me trouve au point d'où elle rayonne sur les Germains.

On sait trop peu l'histoire des missions qui achevèrent la conversion des Francs, et, par eux, celle des nations voisines. Dans ce combat de cinq cents ans contre la barbarie, on aurait lieu d'admirer autant d'héroïsme et de génie qu'aux plus beaux jours de l'Église primitive. Les Pères du quatrième siècle, dont une voix éloquente vient de réveiller les souvenirs (1), n'eurent ni plus de courage à défier les dangers, ni plus d'inspiration pour émouvoir les peuples, ni plus de sagesse pour les gouverner, que les missionnaires sans gloire des temps mérovingiens, saint Colomban, saint Éloi, saint Boniface. Un savant mémoire de

(1) Villemain, *Tableau de l'éloquence chrétienne au quatrième siècle*. Nouvelle édition, 1849.

M. Mignet a commencé la répartition due à ces hommes, dignes d'une postérité meilleure. Son travail aurait arrêté le mien, s'il n'était du nombre de ces écrits excellents qui inspirent encore plus qu'ils n'apprennent (1). C'est ce qui m'encourage à étudier de près la longue éducation du peuple franc, les services de l'épiscopat gallo-romain, les colonies monastiques de l'Irlande et de l'Angleterre, dont on ne connaissait assez ni le nombre, ni les lumières, ni les bienfaits ; enfin l'intervention du pouvoir temporel en la personne de Charlemagne, les bornes où il se contint comme réformateur du clergé, et cette formidable guerre contre les Saxons, dont j'ai tenté de mieux faire comprendre l'intérêt, le péril, et les fautes tardivement réparées. Je m'arrête à la conversion des Normands, au moment où, ces derniers venus de l'invasion étant entrés dans la chrétienté, le Nord n'a plus de barbares.

Il fallait suivre la conquête chrétienne jusqu'au bout, avant d'en considérer les effets dans l'Église, dans l'État, dans les lettres. Après tant de théologiens et de canonistes, je n'avais ni la mission ni la hardiesse d'entreprendre l'examen détaillé des institutions ecclésiastiques. Il ne me restait qu'à saisir l'esprit

(1) Mignet, *Comment l'ancienne Germanie entra dans la société de l'Europe civilisée.*

qui les anima, à voir comment il se produisit par la hiérarchie, par la prédication, par le culte : quelles résistances il eut à vaincre dans la société et dans les âmes. Ce travail de l'Église devait pénétrer la législation des peuples nouveaux : ici les recherches de la science moderne sont poussées à une profondeur où je ne descendrai pas. Je ne m'engage pas à la suite des maîtres dans les difficultés du droit civil, et, m'attachant à une question de droit public plus agitée que résolue, je remonte aux origines de la monarchie. La royauté sacerdotale et guerrière des barbares demande un appui aux institutions romaines, et va se perdre par une restauration inintelligente de l'antiquité, lorsque le christianisme la sauve en la sacrant. J'essaye d'éclairer d'un jour nouveau cette mémorable affaire de la translation de l'empire aux Francs, d'opposer à la faiblesse de la réalité la grandeur de l'idéal politique, poursuivi par les docteurs, les publicistes, les poëtes. Mais, pendant que le christianisme restaure le pouvoir, il lui fait des conditions qui sauveront la liberté. Enfin, sans recommencer après d'excellents critiques l'histoire des lettres aux temps mérovingiens, je me réduis à un sujet restreint mais nouveau, et je cherche la tradition littéraire dans les écoles, au moment où l'on a coutume de croire que tout enseignement s'interrompt et que toute science s'éteint (1). Une étude plus attentive du grammairien Virgile, en me permettant de fixer sa date au commencement du septième siècle, me fait entrer dans le secret des écoles de la décadence, qui vécurent assez pour communiquer leur doctrine aux monastères savants d'Irlande et d'Angleterre. C'est dans ces deux îles lointaines que les barbares iront chercher l'initiation, comme les anciens Grecs allaient la demander aux prêtres de Samothrace. Toutefois l'Italie et l'Espagne ne laissent pas mourir le feu sacré, et la Gaule même en conserve les restes aux plus mauvais jours, dans cette école du palais, dont on avait injustement contesté l'existence, et qui reste ouverte depuis Théodebert jusqu'à Pépin le Bref. Nous n'y trouverons pas le berceau de l'Université ; mais, quand Charlemagne y donnera rendez-vous à tout ce que la chrétienté a de savant, nous verrons commencer dans l'activité de ce grand règne tout le mouvement intellectuel du moyen âge.

Comme je ne me suis point dissimulé les difficultés de mon travail, je n'en méconnais pas

---

(1) *Histoire littéraire de la France*, par des bénédictins de la congrégation de Saint-Maur.
Ampère, *Histoire littéraire de la France*.
Guizot, *Histoire de la civilisation en France*, t. I et II.

non plus les parties faibles. Je crains d'avoir cédé à l'entraînement de conjectures hardies qui promettent la certitude là où la probabilité est à peine possible, lorsque, décidé par des autorités considérables, j'ai cru trouver des Germains chez les Gètes, et déterminer exactement la première patrie des Scandinaves. Le chapitre des *Lois* voulait plus de développement ; et les conclusions en seraient moins inattendues si l'on y arrivait par un chemin plus long. Je pourrais multiplier ces aveux d'une conscience inquiète, au moment de laisser échapper l'œuvre de plusieurs années. Mais, sachant qu'il y restera toujours assez de défauts pour exercer l'indulgence des lecteurs, je prévois seulement trois objections auxquelles je ne puis me rendre, parce qu'elles détruiraient d'un seul coup toute la suite de ces recherches, en attaquant la méthode qu'on y a suivie et les résultats où elle conduit.

On me reprochera d'abord d'avoir trop accordé aux barbares, et d'avoir fait servir à la reconstruction d'une Germanie idéale des matériaux de tous les temps et de tous les pays, textes des historiens classiques, récits des temps mérovingiens, lois des Francs, des Saxons, des Lombards, chants épiques de la Suède et de l'Islande. Mais je n'ai jamais méconnu la différence qu'il faut établir

entre les Scandinaves et les peuples proprement
appelés Germains ; entre les tribus restées à
l'ombre de leurs forêts, dans une entière ignorance du genre humain, et les nations conquérantes établies au milieu de la société romaine,
au centre de toutes les lumières et de toutes
les corruptions. Toutefois, sans négliger les
différences, qui sont incontestables, on peut
s'attacher aux ressemblances, qui ne sont pas
moins instructives. Jamais, d'ailleurs, ces
rapprochements ne furent plus légitimes qu'en
s'appliquant à des peuples barbares, dont le
propre est de peu changer. Il n'y a de progrès
que chez les nations disciplinées et laborieuses.
L'Arabe de nos jours erre encore dans les
mêmes déserts qu'au temps d'Ismaël ; il se
dresse la même tente, s'abreuve au même puits.
Il met toujours sa gloire dans le nombre de ses
femmes, de ses esclaves et de ses troupeaux ;
ses mœurs sont encore le plus fidèle commentaire de la Genèse. De même, après avoir ras-
semblé les témoignages de tant d'époques
différentes, on reconnaît que les Scandinaves
du onzième siècle et les Saxons du neuvième,
comme tous les peuples allemands avant leur
entrée dans la société chrétienne, n'ont pas
une institution, pas une tradition considérable,
qui ne soit au moins en germe chez les Germains
de Tacite. Chaque parole de cet écrivain, qu'on

ne médite pas assez, résume et justifie quelqu'une des découvertes qui font l'orgueil des modernes. Pour moi, rien ne me rassure plus que la pensée de ne m'être jamais écarté d'un si grand maître ; et la plus flatteuse comme la plus hardie de mes espérances serait que mon travail pût servir de commentaire au livre de la *Germanie*.

D'autres me blâmeront, au contraire, d'avoir trop peu accordé à des peuples héroïques, et d'avoir calomnié l'ancienne Germanie en trouvant dans sa religion le culte de la chair et l'amour du sang, dans ses lois l'impuissance d'une société impunément désobéie, dans ses langues et dans ses chants poétiques le désordre d'un génie qui ne se maîtrise pas. Surtout on ne me pardonnera point d'avoir supposé que Rome eût des leçons à donner aux hommes du Nord, et d'avoir pris le parti d'Auguste et de Charlemagne contre Arminius et Wittikind. Mais, si c'est la thèse favorite de l'école teutonique de nier ce que l'Allemagne dut à la civilisation latine, et d'abjurer cette éducation commune qui fait le lien de la famille européenne, c'est aux Français, comme aux aînés de la famille, qu'il appartient d'en conserver les titres.

Enfin, plusieurs trouveront que j'ai fait la part trop grande au christianisme, soit quand j'ai cru reconnaître la trace de ses plus anciennes traditions dans les religions des Germains, soit quand j'ai montré la barbarie de ces peuples résistant à tous les efforts humains, pour ne céder qu'à la toute-puissance de l'Évangile. Ceux qui ne veulent pas de croyance religieuse dans un travail scientifique m'accuseront de manquer d'indépendance ; mais je ne sais rien de plus honorable qu'un tel reproche. Je ne connais pas d'homme de cœur qui veuille mettre la main à ce dur métier d'écrire sans une conviction qui le domine, dont il dépende par conséquent. Je n'aspire point à cette triste indépendance, dont le propre serait de ne rien croire et de ne rien aimer. Sans doute, il ne convient pas de prodiguer les professions de foi : mais qui donc aurait le courage de toucher aux points les plus mystérieux de l'histoire, de remonter à l'origine des peuples, de se donner le spectacle de leurs religions, sans prendre un parti sur les questions éternelles qu'elles agitent ? Et qui peut prendre un tel parti, surtout dans un siècle de doute et de controverse, sans que sa pensée en reste pleine et sa parole émue ? On ne peut demander à l'écrivain que deux choses : premièrement que sa conviction soit libre et intelligente, et le christianisme n'en veut pas d'autres : c'est l'adhésion raisonnable que réclamait saint Paul. Secondement, que le désir de justifier une croyance n'entraîne pas à dénaturer les faits, à se payer de témoignages douteux et de conséquences prématurées. C'est le péril de ceux qui se mettent au service d'un système nouveau, d'une opinion humaine, mal assurée de sa légitimité, et pressée de trouver des preuves. Mais rien ne presse les écrivains chrétiens : ils doivent avoir trop de confiance dans la foi qu'ils professent, pour croire qu'elle ait besoin d'eux ni de leurs travaux. Rassurés sur ces questions suprêmes de Dieu, de l'âme, de l'éternité, qui troublent tant d'intelligences, ils doivent entrer dans la science avec liberté et avec respect. Ils savent qu'il n'est permis ni de négliger ni de dissimuler aucune vérité, si petite, si profane, si embarrassante même qu'elle paraisse. Si leurs recherches aboutissent à justifier un dogme révélé, ils le constatent, non pour le besoin du dogme, mais par amour du vrai. Et, s'il ne leur est pas donné de lever les obstacles et de conduire la science jusqu'au point où elle rencontrerait la foi, ils savent que d'autres la pousseront plus loin; et ils prennent patience en pensant que la route est longue, mais que Dieu est au bout.

Ceux qui me suivront dans ces recherches auront à parcourir une période d'environ mille ans, la sixième partie et peut-être la plus laborieuse de la vie du genre humain. Nous ferons ce chemin avec lenteur, mais avec l'opiniâtre attachement qu'on met à un grand spectacle. Nous aurons beau nous enfoncer dans les forêts de la Germanie, dans les obscurités d'un temps mal connu, nos études ne seront pas si étrangères qu'elles paraissent aux préoccupations du présent, à ses dangers, à ses espérances. Nous y verrons la civilisation, dont nous sommes les disciples, et au besoin les soldats, aux prises avec la plus formidable révolution qui fut jamais, avec l'invasion de ces révoltés, de ces destructeurs de l'ancien monde, je veux dire les barbares. Nous apprendrons à ne pas désespérer de notre siècle en traversant des époques plus menaçantes, où la violence sembla maîtresse de toutes choses, où chaque effort pour éclairer et constituer les peuples succombait sous une nouvelle révolte de cet esprit de désordre qui méprisait la lumière et détestait la loi. Assurés que la civilisation ne peut pas périr, nous connaîtrons aussi comment elle peut vaincre, par la parole plus que par l'épée, et par la charité autant que par la justice.

Je ne puis terminer cette Préface sans remercier les savants qui m'ont assisté de leurs encouragements et de leurs conseils. En les nommant, je ne risque point de leur faire partager la responsabilité de mes opinions et de mes erreurs. Comment oublierais-je que la bienveillance du regrettable M. Fauriel m'ouvrit la carrière de ces recherches et m'en aplanit les premières difficultés ? Et comment tairais-je tout ce que j'ai dû aux obligeantes communications de M. Victor le Clerc, de M. Ch. Lenormant, de MM. Dœllinger et Phillips, et surtout de M. Ampère, dont j'ai trouvé l'érudition aussi inépuisable que l'amitié ?

# LES
# GERMAINS

AVANT LE CHRISTIANISME

---

PREMIÈRE PARTIE

LA GERMANIE AVANT LES ROMAINS

## CHAPITRE PREMIER

ÉTENDUE DE LA GERMANIE. — ORIGINE DES GERMAINS.

La Germanie connue des Romains commençait au Rhin et s'étendait un peu plus loin que la Vistule. Les vainqueurs du monde ne considéraient pas sans inquiétude cette vaste contrée, qui cachait dans ses forêts et dans ses marécages un peuple belliqueux, suspendu comme une menace éternelle sur leur empire. Cependant ils étaient loin de connaître tout leur danger : derrière la Germanie des Romains, j'en crois découvrir une autre,

*La Germanie connue des Romains.*

dont ils ne surent jamais ni l'étendue ni les forces.

*Les Germains de César et de Tacite.* César attaqua les populations germaniques par l'occident, du côté du Rhin, c'est-à-dire du côté où elles avaient leurs postes les plus avancés. Aussi, quand il les rencontra sur les frontières de la Gaule, ces bandes errantes, désorganisées par une vie de hasard et de combats, montraient tous les signes de la dernière barbarie : sans prêtres, sans sacrifices, n'adorant que le soleil, la lune et le feu, ne connaissant ni propriété, ni agriculture, ni d'autre gloire que celle de détruire et de camper en sûreté au milieu des déserts qu'elles avaient faits. Ce furent les premiers Germains que l'on connut à Rome, qu'on vit traîner dans les triomphes, jeter aux bêtes dans les amphithéâtres, et sur lesquels on jugea tous les autres (1).

Les recherches de Tacite pénètrent plus avant. Sur les deux rives du Rhin, il n'aperçoit d'abord que les désordres des émigrations qui se succèdent; il voit les Bataves chassés, les Bructères détruits par leurs voisins. Cependant il démêle déjà dans cette race inquiète des caractères de grandeur et de beauté, la pureté du sang, la sévérité des mariages. Derrière les peuplades mobiles,

---

(1) Cæsar, *de Bello Gallico*, VI. C'est à ces peuples des frontières qu'il faut restreindre la comparaison savante, mais trop générale que M. Guizot établit entre les Germains et les sauvages du nouveau monde. *Histoire de la civilisation en France*, t. I, leçon vii°..

il trouve des tribus attachées au sol par le travail et la propriété ; il trouve des pouvoirs héréditaires, des cultes publics. A mesure qu'il s'enfonce vers l'Orient, les sacerdoces sont plus honorés, les rois mieux obéis, les nations plus nombreuses. Mais ses renseignements s'arrêtent, comme les armées romaines, au bord de l'Elbe ; au delà il ne connaît plus guère que des noms. Toutefois, parmi ces noms, il en faut remarquer deux. Ce sont d'abord les peuples que l'historien appelle *Gottones*, chez lesquels on reconnaît une branche de la grande nation des Goths. Les autres, qu'il nomme *Suiones*, sont les aïeux des Suédois, de ces mêmes Scandinaves qui devaient faire un jour, par leurs pirateries, la terreur de l'Europe. Il les représente déjà comme des navigateurs redoutés, enrichis de butin, vivant sous l'autorité d'un roi et dans un commerce étroit avec les dieux, dont ils prétendaient voir les têtes rayonnantes se montrer, au lever du soleil, au-dessus des flots immobiles de la mer du Nord (1).

Ces deux nations, négligées par les historiens, avaient pris soin de leur gloire ; elles avaient des traditions.

Les Goths conservaient des chants épiques d'une   Les Goths.

---

(1) Tacite, *de Germania*, 29, 33 ; 4, 18 ; 38, 39, 40, 43, 44. Geiger (*Svea Rikes Häfder*, p. 80) reconnaît chez les *Suiones* de Tacite le nom national des Suédois ; *Svea*, pluriel *Svear*, et *Sui-thiod*, le peuple de Suède.

haute antiquité, qu'on récitait en s'accompagnant de la harpe, et qui célébraient les conquêtes de la nation et les grandes actions de ses héros. On y voyait comment un dieu, adoré sous le nom de Gaut, avait donné le jour à deux dynasties de rois, les Amales et les Balthes, qui commandaient, l'une aux tribus de l'est, l'autre à celles de l'ouest. Du même sang divin descendait une caste d'hommes nobles désignés dans leur langue par le titre d'Anses, c'est-à-dire demi-dieux. On les reconnaissait à leurs longs cheveux, et c'était de leurs rangs qu'on tirait les chefs de guerre et les prêtres. Les prêtres partageaient l'autorité souveraine; ils avaient des lois écrites, des pompes solennelles, où ils paraissaient couronnés de la tiare, conduisant leur idole sur un char de triomphe, au milieu des adorations et des sacrifices (1). Les Goths vivaient donc sous des institutions antiques, dans ce respect du passé qui fait les grands peuples. Tout le Nord, disaient-ils, était rempli du nom de leurs ancêtres. D'un côté, ils se vantaient d'avoir

---

(1) Jornandes, *de Rebus Geticis*, cap. v : « Cantu majorum facta modulationibus, citharisque canebant... Cap. xiv : Horum ergo ut ipsi suis fabulis ferunt, primus fuit Gapt... Cap. xi : Jam proceres suos quasi qui fortuna vincebant, non puros homines sed semideos, id est *Anses*, vocavere... » etc. Cf. Sozomène, *Hist. eccl.*, cap. xxxvii, ξόανον ἐφ' ἁρμαμάξης ἑστώς. Le témoignage de Jornandes, compromis par l'abus qu'on en a fait longtemps, me paraît apprécié avec beaucoup de sagesse par Geijer, *Svea Rikes Haefder*, p. 95, qui attache un grand prix aux traditions recueillies dans *Histoire des Goths*, sans méconnaître les erreurs qu'y mêle l'érudition indiscrète de l'historien.

occupé la Scandinavie et les bords de la mer Baltique jusqu'à la Vistule; et, en effet, trois siècles avant l'ère chrétienne, le navigateur Pythéas rencontrait des Goths (*Gottones*) sur ces rivages où l'on recueillait l'ambre. Les géographes grecs et latins les trouvent encore aux mêmes lieux; et le souvenir des anciens habitants s'est conservé dans la partie de la Suède appelée aujourd'hui *Gothland*, le pays des Goths (1). D'un autre côté, leurs armées avaient pénétré jusqu'au delà du Danube; ils se prétendaient les fondateurs du royaume des Gètes, qui touchait aux frontières de la Macédoine, et qui occupa l'attention des Grecs. Les Goths et les Gètes sont en effet considérés comme une même race par tous les écrivains qui les connurent depuis le troisième jusqu'au sixième siècle. Les deux noms ont la même racine et le même sens dans les langues germaniques, et tous les caractères des deux peuples s'accordent. Si tant d'analogies ne trompent pas, il faut reconnaître en eux deux branches d'une

---

(1) Jornandes, cap. iv. Pline, *Hist. nat.*, lib. XXXVII, cap. xi. Pythéas : « Guttonibus, Germaniæ genti accoli, Æstuarium Oceani, Mentonomon nomine, spatio stadiorum sex millium. » — Ptolémée : Καλεῖται δὲ ἰδίως καὶ αὐτὴ Σκανδία, καὶ κατέχουσιν αὐτῆς... τα μεσημβρινὰ Γοῦται καὶ Δαυκίωνες. — Pomponius Mela : « Supra Albin Codanus ingens sinus parvis magnisque insulis refertus est. » Cf. Geijer, *Svea Rikes Hæfder*, p. 105, 369. La tradition scandinave conservait le souvenir d'un temps où toute la Suède et le Danemark portaient le nom de *Gotland : Skalda*, p. 195, et Geijer, p. 450. Aujourd'hui ce nom se reconnaît encore dans les deux provinces suédoises d'Ostrogothie et de Vestrogothie, dans l'île de Gotiland et la ville de Gothembourg.

même famille. Les Gètes, fixés au midi sous un ciel plus doux, s'amollirent et cessèrent d'être libres. Les Goths, établis au septentrion, y demeurèrent inconnus et indomptés, jusqu'au temps où, entraînés par le torrent des invasions, ils se jetèrent sur le territoire de leurs frères, se confondirent avec eux, et ne formèrent plus qu'une seule nation, qui étonna d'abord le monde par le renversement de l'empire romain, et ensuite par le respect qu'elle montra pour ses ruines (1).

(1) Voici les témoignages qui établissent la parenté des Goths et des Gètes. Spartianus, *in Caracalla* : « Quod Gothi Getæ dicerentur. » Dion Cassius avait écrit un livre intitulé Γετικά, où il traitait des premières invasions gothiques. Ces deux historiens sont contemporains de l'apparition des Goths dans l'empire. — Aurélius Victor, *in Gratiano*, appelle la Dacie et la Thrace : « Genitales Gothorum terras. » S. Jérôme, præfat. epist. ad Galatas : « Gothos ab antiquis Getas vocatos esse. » Claudien, *de Bello Getico*, 30 :

... Geticis Europa catervis — Ludibrio prædæve datur.

Rutilius, *Itinerarium*, 40 :

Perpessus Geticas ense vel igne manus.

Orose, 1, 16 : « Modo autem Getæ illi qui et nunc Gothi. » Philostorge donne aussi aux Goths le nom de Gètes ; et Procope s'exprime clairement : « Nam Gothos aiunt gentem esse Geticam. » (*De Bello Gothico*, 1, 25.) Ainsi la confusion des Goths et des Gètes, tant reprochée à Jornandes, est admise par toute l'antiquité. Je sais qu'on objecte le passage de Strabon, selon lequel les Grecs regardaient les Gètes comme des Thraces : Οἱ τοίνυν Ἕλληνες τοὺς Γέτας Θρᾷκας ὑπελάμβανον. (*Geogr.*, lib. VII.) Mais, sans m'arrêter à ce qu'il y a de dubitatif dans le langage de Strabon, et de vague dans les notions des Grecs sur les peuples du Nord, je ne vois point de difficulté à reconnaître des populations germaniques en Thrace, puisque j'en retrouve sur le littoral du Pont-Euxin. — En remontant à l'origine commune des deux noms, on lit dans le dictionnaire scandinave *Ged, mens* ; *Gœti, observare* ;

Dans le voisinage des Goths vivaient les Scandi- *Les Scandinaves.*
naves, resserrés d'abord dans un coin de la Suède,
mais destinés à couvrir un jour les îles danoises,
la côte de Norvége et les rochers de l'Islande. A
cette extrémité du monde, séparés du reste des
hommes par la longueur de leurs hivers, ils avaient
conservé des traditions plus fidèles. Voici ce que
leur enseignaient les récits des vieillards et les
chants des poëtes : « A l'Orient du Tanaïs, dans
un pays où l'on trouvait l'or et le vin, s'élevait
une ville sainte appelée Asgard, la ville des Ases.
Les dieux y avaient des temples et des sacrifices;
douze chefs, issus des dieux, présidaient aux choses
sacrées, et rendaient la justice au peuple. Le premier de tous était Odin, puissant par la science et
par les armes. Il évoquait les morts : deux corbeaux
parcouraient l'univers pour lui en rapporter tous
les secrets; ses discours ravissaient les hommes,
ses enchantements calmaient les vents et les flots.
Il avait poussé au loin ses conquêtes; il ne lui fallait qu'une parole pour terrasser ses ennemis ;
l'imposition de ses mains sur la tête des guerriers
les rendait invincibles. Or, au temps où les généraux de Rome menaçaient de mettre sous le joug
tous les peuples, il arriva que plusieurs chefs puissants abandonnèrent leur pays : Odin connut alors

et l'on peut soupçonner une analogie radicale entre ces mots et le sanscrit *tchétas*, *mens*, *animus*. Les Götes, les Goths, se seraient ainsi nommés eux-mêmes le *peuple intelligent*,

par divination que sa race devait régner dans le nord. Laissant donc le gouvernement d'Asgard à ses deux frères, accompagné de prêtres et d'une grande multitude de gens de guerre, il s'avança du côté de l'Occident. Il traversa la contrée qui fut depuis la Russie, occupa une partie de la Saxe, où il établit plusieurs de ses enfants ; puis, tournant vers le septentrion, il se rendit maître des îles de Fionie et de Seeland, passa en Suède et obtint de ceux qui l'habitaient un territoire au bord du lac Mælar. C'est là qu'il fonda la ville de Sigtuna, où il remit en vigueur les lois des Ases, les règles des funérailles, et les trois grands sacrifices de l'automne, de l'hiver et de l'été. Après ces travaux, Odin mourut ; les Scandinaves le crurent retourné dans l'ancienne cité d'Asgard, où les guerriers morts par les armes devaient le rejoindre pour revivre avec lui dans la Valhalla : ce nom signifie le palais des élus (1). »

Assurément il y a dans ce récit plus de mythologie que d'histoire. Cependant on y retrouve les

(1) *Ynglinga, saga*, cap. I, V, VI, VII, VIII, X. Dans l'*Edda*, les Ases sont représentés buvant le vin et forgeant l'or. Je dois à M. Ampère cette observation, qui m'aide à fixer leur premier séjour. Odin est appelé dans l'*Edda* Gauti, *inventor, sagax*. Dans les généalogies anglo-saxonnes, je retrouve Geat ou Geta comme le père d'Odin : « Geata quem Getam jamdudum pagani pro deo venerabantur. » — Geiger (p. 237) établit l'identité du gothique *Ans*, pluriel *Anseis*, avec le scandinave *Ass*. Les deux mots signifient la *maîtresse poutre*, celle qui soutient le toit de l'édifice. Cette figure hardie désigne bien les dieux et les héros, qui sont comme les clefs de voûte de la société antique.

Suédois (Suiones) de Tacite, et leur empire théocratique. On y reconnaît un peuple de même race que les Goths : ils ont les mêmes dieux, car Odin prend aussi le nom de Gaut, et de part et d'autre le nom d'Ase ou d'Anse est donné au chef d'une caste sacerdotale et guerrière. On voit ce peuple venir de l'orient : on suit la trace d'une conquête dont les indices se sont conservés chez les écrivains anciens. Tacite connaît une ville des Ases (*Asciburgium*), fondée par un héros voyageur près du Rhin, et sur les limites des tribus saxonnes parmi lesquelles Odin s'arrêta d'abord. Plus loin, entre l'Oder et la Vistule, Ptolémée place les montagnes des Ases, et la colline où ils avaient laissé une ville de leur nom. En continuant à s'enfoncer du côté de l'est et jusqu'au Tanaïs, pour y chercher l'antique Asgard, on remarque un peu au nord du Palus-Méotide une contrée que Strabon appelait l'Asie proprement dite : il y place le peuple des Aspurgitains, dans le nom desquels on croit reconnaître Asburg, la cité des Ases. La vigne pouvait mûrir sous ce climat : les fleuves y roulaient de l'or. La richesse du pays attirait les marchands grecs, dont les comptoirs s'échelonnaient au bord du Bosphore Cimmérien et du Pont-Euxin ; les mœurs et les arts de la Grèce revivaient dans ces belles colonies de Phanagorie, de Panticapée, d'Olbia : on y voyait des monuments, des vaisseaux, des troupes disciplinées qui ne suffisaient pas toujours à tenir en respect les barbares du voisinage. Les Aspurgitains avaient battu les colons de Phanagorie et du Bosphore. Olbia avait soutenu de longues guerres contre les Gètes. Ils l'avaient ruinée plusieurs fois, et chaque fois ils l'avaient laissée se relever de ses ruines à cause de ses marchés, où ils trouvaient toutes les richesses du monde policé. Quand le rhéteur Dion Chrysostome visita cette ville, les murs démantelés, les statues mutilées dans les temples, rappelaient encore de récents désastres. Les habitants portaient les braies et le manteau noir des barbares; ils parlaient un grec corrompu, et ne connaissaient de poëte qu'*Homère*. Mais presque tous savaient par cœur l'*Iliade* entière : des chanteurs aveugles en récitaient des fragments aux soldats avant les batailles. Achille était honoré comme un dieu, et on lui avait érigé des autels. D'autres Grecs asiatiques, établis sur le Tanaïs, nommaient pour le fondateur de leur colonie Scamandrios, fils d'Hector (1). Les

---

(1) Tacite, *de Germania*, 3. Asciburgium subsiste encore sous le nom d'Asburg, et le nom grec d'Ulysse (Ὀδυσσεὺς) n'est pas sans ressemblance avec celui d'Odin. Dans Ptolémée, Ἀσκιβούργιον, ὄρος, Ἀσκαυκαλίς la montagne, la colline des Ases, en allemand *Asgebirge*, *As-hügel*. On peut aussi ramener les noms d'Asciburgium, d'Askaukalis, à la racine *Ask*, qui désigne le frêne, l'arbre sacré de la mythologie scandinave. — Strabon, lib. VI, lib. VII, lib. XI : Οἱ Ἀσπουργιτανοὶ μεταξὺ Φαναγορείας οἰκοῦντες καὶ Γοργιππίας ἐν πεντακοσίοις σταδίοις, οἷς ἐπιτρέψαντος Πολέμων ὁ βασιλεὺς σὺν περινοίας φιλίας, τῷ λαθὸν ἀντιστρατηγήθη καὶ Ζωγρίᾳ ληφθείς ἀπέθανε. — Voyez aussi Dion Chrysostome, *Borysthenit*. L'établissement d'un fils d'Hector au bord du Tanaïs est indiqué par un scoliaste

barbares, souvent en guerre, quelquefois en paix, toujours en commerce avec ces étrangers, devaient en conserver le souvenir. Ils purent leur emprunter des traditions qu'ils défigurèrent ; et l'on comprend dès lors pourquoi le nom des Troyens devint si populaire dans le Nord, que tous les peuples germaniques voulurent descendre du sang de Priam ; pourquoi les chroniqueurs danois et islandais plaçaient l'Asgard à Byzance ou à Troie ; et d'où vient qu'au onzième siècle les Normands, ces écumeurs de mers, ces brûleurs de villes, se vantaient d'être issus d'Anténor. Ainsi l'origine qu'un antique récit donne aux conquérants scandinaves se trouve confirmée par le souvenir qu'ils ont gardé de leurs glorieux voisins (1).

d'Euripide. — On peut placer l'*Asie* proprement dite de Strabon à peu près dans la circonscription du gouvernement russe de Saratov. Des fouilles récentes dans les ruines des villes grecques, au nord de la mer Noire, ont jeté une vive lumière sur le commerce étroit et le mélange des colons grecs et des barbares. Voyez aussi l'*Histoire des colonies grecques* de M. Raoul-Rochette, t. III.

(1) La préface de l'*Edda* place l'Asgard à Troie ; Saxo Grammaticus le met à Byzance. La tradition des Normands est attestée par l'annaliste Dudo (ap. Duchesne, *Script. hist. Norm.*, p. 65) : « Gloriantur se ex Antenore progenitos. » Il ne faut pas croire que cet effort pour rattacher les traditions barbares aux souvenirs de l'antiquité classique ne date que du moyen âge : dès le quatrième siècle, au temps d'Ammien Marcellin, on croyait que les villes des Gaules avaient été bâties par des fugitifs du siége de Troie : « Aiunt quidam paucos post excidium Troiæ, fugitantes Græcos ubique disperses, loca hæc occupasse, tunc vacua. » (*Amm.*, lib. XV, cap. VIII.) Selon le même historien, les Burgondes se disaient issus des Romains : « Jam inde temporibus priscis sobolem se esse Romanam Burgundi aiunt. » (XXVIII, 5.) Ces analogies donnent lieu de croire que le célèbre passage de la *Chronique* de saint

## CHAPITRE I.

Il reste à expliquer les causes qui déterminèrent l'émigration des Ases, et comment un peuple guerrier qui avait des villes, des temples, des institutions, se résolut à quitter une terre féconde et sacrée à ses yeux, pour aller chercher une patrie incertaine dans les brumes du Nord. La tradition des Scandinaves, en même temps qu'elle trace l'itinéraire d'Odin et de ses compagnons, indique aussi le motif d'une entreprise si hardie. On a vu qu'elle en fixe l'époque « au moment où les généraux romains, « portant leurs armes au loin par le monde, met- « taient toutes les nations sous le joug : alors pour « échapper au tumulte de cette guerre, beaucoup « de chefs quittèrent leurs demeures. » Or, d'un côté, l'établissement des Ases dans le Nord, déjà solide et puissant au temps de Tacite, ne pouvait être de beaucoup postérieur à l'ère chrétienne. D'un autre côté, on ne saurait le faire remonter beaucoup plus haut, si l'on considère combien le souvenir d'Odin et de ses conquêtes semble encore récent chez les Germains quand ils entrent dans l'histoire. Mais précisément, dans ces limites données par le temps, on trouve une des plus terribles guerres qui aient ébranlé les peuples voisins du Palus-Méotide : je veux dire celle de Mithridate et de Pompée (64 av. J. C.). On voit Mithridate, épuisé par quarante ans

---

Prosper, qui fait descendre les Francs de Priam, n'est point interpolé, comme plusieurs savants, et dernièrement M. de Petigny, se sont efforcés de l'établir.

de combats, poussé aux dernières extrémités par Sylla et Lucullus, mais égalant ses desseins à ses malheurs, se tourner vers le Nord, et soulever les nations de l'Arménie, de l'Albanie, de l'Ibérie et de la Colchide, dans la pensée de les précipiter ensuite sur la Grèce et l'Italie; il devançait ainsi de cinq siècles l'œuvre d'Alaric et d'Attila. Mais ces rêves devaient se dissiper devant les armes de Pompée. Ce ne fut pas assez pour lui d'écraser Mithridate et de le réduire à une mort désespérée, il voulut pousser la victoire aussi loin que s'était étendu le soulèvement. Il s'avança vers le septentrion, « traversant le désert, comme on passe les mers, sur la foi des étoiles, » menant à sa suite un convoi de dix mille outres pour abreuver son armée : il contraignit les tribus indomptées du Caucase à descendre de leurs rochers pour solliciter la paix, et soumit tout le pays depuis le Palus-Méotide jusqu'à la mer Caspienne. Les rois d'Ibérie et d'Albanie lui envoyèrent, l'un ses enfants en otages, l'autre son lit d'or en présent. On ne s'étonne pas si le bruit de tant de batailles, si le mouvement de tant de peuples refoulés alla troubler la cité sacerdotale des Ases, et si les plus fiers de leurs chefs voulurent fuir la servitude universelle, en s'exilant sous un ciel plus sévère, où ils pensaient échapper à la convoitise des Romains. Ils ne savaient pas que l'aigle du Capitole avait l'œil trop perçant pour ne pas les découvrir tôt ou tard dans leur asile, et que bientôt un historien latin signalerait leur situation géographique, leur puissance maritime, le caractère de leur gouvernement, tout ce qui pouvait éclairer, encourager une descente sur leurs côtes, si le temps des conquêtes romaines n'eût été fini (1).

*Les Germains connus des Grecs.* — Les traditions des Goths et des Scandinaves établissent l'existence de deux grandes nations germaniques au delà des limites marquées par les Romains ; et ces deux nations, par leurs origines, touchent à d'autres Germains connus des Grecs. De ce côté, une lumière nouvelle pénètre chez les peuples du Nord,

*Les Gètes.* — Les Grecs avaient poussé leurs établissements dans la Thrace jusqu'au Danube. Sur les deux bords de ce fleuve, ils rencontraient les Gètes, dont les tribus errantes occupaient un territoire immense entre la Vistule et le Borysthène. C'était un peuple de pâtres, de chasseurs et de guerriers ; blonds, chevelus, d'une haute taille, vêtus de braies, comme tous les barbares occidentaux. Mais au milieu de ces nomades s'était formée une population sédentaire, attachée à la culture, qui bâtissait des villes, qui avait

(1) *Ynglinga, saga,* 5 : « Illo tempore late per orbem arma circumtulere imperatores Romanorum, omnes gentes sub jugum mittentes, cujus belli tumultui ut se subducerent possessiones suas deseruere principum multi. » — Plutarque, *Vie de Pompée,* Dion Cassius, Florus, III, 5. « At in septentrionem Scythicum iter, tanquam in mari, stellis seculus, Colchos cecidit, ignovit Iberiæ, pepercit Albanis... »

des institutions et des souvenirs. On y adorait un personnage mystérieux appelé Zalmoxis, qui le premier avait tiré les Gètes de l'ignorance et de la barbarie. Après de longs voyages, Zalmoxis était revenu dans sa patrie avec beaucoup d'or et de savoir. Alors il avait construit un palais, où il enseignait sa doctrine aux principaux du peuple, leur promettant qu'ils revivraient après la mort, pour s'asseoir avec lui à des festins éternels. Lui-même, afin de confirmer ses leçons, s'était enfermé dans une caverne pendant trois ans : les Gètes le pleurèrent ; et, lorsqu'au bout de ce temps il reparut, ils le crurent revenu de chez les morts, et ne doutèrent plus de ses promesses. De là cette croyance à l'autre vie, qui les rendait invincibles. Les guerriers morts en combattant étaient allés trouver Zalmoxis; leurs femmes se brûlaient sur leurs bûchers pour les rejoindre, les funérailles étaient célébrées sans larmes, avec des jeux et des chants : on professait qu'il valait mieux mourir que de vivre (1). Assurément ce dieu législateur, voyageur et prophète, n'est pas sans rapport avec le fabuleux Odin : ses promesses d'immortalité rappellent singulièrement

---

(1) Strabon, lib. VII; Pomponius Mela, lib. II, cap. II; Hérodote, IV, 95, 95; Ovide, *de Ponto*, III, 4; IV, 2, 9, 10; *Tristium* IV, 6. Strabon représente Zalmoxis comme un disciple de Pythagore. Hérodote le croit bien plus ancien, et le prend pour une vieille divinité nationale. La retraite de Zalmoxis dans une caverne rappelle les montagnes creuses de la mythologie allemande, où les héros disparus de la terre comme Siegfried, Charlemagne, Frédéric I*er*, attendent que leur jour soit venu.

les festins de la Valhalla. Cependant les enseignements de Zalmoxis étaient restés sous la garde d'un sacerdoce respecté. La science sacrée s'y perpétuait avec l'art de prendre les augures, d'étudier les astres et les vertus des plantes. On racontait que Philippe, roi de Macédoine, ayant mis le siége devant une ville des Gètes, les prêtres en étaient sortis vêtus de blanc, portant des harpes et chantant des hymnes. On ajoutait qu'à cette vue les Macédoniens, frappés d'une terreur panique, avaient pris la fuite et fait la paix. Mais les souvenirs héroïques de la nation remontaient plus haut. S'il en fallait croire Jornandes, un roi gète, épris de la belle Cassandre, aurait péri au siége de Troie. Ensuite venait une longue généalogie de princes qui avaient arrêté les armes de Darius, inquiété Alexandre, fait trembler la Thrace et la Grèce, jusqu'au temps où Bérébista, le plus grand de tous, s'était trouvé assez puissant pour discipliner une armée de deux cent mille hommes, et tenir en échec toute l'habileté des Romains. La mémoire de ces exploits devait se conserver dans des chants poétiques qui n'étaient pas sans charme ; car Ovide, exilé au bord du Pont-Euxin, privé pour toujours de ces brillantes assemblées qui avaient si souvent applaudi à ses lectures, se consolait en composant des vers dans la langue des Gètes. Il y chantait l'apothéose d'Auguste, il les lisait aux barbares étonnés ; et quand il arrivait à la dernière

page, « un long murmure dit-il, courait dans la
« foule ; les têtes s'agitaient, et les flèches retentis-
« saient dans les carquois. » Il est vrai que le
poëte latin fait peu d'estime de ses admirateurs.
Mais les Grecs, qui connaissaient mieux les Gètes,
qui les voyaient sur leurs frontières, au marché
d'esclaves où on les vendait, sur le théâtre où on
les jouait, louaient leur probité et leur foi en la vie
future. Ils ne leur reprochaient que la pluralité des
femmes ; mais la polygamie était dans les mœurs de
tous les Germains. Ce dernier trait achève une ressemblance qui n'avait pas échappé aux anciens :
Denys le Géographe met les Gètes au nombre des
nations germaniques (1).

(1) Jornandes, cap. ix, x, xi. Avant lui, Dion Cassius, dont il invoque le témoignage, avait conduit les Gètes à la guerre de Troie. Strabon (lib. VII) raconte les efforts du roi Berebista et du prêtre Diceneus pour discipliner les Gètes, leurs victoires, et les efforts inutiles des lieutenants d'Auguste pour les dompter. Sur la polygamie des Gètes, cf. Pomponius Mela, II, 2, et Ménandre, cité par Strabon, lib. VII. Le passage de Denys le Géographe est concluant : « Germanique Getæ, Bastarnæ, Sarmatæ. » — Ovide n'a peut-être pas de passage plus curieux que ces vers, où il raconte une lecture chez les Gètes :

Ah pudet ! et Getico scripsi sermone libellum,
Structaque sunt nostris barbara verba modis...
Et placui, gratare mihi, cœpique poetæ,
Inter inhumanos nomen habere Getas...
Materiam quæris ? laudes de Cæsare dixi :
Adjuta est novitas numine nostra dei...
Hæc ubi non patria perlegi scripta camœna,
Et venit ad digitos ultima charta meos,
Et caput et plenas omnes movere pharetras,
Et longum Getico murmur ab ore fuit.
Ovide, ex Ponto, lib. IV, 13.

*Les Hyperboréens.* Au delà de ces voisins redoutés, au delà des nomades qui habitaient derrière eux, aux extrémités du Nord, les Grecs plaçaient le séjour des Hyperboréens, les plus justes et les plus heureux des hommes. D'anciennes fables y faisaient naître Apollon et Diane. Tous les dix-neuf ans, quand s'achevait la période astronomique, le dieu du jour revenait visiter ces lieux qu'il aimait. Il y était adoré dans un temple entouré d'un bois sacré, au milieu d'une ville dont les habitants, comme autant de prêtres, chantaient sur des harpes les louanges des immortels. Ils ne connaissaient ni la guerre ni les maladies. Seulement, les vieillards rassasiés de la vie se couronnaient de fleurs, et se précipitaient du haut des rochers dans la mer. C'étaient des vierges du Nord qui avaient apporté à Délos le culte du Soleil. On y montrait leur tombeau ; et les jeunes filles avaient coutume d'y déposer en offrande, avant leur mariage, une tresse de leurs cheveux. Longtemps après, les présents des Hyperboréens, soigneusement enveloppés de paille de froment, arrivaient encore tous les ans dans l'île sacrée. Sans doute, dans ces beaux récits, je fais la part des mensonges poétiques. Mais Apollon, le dieu à la blonde chevelure, le dieu de la lumière, des vers et des oracles, ressemble de plus d'une manière à la grande divinité des Scandinaves ; on croit reconnaître une image de leur antique cité sacerdotale, de leurs mœurs, et de ces rochers de la Suède encore appelés « les pierres des ancêtres (*atte stupôr*), » d'où se précipitaient, dit-on, les vieillards las d'attendre la mort. Les indications géographiques s'accordent. Plusieurs écrivains placent les Hyperboréens à l'occident de l'Europe, dans une grande île de l'Océan, sous le pôle, où le jour est de six mois : c'est assez marquer la Scandinavie, dernière conquête des Ases. D'autres les mettent à l'orient, au pied des monts Riphées, et dans le voisinage du Tanaïs ; et c'est précisément là que nous avons trouvé leur premier séjour (1).

Or, en examinant de plus près le bassin du Tanaïs, cette contrée mal connue, j'y vois commencer les campements d'une nation nombreuse qui s'appelait, dans sa langue, la nation des Ases : les anciens lui donnèrent les deux noms de Massagètes et d'Alains. On les représente grands et blonds, n'aimant que les combats et les hasards. Ils estiment heureux ceux qui meurent violemment : c'est pour eux un devoir filial de tuer tous ceux qui vieillissent. Ils adorent le soleil, lui sacrifient des chevaux, et consultent le sort sur des baguettes sacrées. Ces

Origine orientale des peuples germaniques.

(1) Pindare, *Olympic.*, III, 25 ; *Pyth.*, X, 46 ; Sophocle, cité par Strabon, lib. VII; Hérodote, IV, 32, 33 ; Diodore, lib. II, 47 ; Pline, lib. IV. cap. xxvi; Pomponius Mela, lib. III, cap. v ; Cf. Geijer, *Svea Rikes Häfder*. cap II. Cette paix inaltérable où vivent les Hyperboréens rappelle le tableau tracé par Tacite de la pacifique nation des Suiones, *de Germania*, 44. — L'Hyperboréen Abaris, faisant le tour du monde avec sa flèche, ressemble aussi au dieu Odin, que les Scandinaves représentent voyageant d'un bout de la terre à l'autre, armé de son bâton runique.

mœurs des Alains, leurs alliances avec les Goths, les Suèves et les Vandales, caractérisent un peuple de la même race, et dont les Ases de Scandinavie ne furent probablement qu'un essaim. Le titre même de Massagètes les désigne comme les frères des Gètes, comme la branche aînée de la famille restée en Orient, plus près du lieu natal. Leurs tribus, disséminées sur les pentes septentrionales du Caucase et sur les bors de la mer Caspienne, s'étendaient vers le midi au delà de l'Araxe, et avaient poussé leurs courses jusqu'au Gange. Elles touchaient donc à l'ancienne Perse, où Hérodote connaissait aussi des peuplades de Germains, tandis qu'entre le Danube et l'Adriatique il trouvait d'autres barbares qui se disaient originaires de la Médie, et qui en avaient le costume national (1). Le souvenir d'une patrie orientale se conserve chez tous les

(1) Denys le Géographe (*Periegesis*, V, 305) trouve déjà des Alains en Europe dès le premier siècle de l'ère chrétienne. Ammien Marcellin (lib. XXXI, 2) les reconnaît pour des Massagètes (*massa* rappelle le sanscrit *maha*, grand), c'est-à-dire la branche principale des Gètes. Leurs mœurs, décrites par Hérodote, I, 215, et par Ammien Marcellin, sont celles des peuples germaniques; et le témoignage de Procope (*Vandalic.*) et de Jornandès (cf. cap. I et LX) atteste qu'on les tenait pour frères des Goths. Pendant tout le moyen âge, on les voit se maintenir au pied du Caucase (Stritter, *Memoriæ populorum*, etc., t. I, c. IV); les géographes orientaux leur donnent le nom d'Ases (*Histoire des Mongols*, t. I, p. 695); Plan du Carpin, qui les visita en 1246, les appelle Alains ou Ases. Le Vénitien Josaphat Barbaro les trouva encore subsistants en 1346. « I popoli detti Alani, li quali nella lor lingua si chiamano As. » (Cf. Geijer, *Svea Rikes Hæfder*, 374.) Sur les Germains de Perse, voyez Hérodote, I, 125 : Ἔστι δὲ Περσέων συχνὰ γένεα... Πανθιαλαῖοι, Δηρουσιαῖοι, Γερμάνιοι,...

peuples de la Germanie : ce souvenir s'altère, mais il se perpétue chez les chroniqueurs nourris de l'Écriture sainte et de l'antiquité classique. Rien n'est plus célèbre que l'origine troyenne dont se vantaient les Francs. Le moine Wittikind fait descendre les Saxons des soldats d'Alexandre, qui l'avaient suivi jusqu'au bord de l'Indus. Les Souabes voulaient que leurs aïeux eussent passé les mers. Les Bavarois se souvenaient des hautes cimes de l'Arménie, où leurs ancêtres avaient vu les débris de l'Arche ; et un cantique du onzième siècle, à la louange de saint Annon, archevêque de Cologne, rappelle aux Allemands qu'ils ont laissé des frères dans les montagnes, sur la route de l'Inde, bien loin vers l'Orient. Tous les témoignages de l'antiquité, tous les souvenirs des Germains, s'accordent pour les faire venir des contrées où la tradition universelle place le berceau de la famille humaine (1).

(1) S. Prosper, Chronic. Fredegar. Wittichind. chronic., I. Le cantique de S. Annon, où se conservent de si curieux souvenirs, a été publié dans le *Thesaurus* de Schilter, t. I, col. 19 et suiv., et dans Wackernagel, Deutsches Lesebuch, 2ᵉ édition ; c'est ce texte dont je produis quelques vers :

  Undir Bergin ingegin Suâben
  Hiz her vanin ûf haben
  Dari vordirin wilm mit berin
  Dari comin wârin ubir meri...
  Duo sich Beiro lant wider in virmaz,
  Die maerin Reginsbarch her bisaz...
  Dere geslehte quam wilin ére
  Von Armenie der hérin...
  Ici ceizltin noch diu Archa havit
  Uf den bergin Ararat.
  Man sagit daz dar in halvin
  Noch sin die dir diutschiu sprechiu
  Ingegin India vili verro...

C'est là, entre le Caucase, l'Euphrate, la mer Caspienne et l'Indus, qu'on voit commencer toute l'histoire. C'est sur un des rochers de la chaîne caucasienne que les Grecs se représentaient Prométhée dévoré par le vautour ; Prométhée, ce fils de Japet dont ils se disaient les descendants. C'est du Nord que venaient les Perses et les Indiens, quand ils se répandirent, en suivant le cours de leurs fleuves, jusqu'au grand Océan. Les Chinois montrent l'Occident comme le séjour de leurs aïeux. Tous les souvenirs se tournent vers une première patrie, où les ancêtres des nations vécurent ensemble avant ce partage que Moïse a tracé au dixième chapitre de la Genèse, qui a longtemps embarrassé la perspicacité des commentateurs, et dont la science moderne commence à vérifier les clauses (1).

Ainsi la Germanie s'agrandit, les bornes que lui donnaient les Romains s'effacent, et les établissements de ses peuples s'étendent jusqu'en Asie. Cet

---

(1) Voyez le savant commentaire de ce chapitre, récemment publié par Gœrres : *Die Vœlkertavel des Pentateuchs, oder die Japhetiden und ihr Auszug aus Armenien*; Regensburg, 1845. Les travaux de Klaproth, de Saint-Martin et de Ritter avaient fait connaître des peuples aux cheveux blonds, aux yeux bleus, décrits par les historiens chinois, et qui semblaient être de race germanique. Cependant la science semble hésiter sur ce point. Elle a plus de lumière peut-être à espérer des belles recherches de M. Lenormant sur les Scythes et sur leurs émigrations. C'est aussi dans la Genèse qu'il découvre l'origine de ces puissantes nations scytiques, qui seraient, selon lui, le premier noyau des Goths et des Gètes.

espace immense se divise en deux régions. La première, entre la mer Caspienne et la Baltique, n'est qu'une vaste plaine ouverte du côté de l'Orient, comme afin de recevoir toutes les émigrations qui en sortent. On n'y voit que des steppes, des pâturages, et, à mesure qu'on avance vers le nord, des terres marécageuses entrecoupées de sapins, sans montagnes, sans barrières pour arrêter les populations, sans attrait pour les captiver. Ces déserts ne devaient avoir d'autres habitants que des hordes mobiles comme les chariots qu'elles traînaient à leur suite. La seconde région s'étend des monts Carpathes, de l'Oder et de la Baltique, jusqu'au Rhin et à l'Océan. Les Alpes la bornent au midi; elles envoient des chaînes qui s'abaissent par gradins, avec une variété infinie de formes et d'aspects; de grands cours d'eau en descendent; ils arrosaient cette forêt vierge que Tacite décrit, large de neuf journées de marche, longue de soixante, et dont rien ne devait égaler la sauvage beauté. Au nord, un bras de mer facile à franchir laisse voir la Scandinavie avec ses rivages découpés, ses collines granitiques et ses lacs couronnés de bois. Ces contrées avaient assez d'attaches pour retenir les peuples.

Comme on peut remarquer deux configurations du territoire occupé par les Germains, on trouve aussi chez eux deux instincts contraires. Au premier abord, rien ne semble plus désordonné que cette multitude de peuplades errantes et de nations sédentaires qui se succèdent depuis le Palus-Méotide jusqu'à la mer du Nord. Toutefois, en y regardant de plus près, on aperçoit, dans chacune des grandes races germaniques, un corps qui veut se fixer et des essaims qui s'en détachent. Les Ases fondent des cités, mais ils laissent en arrière les tribus nomades des Alains. Le royaume des Gôtes est couvert par les hordes des Tyragètes, des Sargètes, des Hippogètes. Autour des établissements des Saxons s'agitent les Suèves, qui changent de demeure chaque année, menant leurs enfants et leurs femmes sur des chars, et poussant leurs troupeaux devant eux. D'un côté, on sent qu'un attrait puissant attache ces nations à la terre, à tout ce qui y tient, à tout ce qui en fait une patrie, comme les tombeaux, les mœurs, les souvenirs. Mais on reconnaît aussi une singulière impatience de tout assujettissement, un goût de la vie errante, une passion de ravager et de détruire. Ces deux instincts se contrarient et se gênent. Les nomades ne permettent pas aux populations sédentaires de s'établir solidement ; mais ces établissements imparfaits ne permettent pas aux nomades d'entraîner après eux le gros de la population et de la dissoudre. Au fond de ce désordre apparent, un dessein admirable commence à se déclarer. Il fallait que les Germains demeurassent à la disposition de la Providence, jusqu'au moment où elle aurait besoin d'eux. Il fallait assez de liens pour les conserver unis, assez de mobilité pour les faire servir aux invasions. Dès lors la violence des irruptions qui forcèrent les frontières romaines n'étonne plus, quand on voit les peuples errants du Danube et du Rhin poussés par d'autres peuples de la même race, mobiles comme eux, destructeurs comme eux, formant une armée innombrable en marche depuis le fond de l'Orient. Et en même temps on comprend que les irruptions aient renouvelé le monde, lorsque derrière ces exterminateurs on aperçoit des sociétés organisées, des religions, des lois, des langues savantes, tout ce qui donne aux hommes un emploi dans les desseins de Dieu, une place dans l'histoire.

## CHAPITRE II

LA RELIGION.

<small>Si les Germains eurent des institutions religieuses.</small> Parmi les institutions de l'ancienne Germanie, il n'en est pas de moins connue que la religion. Les témoignages qui en restent ne s'accordent pas. Avec les uns, on ne voit rien de réglé, ni dans le dogme ni dans le culte ; point d'autres divinités que des fétiches honorés par des pratiques sanguinaires : il semble que les habitants du Nord soient aussi loin de la vérité que du soleil. D'autres récits laissent apercevoir les traces d'une doctrine antique ; on y découvre des fêtes qui rassemblaient les peuples, des temples qui les fixaient, tout ce qui montre l'effort des hommes pour retenir la pensée de Dieu. C'est au milieu de ces contradictions qu'il faut pénétrer. Il faut savoir quelles idées de la création, de la vie future, éclairèrent tant de millions de créatures humaines qui vécurent comme nous, qui souffrirent comme nous, et

qui n'eurent pas moins d'intérêt que nous à connaître leurs destinées éternelles (1).

En d'autres termes, il s'agit d'apprendre s'il y eut chez les Germains une tradition religieuse perpétuée par l'enseignement, par le sacerdoce et le culte public, qui les rattache à la société des nations civilisées; ou bien si l'on n'y trouve que les superstitions grossières où les peuples sauvages se jettent, pour satisfaire ce besoin de croire et de pratiquer qui tourmente tous les hommes.

Je considère d'abord ces Hyperboréens que les anciens représentent vivant dans la crainte des dieux et sous les lois de leurs prêtres. A ces traits j'ai déjà reconnu la puissante nation des Scandinaves, qui conserva sa religion jusqu'au onzième siècle. Alors un temple païen restait encore debout

*Religion des Scandinaves. Leur culte.*

(1) Cæsar, *de Bell. Gallic.* : Deorum numero eos solos ducunt quos cernunt et quorum opibus aperte juvantur, Solem et Vulcanum et Lunam. Gregor. Turon., II, 10 : Sed hæc generatio fanaticis semper cultibus visa est obsequium præbuisse ; nec prorsus agnovere Deum, sibique silvarum atque aquarum, avium bestiarumque, et aliorum quoque elementorum finxere formas, ipsasque ut Deum colere eisque sacrificia delibare consueti. Cf. Agathias, XXVIII, 4 : Δένδρα τε γάρ τινα ίλάσκονται καὶ ῥεῖθρα ποταμῶν καὶ λόφους καὶ φάραγγας, καὶ τούτοις ὥσπερ ἔοικα θρῴσκει. Au contraire, Tacite, *Annal.*, I, 51 : Profana simul et sacra et celeberrimum illis gentibus (Marsis) templum quod *Tanfanæ* vocabant, solo æquantur. *Germania*, 2° : Celebrant *carminibus antiquis...* Tuisconem deum... etc. Deorum maxime Mercurium colunt, cui *certis diebus humanis quoque hostiis litare fas habent. Vita S. Radegundis*, ap. Acl. *Benedict.*, sæc. I, p. 527 : Fanum quod a Francis celebetur... jussit... igne comburi *Lex Frisionum addit.*, tit. 13 : Immolatur diis quorum templa violavit. Cf. Jornandes, cap. XI tout entier, etc.

dans la ville sacerdotale d'Upsal. Au milieu du bois sacré s'élevait le sanctuaire, dont les murs étaient couverts d'or ; on y adorait les images des trois principales divinités de la Suède : Thor au milieu, à ses côtés Odin et Freyr. Les chroniques nationales attestent l'existence de plusieurs temples semblables en Danemark, en Norvége, en Islande. On y voyait un grand nombre de statues : quelques-unes en sortaient à des jours prescrits, pour être promenées sur des chars de triomphe. Ainsi chaque édifice sacré devenait le centre d'un culte public. Tous les neuf ans, on célébrait à Upsal la fête où toutes les provinces de la Suède envoyaient leurs députés. On y offrait aussi les trois sacrifices annuels de l'automne, de l'hiver et de l'été, pour l'année nouvelle, pour les moissons, pour la victoire. Les viandes immolées étaient partagées entre les assistants ; le sang, recueilli dans des vases, servait à purifier le lieu du banquet. La coupe de mémoire, remplie d'hydromel, passait de mains en mains. On la vidait en l'honneur des dieux premièrement, puis des héros et des ancêtres. Au bruit des hymnes et des instruments, on voyait des chœurs exercés avec soin figurer des danses dramatiques. Là, comme ailleurs, la prière, n'osant s'élever seule vers le ciel, avait voulu être pour ainsi dire entourée et soutenue de tous les arts. Chaque moment solennel de la vie publique et privée était marqué par des cérémonies :

l'ablution des enfants nouveau-nés, la consécration des mariages, la dédicace du bûcher où l'on portait les morts (1). Mais les sacrifices voulaient des ministres ; un culte si compliqué ne pouvait se conserver sans un sacerdoce qui en fût le gardien. De même que, dans la ville sainte d'Asgard, Odin et les douze Ases avaient autrefois régné, disait-on, comme juges et comme sacrificateurs, ainsi le roi d'Upsal, entouré de douze conseillers, exerçait une

(1) Adam Brem., cap. ccxxxiii : Nobilissimum illa gens templum habet quod Upsala dicitur, non longe positum a Sictona civitate vel Birka. In hoc templo quod totum ex auro paratum est, statuas trium deorum veneratur populus, ita ut potentissimus eorum, Thor, in medio solium habeat triclinio. Hinc et inde locum possident Wodan et Friggo. Saxo Grammaticus, p. 13 : Effigiem ipsius (Othini) aureo complexi simulacro. Cf. Nialsaga, cap. lxxxix, Olafs helga saga, cap. cxviii. La Jomsvikingasaga parle d'un temple où l'on voyait cent statues. Cf. Geijer, Svea Rikes Hæfder, p. 268, 279 ; et Grimm, Mythologie, 2ᵉ édition, t. I, p. 58, 103. — Pour les sacrifices et les pompes religieuses, Adam Brem., loco citato : Solet quoque post ix annos communis omnium Sueoniæ provinciarum festivitas celebrari, ad quam nulli præstatur immunitas... Sacrificium itaque tale est : ex omni animante quod masculinum est ix capita offeruntur... ceterum næniæ quæ in ejus modi ritibus libatoriis fieri solent multiplices sunt et inhonestæ... Dietmar de Merseburg, 1, 9 : Est unus in his partibus locus, caput istius regni, Lederun nomine, in pago qui Selon dicitur, ubi post novem annos, mense januario... omnes convenerunt, etc. Cf. Ynglinga saga, 8 ; Olafs helga saga, 104 ; Gutalag., p. 108 ; Egils saga, 206, 253. Les rites des immolations et des banquets sacrés sont longuement décrits par Snorre Sturleson, Hakon Adalstens saga, cap. xvi. L'usage de la coupe sainte (Bragafull) était devenu l'origine de ces associations formées dans tout le Nord sous le nom de Childes, et qui devaient servir un jour d'appui aux libertés populaires. Voyez aussi Grimm, Mythologie, t. I, p. 42, 46, 55 ; Geijer, Svea Rikes Hæfder, p. 282 ; Edda, passim. — En ce qui touche les représentations scéniques qui accompagnaient les fêtes, voy. Saxo Grammaticus, p. 104 : Effeminati corporum motus, scenicique mimorum plausus, ac mollia nolarum crepitacula.

sorte de pontificat : il prenait le titre de « protecteur de l'autel, » et levait sur le peuple suédois l'impôt destiné aux sacrifices. Tous les chefs de race noble avaient droit d'immoler des victimes. En Islande, trente-neuf prêtres rendaient la justice et présidaient aux fonctions sacrées ; leur charge passait à leurs fils, et tout s'accorde pour indiquer une caste qui réunit longtemps les deux pouvoirs spirituel et temporel. C'était une caste savante ; elle se vantait d'avoir des chants qui embrassaient toute la suite des connaissances divines et humaines. Ces chants, composés dans une langue obscure, chargés d'ellipses, de périphrases, d'épithètes sacramentelles, se perpétuaient par un enseignement qu'on supposait venu des dieux. Les Scandinaves, devenus chrétiens, ne méprisèrent pas cet héritage de leurs pères. On croit que, vers la fin du onzième siècle, le prêtre Sæmund en recueillit les restes. Il appela son recueil l'EDDA, c'est-à-dire l'Aïeul. Le respect de la postérité l'a conservé jusqu'à nous. C'est ce livre qu'il faut ouvrir pour y chercher la tradition authentique du Nord (1).

(1) Les attributions des prêtres scandinaves ne périrent pas toutes avec eux. On en reconnaît une partie dans les charges et priviléges que la loi islandaise confie aux juges. *Gragás*, 1, 109-113, 130, 165. Cf. Grimm, *Deutsche Rechts Alterthümer*, p. 751. Saxo Grammaticus, p. 176, admet une distinction entre les prêtres et les ministres inférieurs des sacrifices : Victimarios proscripsit, flaminium abrogavit. -- Sur la dignité théocratique du roi d'Upsal, voyez *Ynglinga saga*, cap. II, VIII, XXIV ; Geijer, *Geschichte Schwe-*

Au milieu des obscurités de l'Edda, une pensée se cache, mais de façon qu'on peut l'entrevoir : c'est la pensée de l'éternité. C'est le Puissant qui a créé les dieux et qui leur survivra. Les hommes n'osent pas lui donner un nom. Peut-être est-ce lui qu'ils adorent dans cette trinité mystérieuse nommée deux fois seulement dans l'Edda : Har, Jafn-Han, et Thridi, » c'est-à-dire, le Haut, celui qui est également Haut, et le Troisième. Il est dit que « le Fort d'en haut, qui gouverne toutes choses, viendra juger le monde, et que le temps ne peut rien contre ses décrets. » Les justices divines s'exécutent dans les lieux qui échapperont à l'embrasement de l'univers. Les gens de bien y habitent un séjour plus éclatant que le soleil ; « mais les méchants iront loin du soleil, sur la plage des morts, dans la triste maison où le serpent les ronge et le loup les déchire. » Les chants sacrés n'en disent pas davantage, et ce peu qu'ils disent des choses éternelles semble appartenir à une théologie plus haute, qui eut peut-être des mystères réservés aux prêtres et aux chefs. La croyance populaire s'attachait à des récits dont la scène était dans le temps (1).

*dens*, 100. En ce qui touche l'authenticité et le caractère de l'enseignement sacerdotal, Geijer, *Svea Rikes Hæfder*, p. 222, 295. P. E. Müller, *Ueber die Æchtheit der Asalehre*.
(1) *Edda Sæmundar*, t. III : *Volospa*, str. 58 : Tum veniet Potens ille, — ad magnum judicium, — validus e superis, — qui

« C'était le matin des siècles ; il n'y avait ni sables, ni froides eaux, ni voûte du ciel. Il n'y avait que l'abîme ouvert ; au nord de l'abîme, le monde des ténèbres; au midi, le monde du feu. Du monde des ténèbres sortaient douze fleuves, qui roulaient des eaux empoisonnées. Ces eaux se gelèrent; le givre qui s'en forma tomba dans l'abîme. Du monde du feu vinrent des étincelles qui fondirent le givre et lui donnèrent la vie. Ainsi naquit le géant Ymir. Ymir était mauvais. Dans son sommeil, il engendra la race malfaisante des géants de la gelée (1).

« Mais des gouttes de la gelée fondante naquit aussi la vache Audhumbla. Quatre fleuves de

---

omnia regit. — Fert hic sententias et causas dirimit, sacra fata... quæ semper durabunt.

57. Ædem videt illa stare, — sole clariorem, — auroque tectam, — in Gimle. — Ibi probi — homines habitabunt, et per sæcula — gaudio fruentur.

54 et 55. Ædem videt illa stare, — a sole remotam, in Nastronda. — Est ædes ea contexta — contortis serpentum dorsis. — Vidit ibi vadare — rapidos amnes, homines perjuros, — ac sicarios, etc.

Je cite la traduction latine de l'édition de Copenhague, en trois vol. in-4°, en conservant la division des vers. On a beaucoup attaqué l'authenticité de la 58° strophe, qu'on a représentée comme une interpolation chrétienne. Geijer la défend par un ensemble de preuves qui me paraissent convaincantes. *Svea Rikes Hæfder*, 236 et suiv. Cf. *Hyndiuliod*, str. 41.

(1) *Edda Sæmundar*, t. III, *Voloepa*, str. 5 : Initium fuit sæculorum, — quum Ymer habitavit. — Non erat arena, nec mare, — nec frigidæ undæ ; — terra nuspiam est reperta, — neque supernum cœlum ; — erat inane chasma, — sed nullibi gramen. Cf. t. I. *Vafthrudnismal*, str. 31, 35. Geijer, *Svea Rikes Hæfder*, p. 314 et suiv.

lait coulaient de ses mamelles. Elle se nourrissait en léchant la neige dans le creux des rochers. Le premier jour, elle mit à découvert une chevelure; le second jour, une tête; le troisième jour, tout un corps : ce fut le dieu Bure. Son fils Borr eut trois enfants : Odin, Vili et Ve; avec eux commence la famille des Ases, juste, bienfaisante, et suscitée pour combattre les géants (1).

« Odin et ses deux frères attaquèrent donc Ymir : ils le tuèrent; de sa chair ils firent la terre; les pierres, de ses ossements; de son sang, la mer ; le ciel, de son crâne, et de son cerveau, les nuées pesantes. Ensuite ils prirent les étincelles qui venaient de la région du feu ; ils en formèrent les astres, et les mirent dans l'espace pour éclairer le monde. Ils donnèrent des noms à la nuit et aux quartiers de la lune. Ils nommèrent le matin et le midi, le temps qui suit le midi et le soir, et réglèrent la division des années. Le sang d'Ymir, en se répandant, avait fait un déluge où ses enfants périrent, à l'exception d'un seul, qui devait perpétuer la race des géants. Des vers qui s'étaient engendrés dans les chairs naquirent les nains. L'espèce humaine manquait encore. Un jour, Odin et ses frères trouvèrent sur leur chemin deux troncs d'arbres, un frêne et un aune. Ces deux troncs n'avaient ni esprit, ni intelligence, ni beau

---

(1) *Edda dæmisaga*, 5, 6, 9, 10. Geijer, *loco citato*.

visage. Odin leur donna l'esprit ; le second dieu leur donna l'intelligence ; le troisième leur donna le beau visage : ce furent le premier homme et la première femme (1).

« Il y a neuf mondes. Le plus élevé est le ciel supérieur, où le feu exterminateur ne pénétrera pas. Le plus bas est l'enfer, où la sombre Héla attend les morts. Au centre des mondes se trouve la terre, plate et ronde, et entourée de l'Océan. Le frêne Yggdrasill, dont le feuillage ne se flétrit jamais, s'élève au milieu, et forme le pivot de l'univers. Sous l'une de ses trois racines, trois femmes divines, les trois Nornes, habitent un lieu caché, où elles gravent sur des tables le destin des hommes. L'une écrit le passé, l'autre le présent, la troisième l'avenir. — C'est aussi au milieu de la terre que fut bâtie au commencement Asgard, la cité des dieux. Un temple s'y élevait avec un trône pour Odin, et douze siéges pour les douze Ases. Car tout pouvoir a été donné à Odin, et c'est pourquoi on l'appelle Allfader, le père universel.

---

(1) *Edda*, Vafthrudnismal, str. 21 : Ex Ymir carne — creata fuit terra, — sed ex ossibus saxa, — cœlum ex cranio, — pruina frigidi gigantis, — sed ex sanguine salum.
Cf. Grimnismal, str. 40, 41. Volospa, str. 5, 6, strophe 15 : Tandem tres venerunt, — ex eo congressu, — potentes et amabiles, — Asæ ad domum. — Invenerunt in terra, — parum potentes, — Ascum et Emblam, — sine fatis. 16. Animam non possidebant, — rationem non habuerunt, — nec sanguinem, nec gestus, — nec colores decentes. — Animam dedit Odinus, — rationem dedit Hœnir. — Sanguinem dedit Lodur, — et colores decentes. Cf. Geijer, p. 315 et suiv.

Ses mystérieux surnoms sont au nombre de cent quinze : ils le désignent comme l'auteur de la vie, de la sagesse, de la victoire. Thor, le premier de ses fils, gouverne le tonnerre ; il porte le marteau, symbole de la foudre. Tyr est le dieu de la guerre ; Freyr donne la paix, l'abondance et les moissons. Il y a aussi plusieurs déesses : la plus vieille est Jordh, la terre, et la plus belle, Freya, la déesse de l'amour. Longtemps les Ases vécurent heureux. Ils construisaient des forges, fabriquaient de riches ouvrages, et ne manquaient jamais d'or. Les enchantements d'une magicienne troublèrent ces plaisirs, et la première guerre éclata (1).

« De la race des géants était né Loki, l'auteur du mal, celui qui trompe et qui raille les dieux ; il donna le jour à trois monstres : Héla, c'est-à-dire

---

(1) Volospa, 17 : Scio fraxinum stare ; — Yggdrasill nominatur, — alta arbor, perfusa — albo luto ; inde veniunt imbres — qui in valles decidunt. — Stat semper virens super — Urdæ fonte. 18. Inde veniunt Virgines multiscim, — tres existo lacu, — sub arbore sito. — Urdam nominarunt unam, — aliam Verdandi, — Sculdam tertiam. — Sculpserunt in tabula : — hæ leges posuere, — hæ vitam elegere ; — hominum gnatis fata constituunt.

Cf. Hrafnagalde Odins, str. 15, Ynglinga saga, cap. II. Geijer, p. 318. Sur les cent quinze noms d'Odin : Müller, Ueber die Æchtheit der Asalehre, p. 50. Sur l'âge d'or des Ases, Volospa, str. 7 : Conveniebant Asæ — in Indæ campo, — qui delubra et fana — alte extruxeruunt, — fornaces posuerunt, — pretiosa fabricarunt ; — viribus admirabantur, — omnia tentavere. — Forcipes formarunt, — et instrumenta fabrilia fecerunt. 8. Alea ludebant in area, — hilares fuere ; — erat illis nullius — ex auro facti defectus...

Les strophes 18 et 20 font allusion à l'histoire obscure de la magicienne qui mit fin à ce bonheur, et qui causa la première guerre.

la Mort, qu'Odin précipita dans le ténèbres ; le loup Fenris, que les dieux enchaînèrent ; et le grand serpent, qui fut jeté dans la mer, où il entoure la terre de ses replis. Deux autres loups, issus de la même origine, poursuivent le soleil et la lune, qu'ils menacent de dévorer. Les géants, soutenus des nains et des mauvais génies, qu'on appelle les Alfes noirs, ne cessent de guerroyer contre les Ases ; ils troublent les airs, ils soulèvent les montagnes, ils emmènent les déesses en captivité. D'un autre côté, les Ases défendent leur empire ; ils ont avec eux les bons génies, les Alfes lumineux, qui habitent le ciel, et les héros qui combattent le mal sur la terre. Odin mène à sa suite les Valkyries, les vierges des combats : leurs lances jettent des rayons, la rosée tombe de la crinière de leurs chevaux ; elles descendent sans être vues dans la mêlée, elles choisissent ceux qui ont le privilége d'y mourir : car les rois et les nobles, fils des dieux, ne tombent sur les champs de bataille que pour aller revivre dans le palais d'or de la Valhalla. Chaque jour, dans les cours du palais, ils se donnent le plaisir de la guerre ; puis ils rentrent dans les salles ornées de boucliers, s'asseoient à la même table, boivent la bière écumante, et se nourrissent de la chair du sanglier, qui ne diminue jamais (1).

(1) *Hyndluliod*, str. 37, 38. *Dæmisaga*, 34. Sur la création des Nains et des Alfes, Voloepa, str. 9, 14. *Hrafnagaldr Odins*, str. 26. Sur les plaisirs de la Valhalla, *Vafthrudnismal*, 41 : Omnes he-

« La puissance des Ases est assurée tant que vivra Balder, fils d'Odin, le plus beau d'entre eux, le plus doux et le plus pur. Rien d'immonde n'est souffert en sa présence; rien d'injuste ne résiste à ses jugements. Mais des songes sinistres l'avertissent de sa fin prochaine. Une antique prophétesse se réveille dans son tombeau, pour prédire la mort de Balder. La mère du jeune dieu veut conjurer le sort; elle demande à toutes les créatures le serment d'épargner son fils. Le feu, l'eau, le fer, les pierres, l'ont promis; une seule plante, la plus faible de toutes, le gui, oublié par la déesse, n'a rien juré. Loki la cueille et la met dans les mains de Hœder, frère de Balder, mais qui naquit aveugle. Pendant que les Ases rassemblés éprouvent l'impassibilité de Balder en lui portant des coups qui ne le blessent point, l'aveugle frappe à son tour : Balder, atteint du trait fatal, tombe, et rend le dernier soupir. En vain l'un des Ases descend chez Héla pour lui proposer la rançon du trépassé : l'inexorable déesse veut pour rançon une larme de chaque créature. Toutes les créatures pleurent, en effet : les hommes pleurent, les animaux pleurent, les arbres pleurent, et les rochers avec

---

roes, — Odini in areis, — ictus partiuntur ictibus quotidie. — Cædendos eligunt, et a prælio domum equitant, — cerevisiam cum diis potant, — vescuntur Schrimnis lardo, et maxime concordes sedent.

Cf. les chants héroïques contenus au tome II de l'*Edda*, où l'idée de l'immortalité revient à chaque page.

eux. Seule, une fille des géants ne veut pas pleurer, et Balder reste chez les morts (1).

« Rien ne suspend plus le destin qui menace le monde. Un siècle de fer viendra, le siècle des haches et des épées, où les boucliers seront brisés, où les adultères seront fréquents, où le frère tuera son frère. Le grand frêne Yggdrasill frémira dans l'attente des maux qui menacent le monde, et les nains gémiront sur le seuil de leurs cavernes. En ce temps, Loki rassemblera les géants et les esprits des ténèbres. Le loup Fenris rompra sa chaîne, le serpent qui enveloppe la terre se tordra de fureur. La région du feu vomira les génies malfaisants qui l'habitent. Ils viendront, conduits par Surtur le Noir, portant les flammes dans leurs mains. Alors Odin s'armera; il rassemblera autour de lui les Ases, les Alfes lumineux, les héros de la Valhalla. La dernière bataille s'engagera; mais il faut que les puissances ennemies l'emportent. Odin sera dévoré par le loup; Thor mourra étouffé par l'haleine empoisonnée du serpent; Freyr périra sous les coups de Surtur. Les hommes descendront en tremblant les chemins de la mort. La terre s'enfoncera dans l'Océan, les astres s'éteindront, et l'incendie

(1) *Voluspa*, str. 29 : Vidi Baldero, — cruore perfuso deo, — Odini filio, — fata reposita. — Stetit excrescens, altior campo, — teneret adeo speciosus, — visci surculus. 30. Factum est ex ista spina, —ut mihi visum est,— deplorandum missile et periculosum ; — Hœder jaculatus est.
Cf. *Edda dæmisaga*, 49 ; *Vegtamsquida*, passim, et Geijer, p. 329 et suivantes.

montera jusqu'au ciel. C'est le moment fatal que les chants sacrés ont appelé la Nuit des dieux (1).

« Mais cette nuit aura son lendemain. Un soleil plus jeune reviendra éclairer le monde. Une autre terre verdoyante sortira des flots : les cascades se précipiteront, et l'aigle planera au dessus. Un couple échappé au grand incendie, nourri de la rosée du matin, recommencera la race humaine. Des moissons nouvelles mûriront sans culture. Tous les maux cesseront. Balder reparaîtra, accompagné des fils d'Odin et de Thor. Ils reviendront habiter les palais de leurs pères, au lieu où s'élevait l'ancien Asgard; et là ils méditeront les grandes choses du temps passé et les runes du Dieu souverain (2). »

On ne peut méconnaître un grand travail d'esprit dans ce drame, où se déroule toute la tradition des Scandinaves. J'y découvre une doctrine complète

---

(1) *Volospa*, 40 : Catena rumpetur, — sed lupus irruet. — Prævideo sane longius — acerbum crepusculum — potestatum et beatorum numinum. La description se prolonge jusqu'à la strophe 51 : Sol nigrescere incipiet. — in mare terra decidet, — disparebunt e cœlo — serenæ stellæ, alta flamma aliudet — ipsi cœlo.
Cf. *Dæmisaga*, 51, *Hrafnagaldr*, 5 Geijer, 537.

(2) *Volospa*, 52 : Vidit illa emergere, — altera vice, — tellurem ex Oceano, — pulchre virentem; — defluent cataractæ, — aquila super volabit. 53. Convenient Asæ — in ldæ campo, — et ibi reminiscentur de magnis rebus, — et de celsissimi dei — antiquis runis. 55. Ferent insativum — agri frumentum; — mala omnia cessabunt. — Balderus redibit. — Incolent Hœder et Balder. — Odini beatas ædes.
Cf. *Vafthrudnismal*, str. 39, 45, 47. M. J.-J. Ampère a publié *Littérature et Voyages*, p 395) un exposé de la mythologie scandinave, auquel j'ai emprunté plusieurs traits.

de Dieu, de l'humanité, de la nature. Tout y est plein de souvenirs et de pressentiments; tout y respire cette tristesse profonde des âmes qui ont beaucoup su et beaucoup pensé. J'y reconnais l'enseignement d'une école théologique, et j'aurai lieu d'examiner de plus près ces dogmes, qui rappellent ceux de l'Orient : la généalogie des dieux ; le monde passant par une suite de créations et de destructions alternatives · le Dieu victime, dont le sacrifice fait le nœud des siècles. Mais la tradition sacerdotale ne s'impose pas sans effort chez un peuple guerrier. Les passions qu'elle gêne cherchent à la corrompre; elles y introduisent des fables qui les flattent, des pratiques qui les contentent, et tout ce qu'on nomme superstition.

*Superstitions des Scandinaves.* Et d'abord le sacerdoce scandinave, soit pour contenir les esprits par l'espoir et par la terreur, soit qu'il cédât à cet orgueilleux délire qu'on trouve souvent chez les prêtres des fausses religions, s'était attribué d'autres pouvoirs que ceux de l'enseignement et de la prière. Il se donnait pour dépositaire d'une science mystérieuse qui lui assurait l'empire des éléments et le gouvernement des volontés. Un chant de l'*Edda* exprime avec une effrayante hardiesse les rêves des magiciens du Nord. Le poëte se vante d'avoir été suspendu à un arbre durant neuf nuits entières, percé d'un coup mortel, offert en sacrifice à Odin. Durant neuf nuits, ses lèvres ne touchèrent ni le pain ni le vase d'hydromel : cependant

dant il apprenait les incantations puissantes dont les dieux ont le secret. Maintenant, descendu de l'arbre funèbre, il énumère les pouvoirs qui lui furent conférés. « Voici, dit-il, mon premier pou-
« voir : je sais des chants qui vous secourront con-
« tre les querelles, contre les chagrins et tous les
« genres de soucis. Voici ce que je sais encore : si
« les hommes me chargent de liens, je chante de
« telle sorte, que les entraves me tombent des
« pieds, et les menottes des mains. Voici ce que sais
« encore : si je veux sauver mon navire battu par
« les flots, j'impose silence au vent et j'assoupis la
« mer. Voici ce que sais encore : si je vois au-dessus
« de ma tête se balancer un corps suspendu par une
« corde au gibet, je trace des caractères tels que le
« mort descende et vienne s'entretenir avec moi.
« Voici ce que je sais encore : s'il me faut dans
« l'assemblée des hommes faire le dénombrement
« des dieux un à un, je puis compter les Ases et les
« Alfes jusqu'au dernier. Voici ce que je sais encore :
« si je veux m'emparer du cœur d'une belle jeune
« fille, je change son âme, et je remue comme il
« me plaît la volonté de la femme aux bras
« blancs (1). » L'idée même d'une telle science,

(1) Edda Sæmundar, t. III. *Havamal*, 141 : Scio me pependisse — in arbore ærea — integras novem noctes — telo vulneratum — et addictum Odino... 142 : Nec libo me beârunt — nec cornu potorio. — Speculabar deorsum — sustuli sermones — ejulans didici — rursus inde delapsus sum... 149 : Carmina illa calleo — quæ nescit civis uxor — et ullius mortalis filius. — Auxilium vocatur

tournée au mal comme au bien, suppose une profonde altération du dogme. Le premier auteur de la magie, c'est Odin, qui en confie les mystères d'abord aux Ases, ensuite aux prêtres ; et la tradition ajoute qu'il exerça une sorte d'enchantement plus redoutable encore, dont l'effet était d'envoyer aux hommes le malheur, la maladie ou la mort, de leur enlever la raison, de les priver de postérité ; mais les dieux et les hommes eurent horreur de ces maléfices, et en abandonnèrent l'usage aux déesses et aux sorcières. Ainsi la notion morale d'une divinité juste et bienfaisante s'obscurcit et s'éloigne, ne laissant à sa place que l'idée d'une puissance déraisonnable, qui se joue de la mort et de la vie, et qui trouve son contentement dans l'inépuisable variété de ses manifestations. Mais cette puissance est celle même de la nature, et Odin se montre en effet comme le symbole de la nature divinisée : on le représente sous les traits du Soleil, ce magicien céleste qui n'a qu'à paraître pour changer l'aspect du ciel et de la terre. Les dieux inférieurs prennent un caractère semblable ; et, pour qu'on ne s'y trompe pas, leurs noms mêmes deviennent ceux des éléments auxquels ils président, et avec lesquels ils se confondent. Les vagues sont appe-

primum — id autem tibi auxiliabitur — adversus controversias et ægritudines — et curas universas... Id novi sextum decimum — si velim lepidæ puellæ — toto affectu et voluptate potiri. — Animum muto — fœminæ brachia candidæ — atque ejus voluntatem penitus verto...

lées les filles d'Œgir, dieu des eaux. Jordh, la Terre, est adorée comme l'épouse du Ciel ; des génies inconnus attisent dans l'abîme le feu qui doit dévorer le monde, et l'Edda énumère comme autant de nains les différentes sortes de vents, de frimas, de pluies, qui troublent les airs. Cette apothéose de toute la création devait aboutir, tôt ou tard, au culte des arbres, des pierres et des eaux, dont les traces se retrouvent par tout le Nord (1).

Pendant que la tradition s'altérait ainsi dans l'enseignement des prêtres, comment n'aurait-elle pas subi d'autres atteintes dans l'imagination des peuples ? Le culte de l'ancien Odin, c'est-à-dire d'une intelligence souveraine et impassible, était trop spirituel pour ces cœurs grossiers ; il leur fallait des divinités violentes comme eux, qui combatissent avec eux. C'est pourquoi ils préféraient l'impitoyable Thor, le tueur de géants, avec son marteau meurtrier. C'était lui qui avait la première place dans le temple suédois d'Upsal et dans les sanctuaires de Norvége. Odin lui-même ne demeurait sur les autels qu'en y prenant une attitude guerrière. On le représente armé de pied en cap ; on l'appelle le père du carnage. Les Valkyries, qui le suivent, aiment l'odeur des morts et le cri des blessés. La veille des grandes batailles,

(1) *Ynglinga saga*, cap. vii. Sur le culte de la nature chez les peuples du Nord. *Voluspa*, str. 9, 14. Geijer, p. 347. Grimm, *Mythologie*, t. 1, p. 555, 567, 568, 609, 611, etc.

elles travaillent ensemble, en s'accompagnant de chants de guerre. Le tissu qui les occupe est d'entrailles humaines ; les flèches servent de navettes, et le sang ruisselle sur le métier. Le palais de la Valhalla ne s'ouvre qu'aux braves qui ont péri par le fer, et pour eux la félicité de l'autre vie est encore de se tailler en pièces. La cruauté de ces dogmes avait passé dans les mœurs. L'idéal de la vertu, c'était ce délire furieux où le guerrier (*Berseker*) se précipitait l'épée à la main sur ses compagnons comme sur ses ennemis, frappait les arbres et les rochers, et ne respirait plus que la destruction. La piété filiale, c'était d'achever à coups de lance les vieillards et les malades pour leur assurer une place dans le séjour des héros, et d'immoler sur le bûcher leurs femmes et leurs esclaves pour leur donner un cortége. On ne connaissait pas de culte plus agréable aux dieux que le sacrifice humain. Le roi On l'ancien immola l'un après l'autre ses neuf fils à Odin, pour obtenir une longue vie. Ce n'était point là le caprice royal d'un barbare, mais l'application d'une coutume nationale. Tous les neuf ans, à la fête de Lethra, dans l'île de Seeland, on égorgeait quatre-vingt-dix-neuf hommes, avec autant de chiens et de coqs. Un voyageur chrétien, qui visitait Upsal au onzième siècle, compta soixante-douze victimes humaines suspendues aux grands arbres de la forêt sacrée. Mais une telle religion, par cela seul qu'elle tentait de régler le meurtre et de discipliner la violence, était incapable d'assouvir tous les emportements des pirates du Nord. Rien n'est plus ordinaire, dans les vieux récits des Scandinaves, que ces guerriers qui se vantent de se passer des dieux, de se rire des esprits, et de ne croire qu'à leur épée (1).

Cependant, comme on n'ôte pas le frein d'une passion sans déchaîner les autres tôt ou tard, la religion de la guerre finit par devenir celle de l'impureté. Au onzième siècle, le paganisme scandinave était arrivé à la dernière corruption. Le belliqueux Odin avait dégénéré : les chants des poètes étaient remplis des noms de ses épouses, du récit de ses incestes et de ses adultères. On adorait la volupté sous le nom de Freya, la belle ma-

(1) Sur le culte de Thor, Adam Bremm., *de Situ Daniæ*, loco citato. Heims Kringla, *Olafs helga saga*, c. cxviii. *Olaf Tryggvasons saga*, c. lxxv, Geijer, p. 276. Sur les Bersoker, Depping, *Histoire des expéditions des Normands*, t. I, p. 46. Sur les sacrifices humains des Scandinaves, Procope, *de Bello Gothico*, II, 15 : Θύουσι δὲ ἐνδελεχέστατα ἱερεῖα πάντα καὶ ἐναγίζουσι· τῶν δὲ ἱερείων σφίσι τὸ κάλλιστον ἄνθρωπός ἐστιν. Adam Bremnn., *loco citato* : Lucus tam sacer est gentilibus ut singulæ arbores ejus ex morte vel tabo immolatorum divinæ credantur. Ibi etiam canes qui pendent cum hominibus, quorum corpora mixtim suspensa narravit mihi quidam christianorum se septuaginta duo vidisse. Dietmar de Merseburg, t, 9 : Ibi (Lethræ) diis suismet novem homines, et totidem equos, cum canibus et gallis, pro accipitribus oblatis immolant... *Ynglinga saga*, 29. Grimm, *Mythologie*, 40. — Sur le meurtre des vieillards. Geijer, *Schwedens Geschichte*, p. 102.

Sur l'athéisme de quelques héros scandinaves, *Frithiofs saga*, *Olaf Tryggvasons saga*, 1, 14. *Ouarodds saga*, cap. ii. *Landnam*, 1, cap. ii.

gicienne, qui se prostituait à tous les dieux. Elle séduisait aussi les hommes. L'exemple des immortels consacrait la polygamie. La guerre pourvoyait de captives les sérails des chefs. Il ne s'y passait pas d'orgies qui n'eussent leurs modèles dans les temples. L image du dieu Freyr, dans une attitude infâme, était proposée à la vénération publique; et les fêtes s'achevaient par des chants obscènes que les chroniqueurs chrétiens refusent de répéter. C'est à cette dégradation que descendait un grand peuple, sous un climat qui passe pour nourrir des hommes calmes et chastes. Mais il n'y a pas de climat où le cœur humain n'ait porté ses orages, et il fallait autre chose que des brumes et des neiges pour les apaiser (1).

*Religions des autres peuples germaniques.*

Les Scandinaves s'étaient séparés de bonne heure de la famille germanique; venus plus tard de l'Orient, resserrés pour ainsi dire dans un coin du monde, avec d'autres besoins et d'autres habitudes, il semble qu'ils devaient porter aussi un autre génie dans la religion. Il n'est donc pas permis d'étendre sans preuve à tout le Nord leurs institutions et

(1) Voyez les chants satiriques de l'Edda, *Loka Senna Ægisdrecka*, etc. Adam Bremensis, *loco citato* : Tertius est Fricco, pacem voluptatemque largiens mortalibus, cujus simulacrum fingunt ingenti priapo. Son char est traîné par des boucs, et une prêtresse l'accompagne. Cf. Grimm, *Mythologie*, I, 193. Le même auteur insiste sur la liaison du culte de Freyr avec le symbole du sanglier, p. 195. — Sur les chants obscènes dans les fêtes d'Upsal, voyez Adam de Brême, au passage déjà cité.

leurs croyances. Il reste à savoir ce qui s'en retrouve chez les peuples établis entre la mer Baltique et le Danube.

On connaît déjà les Goths, ces frères aînés des Scandinaves. On sait qu'ils avaient une caste sacerdotale, des lois sacrées, des rites dont l'omission était punie de mort. Je remarque ensuite les Saxons, chez qui on trouve des temples, des autels tournés vers l'orient, des images d'or, d'argent et de pierre. Leurs prêtres vivaient sous une discipline qui leur interdisait l'usage des armes et des chevaux; mais cette loi, en les séparant de la multitude, assurait leur autorité : on les écoutait avec respect dans les conseils des rois. Enfin, si je m'arrête aux Germains connus de Tacite, je vois chez eux tout ce que l'esprit humain imagine pour régler le commerce des dieux avec la terre. Je vois des forêts, des îles, des territoires entiers, consacrés à ces protecteurs invisibles que chaque nation cherche à fixer auprès d'elle. Ils ont des sanctuaires élevés de main d'homme ; et si l'art est encore trop grossier pour les peupler de statues, des images symboliques en tiennent lieu : les Suèves honorent un vaisseau, les Quades une épée. En même temps, je trouve des sacerdoces publics qui balancent le pouvoir des chefs de guerre. Les sacrificateurs président les assemblées ; ils imposent silence à cette foule qui n'a pas coutume d'obéir ; ils exercent au nom des dieux le droit de punir, si exorbitant chez des peuples libres. Ils ont des auspices qui décident de toutes les affaires. Le ciel, dont ils sont les interprètes, gouverne les choses humaines. Il faut compter les nuits, observer les astres, marquer les jours favorables où il est permis de délibérer. Nulle part on n'interroge plus scrupuleusement le vol et le chant des oiseaux. Plusieurs tribus nourrissent des chevaux blancs qu'on attelle à un char sacré, pour tirer des présages de leurs hennissements. Mais l'avenir se manifeste surtout par les verges divinatoires qu'on jette en l'air, et qu'on reçoit sur un vêtement de lin. Dans ce pays, où tout est inspiré, les femmes rendent aussi des oracles : souvent Velléda, du haut de la tour qu'elle habitait au bord de la Lippe, promit la victoire aux députés des tribus voisines. Il y a donc un système de signes par lesquels les dieux, solennellement interrogés, s'obligent à répondre aux hommes. En retour de ce bienfait, chaque divinité veut ses sacrifices à des jours réglés, avec des victimes prescrites, avec des prières. La fête s'achève par un banquet, où l'on vide la coupe de mémoire. Au temps fixé, le prêtre du bois sacré d'Hertha tire la déesse du sanctuaire, la conduit sur un chariot voilé, traîné par des vaches, et la promène de peuple en peuple, jusqu'à ce que, fatiguée de la société des mortels, elle rentre dans sa solitude. Alors le chariot, le voile et la déesse même sont lavés dans un lac, où l'on noie les esclaves employés à ces mystères. Des institutions religieuses qui tenaient au sol, un art augural qui enveloppait ainsi tous les actes de la vie, un culte si pompeux et si jaloux, supposent l'existence d'une doctrine qu'ils servaient à perpétuer. On reconnaît, en effet, chez les peuples décrits par Tacite, des chants qui leur tenaient lieu de livres sacrés, des dieux dont ils savaient les noms, les généalogies, les aventures ; des dieux nationaux, des dieux conjugaux, des dieux pénates, tout ce qui indique un certain nombre de dogmes universellement reçus. Il y a donc lieu de croire que les principales nations germaniques, unies avec les Scandinaves par une même origine, le furent aussi par une même tradition. Il en faut chercher les débris chez les historiens classiques, dans les actes des missionnaires chrétiens, dans les lois et les souvenirs du moyen âge, parmi les noms de lieux et les superstitions populaires de l'Allemagne moderne : car rien n'est opiniâtre comme une croyance traditionnelle, et, plutôt que de s'effacer, elle se réfugie pour des siècles dans un conte de nourrice ou dans un jeu d'enfant (1).

(1) Sur le culte des Goths, Cf. Jornandes, *de Rebus Geticis*, p. 10 et 11. Sozomène, *Hist. eccles.*, VI, 37, ἐπὶ τῶν βαρβάρων ἑλληνικῶς θρησκευόντων, et l'explication de ce texte par Grimm, *Mythologie*, I, 95. Sur les temples et les prêtres des Anglo-Saxons, Bède, *Hist. eccles.*, II, 13 : Non enim licuerat pontificem vel arma ferre, vel præterquam in equa arma ferre. Sur les institutions religieuses de l'ancienne Germanie, Tacite, *Germania*, 2, 7, 8, 9, 10,

Les dieux des Germains.

L'idée d'un Dieu inconnu semble dominer toutes les traditions allemandes. C'est ce je ne sais quoi de divin que les Germains de Tacite adoraient dans l'horreur de leurs forêts, qu'ils ne voyaient que par la pensée, et qu'ils n'osaient ni représenter sous des formes humaines, ni resserrer entre des murailles. Le nom même que la langue allemande donne au Créateur (*Gott*) semble tenir, par sa racine, aux plus exactes notions métaphysiques. Une explication étymologique, désormais incontestable, le ramène à une racine orientale qui exprime l'Être incréé (en persan, *Khoda ;* zend, *Quadata ;* sanscrit, *Svadâta, a se datus*) ; et par une déduction parfaitement juste, le même mot (*Gut*) signifiait l'Être bon. Mais une idée si pure n'avait pas suffi

11, 12, 39, 40, 45. Tacite, *Histor.*, IV, 64 ; V, 22, 25. *Annales*, I, 57. Strabon, VII, § 4, ἀνέμνησεν δὲ καὶ Αἴσης τῶν Χάττων ἱερός. Dion Cassius, LXVII, 5. Ammien Marcellin, XIV, 9, mentionne les prêtres des Alemans, et Agathias, 2, leurs devins. Tous les historiens de Charlemagne parlent du sanctuaire national d'Irminsul chez les Saxons. *Annales lauresh.* : Fuit rex Karlus hostiliter in Saxonia, et destruxit fanum eorum, quod vocatur Irminsul. Comparez avec ces témoignages ceux des hagiographes qui ont décrit les premières conquêtes du christianisme dans l'Allemagne païenne : Grimm, *Mythologie*, I, p. 67 et suiv. Grégoire de Tours, *Vitæ Patrum*, 6 : Erat ibi (Agrippinæ) fanum quoddam diversis ornamentis refertum, in quo barbarus opima libamina exhibens usque ad vomitum cibo potuque replebatur : ibi et simulacra ut deum adorans. Cf. Bède, *Hist. eccles.*, II, 15. Vitæ S. Eugendi, S. Lupi Senonensis, S. Galli, S. Egili, S. Willibrordi, S. Willehadi, S. Ludgeri, constitutio Childeberti I : Ubicumque fuerint simulacra constructa, vel idola dedicata ab hominibus... Le bain sacré d'Hertha rappelle la procession annuelle des prêtres de Cybèle, qui allaient laver la pierre noire, image de la déesse, dans les eaux de l'Almon. Ovid., *Fast.*, IV, 339.

à des esprits charnels; il leur avait fallu, comme à tous les peuples du paganisme, des divinités faites à leur image (1).

Les trois principaux dieux que Tacite donne aux Germains sont : Mercure, Hercule et Mars. Si ces dénominations, tirées de la mythologie romaine, nous déconcertent d'abord, elles nous éclairent cependant : elles laissent à penser que l'historien a reconnu chez les divinités du Nord quelque ressemblance avec les personnages fabuleux dont il leur a prêté les noms (2).

Les écrivains du septième et du huitième siècle trouvent encore Mercure adoré en Germanie, mais ils le nomment aussi en langue barbare Wodan. C'est de Wodan que prétendaient descendre les huit familles des rois anglo-saxons; c'est à lui que les Allemands faisaient des libations de bière, et que les Lombards, longtemps après leur entrée en Italie, offraient encore des sacrifices. Je reconnais en lui l'Odin des Scandinaves : les deux noms ont le même sens; ils désignent la pensée, le vou-

---

(1) Tacite, *Germania*, IX. Grimm, *Mythologie*, 1, 12, 15. Von Raumer, *die Einwirkung des Christenthums auf die althochdeutsche Sprache*, p. 558.
(2) Tacite, *Germania*, IX : Deorum maxime Mercurium colunt .. Herculem et Martem concessis animalibus placant. Ce passage ne semble pas s'accorder avec celui de César : Deorum numero eos solos ducunt quos cernunt et quorum opibus aperte juvantur, Solem et Vulcanum et Lunam. *De Bello Gall.*, VI, 21. Mais nous reconnaîtrons dans le Vulcain de César le même dieu que l'Hercule germanique de Tacite.

loir. La grande divinité des Germains est auss. une divinité intelligente, de qui vient tout pouvoir religieux et civil, de qui émanent le sacerdoce, la poésie, la science. Ses attributs rappellent ceux de l'ancien Mercure, porteur du caducée sacerdotal, inventeur de la lyre, et présent à la fois au ciel, sur la terre et aux enfers. Wodan habite un palais céleste ; les étoiles de la grande Ourse forment son char. De sa fenêtre, qui regarde vers le soleil levant, il assiste aux combats des hommes ; il fait vaincre ceux qu'il aime. C'est ainsi que le représente une ancienne tradition lombarde recueillie par Paul Diacre au temps de Charlemagne, c'est-à-dire quand le paganisme germanique, partout vaincu, n'avait encore péri nulle part. Selon ce récit, les Lombards portaient d'abord le nom de Winiles, et guerroyaient contre les Vandales. « Or les Vandales avaient invoqué Wodan, et le dieu avait répondu qu'il donnerait la victoire à ceux qu'il verrait les premiers sur le champ de bataille au lever du soleil. Mais la reine des Winiles invoqua à son tour la déesse Fréa, l'épouse de Wodan, et lui demanda la victoire pour son peuple. Et Fréa lui conseilla de faire que les femmes de son peuple rattachassent leurs longs cheveux sous leurs mentons comme des barbes, et qu'elles se trouvassent au point du jour avec les hommes sur le champ de bataille, de manière à être vues de Wodan du côté de l'orient, où il avait coutume de regarder par la fenêtre de son palais. Le conseil fut suivi ; et quand, au lever du soleil, Wodan aperçut cette foule : « Qui sont, s'écria-t-il, ces *Longues-Barbes* (Langbarten, Lombards.) » Alors Fréa lui représenta qu'il ne pouvait refuser la victoire à ceux qu'il venait d'adopter en leur donnant un nom. Les Winiles furent vainqueurs, et se nommèrent désormais les *Longues-Barbes*, les Lombards. » Cette fable est assurément grossière; cependant Wodan y joue un rôle épique : il ressemble à ces dieux dispensateurs de la victoire, que les poëtes classiques représentent pesant les destinées des guerriers, décidant le triomphe des uns, la mort des autres, et souvent circonvenus par les artifices des déesses leurs compagnes. D'autres fois on le représente comme un voyageur divin, venu de la Grèce, c'est-à-dire de l'Orient, qui apporte l'art d'écrire, de guérir, de conjurer tous les maux; qui élève des cités et qui fonde des royaumes : tout le Nord a voulu conserver le souvenir de son passage. En Allemagne, en Angleterre, en Danemark, en Suède, on trouve des montagnes de Wodan, des îles, des forêts d'Odin. On l'invoque aussi comme le roi des morts, qui enlève les guerriers tombés sur les champs de bataille, pour en composer son cortége. De même que Mercure menait chaque jour au bord du Styx la foule gémissante des trépassés, ainsi chaque nuit Wodan chevauche dans les airs, conduisant la longue bande des guerriers morts qu'il a choisis sur les champs de bataille. C'est là cette Armée furieuse (*wütendes Heer*) et ce Féroce chasseur, célèbres dans les superstitions allemandes. Encore aujourd'hui, quand soufflent les vents d'hiver, les pêcheurs danois et poméraniens croient reconnaître, à ces bruits menaçants, Wodan et sa chasse. Longtemps les paysans du Meklembourg, comme ceux de la Suède, laissèrent sur leurs champs moissonnés une gerbe d'épis pour le cheval du dieu. L'Allemagne ne peut se résoudre à oublier ce qu'elle adora. Chaque année, au pays de Schaumbourg, on voit, après la récolte, les jeunes paysans se rassembler sur une colline appelée la *Colline des Païens*, y allumer un grand feu, et agiter leurs chapeaux en s'écriant : Woden ! Woden (1) !

Le second dieu des Germains, au rapport de Tacite, est Hercule ; et, en effet, les traditions parlent

(1) L'ancienne forme teutonique est Wuotan, d'où Wôdan chez les Lombards, Voden chez les Anglo-Saxons, Weda en Frise : racine, *Wuot, mens, animus*. En langue scandinave, Odhinn : racine, *odhr, sensus, mens*. — Wodan assimilé à Mercure : Jonas Bobbiensis, *Vita S. Columbani*, ap. Mabillon, *A. SS. O. B.*, sæc. II : Illi (Suevi) simul deo suo Wodano, quem Mercurium vocant alii, se velle litare. — Wodan sane quem adjecta littera Gwodam dixerunt, et ab universis Germaniæ gentibus ut deus adoratur, qui non circa hæc tempora, sed longe anterius, nec in Germania, sed in Græcia fuisse perhibetur. Ce passage, et celui où Woden figure avec son palais céleste, Fréa, son épouse, etc., achèvent de montrer l'identité du dieu des Germains et de l'Odin scandinave. Cf. *Ynglinga saga*, cap. II et suiv. — Sur les lieux qui ont retenu le nom de Woden et les superstitions populaires qui rappellent son culte, voyez Grimm, *Mythologie*, I, 138 et suiv. Cf. W. Müller, *Geschichte der deutschen Religion*. Geijer, *Svea Rikes Hæfder*, p. 287.

d'un personnage divin, armé de la massue ou du marteau, doué d'une force prodigieuse, et qui foule aux pieds les géants vaincus. En langue allemande, on le nomme Donar ; c'est le même que les Scandinaves appellent Thor, c'est-à-dire le tonnerre, la puissance invisible dont la voix se fait entendre dans la tempête. Le marteau placé dans ses mains était le symbole de la foudre, qui consacre tout ce qu'elle touche. Voilà pourquoi on dédiait à Donar tout ce qu'il avait foudroyé, les cimes des montagnes, les plus grands chênes des forêts ; voilà pourquoi les Suédois se servaient du marteau comme d'un emblème sacré aux noces et aux funérailles, et les Hollandais le plaçaient, enveloppé d'un voile, dans la chambre où un enfant était né. Les chroniqueurs chrétiens, frappés de ces traits, comparèrent Donar à Jupiter, et c'est sous ce nom que les canons des conciles le désignent en proscrivant son culte. Toutefois le souvenir du dieu déchu ne s'effaça pas en un jour ; les hommes du nord de la Frise souhaitent encore à leurs ennemis : « Que le Tonnerre aux cheveux rouges les emporte ; » et, dans les campagnes de la basse Saxe, la coutume se conserve de jurer par le marteau (1).

(1) Il est probable que la foudre grossière placée entre les mains du dieu Donar trompa l'inexpérience des étrangers. Tacite y crut voir la massue d'Hercule, et César le marteau de Vulcain. — Le rapport de Thor ou Donar avec Jupiter résulte des canons des conciles qui le désignent sous ce nom (*Indiculus superstitionum ad concilium Liptinense*, 8 et 20), et des noms que toutes les langues

Mars vient ensuite, et les écrivains chrétiens s'accordent avec Tacite pour le montrer adoré par tous les peuples du Nord. Il est appelé Zio chez les Suèves, Ty chez les Frisons, Tyr dans les chants de l'Edda. Les Quades et les Alains l'honoraient sous la figure d'une épée nue. Les Saxons lui avaient consacré leur forteresse d'Éresburg, c'est-à-dire le château de l'épée. On le reconnaît sous le nom de Saxnot, le porte-glaive, dans les généalogies anglo-saxonnes. Quand les évêques, réunis à Leptines en 743, réglèrent l'abjuration des barbares, ils voulurent que les néophytes renonçassent à Donar, Wodan et Saxnot. Ainsi les Germains avaient leur trinité fabuleuse. Quand saint Colomban et ses compagnons visitèrent les bords du lac de Constance, ils trouvèrent à Bregenz une chapelle profanée par les barbares; on y avait érigé trois idoles d'airain doré, et le peuple leur offrait des sacrifices en disant : « Ce sont nos anciens dieux, dont la pro-
« tection nous a conservés, nous et nos biens, jus-
« qu'à ce jour (1). »

germaniques donnent au jeudi, Jovis Dies, en scandinave, Thòrsdagr; en allemand, Donnerstag. Saxo Grammaticus traduit le nom de Thor par celui de *Jupiter ardens*. — Pour les noms de lieux et de superstitions populaires, W. Grimm, *Mythologie*, 1, 160, 162, 164. Dans quelques cantons de l'Allemagne, *Hammer*, le marteau, était le nom du diable.

(1) Sur le culte de Mars chez les peuples du Nord, cf. Tacite, *Histor*., IV, 14; Procope, *de Bello Gothico*, II, 15; Jornandes, *de Rebus Geticis*, cap. v. Tyr figure dans l'alphabet runique représenté par un fer de lance. Cf. W. Grimm, *Ueber die deutsche Runen*. Ammien Marcellin, XVII, 12; XXXI, 2, trouve le dieu Mars

Au-dessous de ces trois grandes figures se rangeaient un nombre infini de divinités inférieures. Les Francs et les Anglo-Saxons, si l'on en croit leurs chroniqueurs, adoraient Saturne, qu'on reconnaît sous le nom de Sœter. Tacite découvre chez les Naharvales le culte de Castor et de Pollux. Nous rencontrerons bientôt le mystérieux Balder; son fils Fosite était adoré dans l'île sainte d'Héligoland. Plusieurs temples s'y élevaient; on y montrait une source où l'on ne puisait qu'en silence, et des troupeaux sacrés sur lesquels nul n'osait porter la main.

La tradition prêtait à ces dieux des formes humaines; elle leur donnait des armes, des chevaux, des chars; ils descendaient sur la terre, se faisaient voir au peuple; ou bien, couverts de leurs manteaux magiques, ils se rendaient invisibles, et traversaient l'espace avec la rapidité de l'aigle et du faucon. On retrouve en eux cet idéal de force et de beauté qui fait le caractère des divinités de la Grèce;

adoré sous la figure d'une épée chez les Quades et chez les Alains. Varron avait reconnu un culte semblable chez les anciens Romains; V. Arnobe, VII, 12. — Les généalogies anglo-saxonnes sont reproduites avec autant de clarté que d'exactitude dans la première édition de la *Mythologie* de Grimm, p. 1 et suiv. Saxnot y figure comme fils de Woden. Je reconnais en lui le Saxnot de la formule d'abjuration : « Ende forsocho... Thunare, ende Woden, ende Saxnot. » Cf. *Vita S. Galli*, ap. *Acta SS. O. B.*, sæc. II. p. 233 : Repererunt autem in templo tres imagines æreas deauratas, parieti affixas, quas populus adorabat et oblatis sacrificiis dicere consuevit : « Isti sunt dii veteres et antiqui, hujus loci tutores, quorum solatio et nos et nostra perdurant usque in præsens. »

mais l'idéal demeura comme enveloppé dans l'imagination rêveuse des Germains : ils n'eurent pas d'Homère ni de Phidias pour le saisir et le faire passer dans l'épopée ou dans le marbre moins durable qu'elle (1).

*Les déesses.* Des dieux qui ressemblaient si fort aux hommes avaient dû naître de l'embrassement de l'époux et de l'épouse ; ils avaient des mères, des femmes, des sœurs : on honorait donc avec eux plusieurs déesses. On les représentait comme autant de voyageuses divines qui parcouraient le monde, portant la paix, enseignant aux peuples les arts domestiques, leur apprenant à semer le blé, à filer le chanvre et le lin. C'est d'abord Hertha, la Terre, dont les fêtes rappelaient la pompe annuelle de Cybèle, quand son idole était menée sur un chariot au bord de la rivière, où les pontifes romains la baignaient. Ensuite vient la Vénus du Nord, Fréa, la déesse de l'abon-

---

(1) Sur le culte de Saturne chez les Francs et les Anglo-Saxons, Gregor. Turon., *Histor. Franc.*, II, 29-31. Galfredus Monemut., lib. VI. Cui Heugistus : « Deos patrios Saturnum atque cæteras, qui mundum gubernant, colimus. » On trouve au deuxième siècle, en Angleterre, un lieu appelé *Sætersebyrig*, le bourg de *Sæter*. Grimm, *Myth.*, II, 226. Castor et Pollux, adorés chez les Naharvales, Tacite, *Germania*, 43. — Culte de Fosite, Alcuin, *Vita S Willibrordi*, cap. x. Adam Brem., *de Situ Daniæ*. Altfrid, *Vita S. Liudgeri*, op. Pertz, II, 410 : Pervenientes autem ad eamdem insulam, destruxerunt omnia ejusdem Foseti fana quæ illic fuere constructa... Baptizavit eos tunc invocatione sanctæ Trinitatis in fonte... A quo etiam fonte nemo prius haurire aquam, nisi tacens, præsumebat. — Procope attribue aux Hérules un grand nombre de divinités : πολὺς θεῶν ὅμιλος. — Pour les attributs des divinités germaniques en général, on trouvera les preuves rassemblées chez Grimm, *Mythologie*, 295.

dance, de la fécondité et de l'amour : Fréa était célébrée comme l'épouse de Woden ; elle pouvait tout sur lui avec le collier (*brisinga men*) que lui forgèrent les Nains, pareil à la ceinture de Vénus, dont le charme subjugait les dieux. Elle assurait la victoire aux peuples qu'elle protégeait : c'était elle qu'invoquaient les femmes des Lombards à la veille des batailles. D'autres historiens trouvent le culte d'Isis chez les Suèves, et chez les Francs celui de Diane. Sous ce nom classique, je crois reconnaître la bonne déesse Holda, la chasseresse, encore adorée par les Allemands mal convertis du onzième siècle, qui visitait secrètement la maison du laboureur, qui chargeait de laine le fuseau des ménagères diligentes. Elle était belle et chaste : en hiver, on la voyait passer dans les airs vêtue de blanc, semant la neige autour d'elle ; en été, on l'avait quelquefois surprise, vers l'heure de midi, se baignant dans les lacs. Mais, de même que Diane prend aussi le nom d'Hécate et devient la reine des enfers, Holda, qu'on appelait aussi Berhta, était redoutée comme une divinité infernale, qui moissonnait les vivants. C'est avec ces traits qu'elle vit encore dans les superstitions de l'Allemagne : c'est elle, dit-on, qui enlève les nouveau-nés morts sans baptême ; et, quand gémit la brise des nuits, les mères inquiètes croient entendre les vagissements des jeunes victimes que l'antique déesse traîne à sa suite à travers les airs. On raconte qu'une femme de

Wilhelmsdorf avait perdu son fils unique, et allait chaque soir pleurer sur son tombeau. Or il arriva qu'une nuit elle vit passer le cortége de la déesse; et, le dernier de tous, venait un petit enfant, tenant à la main une cruche pleine d'eau, et sa chemise était trempée, et il ne pouvait suivre les autres. La mère reconnut son fils; et comme elle le prenait dans ses bras : « Ah! dit-il, que les bras d'une « mère sont chauds! Mais ne pleure point tant, car « tes larmes remplissent ma petite cruche ; et tu « vois comme elle est pleine et lourde, et comme « ma petite chemise est trempée ! » On ajoute qu'à partir de cette nuit la mère ne pleura plus.

J'omets d'autres personnages fabuleux dont il ne reste que les noms; mais on ne peut oublier Sunna, la déesse du soleil, et son frère Mani, qui faisait luire la lune. Deux loups affamés les poursuivaient; et, quand l'un des deux flambeaux du ciel venait à s'éclipser, les hommes, consternés, poussaient de grands cris pour effrayer le monstre et lui arracher sa proie (1). César connut le culte qu'on rendait à

(1) W. Grimm (*Mythologie*, I, 250), par des raisons qui ne me paraissent pas suffisantes, lit, dans le passage de Tacite (*Germania*, XL), Nertham au lieu de Hertham. — Le rôle mythologique de Fréa est indiqué dans la fable rapportée par Paul Diacre, *Historia Longobard.*, I, 8. Le poëme anglo-saxon de Beowulf fait allusion au collier forgé par les Nains, v. 2599. — Sur le culte de Diane, Gregor. Turon., *Hist. Franc.*, VII, 15. *Vita S. Kiliani*, apud Bolland., 8 jul., p. 616. Diana namque apud illum (ducem Franciæ) in summa veneratione habebatur. Burchard de Worms, p. 194, traduit le nom de Diane par celui de Holda. Quam vulgaris stultitia Holdam vocat. — Grimm, *Mythologie*, p. 245, 250, cite les

ces deux astres ; ils complètent le cycle des divinités planétaires, et c'est ici que je remarque l'accord unanime des nations germaniques, et combien leurs croyances se rapprochaient facilement des croyances romaines. Dans les idiomes du Nord comme dans les langues néo-latines, les jours de la semaine, placés sous l'invocation d'autant de personnages divins, en ont retenu les noms. Ces noms se correspondent exactement, et, dans la semaine des Germains, les sept dieux Sunna, Mani, Zio, Wodan, Donar, Fréa, Sœter, remplacent les dieux classiques des sept planètes : le Soleil, la Lune, Mars, Mercure, Jupiter, Vénus et Saturne (1).

---

traditions populaires sur Holda et Berhta, qui semblent être les deux noms d'une même déesse, l'un dans le nord de l'Allemagne, l'autre dans le sud. La chronique du monastère de Saint-Tron, en décrivant la procession du vaisseau, qui se faisait au douzième siècle à Aix-la-Chapelle, confirme le témoignage de Tacite, *Germania*, IX, sur le culte d'Isis chez les Suèves ; mais il ne l'explique pas. (Rodulphi Chronicon abbatiæ S. Trudonis, apud d'Achery Spicilegium, t. VII.)

(1) En ce qui touche l'adoration du soleil et de la lune, César, *de Bello Gallico*, VI, 21. Cf. *Indiculus superstitionum ad concilium Liptinense*, 21. C'est l'opinion commune que la division du temps en semaines, introduite à Rome à l'époque d'Auguste, ne s'étendit dans le Nord qu'avec les conquêtes des Romains. Mais ce qui paraît décisif, pour l'analogie des religions, c'est que les Germains aient traduit avec tant d'uniformité les noms des divinités romaines par les noms de leurs dieux. De tous les idiomes germaniques modernes, l'anglais est celui qui a le mieux conservé les anciennes dénominations : Sunday, Monday, Tuesday, Wednesday, Thursday, Friday, Saturday. — Scandinave : Sunnudagr, Mánadagr, Tyrsdagr, Odinsdagr, Thorsdagr, Friadagr, Laugardagr. — Allemand : Sontag, Montag, Dienstag, Mittwoch, Donnerstag, Freytag, Samstag. Mais on trouve dans l'ancien allemand *Ciestac*, le jour de Zio ou de Mars; *Gudenstag*, le jour de Guden ou de Woden. Le

Ainsi, en s'attachant aux témoignages des historiens anciens, on reconnaît en Germanie les principales divinités des Scandinaves ; plusieurs manquent cependant, et je ne retrouve ni la hiérarchie des douze Ases, ni les alliances qui les unissent, ni les fictions qui remplissent les chants de l'Edda. De ces beaux récits, où l'on voyait l'origine du monde, sa destinée, sa ruine, il ne reste dans les traditions allemandes qu'une trace douteuse et souvent effacée.

*Suite de la mythologie des Germains.*

Comme l'Edda faisait naître du rocher le vieux Bure, dont le fils Borr engendra Odin, Vili et Ve, les trois chefs des Ases, de même les Germains de Tacite célébraient dans leurs chants Tuisto, né de la Terre, et son fils Mannus, dont les trois enfants étaient devenus les chefs d'autant de nations. Si Odin avait fait le monde des membres du géant Ymir, s'il avait tiré du frêne et de l'aune le premier homme et la première femme, longtemps aussi on montra en Allemagne des lacs et des rochers formés du sang et des os des géants, et chez les poëtes anglo-saxons l'homme s'appelle encore le fils du frêne. Une tradition répandue en Angleterre, en Frise et en Souabe, représente le premier père du genre humain composé de tous les éléments de

---

scandinave *Laugardagr* signifie le jour du bain, qui n'est pas sans rapport avec le culte du Saturne germanique, s'il faut prendre en considération l'allusion qu'on trouve dans un chant latin sur la bataille de Fontenay : « Sabbatum illud non fuit, sed Saturni dolium. » (Bouquet, VII, 304.)

l'univers. Sa chair fut tirée du limon ; son sang, de la mer ; son œil, du soleil ; de la pierre furent faits ses os ; du gazon, ses cheveux ; de la rosée, sa sueur ; du vent, son souffle ; et des nuées, son cœur mobile comme elles (1).

Les Germains connaissaient aussi plusieurs mondes : au nord la région des ténèbres, au midi celle du feu ; en haut le séjour des dieux, en bas la demeure d'Hella, sombre gardienne des morts. Au centre de la terre s'élevait l'arbre sacré d'Irminsul, la colonne universelle qui soutenait l'édifice de la création. Un nombre infini de divinités inférieures, de puissances bonnes et mauvaises, peuplaient l'espace et le remplissaient de leurs combats ; les mêmes êtres surnaturels qui faisaient l'espoir ou la terreur des Scandinaves passaient aussi pour hanter les forêts de l'Allemagne. Les Elfes blancs venaient, durant les nuits sereines, danser sur les gazons fleuris, et le lendemain leur trace paraissait encore

(1) Tacite, *Germania*, II. Grimm, *Deutsche Sagen*, 408, etc. Aventinus, 18. Le nom d'Askanius, donné au premier roi des Saxons, cache peut-être la racine *askr*, qui est le nom scandinave du frêne. Le *Rituale Ecclesiæ Dunelmensis*, p. 192, présente cette singulière interpolation, accompagnée d'un texte anglo-saxon interlinéaire : « Octo pondera de quibus factus est Adam. Pondus limi, inde factus est (sic) caro ; pondus ignis, inde rubeus est sanguis et calidus ; pondus salis, inde sunt salsæ lacrymæ ; pondus roris, inde factus est sudor ; pondus nubis, inde varietas est mentium. » La même tradition, avec des variantes qui excluent l'idée d'un plagiat, se retrouve dans un fragment des lois frisonnes (*Richthofen*, p. 211), dans le *Panthéon historique* de Gottfrid de Viterbe ; et dans un poème allemand du douzième siècle. Tous ces textes sont cités par Grimm, *Mythologie*, 532.

dans la rosée. D'autres fois c'étaient les nymphes (Idisi) qui dépouillaient les prés pour tresser de fraîches guirlandes; le chasseur qui les avait surprises les voyait fuir et se changer en cygnes pour traverser les eaux. Il y avait des esprits domestiques (Kobolde) protecteurs du foyer. Les serviteurs de la maison leur réservaient une part de tous les repas, et trouvaient souvent leur tâche remplie par des mains invisibles. Mais les Germains, comme leurs frères du Nord, connaissaient aussi des Elfes noirs, dont le regard portait malheur et dont le souffle faisait mourir. Des femmes d'une rare beauté (Nixen) habitaient les rivières. Souvent, on les voyait la tête au-dessus des flots, peigner leurs blonds cheveux en chantant ; mais c'était pour attirer les jeunes pâtres du voisinage, et les entraîner dans leurs humides retraites. Les Nains, peuple industrieux et malfaisant, s'introduisaient par d'imperceptibles sentiers dans les montagnes, où ils épuisaient les filons d'or. C'étaient eux qui forgeaient des armes enchantées ; ils savaient tisser les manteaux magiques à la faveur desquels ils enlevaient les trésors, les femmes et les beaux enfants. Si les Nains avaient la ruse, les Géants avaient la force : les blocs de granit qu'on voit encore semés dans les plaines de la basse Allemagne passaient pour les vestiges des combats que cette race violente livrait aux dieux. Les héros prenaient parti dans cette guerre universelle ; ceux qui succombaient les armes à la main étaient recueillis dans le château d'or de Wodan, dans la salle resplendissante, garnie de boucliers, où l'on boit le vin à pleine coupe. Toutes les images que les païens de l'Allemagne se faisaient de l'autre vie rappellent les belliqueuses félicités de la Valhalla. Ou bien encore, sous le tertre élevé qui lui servait de tombeau, le brave revivait entouré de ses amis, de ses femmes, de ses esclaves, qui l'avaient suivi dans la mort. Rien n'est plus populaire chez les Allemands, rien n'est plus conforme aux traditions de la Scandinavie, que ces beaux récits qui représentent Théodoric, Charlemagne, Frédéric I$^{er}$, Guillaume Tell, dormant dans les flancs d'autant de montagnes creuses, inaccessibles à la curiosité des hommes. Accoudés sur des tables de pierre que leur barbe a percées, ils attendent en sommeillant que la patrie allemande ait besoin d'eux. Alors ils se lèveront, ils reparaîtront dans les batailles, et le sang montera jusqu'à la cheville des guerriers (1).

(1) Ulfilas; Luc., 2, 1, 4, 5; Rom., 10, 18, désigne la terre habitée par le nom de Midjungards. L'Anglo-Saxon Cædmon, 9, 2; 177, 29 ; Beowulf, 150, 1496, la nomment Middengeard. C'est le même que le scandinave Midhgardr, et il suppose la terre placée au centre de la création. L'enfer, dans les langues germaniques, se nomme Hella, Hœlle, pendant que dans l'*Edda*, Hel figure comme la déesse des morts. Le souvenir du *Niflheim*, séjour des ténèbres, se retrouve dans le nom même des *Nibelungen*, enfants des ténèbres; le *Muspeilheim*, séjour du feu, dans le Saxon Mudspelli. Heliand, 79, 24, 133, 4. Pour Irminsul, voy. Rodolphe de Fulde : « Truncum quoque ligni non parvæ magnitudinis in altum erectum

C'est ici, c'est au milieu de cette lutte acharnée du bien et du mal, qu'il faudrait retrouver l'admirable rôle de Balder, sur lequel l'Edda fait reposer toutes les destinées des dieux et des hommes. Le nom de Balder figure parmi les ancêtres des rois anglo-saxons; on le retrouve en Allemagne, où de vieilles chartes citent la source et le bocage de Balder. Mais le document décisif est un fragment de huit vers en langue tudesque, écrit au neuvième siècle et nouvellement découvert, où l'on reconnaît, sous une formule d'incantation magique, un précieux débris des fables perdues. En voici les termes : « Balder alla dans la forêt en compa-
« gnie de Woden; son cheval se froissa le pied.
« — Alors Sunna et Sintgunt sa sœur essayèrent
« leurs enchantements ; — alors Fréa et Folla
« sa sœur essayèrent leurs enchantements ; —
« alors Woden essaya l'enchantement qu'il sa-
« vait : — il répara le désordre de l'os, — le
« désordre du sang, le désordre du membre;
« — il lia l'os à l'os, le sang au sang, le mem-

« sub divo colebant, patria eum lingua *Irminsul* appellantes, quod « latine dicitur universalis columna, quasi sustinens omnia. » Pour les Elfes, les Géants, les Nains, les Nixen, les Kobolds, il faut lire tout le premier volume des *Deutsche Sagen* de Grimm, et sa *Mythologie*, p. 398-524. — L'idée que les païens de la Frise se faisaient du séjour des braves après la mort est parfaitement exprimée dans un beau récit de la vie de S. Wulfram, ap. Mabillon, *Acta SS.*, t. I. L'Anglo-Saxon Cædmon, 263, 25, désigne le paradis comme un lieu entouré de boucliers (Sceldbyrig). Pour les héros enterrés dans les montagnes creuses, voyez Grimm, *Deutsche Sagen*, t. I, p. 580-584. Cf. Edda Sæmundar, *Hundingsbana*, II.

« bre au membre, de façon qu'ils restèrent
« unis (1)... » Ce chant est bien court, et Balder
y paraît déjà comme l'amour du ciel, comme celui
dont les malheurs émeuvent toute la famille des
dieux. Les traditions allemandes, mutilées par le
temps, ne disent rien de plus. Mais l'histoire du
dieu immolé semble se répéter dans celle de Siegfried, le héros des *Nibelungen* : Siegfried descend
aussi d'une race divine ; c'est le vainqueur du Dragon, l'ennemi des puissances des ténèbres. Le sort
l'a rendu invulnérable, excepté en un seul endroit
par où il doit périr. Dans tout l'éclat de la jeunesse,
de la gloire et de l'amour, il meurt de la main de
ses proches ; et, pendant qu'une vengeance sanglante poursuit les meurtriers, transporté dans
une caverne du mont Geroldseck, il y attend le jour
où les peuples opprimés appelleront un libérateur.

(1) Le nom de Balder, dans les généalogies anglo-saxonnes, se trouve ordinairement sous la forme de Baldæg. Cf. Grimm, *Mythologie*, 1ʳᵉ édition, p. 3. En anglo-saxon, Baldor signifie prince. Grimm (*Mythologie*, p. 207) cite trois noms de lieux en Allemagne : Baldersbrunnen, Baldershain, Baldersteti. — Je donne les huit vers découverts dans un manuscrit de la bibliothèque de Mersebourg, et publiés pour la première fois par Grimm, dans les *Mémoires de l'Académie des sciences* de Berlin, 1842 :

```
Phol ende Wodan  — Vuorun zi holza :
Do ward demo Balderes — Volen sin vuz birenkit.
Do biguolen Sinthgunt — Sunna era suister :
Do biguolen Froû — Volla era suister :
Do biguolen Wodan — So he wola conda,
Sose bênrenki — Sose bluotrenki,
Sose lidirenki. . . . . . . . . . . . . . . .
Bên zi bêna — Bluot zi bluoda
Lid zi geliden, — Sose gelimida sin.
```

Mais la fatalité qui atteignait le héros menaçait tout l'univers. Le crépuscule des dieux, annoncé dans les chants du Nord, effrayait aussi les Germains. Plusieurs siècles après la conversion de l'Allemagne, ses poëtes mêlaient encore les réminiscences du paganisme aux prophéties chrétiennes de la fin du monde. Le Saxon Héliand, décrivant les signes avant-coureurs du jugement dernier, voit la terre dévorée par les flammes de cette même région du feu (Muspilli), d'où l'Edda fait venir Surtur le Noir avec la torche et l'épée (1).

Ainsi les souvenirs de l'ancienne Germanie reproduisent les principaux traits d'un système mythologique semblable à celui des Scandinaves. S'il y reste beaucoup de désordre et d'obscurité, on a lieu de croire qu'une tradition plus complète se perpétuait parmi les Goths, les Saxons, les Germains orientaux; parmi les peuples sédentaires, où elle s'attachait au territoire, où elle était gardée par des institutions. C'était assurément une grossière théologie, qui abaissait l'idée de Dieu en divisant ses attributs à l'infini, pour en faire autant d'êtres distincts et leur prêter la figure de l'homme et en même temps ses faiblesses. Mais du moins, on y voyait un effort de la raison pour donner des causes intelligentes aux spectacles de la nature. Au

(1) Nous reviendrons, dans un autre chapitre, sur la fable de Siegfried. — En décrivant la ruine du monde, un chant teutonique, rapporté par Wackernagel (*Deutsches Lesebuch*, p. 70), emploie comme Héliand le terme de Muspilli.

milieu de cette multitude de dieux, on trouvait la notion de l'unité, de la hiérarchie, de la loi. Si la question des origines et des destinées humaines était résolue par des fables, au moins elle avait occupé les esprits. Les symboles étaient défectueux; ils enveloppaient cependant un certain nombre de vérités logiques, métaphysiques, morales, dernières ressources des civilisations païennes.

Mais il fallait que l'erreur, une fois introduite, poussât toutes ses conséquences. C'est ce qui devait surtout paraître chez ce grand nombre de peuples nomades : Francs, Alemans, Bavarois, où la caste sacerdotale détruite ou dégénérée ne pouvait plus rien pour le maintien des traditions. Il n'y restait donc plus que des fictions sans liens, des observances sans motifs, rien qui pût satisfaire les esprits, par conséquent les contenir. L'homme demeurait livré à lui-même, à sa conscience, à ses sens, entre le besoin d'adorer un Dieu qu'il ne voyait pas, et la tentation d'adorer la nature, qu'il voyait plus forte que lui, plus ancienne, plus durable. Il contentait donc sa conscience en reconnaissant quelque chose de divin, et ses sens en divinisant les phénomènes qui le frappaient d'étonnement. Il en venait ainsi à l'adoration de la créature, sans effort pour y démêler une cause intelligente, sans autres règles que ses impressions mobiles, ce qui est le fond même de la superstition. Et, parce que les croyances superstitieuses, dans cet endroit obscur du cœur humain où elles étaient enracinées, devaient offrir moins de prise que les dogmes et les cultes publics, ce fut en effet cette partie du paganisme allemand qui occupa davantage les missionnaires chrétiens, qui résista plus opiniâtrément à leur zèle, et dont il devait rester plus de vestiges dans l'histoire et dans les mœurs. Il faut les suivre, et voir comment les superstitions dont nous avons reconnu le principe dans la religion des Scandinaves arrivèrent à leurs derniers excès chez les Germains.

<small>Superstitions des Germains. Fétichisme.</small>    L'aspect de la nature, sous ces climats sévères, causait autant de terreur que d'admiration. S'il y paraissait un ordre merveilleux où tout conspirait à répandre la vie, on y découvrait aussi un autre dessein où tout semblait travailler pour la mort. Les éléments s'animaient, mais des puissances ennemies s'en disputaient l'empire. Le ciel avait des constellations favorables; il avait aussi des étoiles funestes. Les bons vents, honorés comme autant de dieux, luttaient contre les démons des tempêtes. La nuit et le jour s'y faisaient la guerre : pendant six mois la nuit l'emportait, et avec elle le froid et la stérilité; pendant six autres mois le jour redevenait vainqueur. Trois fêtes marquaient son retour triomphant : au solstice d'hiver, à l'équinoxe de printemps, au solstice d'été; c'étaient les époques des trois grands sacrifices d'Upsal. De là tant

d'observances païennes qui accompagnent encore la nuit de Noël dans tout le Nord ; de là les banquets et les danses autour de l'arbre de mai ; de là l'usage longtemps conservé sur les bords du Rhin de célébrer par des représentations dramatiques le combat annuel de l'hiver et de l'été. Les deux personnages, vêtus l'un de mousse et de paille, l'autre de fraîche verdure, en venaient aux mains, et la victoire de l'été faisait la joie du peuple, qui la saluait par des acclamations et par des chants (1).

Mais, quand recommençait la saison froide, le feu était le seul consolateur des hommes. Comment n'eussent-ils pas prêté un pouvoir divin à cette flamme active qui avait toutes les apparences de la vie, qui rendait la force, qui répandait la lumière ? On l'adorait premièrement dans l'étincelle vierge tirée du frottement de deux morceaux de bois, ensuite dans le foyer domestique, enfin dans les feux de joie qui se font encore chaque année, et qui se répondent, pour ainsi dire, depuis les rivages de la Norvége et de l'Angleterre jusqu'aux

---

(1) En ce qui touche le culte des astres, les fêtes des saisons et le combat annuel de l'hiver et de l'été, cf. *Ynglinga saga*, *Edda Sæmundar*, passim *Indiculus superstitionum* : « De simulacris, de pannis factis quæ per campos portant. » Grimm, *Mythologie*, II, 684, 721, 735 et suiv. Le souvenir de ce combat symbolique vit encore dans les chants populaires qu'on trouve par toute l'Allemagne :

Tra rira der Sommer der ist da ;
Wir wollen hinaus in garten...
Der Winter hat's verloren ;
Der Winter liegt gefangen.

dernières vallées de la Souabe et de l'Autriche : pendant que le bûcher s'enflamme, la foule danse autour, en y jetant comme en sacrifice des fleurs et des couronnes. Mais il y avait aussi un feu malfaisant qui devait un jour consumer le monde. On conjurait les incendies, comme les orages, par des enchantements et des prières. Tacite raconte comment, des flammes étant sorties de terre dans le pays des Ubiens, le peuple alla les combattre avec des bâtons et des verges (1).

L'eau, mobile comme le feu, comme lui secourable et purifiante, servait comme lui aux épreuves judiciaires, sauvait l'innocent, dénonçait le coupable. Les sources où elle jaillissait dans toute sa pureté avaient des vertus surnaturelles ; on y croyait puiser la santé, la science, la connaissance de l'avenir. Rien de plus fréquent, dans les coutumes religieuses des Scandinaves, que les bains et les ablutions. Le septième jour de la semaine, chez les Islandais, en Suède et en Danemark, s'appelle encore « le jour du bain. » Toute l'Allemagne connut des usages semblables. Au quatorzième siècle, Pétrarque, se trouvant à Cologne la veille de la Saint-Jean, y fut témoin d'une solennité qui le frappa et qu'il décrit dans ses lettres. Les fem-

(1) Pour le culte du feu, César, *de Bello Gallico*, lib. VI; Tacite, *Annal.*, XIII, 57 ; *Edda Sæmund.*, 18. 1 : *Indiculus superstitionum*, 15 : « De igne fricato de ligno, id est Nodfyr. » *Ibid*, 17 : « De observationo pagana in foco. » Grimm, *Mythologie*, 587 et suiv.

mes de la ville, couronnées de fleurs, s'étaient rassemblées au bord du Rhin ; là elles s'agenouillaient pour tremper dans les eaux leurs mains et leurs bras, en murmurant des paroles superstitieuses : c'était une persuasion générale, que le fleuve emportait avec l'ablution de ce jour tous les maux qui menaçaient l'année. Cependant une sorte de frayeur se mêlait au culte des rivières : elles répandaient la fécondité sur leurs bords, mais elles portaient la mort dans leur sein ; leurs eaux rapides et profondes fascinaient les regards, attiraient les nageurs et les entraînaient au fond. Le peuple de Magdebourg croit encore que la Saale veut chaque année sa victime, et qu'elle la prend parmi les plus beaux jeunes gens du pays (1).

Enfin, nous avons vu la terre adorée en Scandinavie comme l'épouse d'Odin, comme la nourrice des hommes. Ce culte se développe en Allemagne, dans les pompes sacrées d'Hertha, dans les honneurs divins rendus aux montagnes, aux rochers, aux pierres qui couronnaient la terre, aux arbres qui sortaient de son sein comme pour montrer sa puissance et sa fécondité. On sacrifiait à de grands chênes contemporains du monde, on demandait le secret de l'avenir aux rameaux verts dont on faisait les bâtons runiques ; il n'y avait pas jusqu'à la

(1) Culte des eaux, *Agathias*, 28, 4 ; *Gregor. Turon.*, X ; *Leges Liutprandi*, VI, 30 ; *Procope, de Bello Gothico*, II, 25 ; *Pétrarque, de Rebus familiaribus*, lib. I, ep. II ; *Grimm*, 549.

fleur du lotus flottant sur les eaux, qu'on ne respectât comme une apparition mystérieuse. Mais, si les forêts avaient des ombrages qui protégeaient leurs habitants, il y régnait aussi une obscurité menaçante. Tacite parle d'un bois où nul ne pénétrait que chargé de liens; celui qui tombait ne se relevait pas; il se traînait, en rampant, hors du territoire sacré. Les animaux qui erraient dans ces solitudes n'étonnaient pas moins l'ignorance du peuple; il voyait en eux des maîtres qu'il fallait consulter ou des ennemis qu'il fallait fléchir. Nous avons trouvé dans la cosmogonie de l'Edda la vache nourricière, représentée comme la seconde des créatures et la mère des Ases. C'étaient aussi des génisses que les Germains des bords de la Baltique attelaient au char de leur déesse. Ils honoraient l'ours pour sa force, le cheval pour son intelligence. Les oiseaux, créatures légères et qui semblaient plus voisines des dieux, instruisaient l'homme à leur façon. Il pensait comprendre leur langage, et se conduisait par leur vol. La rencontre d'un scarabée lui paraissait un signe de bonheur. Au contraire, dans la théologie savante des Scandinaves, aussi bien que dans les croyances populaires des Allemands, le loup et le serpent figuraient comme deux puissances mauvaises. C'étaient des loups qui poursuivaient les astres dans le firmament; les serpents gardaient les sources où l'on puisait la science, et les cavernes où l'or était enfoui, l'or et la science qui tentent l'homme, mais qui le perdent. Ainsi l'apothéose de la nature aboutissait à l'adoration des animaux, des choses inanimées, des créatures nuisibles, à l'adoration même du mal, c'est-à-dire au dernier renversement de toute la religion (1).

Mais, en se rendant l'adorateur de la nature, l'homme faisait pour ainsi dire ses conditions avec elle : le culte qu'il lui vouait devenait un commerce. S'il divinisait tout ce qui avait ému ses sens, c'était afin de les satisfaire. Les êtres qu'il honorait de la sorte devaient être assez puissants pour bouleverser, s'il le fallait, toute l'économie de l'univers en faveur de ses passions. Entre les éléments et lui, il supposait un pacte en vertu duquel ils

*Magie.*

(1) Culte de la terre : Agathias, *loco citato.* S. Eligii *Sermo,* apud d'Achery, *Spicilegium,* t. V, p. 215. *Indiculus superstitionum,* 7 : « De his quæ faciunt super petras. » — Culte des arbres et des animaux. Tacite, *Germanie,* 9, 10, 39. Agathias, Grégor. Turon., S. Eligii *Sermo, locis citatis. Indiculus superstitionum,* 6 : « de sacris silvarum, quas *Nimidas* vocant, 13, de Auguriis avium, vel equorum, vel bovum stercore, vel sternutatione. — Sur l'arbre sacré des Lombards de Bénévent, voyez *Vita S. Barbati,* apud Bolland., *Acta SS.,* 19 feb. On trouve dans la même biographie la preuve du culte du serpent. Pour le chêne de Geismar. *Vita S. Bonifacii,* apud Pertz. L'*Edda,* le poème anglo-saxon de Beowulf, les anciens poèmes allemands montrent sans cesse les dragons veillant à la garde des trésors. Cf. Grimm, *Mythologie,* t. II, p. 613 et suiv. Les lois franques, lombardes et anglo-saxonnes prouvent l'opiniâtreté de ce fétichisme, qu'elles poursuivent de leurs prohibitions. *Capitul. de partibus Saxoniæ,* 20. « Si quis ad fontes aut arbores vel lucos votum fecerit, aut aliquid more gentilium obtulerit, et ad honorem dæmonum concederit. » Liutprand., VI, 30. « Simili modo et qui ad arborem, quam rustici *sanguinum* vocant, atque ad fontanas adoraverit. » *Leges Canuti regis,* 1, 5.

devaient obéir à des paroles prononcées en un lieu déterminé, à une certaine heure, avec des cérémonies obligatoires. C'était peu de troubler les saisons et de gouverner les tempêtes; il y avait des rites pour inspirer l'amour, pour apaiser la colère, pour ôter la vie, et pour la rendre. La science magique des Scandinaves avait trouvé des adeptes chez les sorcières de l'ancienne Allemagne. Elles prétendaient chevaucher la nuit à travers les airs, en compagnie des esprits bons et mauvais. L'avenir n'avait pas de secret qui ne leur fût révélé dans ces redoutables entretiens. Ou bien, elles croyaient se changer en louves pour châtier un pays qui leur avait déplu, et s'introduire d'une manière invisible dans le corps de leurs ennemis, afin de leur ronger le cœur. Plus tard, quand les traditions chrétiennes se furent confondues avec les souvenirs du paganisme, une fable étrange circula chez les Allemands. On racontait que la fille d'Hérode, éprise d'un amour criminel pour saint Jean-Baptiste, n'avait pas su cacher à son père le secret de sa passion. Hérode, furieux, s'était vengé par le supplice du prophète. Alors la princesse s'était fait apporter dans un plat la tête sacrée, et, la prenant dans ses mains, elle avait voulu y imprimer un baiser de ses lèvres impures. La tête, s'écartant avec horreur, avait soufflé sur elle; et la vierge coupable, emportée par ce souffle, s'était envolée dans l'air. On ajoutait que, chaque nuit, Hérodiade recommençait sa course aérienne, qui ne devait s'achever qu'à la fin du monde, et qu'elle emmenait à sa suite le noir escadron des sorcières; car un tiers des habitants de la terre lui avait été donné en vasselage (1).

Ainsi, le culte des éléments avait conduit les esprits à la magie, c'est-à-dire à la violation de tout ordre physique et moral, puisque la magie pensait lier la puissance divine, enchaîner la liberté humaine, renverser les lois de la création par des actes matériels sans intelligence et sans amour. Le but de ces efforts impuissants était d'assouvir des volontés déréglées. Les sorcières se vantaient de négocier les amours des démons avec les mortelles. Les philtres qu'elles composaient enivraient les

---

(1) Sur la magie, cf. *Ynglinga saga*, cap. vii. *Edda Sæmund.* 118. *Lex Salica*, cap. LXVII : « Ubi strio cocinant » La plus ancienne trace de la fable d'Hérodiade est dans les *Præloquia* de Rathier, évêque de Vérone, mort en 974 (apud M. Hène et Durand, 9, 798). Elle est plus développée dans le poème latin du Renard, composé en Flandre (*Rheinardus*, I, v. 1159-1164) Grimm, *Mythologie*, t. I, 260 ; t. II, 985 et suiv. Je ne puis m'empêcher de citer quelques vers du *Rheinardus*, où je crois retrouver quelque imitation des récits merveilleux d'Ovide :

1145. Hæc virgo, thalamos Baptistæ solius ardens,
   Voverat, hoc dempto, nullius esse viri.
Offensus genitor, comperto prolis amore,
   Insontem sanctum decapitavit atrox.
Postulat alteri Virgo sibi tristis, et affert
   Regius in disco tempora trunca cliens...
Oscula raptantem caput affugit atque resufflat,
   Illa per impluvium turbine flantis abit.
Ex illo namque meme ira Johannis eamdem
   Per vacuum cœli flabilis urget iter...
Lenit honor luctum, minuit reverentia pœnam :
   Pars hominum mœstæ tertia servit heræ.

sens, et forçaient les cœurs les plus rigoureux. Rien n'était plus commun dans tout le Nord que les amulettes obscènes. Tacite connaît, au bord de la Baltique, des barbares qui adorent la mère des dieux, c'est-à-dire la déesse de la fécondité, et qui, en son honneur, suspendent à leur cou de petites figures de porcs. Il trouve chez les Naharvales des rites qui rappellent les impuretés de la Phrygie. Les canons des conciles attestent l'opiniâtreté de ces coutumes. On y condamne à plusieurs reprises les pratiques immondes que le peuple observait en février, les chants lubriques, les jeux et les danses inventés par les païens. Au moyen âge, les fêtes luxurieuses, proscrites par l'Église, se perpétuaient encore dans les Pays-Bas ; on y a découvert un grand nombre de ces emblèmes infâmes qui marquent le culte de la chair dans tous les paganismes (1).

(1) Voyez encore, en ce qui concerne la magie, *Capitul. di* 789. c. LXIV, « ut nec cautulatores et incantatores, nec tempestarii, vel obligatores non fiant. » *Lex Visigoth.*, VI, 2, 3 : « Malefici et immissores tempestatum, qui quibusdam incantationibus grandinem in vineas messesque mittere perhibentur. » *Leges Canuti regis*, 1, 5, et tout le traité d'Agobard, *de Grandine et Tonitru*. Sur les cultes impurs, Tacite, *Germania*, 45 : « Apud Naharvalos antiquæ religionis lucus ostenditur ; præsidet sacerdos muliebri ornatu ; 45 : Matrem deûm venerantur ; insigne superstitionis, formas aprorum gestant. » Wolf, *Wodana*, p. XXI-XXIII, a trouvé dans les Pays-Bas les images et le culte du phallus jusque pendant le moyen âge. Cf. *Indiculus superstitionum*, 5, « de Spurcalibus in februario. » Cf. Grimm, I, 194 ; II, 985. Ce mythologue me paraît avoir parfaitement démontré comment le symbole du porc et du sanglier, populaire dans tout le Nord, se liait avec le culte charnel du dieu Freyr.

D'un autre côté, les instincts cruels se satisfaisaient par les sacrifices humains, connus de toutes les nations germaniques, aussi bien que chez leurs voisins du Nord. Les Hermundures vouaient à Wodan et au dieu de la guerre ce qu'ils prenaient sur l'ennemi, hommes et chevaux. Les Goths, les Hérules, les Saxons, immolaient leurs captifs. Quand les Francs, déjà chrétiens, descendirent en Italie sous la conduite de Théodebert, au moment de passer le Pô, ils y précipitèrent des femmes et des enfants égorgés, en l'honneur des divinités du fleuve. Au huitième siècle, il fut nécessaire que saint Boniface défendît aux fidèles de vendre des victimes humaines aux païens, qui venaient s'approvisionner sur les marchés d'esclaves. Mais il est de l'essence du sacrifice que l'assemblée participe aux viandes : les Massagètes, ces frères aînés des Germains, immolaient leurs vieillards, et en faisaient ensuite un festin sacré. Il y a comme le souvenir de quelque rit sanguinaire dans le délire de ces magiciennes allemandes qui pensaient parcourir la terre sans être vues, pour se nourrir de chair humaine. Quelquefois la foule crédule se jetait sur elles, les déchirait et les mangeait : il fallut une loi de Charlemagne pour interdire ces horribles représailles. Au onzième siècle, les canons de l'Église signalaient encore l'odieuse coutume des femmes qui brûlaient des corps humains, pour en donner la cendre en breuvage à leurs maris. Ce

*Sacrifices humains. Cannibalisme.*

n'était pas l'égarement passager d'un peuple en fureur, c'était l'opiniâtreté d'une pratique superstitieuse. Le culte de la nature, où tous les êtres s'entre-dévorent, menait logiquement à l'anthropophagie (1).

*Origine des religions du Nord.*

Assurément on ne peut songer à reconstruire tout le paganisme germanique sur ces faibles restes qu'on en trouve dans les mœurs de l'Allemagne, sur ce petit nombre de faits recueillis par les historiens romains au milieu des hasards de la guerre, ou par des prêtres chrétiens, moins curieux d'étudier les fausses religions que d'enseigner la vraie. Toutefois, on en sait assez pour reconnaître une croyance commune à toutes les nations dispersées sur le territoire de la Germanie, avec plus de traditions chez les peuples sédentaires, avec plus de superstitions chez les nomades. Mais on a vu que

(1) L'usage des sacrifices humains chez les Hermundures est établi par Tacite, *Annales*, XIII, 57; chez les autres Germains, *Germania*, 9, 39; *Annales*, I, 61. Cf. Jornandes, *de Rebus Geticis*, 5. Isidor., *Chronic. œra*, 446, Procope, *de Bello Got.*, 2, 25. Sidonius Apoll., 8, 6 : *Lex Frisionum*, additio sapientum, tit. 42. Bonifacii *epist.* XXV. — Hérodote, I, 216, atteste l'anthropophagie des Massagètes. Cf. Capitulatio *de Partibus Saxoniæ* : « Si quis a diabolo deceptus crediderit, secundum morem paganorum, virum aliquem aut feminam strigam esse et homines comedere, et propter hoc ipsum incenderit, vel carnem ejus ad comedendum dederit, vel ipsam comederit. » Burchard de Worms, *Interrogatio*, pages 119, 200 : « Credidisti quod multæ mulieres retro Satanam conversæ credunt... homines baptizatos et sanguine Christi redemptos, sine armis visibilibus et interficere et de coctis carnibus eorum vos comedere?... Fecisti quod quædam mulieres facere solent : tollunt testam hominis, et igne comburunt, et cinerem dant viris suis ad bibendum pro sanitate. »

les peuples sédentaires n'avaient pas échappé à cette passion de la vie errante, qui en détachait de nombreuses bandes et les poussait aux aventures. Les émigrations qui se faisaient autour d'eux, et qui finissaient par les entraîner, devaient ébranler à la longue la solidité de leurs institutions religieuses, porter le trouble dans les pratiques et dans les doctrines. Ce désordre favorisait le penchant que les Allemands eurent toujours à secouer le dogme, la règle, l'autorité en matière de croyance, pour se livrer au sentiment, c'est-à-dire à ce qu'il y a de plus indiscipliné, mais aussi de plus superstitieux. Au contraire, chez les Scandinaves, dans ce coin du monde où le tumulte des invasions n'arrivait pas, l'enseignement traditionnel avait mieux conservé son unité et sa grandeur. De là ces longues généalogies des dieux, ces récits habilement liés, et tant de fables dont on démêle sans peine le sens astronomique, historique, moral. Les mythologues ont retrouvé dans l'Edda tout un calendrier, toute une épopée, toute une législation. Et comment, en effet, ne pas reconnaître en la personne d'Odin, avec son œil unique, avec ses douze palais célestes, le soleil, dont le disque solitaire parcourt les douze signes du zodiaque? Les luttes des Ases et des Géants de la gelée rappellent les combats opiniâtres des conquérants suédois contre la race finnoise, qu'ils trouvèrent maîtresse du Nord; et la belle fable de Balder ne semble-t-elle pas faite pour enseigner aux hommes la sainteté du serment, la nécessité de l'expiation, et le triomphe de la justice dans un monde meilleur?

Il y avait donc, premièrement, dans la tradition commune des Germains et des Scandinaves, une doctrine, une tentative de la pensée pour embrasser toute l'économie de l'univers. Elle y tendait par deux voies, où elle se rencontrait avec les plus célèbres mythologies de l'antiquité.

*Rapport avec les religions de la Grèce et de l'Orient.*

D'un côté, elle semblait tourner au panthéisme quand elle représentait ces générations de dieux périssables qui se succédaient d'âge en âge, et qui peuplaient l'immensité; quand elle montrait le monde passant par une suite de naissances et de destructions : le ciel, la terre, les eaux, tirés des membres d'un géant, et servant ensuite à composer le premier homme. Il était difficile d'exprimer plus énergiquement l'unité de la substance universelle au milieu de la mobile variété des phénomènes. Les livres sacrés de l'Inde n'ont pas d'autre pensée, pas d'autres images, lorsqu'ils célèbrent le Dieu suprême de qui émane une longue série de divinités mortelles, dont chaque sommeil est marqué par la ruine d'un monde, chaque réveil par une nouvelle création. Ils décrivent aussi l'origine des choses comme une immolation sanglante. Brahma était le sacrificateur; de la tête de la victime fut fait le firmament, et de ses pieds la terre; son œil devint le soleil, l'air sortit de son oreille, et le feu de sa bouche. Les éléments formés de la sorte devaient se réunir ensuite pour construire le corps humain : des pierres vinrent les os, des plantes les cheveux; la mer donna le sang, et le soleil donna la vue. La Grèce et l'Étrurie connurent les mêmes doctrines et les mêmes symboles. De là des rapprochements innombrables avec l'Edda : de part et d'autre le pouvoir du Destin dominant toutes choses, douze dieux principaux, au-dessous d'eux les divinités des champs, des forêts et des lacs; enfin, une période astronomique amenant le renouvellement de l'univers. De là aussi les mêmes pompes sacrées, la même science des présages et des augures, et enfin plus qu'il n'en faut pour indiquer d'antiques rapports entre les doctrines sacerdotales de la Germanie et celles des grands peuples de l'Orient et du Midi (1).

D'un autre côté, en expliquant le monde par la guerre universelle des dieux et des géants, des héros et des monstres, de la lumière et des ténèbres, la religion du Nord inclinait au dualisme. Ces traits rappellent toute la théologie des Perses, l'antagonisme des deux principes, la lutte d'Ormuzd

(1) *Lois de Manou*, liv. I, 51-57. Guigniaut, *Religions de l'antiquité*, I, p. 605. *Oupnekhat*, *passim*. Cf. les vers orphiques rapportés par Eusèbe, *Préparation évangélique*, III, 9 ; et le célèbre oracle de Sérapis : « La voûte des cieux est ma tête, la mer est mon ventre, mes pieds reposent sur la terre, mes oreilles sont dans les régions de l'éther, et mon œil est le soleil qui porte partout ses regards. »

et d'Ahriman. Les livres de Zoroastre racontaient l'acte de la création comme l'assaut de deux divinités rivales qui se disputaient le temps et l'espace : le premier couple humain était tiré d'un arbre, comme dans l'Edda ; toute la vie de l'homme se réduisait à un combat, où il s'enrôlait librement au service du bien ou du mal. Enfin, les puissances mauvaises semblaient l'emporter ; elles livraient la terre aux flammes ; mais, de ses cendres devaient naître une terre plus pure, où le principe du bien exercerait un empire éternel. Si la doctrine des mages avait son emblème dans le feu sacré, les Islandais entretenaient aussi devant l'image du dieu Thor un brasier qui ne devait jamais s'éteindre. Mais un dernier rapprochement achève de nous éclairer. En décrivant la lutte des deux principes, les Perses ont coutume d'opposer le Midi, le pays d'Iran, habité par les dieux et les héros, au Nord, au pays de Touran, peuplé de démons et de barbares. Les Scandinaves conservent cette opposition sans en changer les termes. Ils se font gloire d'être les maîtres du Nord, et c'est au Nord cependant qu'ils fixent le séjour des géants, des ténèbres et du mal. Jamais un peuple ne s'est représenté sa patrie comme une terre de malédiction. Il fallait donc que celui-ci gardât le souvenir d'un climat plus doux, échangé contre les froids rivages de la mer Baltique. Il plaçait bien loin derrière lui, vers le sud-est, la cité lumineuse d'Asgard, où avaient régné ses dieux, où ses guerriers morts devaient revivre. Ces indications de la mythologie s'accordent avec celles de l'histoire pour faire descendre les Germains de ces contrées caucasiennes qui virent naître aussi la civilisation persane, voisine de l'Inde, de l'Égypte et de la Grèce et qui semblent le premier sanctuaire des religions savantes (1).

Mais les religions savantes, le dualisme, le panthéisme, ouvrages laborieux de l'esprit, qui voulurent de l'art et du temps, ne représentent point le premier état de la tradition. Au fond de ces systèmes, il faut chercher ce qu'ils se proposent d'expliquer, ce qui est plus ancien qu'eux, et sans quoi les peuples mêmes ne seraient pas, c'est-à-dire un petit nombre de dogmes qui fixent avec simplicité les destinées humaines. Je crois distinguer ces dogmes primitifs dans la tradition du Nord. C'est d'abord une divinité souveraine dont le nom désigne une nature spirituelle, qu'aucune image ne peut figurer, aucun temple contenir. C'est une trinité qui paraît dans les trois chefs des Ases : Odin, Vili et Ve ; dans les trois personnages divins adorés à Upsal : Thor, Odin et Freyr ; dans les trois noms qu'invoquaient les Saxons et les

(1) Guigniaut, *Religions de l'antiquité*, I, 519 et suiv. Sur le feu sacré chez les Islandais, Finn. Joh. *Histor. ecclesiast. Island.*, I, 10. Geijer, *Svea Rikes Hæfder*, p. 402. M. Ampère, dans son cours de 1832, a mis aussi en lumière ces rapports de la religion scandinave avec celle de la Perse.

Francs : Donar, Wodan et Saxnot. C'est un âge d'or où tout vivait en paix, jusqu'à ce que le crime d'une femme introduisît le désordre et la mort. Ici, peut-être, se rattachent d'autres souvenirs : l'arbre symbolique planté au centre de la terre, le principe du mal prenant la figure du serpent, le déluge où la première génération des méchants fut détruite. Le destin du monde roule sur l'immolation du dieu victime, qui ne subit la mort que pour la vaincre. Enfin, tout aboutit au jugement des âmes, et à l'autre vie sanctionnant les devoirs de celle-ci. Ces peuples violents, qui ont horreur de toute dépendance, conservent dans leurs chants les préceptes d'une morale bienfaisante; ils se soumettent aux assujettissements, aux humiliations volontaires du culte, de la prière, du sacrifice. C'est le fonds mystérieux sur lequel toutes les religions reposent. En ouvrant les livres, en comparant les monuments de toutes les nations qui ont laissé une trace dans l'histoire, on y verrait dispersés, mais reconnaissables, les mêmes dogmes de l'unité, de la trinité, de la déchéance, de l'expiation par un Dieu Sauveur, de la vie future. Les mêmes préceptes y seraient soutenus des mêmes institutions. Ces idées, partout corrompues et troublées, retrouvent leur pureté et leur enchaînement naturel dans les souvenirs de la Bible. C'est là que je reconnais une tradition primitive, un enseignement divin, qui fit la première éducation de la raison humaine, et sans lequel l'homme naissant, pressé par des besoins sans nombre, entouré de toutes les menaces du monde extérieur, ne se fût jamais élevé aux connaissances qui font la vie morale. Quand les peuples se séparent et s'en vont aux extrémités de la terre chercher le poste où ils doivent s'arrêter, la tradition les accompagne; elle voyage sur leurs chariots avec leurs vieillards, leurs femmes, leurs enfants, avec tous les gages sacrés de la société future. Quelque part qu'ils dressent leur hutte, au bord de la Baltique ou du Danube, elle demeure au milieu d'eux, elle vit au foyer de ces laboureurs et de ces pâtres; elle y entretient la pensée de Dieu, des ancêtres, du devoir, de l'autre vie, de toutes les choses invisibles qui enveloppent le monde visible, l'éclairent et le rendent habitable pour les âmes.

Il resterait à expliquer aussi ce qu'il y a de superstition chez les Germains, en remontant jusqu'au point où l'égarement commença. Ces barbares n'ont pas de coutumes si odieuses qu'on ne retrouve chez les plus sages nations de l'antiquité. On surprend des souvenirs d'antropophagie au fond des fables riantes qui charmèrent la Grèce. C'est Pélops mis en pièces par Tantale, son père, pour servir au banquet des dieux; c'est Zagreus, l'ancien Bacchus, jeté dans la chaudière par les Titans, et son cœur dévoré par Jupiter. Toute la guerre de Troie se déroule entre deux sacrifices humains, celui d'Iphigénie et celui de Polyxène. Six siècles après, au temps des guerres messéniennes, on voit encore Aristodème immoler son enfant. Ces rites impies, connus des Étrusques, avaient passé dans les institutions romaines ; la loi des Douze Tables en conservait les traces. Vers la fin de la république, dans un siècle si poli, c'était encore l'usage, à chaque soulèvement des Gaules, d'enterrer vivants deux captifs, en offrande aux dieux infernaux. Si le génie des Grecs finit par détester ces horreurs ; si les Romains, contents des boucheries du cirque, ne voulurent plus de meurtres dans leurs temples, d'un autre côté, cette nouvelle délicatesse de mœurs se prêtait à tout le délire des superstitions voluptueuses. C'est assez de rappeler le culte de Vénus, la prostitution publique dans les sanctuaires de Paphos, de Cythère et d'Éryx ; la promiscuité des Bacchanales, effrayant le sénat, qui autorisait les fêtes de Flore et de la bonne Déesse ; enfin, ces processions innombrables où paraissait le phallus, le symbole qui résumait toute la corruption du paganisme. Ceux qui connaissent l'antiquité, ceux qui ont lu le *Banquet* de Platon, savent ce que je tais, et de quelle façon les philosophes avaient corrigé le culte de l'amour. A mesure qu'on remonte plus haut vers l'Orient, on trouve plus étroite l'alliance des rites impies et des pratiques sanguinaires ; on voit les mystères de la Phrygie, de l'Assyrie et de l'Inde ; les images lubriques promenées en triomphe par les brahmes, et le sacrifice humain compté dans les Védas parmi les oblations qui plaisent aux dieux. Des observances si outrageantes pour la raison trouvaient néanmoins un appui dans la raison trompée ; elles se rattachaient logiquement au culte de la nature, qui est le principe de toutes les religions fausses (1).

C'est en vain que ces religions cachent leur secret, d'abord sous la pompe des mystères, ensuite sous les interprétations d'une philosophie complaisante ; partout on reconnaît le fétichisme, l'adoration des éléments, des arbres, des animaux sacrés ; le serpent d'Esculape, la pierre noire de Cybèle, et toutes les métamorphoses chantées par les poëtes, n'ont pas d'autre explication. L'an-

(1) Sur le sacrifice humain dans les Védas, voyez Guigniaut, *Religions de l'antiquité*, I, 603. 664. En Grèce, Jupiter Lycæus et Dionysus Zagreus recevaient des sacrifices humains. Pausanias, VIII, 58 ; Plutarque, *in Themistocl.*, cap. XIII. L'oracle de Delphes ordonnait quelquefois des immolations semblables. Pausanias, I, 5 ; IV, 9 ; VII, 19 ; IX, 26 et 33. Longtemps le culte de Saturne avait été célébré avec les mêmes rites homicides. V. Dorfmüller, *de Græciæ primordiis*. Denys d'Halicarnasse (I, 24) les retrouve en Italie. Loi des Douze Tables : « Qui frugem aratro quæsitam furtim nox pavit secuitve, auspensus Cereri necator. » — En ce qui touche l'impureté, rien n'est plus célèbre que le culte du lingam, du phallus et de Priape. Toutes les recherches historiques sur la civilisation païenne aboutissent tôt ou tard à ce jugement équitable et terrible de saint Paul (Épître aux Romains, I, 19-26) : « Quia quod notum est Dei manifestum est in illis ; Deus enim illis manifestavit. — Invisibilia enim ipsius, a creatura mundi, per ea quæ facta sunt intellecta conspiciuntur : sempiterna quoque ejus virtus et divinitas, ita ut sint inexcusabiles… — Propterea tradidit illos Deus in passiones ignominiæ. » Et les versets suivants.

thropomorphisme, en personnifiant sous des formes humaines les forces physiques qui meuvent le monde; le dualisme, en les ramenant à deux principes contraires; le panthéisme, en les attribuant à une substance universelle, ne font que reproduire sous des termes plus savants la même erreur, où toute superstition est contenue. C'est toujours la confusion de l'effet et de la cause, la création substituée au Créateur, et la nature préférée à Dieu. On peut marquer ici le point où la raison fut égarée par la volonté. Dieu se révélait dans la tradition avec les trois caractères de puissance, d'intelligence et d'amour. Ces trois notions étaient simples, elles saisissaient sans peine l'entendement. Mais l'amour divin ne s'adressait pas à l'entendement seul, il sollicitait la volonté; il la pressait de chercher un bien invisible, il l'attirait en haut. En même temps, la volonté se sentait attirée en bas, vers des biens visibles, vers cette nature belle et féconde où l'amour paraissait aussi, mais sous des formes sensuelles. Libre de choisir, la volonté choisit mal : elle céda aux sens enivrés, elle se tourna vers le monde matériel, où tout semblait lui sourire ; elle y adora l'amour dans le phénomène où il éclate le plus, dans l'acte qui propage la vie. Mais la vie n'a de place dans le monde qu'autant que la mort lui en fait; les générations se chassent, en sorte que le pouvoir qui les produit semble le même qui les fait périr : il fallait donc l'adorer aussi dans le phénomène de la mort. Voilà pourquoi, chez les Grecs, je ne sais quoi de sinistre se mêle aux mystères de l'Amour, ce fils du Chaos et ce frère du Tartare; voilà pourquoi, dans la trinité indienne, Siva paraît en même temps comme le dieu de la génération et celui de la destruction; et pourquoi, dans la trinité germanique, la troisième place est donnée tantôt à Freyr, le dieu des voluptés, tantôt à Saxnot, celui du carnage. Or, le dogme se traduit par le culte; le caractère de toutes les liturgies est de reproduire les actes des divinités qu'elles honorent. Si donc le culte de la nature célèbre ces deux grands phénomènes de la vie et de la mort, il faut qu'il renouvelle l'acte qui donne la vie par toutes les sortes de prostitutions religieuses; il faut aussi qu'il répète le spectacle de la mort par tous les genres de sacrifices humains. C'est là que les passions trouvent leur dernier assouvissement. Rien n'est plus profond, dans l'humanité déchue, que cette union de la luxure et de la cruauté. Les voluptés sont homicides, et la chair aime le sang. Ainsi s'explique le paganisme en Germanie, comme par toute la terre. Regardez au fond, vous y verrez encore moins d'erreur que de crime.

Tant de ressemblances n'effacent pourtant pas les différences incontestables qui séparent les religions du Nord et celles du Midi. En Inde, en Grèce, en Italie, un besoin d'ordre se fait sentir au milieu *Différences des religions du Nord et de celles du Midi.*

de toutes les erreurs et de tous les débordements : le paganisme cherche à se fixer ; il prend une forme régulière et durable dans les arts, dans la science, dans la législation. De là, ce nombre infini de monuments qui ont pour ainsi dire éternisé les types de la mythologie classique ; ces écoles formées d'abord à l'ombre des sanctuaires, pour l'interprétation des dogmes, et d'où sortirent plus tard toutes les sciences profanes ; enfin, ces constitutions politiques qui représentaient la société comme l'ouvrage des dieux, et mettaient à son service tout le courage et tout le génie des hommes. Au contraire, le paganisme des Germains eut des temples et des images ; mais ces essais grossiers n'approchèrent pas de la beauté idéale qui est l'objet de l'art. Il professa des doctrines, mais qui n'eurent jamais assez de fécondité pour produire une littérature savante. Il fonda des institutions, mais trop mal obéies pour le protéger lui-même. Partout la règle plie sous l'effort des imaginations et des volontés indociles ; on voit prévaloir cet esprit de désordre, c'est-à-dire de barbarie en matière de religion, dont l'Allemagne ne sut jamais entièrement se délivrer.

*Conclusion.* Il fallait pousser ainsi l'étude de l'ancienne religion des Germains jusqu'à ses premières origines, pour se rendre compte des ressources et des obstacles qu'elle devait présenter un jour à la civilisation. Plusieurs historiens allemands, en retrouvant dans les traditions de leur patrie ces grandes idées de la divinité, de l'immortalité, de la justice, qui soutiennent toute la conscience humaine, ont reproché aux missionnaires chrétiens d'être venus troubler des peuples qui n'avaient pas besoin d'eux, et d'avoir calomnié des cultes qu'ils ne comprenaient point. C'est d'ailleurs une nouveauté en faveur aujourd'hui, d'absoudre l'idolâtrie, de justifier jusqu'à ces images obscènes que les anciens adoraient, dit-on, dans une innocente simplicité : comme si jamais la concupiscence avait pu supporter impunément de tels spectacles ! Il était donc nécessaire de montrer chez ces mêmes peuples les extrémités où la superstition se portait, et comment elle allait au renversement de toutes les lois conservatrices de l'humanité, si l'Évangile ne fût arrivé à temps pour les rétablir.

Sans doute il n'y a pas de société si égarée, il n'y a pas de siècle si corrompu, où l'on ne trouve, au moins implicitement, les vérités métaphysiques sur lesquelles toute moralité repose. Mais ces vérités y sont mêlées d'erreurs qui les contredisent, troublent leur clarté, ébranlent leur certitude, affaiblissent leur puissance. Le malheur des siècles païens est beaucoup moins d'avoir ignoré le bien que de n'avoir pas haï le mal, de l'avoir aimé, de l'avoir adoré. C'est l'état où le christianisme trouva les esprits. Ce qu'il avait à faire, ce que toutes les philosophies avaient inutilement tenté, c'était de dégager de toute contradiction ces vérités troublées, de raffermir ces vérités ébranlées en y remettant l'enchaînement logique qui saisit les intelligences, de rendre à ces vérités affaiblies l'efficacité morale qui subjugue les cœurs. Ce qui voulait l'intervention d'un pouvoir surnaturel, c'était de détruire toutes les confusions où la faiblesse humaine trouvait son intérêt; de séparer courageusement, irrévocablement, le vrai du faux, le bien du mal; comme il avait fallu la puissance du Créateur au commencement pour séparer la lumière des ténèbres, et pour appeler la lumière *jour*, et les ténèbres *nuit*.

## CHAPITRE III

### LES LOIS.

Les religions font les peuples à leur image. Quand la tradition religieuse est forte, quand elle s'appuie sur un sacerdoce respecté, sur un culte public, elle ne demeure pas enfermée dans ses temples : il faut qu'elle en sorte, qu'elle constitue la cité de la terre à l'exemple de la cité du ciel, et qu'elle y promulgue un droit sacré qui règle les affaires du temps en considération de l'éternité. Au contraire, lorsque la décadence des doctrines est arrivée jusqu'au point où il ne reste plus qu'une superstition indisciplinée, ce déréglement des esprits se fait sentir dans les lois, ou plutôt il ne laisse subsister des lois mêmes que des coutumes sans motifs, sans enchaînement, sans force pour contenir la violence des mœurs. Si donc la tradition et la superstition se disputent, pour ainsi dire, la croyance des Germains, il faut s'attendre à retrouver dans leurs lois le combat de ces deux puissances.

*Contradictions des historiens sur les lois des Germains.*

D'un côté, Odin s'annonce comme un dieu législateur ; il parcourt le Nord, fondant des dynasties, bâtissant des villes où il remet en vigueur les antiques lois d'Asgard, c'est-à-dire de l'Orient. Ce sont les indices d'une autorité théocratique qui s'est emparée des consciences, qui les assujettit par le respect et par la terreur, qui les lie, au risque de les opprimer, mais qui les soumet à l'ordre, par conséquent à la civilisation. D'un autre côté, la loi d'Odin n'est restée maîtresse de ces peuples guerriers qu'en s'accommodant à leur humeur sanguinaire ; sans parler de tant de tribus nomades qui n'ont plus de dogmes, plus de prêtres, plus d'autre culte que l'adoration des éléments et l'immolation des captifs. Un tel désordre n'est cependant que l'effort désespéré de la liberté humaine, qui a horreur de toute dépendance, qui met tout en œuvre pour échapper à la règle, et qui finit par la renverser ; mais alors l'indépendance de chacun tourne à la guerre de tous contre tous, par conséquent à la barbarie.

Ce combat de l'autorité et de la liberté fait tout l'intérêt du spectacle que nous donnent les lois des Germains. Rien n'est plus pathétique, assurément, qu'une lutte d'où dépend la vocation d'un grand peuple ; rien n'est en même temps plus instructif. Les alternatives dont nous serons témoins nous feront comprendre les contradictions des historiens. Nous verrons enfin, des deux principes rivaux, lequel devait rester maître du champ de bataille ; s'il faut, avec quelques Allemands, reconnaître chez les belliqueuses tribus de la Germanie le triomphe et l'idéal d'une même société régulière, ou si l'on peut, comme un grand publiciste français, n'y apercevoir qu'un état violent, comparable à celui des Caraïbes et des Iroquois (1).

Au premier aspect, les mœurs des Germains ne montrent rien que de barbare. Il n'y paraît que la passion de l'indépendance, poussée jusqu'à l'impossibilité même de la Société. Dans la Germanie de Tacite, ce qu'on voit d'abord, c'est l'homme qui s'est isolé pour rester libre. Il porte le signe de ce qu'il est dans ses longs cheveux, auxquels personne n'a touché, et dans ses armes, qui ne le quittent pas. S'il se croit libre, c'est qu'il se sent fort ; cette force a besoin de se produire : il lui faut l'obstacle et le danger, par conséquent l'aventure et la guerre. Il a sa demeure solitaire au bord des eaux ou des bois, sans voisinage qui le gêne ou qui l'intimide. Là, il ne connaît ni soumission, ni tribut, ni châtiment. Il n'aura jamais de compagnons que ceux qu'il ira chercher, d'obligations que volontairement consenties. Longtemps après la conquête des Gaules, les lois des Francs assuraient aux fils des conquérants, aux guerriers chevelus, ces privilèges

<small>Analyse des institutions germaniques. — La personne et la propriété.</small>

<small>(1) Guizot, *Histoire de la civilisation en France*, t. I. Et pour l'opinion contraire, Rogge, *Ueber das Gerichtwesen der Germanen*.</small>

qui semblent la ruine de toute loi. Maître de soi, le barbare veut l'être aussi des choses qui l'entourent : la puissance s'exerce et se fortifie par la possession. Il possède donc premièrement son armure, les bêtes domptées dont il s'est fait des troupeaux, et les hommes faibles dont il a fait ses esclaves. Ce sont des richesses mobiles qui le suivent dans la course et dans le repos, dans la vie et dans la mort; car sa lance, ses chevaux, ses serviteurs, seront brûlés ou enterrés avec lui. A mesure qu'il devient riche de ces biens qui se meuvent, il a besoin de la terre immobile. Il use déjà de tout le sol que ses troupeaux couvrent, mais pour le temps qu'ils le couvriront. C'est l'état nomade où vivaient les Suèves, que Strabon représente poussant devant eux leurs bestiaux, et ne s'arrêtant qu'autant qu'il fallait pour épuiser les pâturages. C'est encore la condition des Francs au temps de la loi salique; et, lorsqu'on y trouve treize articles contre les voleurs de bœufs, quinze contre les voleurs de chevaux, vingt contre les voleurs de porcs, onze pour la sauvegarde des brebis, des chèvres et des chiens, il faut bien reconnaître un peuple de pâtres, un peuple errant, et qui ne tient pas plus au sol que l'herbe qu'il balaye. Sans doute la terre a un attrait qui arrête l'homme. Les anciens avaient déjà remarqué cette particularité du caractère des Germains, qu'ils ne résistaient pas au charme d'un beau lieu : des bois verts, des eaux limpides, retenaient ces aventuriers farouches. Mais on les voit se débattre, pour ainsi dire, contre l'amour du sol. Ils méprisent la culture; ils y condamnent leurs esclaves; s'ils labourent, ils ne s'attachent à la glèbe que le temps nécessaire pour attendre la moisson. Les tribus décrites par César avaient l'usage de renouveler chaque année le partage du territoire, et de confier au sort le soin de déplacer les possessions. Le souvenir de cette primitive communauté de la terre se conserva longtemps dans les coutumes allemandes du moyen âge. Elles reconnaissaient de vastes districts appelés Marches, restes de l'ancienne forêt vierge qui avait couvert la Germanie, où l'écureuil, disait-on, pouvait courir de chêne en chêne l'espace de sept milles; où tout était en friche et en commun entre les habitants de la lisière ; où chacun avait droit à la pâture de ses bêtes et au bois de son feu (1).

(1) Cæsar, *de Bello Gallico*, lib. VI. « Vita omnis in venationibus et studiis rei militaris consistit... Agriculturæ non student... Magistratus ac principes in annos singulos gentibus cognationibusque hominum qui una coierint, quantum et quo loco visum est, agri attribuunt, atque anno post alio transire cogunt. » Cf. Strabon, lib. VII. Τροφὴ δ'ἀπὸ τῶν θρεμμάτων ἡ πλείστη κατάπερ τοῖς νομάσιν, ὥστ' ἐκείνους μιμούμενοι, τὰ οἰκεῖα ταῖς ἁρμαμάξαις ἐπιτρέψαντες, ὅποι ἂν δόξῃ τρέπονται μετὰ τῶν βοσκημάτων. Tacite, *de Germania*, 38, 13 : « Nihil autem neque publicæ, neque privatæ rei, nisi armati agunt; 15, 16 : « Ne pati quidem inter se junctas sedes. » Pomponius Mela, lib. III, cap. III : « Jus in viribus habent. »—*Lex Salica*, passim. Voyez la savante édition de M. Pardessus et les dissertations qui l'accompagnent. *Lex Burgund.*, 28, 1, 2 : « Si quis Burgundio aut Romanus silvam non habeat, incidendi ligna ad usus suos de jacentivis et sine fructu arboribus in cujuslibet silva habeat liberam potes-

La religion seule était assez puissante pour fonder la propriété, qui assure à la liberté des garanties, mais qui lui prescrit des limites. La tradition des Scandinaves donnait un fondement légitime et sacré à la première de toutes les propriétés, et de laquelle descendaient toutes les autres, à l'établissement d'Odin et des Ases sur les terres de Danemark et de Suède. « Le dieu était arrivé au bord de la Baltique : là, ce conquérant, à qui rien n'avait résisté, s'arrêta ; il envoya une messagère pacifique, sa fille Géfione, vers le nord, de l'autre côté des eaux, pour y chercher des terres. Géfione y trouva un roi puissant, dont elle reçut en présent un arpent de terre labourable ; puis, ayant épousé un géant, elle en eut quatre fils, qu'elle changea par magie en autant de bœufs. Elle les mit à la charrue, et commença à labourer son champ avec tant de force, qu'elle détacha la terre du continent, et qu'elle en fit une île, qui fut appelée Sélande. La déesse y fixa son séjour, et c'est là que s'éleva plus tard le sanctuaire national de Hleitra. Or Odin sut que la terre du Nord était bonne, et, passant en Suède à son tour, il conclut avec le roi un traité, et ils devinrent amis, et tous deux faisaient assaut d'habileté dans l'art magique et en tout genre de sortilèges ; mais le dieu fut toujours le plus fort.

tatem. » Grimm, *Deutsche Rechts-Alterthümer*, p. 494-551, a analysé toutes les coutumes du moyen âge en ce qui touche les *Marches* en Allemagne et dans les pays scandinaves.

Odin s'établit donc, du consentement de son allié, auprès du lac Mœlar, y bâtit un temple et prit possession de tout le pays, qu'il fit appeler Sigtuna. Il partagea ensuite le reste de la contrée entre ses compagnons, en assignant à chacun une résidence et un domaine (1). » Ce qui frappe dans ce récit, c'est que les Ases, cette colonie guerrière, ne veulent rien devoir à leur épée. Ils fondent leur droit sur des négociations, des alliances, c'est-à-dire sur le consentement, qui est la principale origine des droits civils. La propriété, ainsi établie, est consacrée par la religion, qui s'empare du sol en y dressant ses autels, et par l'agriculture, qui transforme les fils des géants, les nomades, premiers habitants du pays, en les attachant à la charrue. Du premier partage de la Suède entre les compagnons d'Odin, dérivait toute la division et l'inviolabilité des héritages. Le sol était mesuré; on orientait les champs aux quatre points cardinaux, et les pierres des bornes passaient pour sacrées. La maison devenait un sanctuaire; une déesse (Hlodyn, Hludana) résidait au foyer. Auprès s'élevait le siége du père de famille, dont les piliers sculptés portaient les images des dieux. De là, les solennités

(1) *Ynglinga saga*, cap. v : « Hinc misit Gefioniam Boream versus trans fretum, novas quæsitum terras ; quæ ad Gylfoneau delata, jugera terræ ab eo donata est. Illa igitur in Jotunheimum profecta quatuor ex Jotone quodam suscepit filios, quos in boves transformatos aratro junxit, traxitque ita e continente in mare, occidentem versus terram... Selandiam appellatam..., » etc.

requises quand le domaine changeait de maître. Le marteau lancé dans le champ marquait la prise de possession. C'était l'attribut du dieu Thor, l'emblème de la foudre, qui consacrait aussi ce qu'elle avait touché. Lorsque le Norvégien Ingolf découvrit, du haut de son vaisseau, les côtes encore désertes de l'Islande, il jeta dans la mer les piliers de son siége, en faisant vœu d'aborder au point du rivage où le flot les pousserait ; et, étant descendu à l'endroit indiqué, il traça une enceinte, et porta le feu tout autour, afin de consacrer le lieu de sa demeure. Si les croyances avaient plus d'autorité dans le Nord, on trouve cependant qu'elles introduisaient en Allemagne les mêmes institutions entourées des mêmes symboles. Le grand nombre des lieux qui portaient les noms de Wodan, de Donar, de Balder, indique aussi un partage du territoire allemand entre les dieux, c'est-à-dire entre leurs prêtres. Sur les bords du Rhin, quand un particulier obtenait une concession de domaine dans les Marches, il montait sur un char, et lançait un marteau dans la forêt : son droit s'étendait aussi loin que le marteau symbolique était tombé. A Mayence, au quinzième siècle, le juge installait encore l'héritier, en le faisant asseoir « sur un siége à trois pieds » au milieu du fonds litigieux. Le droit coutumier s'attachait avec un respect traditionnel à ces observances, qui avaient protégé le premier établissement de l'ordre et de la justice. Ainsi la propriété était constituée; elle avait la protection des dieux. Elle enrichissait l'homme, mais en le fixant, en l'emprisonnant, pour ainsi dire, dans une enceinte déterminée; en lui donnant des voisins, par conséquent des servitudes et des devoirs. En même temps qu'elle le rendait sédentaire, elle commençait à le rendre sociable.

L'homme s'en apercevait bien. Il se défiait de ces richesses immobiles qui le retenaient comme un captif entre des murs et des bornes. Ainsi c'était une croyance reçue qu'il ne fallait pas aller trouver Odin les mains vides : mais le guerrier n'emportait pas dans la Valhalla les domaines hérités de ses aïeux : les biens qui devaient l'y suivre, ceux qu'il préférait par conséquent, c'étaient les dépouilles conquises sur l'ennemi (1).

Cependant le nomade finit par se lasser de cette fière solitude où il s'était complu. Il se donne une famille; mais la constitution de la famille ne laisse

*La famille.*

---

(1) *Ynglinga saga*, cap. v : « Habitandas etiam sedes templorum assignavit antistitibus... omnibus prædia atque habitacula dedit optima. » En Suède, le partage de la forêt, du pâturage commun, s'appelle encore *Hamarskipt*, division par le marteau. Voyez Grimm, *Deutsche Rechts-Alterthümer*, p. 527-545. Grimm, *Mythologie*, t. 1, p. 253. Geijer, *Svea Rikes Häfder*, p. 193. Sur le jet du marteau en Allemagne, voyez les textes cités par Grimm, *Deutsche Rechts-Alterthümer*, p. 55 et suiv. Pour le siége à trois pieds, Gudenus, 2, 455 : « Prædictus etiam Crafto Schultetus, una cum Hertwino, burgravio prænominatus, fratres in domus possessionem misit et locavit cum pace et banno per sedem tripodem, prout Maguntiæ consuetudinis est et juris. » Pour les trésors qu'il fallait apporter avec soi dans la Valhalla, voyez Geijer, *Geschichte Schwedens*, 103.

voir d'abord que le règne de la force. Dans chaque maison, il n'y a qu'une personne libre, et c'est le chef (*Karl, Ceorl*). Point de liberté pour la femme. Fille, elle est, selon l'énergique expression du droit, dans la main de son père ; mariée, dans la main de son mari ; veuve, dans la main de son fils ou de ses proches. Le mariage n'est qu'un marché, dont plusieurs coutumes germaniques ont conservé les termes. La loi saxonne veut que le guerrier paye trois cents pièces d'argent au père de la vierge qu'il épouse. « Si un homme, dit la loi salique, a laissé
« en mourant une veuve, celui qui voudra la pren-
« dre fera premièrement ceci : le dizenier ou le
« centenier convoquera l'assemblée, et, dans le lieu
« de l'assemblée, il faut qu'il y ait un bouclier, et
« alors celui qui doit prendre la veuve jettera sur le
« bouclier trois sous d'argent et un denier de bon
« aloi. Et il y aura trois témoins, qui seront char-
« gés de peser et de vérifier les pièces de monnaie. »
Au moyen âge, on disait encore *acheter une femme* (*ein Weib kaufen*). Celui qui en achète une en peut acheter plusieurs. La polygamie est le droit commun des peuples du Nord. L'homme puissant fait gloire du nombre de ses épouses, mais comme d'autant de choses dont il use et abuse, qu'il peut abandonner, vendre ou détruire, et qu'on brûlera peut-être à ses funérailles. La condition des enfants n'est pas meilleure. On apporte le nouveau-né aux pieds du père, qui décide de lui en détournant la

tête ou en le prenant dans ses bras. Renié, on l'expose sous un arbre, au bord d'un fleuve ou dans une caverne. Adopté, il reçoit le lait, grandit parmi les esclaves, dont rien ne le distingue, frappé comme eux, vendu comme eux, soumis au droit de vie et de mort. Au neuvième siècle, un capitulaire de Charles le Chauve traite encore du cas de nécessité où le père peut vendre son fils. Pour compter à son tour parmi les personnes libres, il faut que l'enfant sorte de la maison, et qu'il prenne publiquement les armes qui l'émancipent. Il est vrai que cette émancipation ne rompt pas encore tous les liens du sang. Tous ceux qui descendent d'un même aïeul forment une ligue armée : ils ne se quittent point dans les combats; l'injure de chacun devient celle de tous. Mais cette association des forts n'a rien de bienfaisant pour les faibles, pour ceux que l'âge ou les infirmités éloignent des champs de bataille. C'est sur eux que retombent les travaux domestiques, jusqu'au jour où, devenus inutiles, ils n'ont plus qu'à mourir. Les Hérules jetaient dans les flammes leurs malades et leurs vieillards. En Suède, les pères qui vivaient trop prévenaient l'impatience de leurs fils en se précipitant du haut des rochers (1).

---

(1) Le mot *mundium* (*Munt*), qui revient souvent dans les lois barbares pour désigner la puissance du père, du mari ou du tuteur sur la femme, signifie la *main*. Cf. Grimm, *Deutsche Rechts-Alterthümer*, p. 448. En ce qui touche le mariage, Tacite, *de Germania*, 18 : « Plurimis nuptiis ambiuntur ; dotem non uxor marito, sed uxori maritus offert. Intersunt parentes et propinqui, ac munera

Toutefois, ce n'est pas impunément que l'indépendance de l'homme s'est engagée dans ces puissantes attaches. Dans toutes les satisfactions qu'il a cherchées, il trouve des devoirs. Quel que fût le vice de la famille chez les Germains, elle se soutenait cependant, et une société si étroite ne pouvait se soutenir que par une loi religieuse qui en serrait tous les liens.

Si le mariage était un achat, il pouvait devenir un acte sacré par les cérémonies qui s'y ajoutaient, et qui le rattachaient à d'antiques croyances. Les noces de la terre trouvaient leur modèle dans celles des dieux, dans l'hymen solennel d'Odin et de Frigga : les Ases avaient fixé les règles et les empêchements

---

*probant.* » Cf. Saxo Gramm. : « Ex imitatione Danorum, ne quis uxorem nisi emptitiam duceret. » *Lex Saxon.*, VI, 1 : « Uxorem ducturus coc solidos det parentibus ejus. » Cf. *Lex Salic.*, 46 : « Si quis homo moriens et viduam dimiserit, qui eam voluerit accipere, antequam eam accipiat, thunginus aut centenarius mallum indicat ; et in mallo ipso scutum habere debent ; et tunc ille qui viduam accipere debet tres solidos æqui pensantes et denarium... et tres erunt qui solidos pensare vel probare debeant. » Cf *Lex Visigoth.*, III, 4, 2 ; Rotharis, 167, 178 ; *Burgund.*, 34, 3 ; les *Lois anglo-saxonnes* et *scandinaves*; citées par Grimm, p. 421, 422 ; et la troisième dissertation de M. Pardessus sur la loi salique. — Sur la polygamie des chefs du Nord, cf. Depping, *Histoire des expéditions maritimes des Normands*, t. I, p. 49. Ainsi le roi Harald aux beaux cheveux avait plusieurs femmes. En ce qui touche la puissance paternelle et la condition des enfants, Tacite, *de Germania*, 20, 15, 7 ; Geijer, *Geschichte Schwedens*, 101 : Thorlacius, p. 37. Toutes les traditions poétiques du Nord rappellent l'usage d'exposer les enfants. Cf. *Vilkina saga, passim.* Le capitulaire de Charles le Chauve est dans Baluze, 2, 192. Sur le meurtre des vieillards, Procope, *de Bello Gothico*, 2, 14. *Olafs tryggwason saga*, cap. ccxxvi. *Gautreks saga*, cap. 1, 2 : Geijer, *Geschichte Schwedens*, 102. Grimm, *Deutsche Rechts-Alterthümer*, 405-490.

de l'union conjugale ; ils avaient proscrit celle du frère avec la sœur, permise chez plusieurs peuples voisins. En mémoire de ces exemples, les Scandinaves avaient coutume de consacrer l'épouse en posant sur ses genoux le marteau du dieu Thor. En Germanie, l'homme présentait un anneau et une paire de bœufs sous le joug. C'étaient les symboles de l'indissolubilité du mariage, principe ineffaçable que l'homme pouvait enfreindre, mais qui enchaînait la femme. De là, les peines portées contre l'adultère, quelquefois l'interdiction des secondes noces ; enfin l'immolation des veuves, soit qu'elles se précipitassent sur les bûchers, soit qu'elles s'ensevelissent vivantes dans les tombeaux. Chez les Hérules, la veuve qui n'avait pas su mourir passait le reste de ses jours dans l'opprobre. Les Islandais professaient cette croyance : « Que si « l'épouse suivait son époux dans la mort, il fran- « chirait le seuil de l'enfer sans que la lourde « porte retombât sur ses talons. » En attribuant à la femme le pouvoir de frayer au trépassé l'entrée du monde invisible, on supposait en elle je ne sais quoi de divin. Cette compagne frêle et charmante, que l'homme aurait pu écraser, l'étonnait et le maîtrisait. Au réveil de la nuit des noces, il lui faisait le don du matin (*Morgengabe*), qu'on trouve dans toutes les coutumes germaniques. Plus tard, il lui portait ses blessures et ses doutes : il attendait de ses soins la santé, et de sa bouche des oracles. Une trace de cette vénération s'est conservée dans la loi de Suède, dans celle des Saxons, des Francs, des Allemands, des Bavarois, des Lombards, qui punissent d'une peine pécuniaire plus forte l'injure faite à la femme, « parce qu'elle ne « peut se protéger elle-même par les armes (1). »

Comme la religion du Nord cherchait à purifier la société conjugale, elle consacrait aussi la paternité. J'en vois la preuve dans une coutume étrange

(1) Le mariage du frère et de la sœur, permis chez les Vanes, était défendu chez les Ases, *Ynglinga saga*, cap. IV. Consécration de l'épouse par le marteau, *Edda Sæmund*, t. I ; *Thrymsquida*, 30. On trouve aussi dans les chants héroïques sur Sigurd l'usage de l'anneau nuptial. Cf. Tacite, 18, 19. Sancti Bonifacii *epist* XII, ad *Ethibaldum, Merciæ regem* : « In antiqua Saxonia, si virgo paternam domum cum adulterio maculaverit, si mulier maritata, perdito fœdere matrimonii, adulterium perpetraverit, aliquando cogunt eam propria manu su-pensam per laqueum vitam finire, et super bustum illius incensam et concrematam corruptorem ejus suspendunt. » — Immolation des veuves, Procope, *de Bello Gothico*, II, 14. Ἐρούλων δὲ ἀνδρὸς τελευτήσαντος, ἐπάναγκες νῆ γυναικὶ ἀρετῆς μεταποιουμένη καὶ κλέος αὐτῆ ἐθελούσῃ λείπεσθαι, βρόχον ἀναψαμένη παρὰ τοῦ ἀνδρὸς τάφον, οὐκ εἰς μακρὰν θνήσκειν. *Edda Sæmund*, t. II. *Hundingsbana*, II, *Fafnisbana*, III, et la note a de la page 226. — Respect des peuples du Nord pour les femmes, Tacite, 8, 7 ; Cæsar, *de Bello Gallico*, lib. I. La loi des Angles (*lex Anglicorum et Werinorum*), 10, 13, donne un motif grossier à l'augmentation du Wergeld de la femme : « Qui feminam nobilem virginem nondum parientem occiderit, 600 solidos componat ; si pariens erit, ter 600 solidos ; si jam parere desiit, 600 solid. » Je trouve à peu près les mêmes proportions, par conséquent le même motif, dans la *loi salique*, 28, et dans celle des *Ripuaires*, 12, 13, 14. Au contraire, la loi bavaroise invoque un principe moral, 3, 15 : « Quis femina cum armis se defendere nequiverit, duplicem compositionem accipiat. » La *loi saxonne*, 2, 2, punit du double l'outrage fait à une vierge. Cf. *Lex Alamann.*, 67, 68. Rotharis, 200, 202. *Uplandsl. Manhelg.*, 20, 5. La *loi des Visigoths*, VIII, 4, 16, est la seule qui attribue à la femme un Wergeld moindre qu'à l'homme.

conservée jusqu'au moyen âge dans plusieurs cantons de l'Allemagne. « L'époux qui vieillissait sans « enfants pouvait, disait-on, appeler à sa place un « voisin qui lui donnât un fils. » Un tel usage, qu'on retrouve chez plusieurs peuples de l'antiquité, et qui viole cependant toutes les lois de la nature, ne pouvait tenir qu'à une croyance superstitieuse. C'est que l'homme avait besoin d'un fils, quoi qu'il coûtât, pour continuer la famille, pour représenter, pour honorer, peut-être pour racheter les ancêtres. En effet, l'enfant n'entrait dans le monde qu'à condition d'y accomplir des expiations et des sacrifices. Voilà pourquoi on plongeait le nouveau-né dans l'eau lustrale, comme s'il avait eu à laver quelque souillure héréditaire. Voilà pourquoi on lui faisait faire une libation en mettant sur ses lèvres le lait et le miel, qui étaient des mets purs et sacrés. Après qu'il y avait goûté, qu'il avait pris sa place sur la terre par cet acte religieux, il n'était plus permis de l'exposer ; il avait droit de vivre, il grandissait dans la maison ; et, s'il craignait son père comme un maître, il le respectait comme le représentant de la Divinité. Car le père était prêtre chez lui : il présidait au culte domestique, il consultait les volontés du ciel en agitant les bâtons divinatoires. Le suicide même, par où plusieurs terminaient leur vie, était une dernière offrande qui leur assurait l'immortalité. Selon les anciennes traditions de la Suède, Odin avait voulu que les mourants fussent achevés à coups de lance : la Valhalla ne s'ouvrait pas aux trépassés, s'ils ne portaient pas sur eux la marque du fer (1).

La pensée d'une vie future se mêlait donc au spectacle de la mort ; elle éclatait dans les rites funèbres qui réunissaient la famille autour du bûcher ; elle devenait la source de tout le droit des successions. Chez les Scandinaves, l'adition d'hérédité se faisait dans un banquet. L'héritier y était assis sur la dernière marche du siége patrimonial, jusqu'au moment où on lui mettait dans les mains la *corne des braves*, pleine d'hydromel. Alors, se levant, il prononçait les paroles prescrites, vidait la coupe, et prenait possession du siége en même temps que du patrimoine. Or, en rapprochant les témoignages des historiens du Nord, je trouve que dans les mœurs païennes tout banquet solennel est un sacrifice ; je reconnais dans la corne des braves (*Bragafull*) la même libation qu'on faisait à chaque festin, en l'honneur des dieux premièrement, puis des ancêtres, et qu'on appelait

---

(1) Grimm, *Deutsche Rechts-Alterthümer*, p. 445, donne les preuves de l'étrange coutume qu'on vient d'indiquer. — Sur le bain des enfants, dans l'eau lustrale, et la libation qu'on leur faisait faire : *Hords saga*, cap. vii ; *Vita sancti Lindgeri*, ap. Pertz. — Culte domestique : Tacite, *Germania*, 10 ; Geijer, *Geschichte Schwedens*, p. 100. — Suicide des vieillards, Geijer, *ibid.*, p. 102 ; *Ynglinga saga*. cap. x et xi : « Niordus naturali morte decessit. Is, antequam moriretur, Odino se signari jussit. » Sur les funérailles, Tacite, *de Germania*, 27.

aussi la coupe de Mémoire (*Minne*). L'usage de la coupe sacrée reparaît chez plusieurs peuples de l'Allemagne, et je vois encore au onzième siècle, sur les bords du Rhin, les festins funèbres célébrés autour des tombes avec des libations et avec des chants que l'Église proscrivait comme autant de rites idolâtriques. Je crois donc apercevoir dans les coutumes du Nord la trace d'une loi commune aux plus grandes nations du Midi et de l'Orient, qui liait les sacrifices aux successions, et n'investissait le successeur qu'à la charge par lui de satisfaire pour ses ancêtres. Ce devoir sacerdotal de l'héritier explique la préférence accordée aux fils, et comment les filles sont exclues de la terre salique, c'est-à-dire de la terre noble, reçue des aïeux. A défaut de descendants mâles, l'héritage est dévolu aux ascendants et ensuite aux collatéraux jusqu'au septième degré. Les diverses coutumes varient dans le rang qu'elles leur assignent, mais toutes s'accordent à préférer les parents du côté de l'épée (*Swertmage*) aux parents du côté du fuseau (*Spillmage*). Ainsi la parenté recueille les biens délaissés ; elle recueille aussi les charges : la tutelle des enfants, la tutelle des femmes, et la vengeance du mort, s'il a laissé des injures à punir. A tous les degrés règne le sentiment de la responsabilité mutuelle qui lie les hommes d'une même lignée, mais qui les soutient. Le dogme mystérieux de la solidarité, de la réversibilité des mérites et des démérites se fait sentir dans cette constitution de la famille germanique, où l'on ne voyait d'abord qu'un état violent. Et ces relations, que la chair et le sang semblaient n'avoir formées que pour un temps, se rattachent à des lois éternelles, qui font l'unité morale du genre humain.

Les peuples du Nord connaissaient tellement la force de ces liens, qu'ils s'en effrayaient. Ils se réservaient la faculté de rompre des engagements si inflexibles. La loi salique en dispose expressément. « Si quelqu'un, dit-elle, veut renoncer à ses « parents, il se présentera dans l'assemblée du « peuple, portant quatre verges de bois d'aune, « et il les brisera sur sa tête, en déclarant qu'il « n'y a plus rien de commun entre eux et lui. » Ainsi la loi formait le faisceau de la famille, mais elle permettait de le briser (1).

---

(1) Les cérémonies de l'adition d'hérédité sont décrites dans un passage de l'*Ynglinga saga*, qu'on n'a pas assez remarqué, cap. XL : « In Suionia more receptum erat ut, cum mortualia regum principumque celebranda forent, convivii apparetor, idemque hæreditatem aditurus, in infimis solii eminentioris gradibus subsideret, donec scyphus *Bragafull* dictus inferretur; ubi tum assurgens hæres, votoque nuncupato, totum scyphum evacueret : hinc paternum occuparet solium, plenario hæreditatis jure jam sibi acquisito. » Cf. *Indiculus superstitionum*, 2, « de sacrilegio super defunctos. » Burchard de Worms, *Interrogatio* 51 : « Est aliquis qui supra mortuum nocturnis horis carmina diabolica cantaret, et biberet, et manducaret ibi? » Grimm, *Mythologie*, t. I, p. 52. — Les lois lombardes (Rotharis, 153); bavaroises, 14, 9, 4; celle des Visigoths, IV, 1, reconnaissent sept degrés de parenté. L'ordre des successions varie, mais la prérogative de la parenté masculine est conservée : V. *Lex Alamann.*, 57, 92; *Burgund.*, XIV, 1; *Bavar.*..

Ainsi la société domestique ne peut pas si bien contenir l'humeur inquiète du barbare qu'il ne finisse par lui échapper. Il passe l'hiver accroupi auprès du foyer, enseveli dans le sommeil et la boisson ; mais, l'été venu, il ne résiste plus à la passion de la chasse et de la guerre : il en aime les périls et surtout le butin. Si l'entreprise est grande, plusieurs s'associent pour la tenter : ils savent ce que peut le nombre. Ainsi se forme la bande guerrière. Rien n'est plus libre que cette association : chacun y entre volontairement, et reste maître d'en sortir ; il n'y paraît d'inégalité que celle de la force et du courage : la volonté de tous fait le pouvoir du chef. La bande vit de conquêtes, par conséquent elle émigre : elle se met au service des nations voisines, passe le Rhin ou le Danube, se jette sur les terres de la Gaule ou de la Pannonie. Quelquefois les bandes réunies forment des armées ; elles entraînent après elles le gros de la nation, comme les quatre-vingt mille Germains d'Arioviste, qui menaient avec eux, sur des chars, leurs femmes et leur enfants. Au nord, l'émigration se tourne du côté de la mer. Les pi-

<small>Commencement de la société politique.</small>

---

<small>XIV, 9 ; Saxo Grammaticus, lib. X ; Grimm, *Deutsche Rechts-Alterthümer*, 473, et l'excellente dissertation de M. Pardessus sur l'article 63 de la loi salique. Il faut voir une discussion instructive sur le sens et la date du mot *terra salica*, dans le livre publié récemment par M. Waitz : *das alte Recht der Salischen Franken*, p. 117. C'est l'art 63 de la même loi qui traite des moyens de briser le lien de parenté : « De eo qui de parentele se tollere vult. »</small>

rates saxons, sur leurs barques d'osier, vont porter la terreur jusqu'à l'embouchure de la Loire. On raconte qu'une famine cruelle désolant le Jutland, le roi convoqua l'assemblée ; l'opinion unanime fut qu'on devait mettre à mort les hommes inutiles. Alors une femme nommée Gunborg se leva, et ouvrit un avis moins sévère : elle proposa qu'une moitié du peuple désignée par le sort quittât le pays. Le sort tomba sur les vieillards ; mais les jeunes gens voulurent partir à leur place. S'il faut en croire les premiers chroniqueurs normands, c'était la coutume des Scandinaves d'exiler tous les cinq ans une partie de leur population (1). Ces bannis trouvaient une patrie sur leurs vaisseaux, et des dépouilles à conquérir sur tous les rivages : là, dans l'enivrement des tempêtes et des batailles, la passion du sang se tournait en délire ; le guerrier était saisi d'une fureur qu'il croyait divine, il devenait *berseker*, c'est-à-dire inspiré ; il frappait alors en aveugle, il mettait en pièces ses gens, ses compagnons, et la barque même qui le portait. Il semble que l'indépendance humaine soit poussée à ses derniers excès dans une telle vie, sur les flots sans maître et sans limites ; et cependant, aussitôt que des hommes se rapprochent, l'idée du droit se fait si inévitablement place au milieu d'eux, que ces rassemblements de pirates ne peuvent s'y sous-

(1) Cette coutume rappelle le *ver sacrum* de l'ancienne Italie.

traire. Ils se choisissent des chefs, fils de chefs puissants, qui réunissent les deux prestiges de la naissance et de la valeur. Ceux-là seulement qui ont renoncé à vivre sous un toit et à vider la coupe auprès du brasier peuvent prétendre au titre de rois des mers. Autour d'eux se rangent des hommes d'élite ordinairement au nombre de douze, qu'ils nomment leurs champions (*Cappar, Kæmpe*). Les champions meurent pour celui qui les mène ; lui, partage fidèlement la cargaison entre les survivants. La tradition rapporte qu'un prince norvégien, nommé Half, croisa dix-huit ans sur l'Océan avec soixante hommes : nul n'était admis dans sa troupe qu'après avoir fait preuve de sa force, en levant une pierre que douze guerriers ordinaires remuaient à peine. Ils s'engageaient à ne jamais chercher de port dans l'orage, à ne jamais panser leurs blessures avant la fin du combat. Un jour, le bâtiment chargé de butin allait couler : on tira au sort ceux qui se jetteraient à la mer pour sauver le chef et la cargaison ; ils s'y précipitèrent, suivirent le navire à la nage, et se retrouvèrent tous sur la plage pour la distribution des dépouilles. Les sagas sont pleines de ces récits. Ils excitaient les gens de mer, et les faisaient sortir par milliers des promontoires, des golfes, des îles qui hérissent les côtes scandinaves. On reconnaît la même organisation en Germanie, chez les bandes d'aventuriers décrites par Tacite : des chefs désignés par l'éclat de leur noblesse et de leurs armes ; autour d'eux une clientèle militaire, avec des rangs et des degrés ; entre tous ceux qui la composent, un lien consacré par des serments. Avec la hiérarchie guerrière commence le principe de vassalité qui doit faire le fond de tout le droit féodal. Cependant jusqu'ici l'engagement est volontaire, et par conséquent révocable. Chacun reste libre d'abandonner la société militaire en renonçant à ses bénéfices ; les compagnons d'un chef s'obligent à se dévouer, mais non pas à obéir (1).

Mais, derrière la bande émigrante, on voit la nation dont elle se détache, qui tient au sol, qui s'y enracine par ses institutions. L'organisation théocratique des anciennes nations du Nord semble ressortir d'un chant de l'*Edda*, le chant du Rig, où le poëte célèbre l'origine des différentes classes d'hommes.

« Un fils d'Odin, Heimdall, parcourant le monde, arriva un jour au bord de la mer et y

(1) Tacite, *Germania*, 13 et 14 ; Cæsar, *de Bello Gallico*, lib. I. Sur les émigrations des Scandinaves, cf. Paul Warnefrid, *Historia Longobard.*, lib. I, cap. II : « Intra hanc constituti populi, dum in tantam multitudinem pullulassent, ut jam simul habitare non valerent, in tres, ut fertur, omnem catervam, partes dividentes, quæ ex illis pars patriam relinquere, novasque deberet sedes exquirere, sorte perquirunt. » Saxo Grammaticus, lib. VIII ; *Ynglinga saga*, cap. XLVII, XLVIII ; Odon, *de Gestis consul. Andegav.*, apud d'Achery, *Spicilegium*, t. III ; Dudon de Saint-Quentin et Guillaume de Jumièges, apud Duchène, *Scriptores Norman.*, p. 62, 221 ; *Saga de Half* dans la *Bibliothèque des sagas*, t. II, et tout le chapitre II de l'*Histoire des expéditions maritimes des Normands*, t. I, par M. Depping.

trouva deux vieux époux, que le poëte appelle le Bisaïeul et la Bisaïeule. Ce couple indigent accueillit le dieu, lui offrit un pain grossier avec la chair d'un veau, et le garda trois jours et trois nuits. La Bisaïeule eut de lui un fils, sur lequel on répandit l'eau lustrale, et qu'on appela le Serf (*Thrœll*). Il était noir, il avait les mains calleuses et le dos voûté ; et, quand il fut devenu fort, sa tâche fut de travailler l'écorce, de ramasser le bois et de le porter sur ses épaules. Une femme vint sous son toit : elle avait la plante des pieds meurtrie, les bras brûlés par le soleil ; elle se nommait la Servante. Elle lui donna des enfants qui s'appelèrent le Sombre, le Grossier, le Querelleur, le Paresseux, et qui furent les premiers de la race des serfs. Ils eurent pour emploi de faire des haies, d'engraisser les champs, de creuser les tourbières, de garder les chèvres et les porcs.

« Ensuite Heimdall, cheminant toujours, s'arrêta chez deux autres époux, le Grand-Père et la Grand'Mère. Leur demeure était moins dénuée : on voyait un coffre sur le plancher ; la femme faisait tourner le rouet, et préparait des vêtements. Le dieu y passa trois jours et trois nuits, et la Grand' Mère eut de lui un fils qui fut appelé le Libre (*Karl*). Il vint au monde avec des cheveux rouges, un teint coloré, des yeux étincelants : on l'enveloppa dans le lin. Quand il commença à croître et à se fortifier, il apprit à dompter les taureaux, à construire des maisons, à conduire la charrue. La fiancée qu'on lui présenta portait un vêtement de peau de chèvre et un trousseau de clefs : elle s'appelait la Diligente. On la plaça sous le voile de lin; les époux échangèrent leurs anneaux, et ils donnèrent le jour à des enfants qu'on nomma l'Homme, le Laboureur, l'Artisan. Ce furent les auteurs de la race des hommes libres.

« Enfin Heimdall s'en alla visiter une demeure située vers le sud. Ceux qui l'habitaient étaient le Père et la Mère. La mère prit une nappe brodée, et en couvrit la table ; elle prit des pains minces d'un blanc froment, et les plaça sur la nappe. Elle y mit aussi des plats ornés d'argent, regorgeant de venaison : les coupes étaient garnies de métal. Le dieu resta chez ses hôtes trois jours et trois nuits, et la Mère enfanta un fils qu'on enveloppa de soie et qu'on arrosa d'eau sacrée, en lui donnant le nom de Noble (*Jarl*). Il avait les joues vermeilles, la chevelure argentée, et le regard perçant d'un dragon. L'enfant grandit et il apprit à brandir la lance, à ployer l'arc, à tailler des flèches, à chevaucher hardiment, à traverser les eaux à la nage, à lancer les meutes, à chasser les bêtes sauvages. Or Heimdall l'avoua pour son fils, lui enseigna les runes, et voulut qu'il possédât des terres nobles et un manoir héréditaire. Ensuite le Noble épousa la fille du Baron, et leurs enfants furent le Fils, l'Enfant légitime, l'Héritier, le Descendant, et le

Roi (*Konr*), qui vint le dernier de tous. Et les autres enfants du Noble aiguisèrent les flèches, courbèrent des boucliers, manièrent les lances. Mais le Roi connut les runes, les runes du temps, les runes de l'éternité. Il comprit le chant des oiseaux, et sut calmer la mer, éteindre l'incendie et endormir les douleurs : il posséda la force de huit hommes (1). »

Cette fable représente la constitution primitive de la nation scandinave, qui se reproduit chez les principales races germaniques. C'est un dieu, par conséquent c'est une religion qui en est l'origine, et qui en a fait un seul peuple en trois castes : les nobles, les libres et les serfs. Dans la noblesse, seule dépositaire des runes, c'est-à-dire de la doctrine et du culte, on reconnaît un corps sacerdotal, mais qui a cédé depuis longtemps à des penchants belliqueux. Odin et les Ases sont des prêtres conquérants, et, de leur sang, prétendent sortir toutes les races nobles du Nord. Au dixième siècle, l'Islande était gouvernée par trente-neuf prêtres. Chez les Goths, les nobles se disaient fils des dieux, et c'était dans leurs rangs qu'on prenait les sacrificateurs : Tacite trouve partout les prêtres partageant le pouvoir des chefs, déclarant les volontés du ciel, infligeant des châtiments, revêtus d'une autorité que les

(1) *Edda Sæmundar*, t. III, *Rigsmal*. M. Ampère en a donné une excellente traduction dans les mélanges qu'il a publiés sous le titre de *Littérature et Voyages*.

hommes ne laissent exercer que de la part des dieux. C'est pourquoi le meurtre du noble est puni d'une peine pécuniaire plus forte : son domaine est plus étendu ; il se fait servir par des hommes libres. La noblesse confère donc un caractère sacré ; elle a plus que des droits, elle a des priviléges. — Les hommes libres viennent en second lieu ; ils forment, à vrai dire, la caste guerrière. Ils n'ont que des droits, mais ils les ont tous : la propriété, la composition pécuniaire pour les offenses reçues, le suffrage en ce qui touche les affaires publiques. Leur garantie est dans leurs armes, surtout dans le bouclier, qu'on ne perd pas impunément, et sans lequel on n'entre pas aux assemblées délibérantes. — Au troisième rang, se trouvent les serfs attachés à la glèbe, où je crois apercevoir une caste de cultivateurs opprimée par la conquête. Les anciennes lois de l'Allemagne les appellent les faibles (*lidi, lazzi, lassen*) ; et je reconnais bien là le dur génie de l'antiquité, qui réservait le travail à la faiblesse. Ces faibles sont des vaincus ; car la coutume de Saxe déclare « que les Saxons, vainqueurs des Thuringiens, les laissèrent vivre, en les attachant à la culture des terres, dans la condition où vivent encore leurs descendants. » Mais ici les vaincus sont de la même race que les vainqueurs : Odin est aussi l'aïeul des serfs. Voilà pourquoi la loi les couvre encore ; elle protége leur personne par une peine pécuniaire, quoique inférieure ; elle leur attribue une sorte de possession, quoique chargée de redevances; la faculté de poursuivre en justice, mais non de siéger aux jugements; les droits civils, mais non les droits publics. — Ils se distinguent ainsi, chez plusieurs peuples, d'une dernière classe d'hommes, celle des esclaves. L'esclave est l'homme d'une autre race, d'une race étrangère aux dieux, par conséquent, non plus un homme, mais une chose. C'est le captif qui fait partie du butin, qu'on immole, qu'on vend, qu'on attache, non pas à la glèbe, mais à la meule, au soin de l'écurie et du chenil. Rasé, sans cheveux, sans armes, sans droits, s'il est blessé, il n'y a de réparation que pour le maître, qui peut tout faire de lui, excepté une personne libre; car l'affranchissement ne le réhabilite point, la mort même n'efface pas la trace de ses chaînes. La Valhalla est fermée aux esclaves; ils n'y entrent qu'à la suite de leur maître, si on les a brûlés avec lui sur le même bûcher (1).

(1) *Ynglinga saga*, cap. II; Arnesen, *Island Rettergang*, 472; Jornandès, *de Rebus Geticis*, 5, 10, 11; Tacite, *de Germania*, 10, 11; Ammien Marcellin, XXVIII, 5 : « Nam sacerdos apud Burgundios omnium maximus vocatur Sinistus, et est perpetuus, obnoxius discriminibus nullis ut reges. » Cf. Gregor. Turon., VI. 31 : « Sacerdotes et seniores. » Le noble a un Wergeld supérieur à celui de l'homme libre : cf. *Lex Angl. et Werinor.*, tit. 9; *lex Bajuwar.*, 2, 20, et les autres cités par Grimm : *Deutsche Rechts-Alterthümer*, p. 275, et Guizot, *Essais sur l'histoire de France*, 4ᵉ essai, chap. II, sect. 2. — En ce qui touche les droits des hommes libres, *Olafs tryggvason saga*, cap. CLXVI; *Schwanspiegel*, III, 72 : « Dat echte Kint unde vri beholt sines vater schilt; « Tacite, *de Germania*, 15. — La plupart des langues du Nord ont plusieurs noms pour désigner l'homme qui n'est pas libre. Cependant chez quel-

Ainsi, au milieu de l'obscurité qui couvre l'ancienne Germanie, il reste encore assez de lumière pour qu'on y retrouve avec surprise les castes des vieilles sociétés de l'Orient. Mais les sociétés de l'Orient étaient demeurées immobiles aux lieux mêmes où elles se formèrent : au contraire, les Germains s'étaient déplacés, et, durant une marche de plusieurs siècles, des bouches du Tanaïs au bord de la mer du Nord, avec les résistances qu'il fallait vaincre, comment le désordre n'aurait-il pas fini par s'introduire dans ce grand corps, et par en troubler les rangs? L'ancienne constitution théocratique ne pouvait plus maîtriser l'impétuosité d'une race conquérante et victorieuse. On voit les prêtres gagnés par les mœurs violentes des guerriers ; les fonctions de ces deux castes s'intervertissent et se confondent. D'autres fois, les serfs, châtiés de quel-

ques peuples, particulièrement chez les Scandinaves, on ne peut pas s'assurer d'une différence précise entre le serf et l'esclave ; d'un autre côté, chez les Saxons, les *Lassen* avaient leurs députés à l'assemblée de la nation. Cf. Wittickind, *Annal.*, lib. I : « Gens Saxonum triformi genere ac lege præter conditionem servilem dividitur... » *Vita S. Lebuini*, apud Pertz, II : « Statuto quoque tempore anni, semel ex singulis pagis atque eiusdem ordinibus tripartitis singillatim viri duodecim electi, et in unum collecti in media Saxonia... » *Saschenspiegel*, III, 44 : « Do listen sie die bure sitten angeslagen, unde bestadeden in den acker to also gedeneme rechte, als in noch die Late Lebbet ; daraf qusmen die Late. » Cf. l'*Aldio* des lois lombardes et le *parman* de la coutume bavaroise. Voyez aussi Tacite, *de Germania*, 25. Pour la condition de l'esclave, *Capitular.*, 5, 247 ; *Uplandslag manh.*, 6, 9 ; *lex Alamann.*, 37 ; *Edda Sæmundar*, t. II. *Fafnisbana*, III, t. 1 ; *Harbardsliod*. str. 53, et Grimm, *Deutsche Rechts-Alterthümer*, p. 300 et suiv-

que révolte, descendent au niveau des esclaves; et l'on s'explique de la sorte les témoignages de ceux qui ne distinguent chez plusieurs peuples que trois classes d'hommes, ou deux seulement, les libres et ceux qui ne le sont pas (1).

Si les castes avaient mis l'ordre dans la société, le pouvoir y mettait l'action et la vie. Chez la plupart des grandes nations germaniques, le pouvoir était exercé par des rois. Mais le nom même de roi (*Konr*, *King*, *Kœnig*) désignait une fonction sacerdotale, ordinairement héréditaire dans une famille qui se faisait descendre des dieux. En Suède, celui qui devait régner dans la ville sainte d'Upsal était inauguré par les nobles sur la pierre sacrée, avec des sacrifices et des prières. Il prenait ensuite possession du trône, où il paraissait, comme le successeur d'Odin, entouré de douze conseillers qui représentaient les douze Ases. On l'appelait le défenseur de l'autel, et il avait la charge des sacrifices, pour lesquels toute la Suède lui payait un tribut. Tacite connaît aussi chez les Germains des rois

(1) Les lois des Bavarois, des Visigoths, des Burgundes, ne connaissent que deux états : liberi et servi. Les lois des Francs, des Angles, des Anglo-Saxons, des Scandinaves, en admettent trois : ingenui, lidi, servi ; adalingus, liber, servus ; adeling, ceorl, theev ; jarl, karl, thrœll.—Les lois des Alemans, des Frisons, des Burgondes, des Saxons, en reconnaissent quatre : primus, medianus, minoflocus, servus; nobilis, liber, litus, servus ; nobiles, mediocres, minores, servi; adelingi, frilingi, lassi, servi. Cf. sur ce point et sur les droits de chaque classe, Eichhorn, *Deutsche staats-und-Rechts-Geschichte*, t. I, p. 46, 120 ; Mœser, *Osnabrückische Geschichte*, t. I, p. 13.

qui exercent le pontificat, qui tirent les présages, qui se disent les interprètes du ciel. Ailleurs, il semble que le pouvoir religieux n'a pu se faire obéir des hommes libres qu'en subissant leurs conditions et en devenant militaire. Les rois des Francs et des Goths étaient proclamés par les guerriers; on les élevait, non sur la pierre immuable, mais sur le pavois; ils prenaient possession du pays en chevauchant autour avec tout l'appareil des batailles; le peuple les reconnaissait, mais en se réservant le droit de les déposer. Les Burgondes détrônaient leurs princes quand leurs armes étaient malheureuses, ou quand la récolte manquait. La royauté, affaiblie de la sorte, finit par disparaître chez plusieurs peuples, en Islande, par exemple, et en Saxe, où il n'y a plus que des chefs électifs (1).

Les magistratures inférieures ne disparaissent

---

(1) *Ynglinga saga*, cap. v, viii, xxiv; *Edda Sæmundar*, t. III; *Rigsmal*, str. 40 : « Sed Konr (rex) juvenis calluit runas, runas per ævum et ætatem duraturas. Is quoque callut — homines servare — acies hebetare — mare sedare. — 42 : Didicit avium clangorem intelligere — moderari ac sopire — deprimere curas, — robur et alacritatem — octo virorum. — Tacite, *de Germania*, 7, 10, 11, 45; *Histor.*, IV, 15; Ammien-Marcellin, XXVIII, 5 : « Apud hos (Burgundios) generali nomine rex vocatur Hendinos, et ritu veteri potestati deposita removetur, si sub eo fortuna titubaverit belli, vel segetum copiam negaverit terra. » Cassiodore, X, *Epist.* xxxi; Greger. Turon., II, 40; IV, 16. Sur la pierre de Mora, qui servait à l'inauguration des rois d'Upsal, V. Geijer, *Om den gamla Svenska Fœrbunds-fœrfatt-ningen*, *Iduna*, 9, 192. Voyez aussi Waitz, *das alte Recht der Salischen Franken*, p. 205 et suiv. Cet auteur réfute d'une manière péremptoire ceux qui font naître la royauté chez les Germains de leurs rapports avec l'empire romain.

pas, mais elles s'altèrent; elles semblent se rattacher au premier partage du territoire, dont elles suivent les divisions. La division la plus commune distribue le pays en plusieurs cantons (*gau, scire, pagus*), sous l'autorité d'autant de magistrats appelés *grafen*, et qui prirent plus tard le nom romain de comtes. Le canton se divise en districts (*Huntari, Hædrad, Hundred*) composé de cent bourgades (*Wilari, Gordr*), et gouvernés chacun par un centenier (*Centenarius, Hundredsealdor*). Tous ces titres, comme celui de roi, durent primitivement désigner des sacerdoces; plus tard, ceux qui les portent ne sont plus que des officiers de guerre et de justice. La seule puissance qui ne s'altère jamais, et de qui relèvent toutes les autres, repose dans les assemblées du district, du canton, de la nation entière (1).

Mais la nation pense tenir sa souveraineté des dieux qui la fondèrent : elle n'omet rien pour les intéresser, pour les lier à ses décisions. Chaque as-

(1) Tacite, *de Germania*, 6, 12 : « Eliguntur in iisdem conciliis et principes qui jura per pagos vicosque reddunt. » Cæsar, *de Bello Gallico*, VI : « Principes regionum atque pagarum inter suos judicant. » *Lex Salica*, 46, 49, 55, et les preuves données par Grimm, *Deutsche Rechts-Alterthümer*, 535 ; Eichhorn, t. I, p. 244; Savigny, t. I, chap. IV. Waitz (p. 126 et suiv.), par une interprétation ingénieuse et solide du tit. 45 de la loi salique, *De migrantibus*, arrive à des conclusions très-neuves sur la constitution de la bourgade (*Dorfsvilla*) chez les Francs. — Aux magistratures qu'on trouve chez tous les peuples germaniques, il faut ajouter le *tunginus* des Francs et le *tungerefa* des Anglo-Saxons, chefs électifs placés sous l'autorité des centeniers et des comtes.

semblée (*mal, ding, Ting*) a son jour fixé dans le ciel. On se réunit à la pleine lune ou à la nouvelle lune : le lieu du rendez-vous est un lieu sacré. Une palissade de branches de saule et de noisetier en marque l'enceinte extérieure. Au dedans, vingt-quatre pierres larges et hautes forment un cercle qui s'ouvre à l'orient ; au milieu sont deux siéges pour les pontifes, et un autel pour les sacrifices. Le sang de la victime coule. Les pontifes interrogent le sort par des bâtons runiques, par le vol des oiseaux, par le hennissement des chevaux sacrés : toute la délibération dépend de leurs réponses. Cependant ils maîtrisent la multitude, ils commandent le silence. Jusqu'ici l'assemblée a l'aspect d'un temple ; mais ceux qui la composent y sont venus en armes. Ils y portent toute la liberté des mœurs militaires ; ils tardent, il se font attendre jusqu'au troisième jour. Si un chef les harangue, il faut qu'il persuade ; tout homme libre peut élever la voix. Des huées couvrent le discours qui a déplu. L'avis qui l'emporte est salué par le cliquetis des épées. Quand il s'agit d'une guerre à soutenir, le peuple choisit un des siens, le fait combattre avec un prisonnier ennemi : par l'issue du combat on juge de quel côté penchera la fortune. Le peuple réuni prend l'aspect d'une armée : l'assemblée devient un camp. Le pouvoir était descendu de la religion, mais il passait du côté de la force (1).

(1) J'ai pris pour exemple le célèbre cercle de pierres de Thigh-

Ainsi le génie sacerdotal et le génie guerrier se retrouvent aux prises sur tous les points. Le besoin d'autorité est si impérieux, qu'il introduit une hiérarchie jusque dans les bandes émigrantes; mais l'instinct de liberté est si fort, qu'il ébranle toute la constitution des nations sédentaires. De ces deux puissances il faut enfin que l'une ou l'autre l'emporte, et que la lutte ait son dénoûment dans les institutions judiciaires, où la loi fait son dernier effort pour réaliser l'ordre idéal qu'elle a conçu, pendant que les volontés récalcitrantes mettent tout en œuvre afin d'échapper à la contrainte qu'elles détestent.

Et d'abord, comme si ce n'était pas trop de la majesté divine pour couvrir un acte si décisif, le jugement est rendu dans l'assemblée publique, par conséquent dans le lieu saint. Toutes les circonstances qui l'accompagnent en font une solennité religieuse. Le soleil, c'est-à-dire la divinité nationale, y préside : le tribunal est tourné du côté

<small>reeds, au bailliage de Stavanger, en Norvége. Il a deux cents pieds de circonférence, et vingt-quatre pierres carrées de quatre pieds de hauteur. Cf. Saxo Grammaticus, lib. I : « Lecturi regem affixis humo saxis insistere suffraginque promere consueverant, subjectorum lapidum firmitate, facti constantiam ominati. » Grimm, *Deutsche Rechts-Alterthümer*, p. 807, 809. *Gulathing*, p. 13. Tacite, *de Germania*, 10, 11 : « Silentium per sacerdotes quibus et tum coercendi jus et imperator. — Illud ex libertate vitium, quod non simul, nec ut jussi conveniunt... Si displicuit sententia, fremitu adspernantur; sin placuit, frameas concutiunt. » Geijer, *Geschichte Schwedens*, 105. Le peuple suédois, délibérant en armes, s'appelait Svea-hacr, l'armée de Suède. La grande assemblée annuelle d'Upsal s'appelait Als-herjar-ting, la réunion de toute l'armée.</small>

de son lever; son coucher marque la fin de l'audience. Le magistrat y remplit un ministère de prêtre; en rendant la justice, il ne fait que procurer l'accomplissement de la volonté des dieux. Du haut de sa chaise de pierre qui domine la foule, un bâton blanc dans la main, il demeure impassible, il dirige les débats, il interroge, il pose les questions, mais il n'opine pas : ceux qui opinent, qui répondent, qui décident enfin, non-seulement sur le point de fait, mais sur le point de droit, ce sont tous les hommes libres présents, ou du moins un certain nombre délégués au nom de la communauté tout entière. Les plaideurs comparaissent devant leurs pareils, et cette coutume, traversant le moyen âge, deviendra un des principes de la jurisprudence moderne. Quelquefois il y a cent assesseurs, comme chez les peuples décrits par Tacite. Il y en a douze en Islande, en Danemark, en Frise; la loi salique en veut sept. On les nomme *Rachimburgi* ou *Harimanni*, c'est-à-dire gens de guerre; et en effet le bouclier, symbole de la souveraineté guerrière, est suspendu devant eux. Les débats s'ouvrent et se poursuivent avec le même contraste de rites sacrés et de démonstrations militaires (1).

(1) Menken, I, 846 : « Tribunal cum consensu Thuringorum positum est .. cum assoribus a retro et ambobus lateribus in altitudinem quod judex cum assessoribus suis possint videri a capite usque ad scapulas : introitus versus orientem apertus. » Chez les Scandinaves, l'accusateur doit regarder vers le midi, l'accusé vers le

D'un côté je vois toute une procédure mystérieuse : la poursuite judiciaire n'est qu'un appel aux dieux. Le demandeur et le défendeur les prennent à témoin par le serment. Ils jurent sur l'anneau trempé du sang des victimes, ils invoquent les noms d'Odin et de Thor. A la suite de chacune des parties comparaît sa famille. Six personnes, quelquefois douze, cinquante, et jusqu'à six cents, viennent jurer, non de la vérité du fait, qu'elles ne connaissent pas, mais de la véracité de leurs parents, qu'elles garantissent. Les lois barbares, rédigées en latin, les appellent *conjuratores*. Ce genre de preuves puise toute sa force dans les terreurs religieuses qui poursuivent les parjures. L'Edda leur réserve les plus cruels châtiments de l'enfer : le ciel les punit, la terre a horreur d'eux,

---

mont. *Niala*, cap. LVI, 74. Gregor. Turon., lib. VII, cap. XXIII : « Ad placitum in conspectu regis Childeberti advenit, et per triduum usque in occasum solis observavit. » Cf. Gutalag, 65. Grágás, 45, etc. — Distinction du magistrat (*Richter*), et de ceux qui prononcent (*Urtheiler*), Grimm, *Deutsche Rechts-Alterthümer*, 750. Caractères et insignes du magistrat, Grimm, p. 761, 763. Sur les prêtres-juges de l'ancienne Islande, Arnesen, *Island, Rettergang*. Tacite, *de Germania*, 12, connaît l'existence des assesseurs : « Centeni singulis ex plebe comites, concilium simul et auctoritas, adsunt. » Cf. *Lex Ripuar.*, 55, *Salica*, 60, et les textes nombreux cités par Grimm, 768 ; Eichhorn, I, 221 et suiv.; Savigny, t. I, chap. IV. Phillips, *Deutsche Geschichte*, t. I, § 13-15. Pardessus, *Dissertations IX et X de la procédure chez les Francs*. — En ce qui touche l'appareil militaire des jugements, *Lex Salica*, 40 : « Et in mallo ipso centum habere debent. » *Leges Edowardi confessoris*, cap. XXIII. *Hákonarbók, Mankelg.*, 19. Quand les empereurs d'Allemagne venaient tenir la grande diète d'Italie à Roncaglia, leur bouclier était arboré à un mât, et les chevaliers venaient faire la veille des armes autour de l'écu impérial.

et c'est une croyance populaire en Suède que l'herbe ne pousse pas sur leurs tombeaux. Le serment interpelle les dieux : ils répondent par le témoignage des hommes ou par la voix de la nature. En matière civile la preuve testimoniale est facile ; car les actes principaux de la vie légale, le mariage, l'émancipation des enfants, l'affranchissement des esclaves, s'accomplissent publiquement, avec des formalités symboliques qui parlent aux yeux. Quand deux parties contractent, elles brisent une paille, dont chacune garde la moitié. Le vendeur d'une terre remet à l'acheteur une motte couverte de gazon, avec la baguette, emblème de la puissance; et, en même temps qu'il reçoit le prix, il touche les témoins à l'oreille, siége de la mémoire. En matière criminelle, si le crime n'a pas eu de spectateurs, la nature, ce témoin silencieux, mais vivant, trouvera une voix pour le dénoncer. De là les épreuves de l'eau et du feu, qui ont leur raison plus profonde qu'on ne croit dans le paganisme du Nord. L'eau et le feu ne sont pas seulement les instruments de la divinité : ces éléments incorruptibles et parfaitement purs voilent des divinités puissantes qui jugent, qui discernent le malfaiteur, qui ne peuvent souffrir sa présence, qui le repoussent à leur manière. Voilà pourquoi, dans le jugement par le feu, le fer rouge brûle la main du coupable et le contraint de se retirer, tandis que, dans le jugement par l'eau, le coupable est celui qu'elle ne veut pas recevoir, celui qu'elle ne submerge point. D'autres fois on apporte le cadavre devant les juges : ses plaies saignent quand on fait approcher le meurtrier. Les dieux, qui renversent ainsi toutes les lois de la nature pour saisir le criminel, veulent donc son châtiment. A eux seuls, en effet, appartient le droit de punir. Le magistrat ne l'exerce qu'en leur nom, et en vertu de son caractère sacré. Toute action violente contre un particulier trouble la paix du peuple, qui est d'institution divine : par conséquent elle donne lieu à une offrande satisfactoire, à une peine pécuniaire, appelée *fredum*, c'est-à-dire le prix de la paix. Les crimes publics, la trahison, le sacrilége, sont les seuls contre lesquels le magistrat prononce une peine corporelle, la mort, la mutilation, le bannissement. Alors le châtiment devient une expiation, par laquelle la nation se décharge de la complicité du crime commis chez elle. Toute exécution à mort est un sacrifice humain : la loi de Frise s'en explique formellement. Elle ordonne que celui qui a profané un temple « soit immolé aux divinités du pays. » Chez les Scandinaves le patient est une victime offerte à Odin : le dieu vient s'asseoir la nuit sous la potence pour converser avec le supplicié; il aime qu'on l'invoque sous le nom de *Hanga Drottin*, « le « Seigneur des pendus (1). »

(1) Preuve par serment. *Volospa*, str. 55; *Landnama*, § 4, 7,

D'un autre côté, je reconnais devant les mêmes tribunaux, dans le même temps, sous les mêmes lois, une procédure toute guerrière, où le débat n'est plus qu'un appel à la force. Le demandeur, sans autorisation préalable du magistrat, accompagné seulement de ses témoins, est allé faire la sommation au logis du défendeur comme une déclaration de guerre. Au jour dit, les deux adversaires comparaissent en armes dans l'assemblée. Là il leur est permis de récuser les témoignages

p. 138; *Historia S. Cuthberti* : « Jure per deos meos potentes Thor et Othan. » En Islande, celui qui prêtait le serment judiciaire mettait la main sur un anneau teint du sang des victimes. Grimm, 895 et suiv.; Geijer, *Geschichte Schwedens*, p. 102 ; Rotharis, 1, 364. — En ce qui touche les solennités symboliques de la vente, de la stipulation, etc., Meichelbeck, *Historia Frising*, 421, 484 ; Falke, *Traditiones Corbeienses*, p. 271 : « Secundum morem Saxonicæ legis cum terræ cespite et viridi ramo arboris. » Grimm, p. 112 et suiv., donne un grand nombre d'exemples. *Lex Bajuvar.*, XV, 2 : « Post acceptum pretium, testis per aurem debet esse tractus. » *Ripuar.*, 60 ; Marculf, 1, 21 : « Omnes causas suas ei per festucam visus est commendasse. » Cf. *Lex Ripuar.*, 71 ; *Traditiones Fuldenses*, 1, 5, 20. — Pour l'ordalie, *Edda Sæmundar*, t. II ; *Quida Guthrunar*, III : « Cito ea dimisit ad fundam — manum candidum — atque ea sustulit — virides lapillos. » — « Videte nunc, viri ! — Ego illæsa facta sum, — sancte quidem, — quantumvis lebes iste ferveat. » *Capitular.*, ann. 803, cap. v ; Saxo Grammaticus, lib. XII ; *Leges Edowardi*, 3 ; *Leges Inæ*, 77, etc.; Phillips, *Geschichte des Angelsæchsischen-Rechts*; *Lex Salica*, 56, 50, 76 ; Gregorius Turon., *Miracul.*, lib. I, c. LXXXI ; *Lex Visigoth.*, VI, 1, 5 ; Luitprand, *Lex*, V, 21 ; Hincmar. Epist. XXXIX ; Annal. Hincmari Remens. ad ann. 876 ; *Sachsenspiegel*, 1, 59. Les plaies du cadavre saignent à l'approche du meurtrier : *Nibelungen*, 984-986 ; Shakspeare, *Richard III*, acte I, sc. II. Cf. Grimm, *Deutsche Rechts-Alterthümer*, 931 ; Pardessus, *Onzième Dissertation sur la loi salique*. — Sur la peine de mort, Tacite, 12, 19 ; *Lex Fris.*, *additio sapientium*, tit. 42 : Qui fanum effregerit immoletur diis quorum templa violavit. » *Ynglinga saga*, cap. vii.

et les épreuves, de s'en remettre à leur épée et de réclamer le duel. La coutume l'admet pour tous les genres de contestations, soit qu'il s'agisse d'un champ, d'une vigne ou d'une somme d'argent; à plus forte raison quand il faut prouver un crime. Si le litige est d'un fonds de terre, on place devant les combattants la glèbe symbolique. Ils la touchent de la pointe de l'épée avant de croiser le fer. Les juges, simples spectateurs de l'action, n'ont plus qu'à proclamer le vainqueur. Le vaincu éprouve le sort de tous ceux qui succombent dans les batailles : il faut qu'il subisse la rançon, la captivité ou la mort. En matière civile, quand le débiteur condamné par jugement refuse de s'exécuter, il y a exécution militaire, invasion de sa maison à main armée, saisie de ses biens jusqu'à concurrence de la dette. S'il ne peut payer de son bien, il paye de sa personne : le créancier se le fait adjuger par le tribunal à titre de serf; il le garde dans sa maison, le charge de travaux humiliants, l'enchaîne s'il lui plaît, « pourvu que la chaîne ne soit pas « serrée au point de faire rendre l'âme. » Mais, si le débiteur récalcitrant refuse de travailler, la loi norvégienne permet « de le conduire à l'assemblée, « afin que ses amis le rachètent; et, si personne « ne le réclame, de couper sur son corps ce qu'on « voudra, en bas ou en haut. » En matière criminelle, une fois l'offense reconnue, les juges condamnent le coupable à une satisfaction pécuniaire proportionnée à la grandeur du préjudice et à la dignité de l'offensé : on l'appelle *wergeld*, c'est-à-dire le prix de la guerre. S'il s'agit d'un homicide, la satisfaction est reçue par les parents du défunt, qui ont à venger l'injure commune. Réciproquement, quand le condamné est insolvable, la peine retombe sur sa famille, qui supporte la responsabilité du crime. La loi salique veut que « l'insol-« vable présente douze hommes, pour jurer qu'il « ne possède plus rien ni sur terre ni dessous. « Alors il entrera dans sa maison, y ramassera de « la poussière aux quatre coins, et, debout sur le « seuil, le visage tourné vers l'intérieur, il jettera « la poussière de la main gauche par-dessus ses « épaules, de façon qu'elle retombe sur le parent « le plus proche. Puis, en chemise, sans ceinture, « un bâton à la main, il sautera plusieurs fois, et « dès ce moment la dette restera à la charge du « parent désigné. » A défaut, par la famille, de satisfaire le créancier, la loi lui livre la personne du débiteur. Il le réduit en esclavage ; ou bien, après l'avoir présenté à quatre assemblées successives, si nul ne s'offre à le racheter, il le fait payer de sa vie : *de vita componat*. Ici le supplice a cessé d'être une expiation publique : on n'y voit plus qu'une vengeance privée (1).

(1) *Lex Salic.*, 1, 3 : Ille autem qui alium mannit cum testibus ad domum illius ambulet. » *Ibid.*, 54 ; *Ripuar.*, 52, 3. *Cf. Niala*, cap. XXII-XXIII. Pour le duel judiciaire, Tacite, cap. x ; Gre-

Dans cette suite de scènes dont se compose pour
ainsi dire le drame judiciaire, on reconnaît un pouvoir religieux qui cherche à sauver la paix, à désarmer la guerre, et qui s'y prend de trois façons
différentes. Premièrement, la paix publique est
sanctionnée comme une loi des dieux. Le ciel, avec
la régularité de ses mouvements, en donne l'exemple à la terre, et le sacerdoce, avec ses tribunaux,
en procure le maintien. Le plus sûr moyen d'y
pourvoir était le désarmement général des guerriers, et on l'essaya. Tacite, en effet, représente le
roi des Scandinaves régnant sur un peuple sans armes, et tenant les épées sous la garde d'un esclave,
dans un lieu d'où elles ne sortaient qu'aux approches de l'ennemi. Il fallut bien les rendre tôt ou
tard ; mais la religion les contraignait encore de se
cacher pendant de longues trêves qu'elle réglait.
Quand le char sacré de Hertha parcourait les bords
de la Baltique, toutes les guerres cessaient sur son

gor. Turon., II, 2; *Lex Bajuvar.*, 11, 5; 16, 2; *Alamann.*, 84 :
« Si quis contenderit super agris, vineis, pecunia, ut devitentur
perjuria, duo eligantur ad pugnam, et duello litem decidant. Tunc
ponant ipsam terram in medio, et tangant ipsam cum spatis suis,
cum quibus pugnare debent, et testificentur Deum Creatorem. »
Rotharis, 164-166. — En ce qui touche l'exécution des jugements,
*Lex Salic.*, 48 : « Manum super fortunam ponere. » *Ripuar.*, 32.
*Sachsenspiegel*, III, 39. *Rotulus jurium oppidi Miltenberg* :
« Eumdem (debitorem) arctare et vinculis constringere valeat, non
vexando corpus suum ut egrediatur anima de corpore ipsius, dabitque sibi panem et aquam. » *Lex Bajuvar.*, 2, 1 : « Si vero non
habet, ipse se in servitutem deprimat. » La loi norvégienne qui
permet de tailler en pièces le débiteur est cité par Grimm, *Deutsche
Rechts-Alterthümer*, p. 617. *Lex Salic.*, 61, *de Chenecruda*.

passage : la déesse ne voulait pas voir de fer. Le principe pacifique était si profondément enraciné dans les croyances, qu'après tout le désordre des invasions il faisait encore le fond du droit pénal chez les Francs et les Lombards, comme chez les Frisons et les Norvégiens, dont les coutumes prononcent l'amende du *fredum* contre l'auteur d'une action violente. La loi des Ripuaires l'exige même pour le coup porté à un esclave : non qu'elle protége sa personne, mais, dit-elle, « par respect pour la paix. » Toutefois, comment la crainte d'outrager les dieux eût-elle arrêté des hommes sanguinaires qui se les figuraient plus sanguinaires qu'eux, qui les voyaient honorés par des victimes humaines ; lorsque Odin, le législateur, passait pour respirer comme un parfum l'odeur des gibets, et que la bienfaisante Hertha, rentrée dans son île sacrée, y faisait noyer les esclaves qui l'avaient servie ?

Le pouvoir, désespérant de contraindre les résistances, avait donc fini par transiger. Il s'était servi de ces divinités belliqueuses, que le peuple aimait, pour intervenir en leur nom et mettre l'ordre dans la guerre même ; et, ne pouvant empêcher les procès de se changer en combats, il en faisait des jugements de Dieu. Le magistrat permettait le duel, mais il le présidait : il le réglait par conséquent, il en écartait ce qui est pire que la violence, c'est-à-dire la trahison. C'était un commencement de police, mais timide et imprévoyante. Les deux combattants s'entre-tuaient dans le champ clos; mais derrière eux, hors du champ clos, les deux familles attendaient l'événement, l'une pour venger le vaincu, l'autre pour soutenir la victoire, toutes deux pour recommencer le combat sur un terrain plus libre, et le continuer pendant plusieurs générations avec toute l'opiniâtreté d'une passion qui croit accomplir un devoir.

Cependant, si les vengeances étaient héréditaires, elles n'étaient pas implacables : les hommes du Nord aimaient autant l'or que le sang. Quand donc deux adversaires, par conséquent deux familles, en venaient aux mains, le pouvoir public tentait de les désarmer, non plus par voie d'autorité, mais par voie de médiation. Il leur proposait un traité, dont la coutume avait fixé les termes dans l'intérêt des deux parties. D'une part, l'offensé obtenait, au lieu d'une vengeance, une réparation pécuniaire considérable, puisque la seule tentative d'homicide était frappée d'une peine qui pouvait s'élever jusqu'à soixante-trois pièces d'argent, valant cent vingt-six bœufs. De son côté, l'agresseur retrouvait la sécurité, et se dérobait à des représailles qui ne pouvaient s'éteindre que dans son sang ou dans celui de ses enfants. Mais la consécration solennelle du droit de guerre privée était contenue dans ce traité de paix : car, si l'agresseur y refusait son consentement ; si, plusieurs fois cité devant le magistrat médiateur, il refusait de comparaître, la coutume le mettait hors du ban royal, hors de la sauvegarde publique, en permettant à tout homme de courir sus. Or, dans les sociétés régulières, le coupable n'est jamais hors la loi; il est sous la loi, il y est même plus que tout autre; elle le saisit, le détient, le protége contre toute personne, pour le frapper elle-même, dans le temps, dans le lieu, dans la mesure qu'elle veut : de manière qu'il y ait châtiment, c'est-à-dire acte de puissance et retour à l'ordre transgressé. Au contraire, quand la loi désobéie désespérait de faire justice, quand elle livrait le rebelle à la violence du premier venu, et que, par conséquent, elle le mettait en demeure de se défendre, elle faisait un acte d'impuissance et de désordre. De plus, si la personne, si la famille offensée déclinait la médiation du magistrat, si elle repoussait la rançon du coupable et voulait sa vie, la loi ne l'arrêtait plus, elle lui permettait de s'armer; elle restait impassible témoin des représailles qu'elle avait voulu éviter, mais non pas interdire. Elle abdiquait ainsi tout le pouvoir qu'elle laissait prendre. En abandonnant le bon droit au hasard des armes, elle autorisait les vengeances privées, elle renonçait au maintien de la paix, elle introduisait la guerre de tous contre tous. C'est l'état que la loi salique représente énergiquement dans un texte qu'il faut citer : « Quand un homme libre, « dit-elle, aura coupé la tête à son ennemi et l'aura « fichée sur un pieu devant sa maison, si quel-

« qu'un, sans son consentement ou sans la permis-
« sion du magistrat, ose enlever la tête, qu'il soit
« puni d'une amende de 600 deniers. » Celui donc
qui s'était vengé exposait publiquement, devant sa
porte, la dépouille sanglante, comme ce fut longtemps la coutume d'exposer les têtes des suppliciés
dans des cages de fer aux portes des villes. Il pu-
bliait de la sorte qu'il s'était rendu justice, il faisait acte de souveraineté : l'homme se suffisait à
lui-même, et retournait à l'indépendance absolue,
c'est-à-dire à l'état sauvage (1).

Les lois de l'ancienne Germanie ne nous sont connues que par les témoignages incomplets des anciens, par la rédaction tardive des codes barbares, par les coutumes du moyen âge. Il y reste donc beaucoup de contradictions, d'incertitudes et de lacunes. Cependant nous en savons assez pour reconnaître cette grande tentative de toutes les législations : il s'agit de maîtriser la personne humaine,

<small>Caractère général des institutions germaniques.</small>

---

(1) Tacite, de Germania, 44, 40. Sur le *Fredum*, Tacite, 12; *Gulathing*, p. 190; *Lex Salic.*, 28; *Ripuar.*, 25 : « Sed tamen, propter pacis studium, iv denar. componat. » Rotharis, L., 351. *Lex Angl. et Werinor.*, 7, 8. *Lex Fris.*, 3, 2 ; 8, 16. Chez les Anglo-Saxons, *Cnut. lex*, 8, 46. — Sur le Wergeld, Tacite, 21 ; toutes les lois barbares citées par Grimm, *Deutsche Rechts-Alterthümer*, p. 661, et Pardessus, *Douzième Dissertation sur la loi salique*. — *Lex Salica*, 69 : « Si quis caput hominis, quod inimicus suus in palo miserit, sine permissu judicis aut illius qui eum ibi posuit, tollere præsumpserit, DC denariis, qui faciunt solidos xv, culpabilis judicetur. » Je n'ai malheureusement pas toujours eu sous les yeux le même texte de la loi salique. Ici j'emploie le cinquième texte de M. Pardessus.

ce qu'il y a au monde de plus passionné et de plus indomptable, et de la faire entrer dans la société, c'est-à-dire dans une institution inflexible et exigeante. L'œuvre était difficile, mais les moyens ne manquaient pas. Il existait chez les Germains une autorité religieuse dépositaire de la tradition, et qui y trouvait l'idéal et le principe de tout l'ordre civil. Cette autorité avait créé la propriété immobilière, en la rendant respectable par des rites et des symboles : ainsi elle fixait l'homme sur un point du sol, entre des limites qu'il n'osait déplacer. Elle l'engageait dans les liens de la famille légitime, consacrée par la sainteté du mariage, par le culte des ancêtres, par la solidarité du sang ; elle l'enveloppait dans le corps de la nation sédentaire, où elle avait établi une hiérarchie de castes et de pouvoirs, à l'exemple de la hiérarchie divine de la création. Après l'avoir enfermée dans ce triple cercle, elle l'y retenait par la terreur des jugements ; elle lui faisait voir, derrière les magistrats mortels, les dieux eux-mêmes armés pour la défense de la paix publique, qui était leur ouvrage.

Mais il est moins aisé qu'on ne pense de gouverner la liberté humaine. On ne s'assure d'elle que par la conscience ; et, chez les peuples du Nord, nous avons vu comment les consciences mal contenues par le dogme s'étaient jetées dans tous les genres de superstitions. Quand l'homme était maître de se faire des dieux à son image, comment ne se fût-il pas fait des lois à son gré? A la propriété immobilière, grevée de tant de charges, il préférait la possession mobile, qui ne connaissait ni bornes ni servitudes. Dans la famille instituée pour la protection des faibles, il introduisait le règne de la force ; et, pour peu que les liens du sang le gênassent encore, il conservait la faculté de s'en défaire, et d'aller fonder ailleurs, par le concubinat, une autre famille sans amour et sans devoirs. S'il était las de vivre dans la nation pacifique et sédentaire dont il troublait l'ordre, il s'en détachait pour se jeter dans la bande conquérante, où ses obligations ne duraient qu'autant que ses volontés. Enfin, quand la justice publique mettait la main sur lui, il était libre de décliner le jugement des dieux, d'en appeler aux armes, et de remplacer le procès par la guerre. Ainsi l'autorité cédait de toutes parts sous l'effort de la liberté. A côté du droit, le fait contraire subsistait publiquement. Le propre de la barbarie ne consistait donc pas, comme on le dit souvent, à n'avoir point de lois : les lois y étaient toutes, mais elles étaient toutes impunément désobéies.

Si la tentative civilisatrice qui avait échoué chez les Germains fit aussi l'objet de toutes les législations savantes de l'antiquité, il resterait à savoir comment elles y réussirent, ce qu'il y eut de sem- Rapport des institutions germaniques avec les législations de l'antiquité.

blable dans les moyens, de différent dans les effets. Je m'arrête surtout au droit romain, comme au plus bel effort du génie antique pour discipliner les hommes.

*Lois romaines.* Au premier abord, rien ne semble plus contraire aux mœurs barbares que la loi romaine, si subtile, si précise, si bien obéie. Cependant, si l'on en considère les origines, on n'y trouve pas d'autres principes que ceux dont la trace subsistait dans les vieilles coutumes de la Germanie. Le droit primitif de Rome, comme celui du Nord, est un droit sacré. Aux dieux seuls appartient l'autorité, c'est-à-dire l'initiative des affaires humaines. Ils l'exercent aussi par une caste sacerdotale, celle des paticiens. Toutes les magistratures, à commencer par la royauté, sont des sacerdoces. Numa se fait inaugurer sur une pierre mystérieuse, de même que les rois scandinaves ; plus tard les consuls, les préteurs, les censeurs, conservent les auspices, le pouvoir d'interroger le ciel aux lieux, aux jours, dans les termes prescrits. Le ciel leur répond, comme aux prêtres d'Odin, par le vol et le cri des oiseaux : l'intervention divine se mêle à tous les événements de la vie publique ; elle les consacre, elle en fait autant d'actes religieux. Le lieu où ils s'accomplissent, le *pomœrium*, le premier asile du peuple romain, est un temple : l'enceinte en fut orientée et décrite avec soin, à l'imitation du firmament, temple éternel de Jupiter. Mais on ne l'entoura pas d'une palissade mobile, comme le lieu d'assemblée des Germains ; on l'enferma d'un fossé et d'un mur, qui furent déclarés saints, et il y eut peine de mort contre ceux qui les franchiraient (1).

Si la cité tire toute sa puissance de son commerce avec les dieux, toute la constitution de la famille romaine tient au culte des ancêtres, au dogme de la solidarité, à tout ce qui fait aussi la force de la société domestique chez les barbares. Le père, en donnant la vie, exerce un pouvoir divin, ou plutôt il est lui-même un dieu déchu, exilé sur la terre, où il peut acquérir, par ses mérites et par ceux de ses enfants, le droit de retourner à une vie meilleure, en devenant Lare ou Pénate. C'est la raison des sacrifices expiatoires qu'on répète chaque année pour les ancêtres, qui deviennent, comme dans le Nord, une charge inséparable du patrimoine, et qui passent avec lui aux agnats, c'est-à-dire aux parents par les mâles. La loi romaine a poussé le respect des morts jusqu'à ce point que si un débiteur meurt insolvable et ne laissant qu'un esclave pour héritier, l'esclave est affranchi, afin que l'hérédité ne soit pas abandonnée ni le sacrifice interrompu. Chaque héritage a donc une destination sacrée :

(1) Ottfried Müller, *Die Etrusker*. Guigniaut, *Religions de l'antiquité*, t. II. Tite Live, lib. I, cap. vii, 8, 18. Plutarque, *in Romulo*. Cicéron, *de Divinatione*, passim; *de Legibus*, II, 8, 12. Festus, ad verbum *Spectio* : « Spectio duntaxat iis quorum auspicio res gererentur magistratibus. » Gaius, *Institut*., II, 8 : « Sanctæ quoque res velut muri et portæ quodammodo divini juris sunt. »

aussi les limites des champs sont scrupuleusement marquées par l'arpenteur public, et placées sous la garde du Terme, qu'on ne viole pas impunément. . A Rome, comme en Scandinavie, la propriété immobilière est sanctifiée par le foyer qu'on y allume; mais ici les foyers se resserrent, les maisons se touchent, se gênent, se pressent derrière le rempart qui les enveloppe. L'homme est emprisonné dans son domaine. La loi fait plus : elle veut le désarmer, et elle y réussit mieux que les rois du Nord. Le citoyen ne descend pas au Forum, il ne paraît point dans la ville avec le bouclier, mais avec la toge ; c'est dans les plis de ce vêtement pacifique qu'il porte sa part de l'empire du monde : *Rerum dominos gentemque togatam* (1).

Cependant la paix publique ne se maintiendrait pas si la loi restait morte et immobile sur les tables d'airain où elle fut gravée : il faut qu'elle parle, qu'elle agisse, qu'elle contraigne les récalcitrants. C'est l'objet des solennités judiciaires qu'on appelle les *actions de la loi*. Le préteur y

---

(1) Sur les *sacra paterna*, Ovide, *Fastes*. II, 535; V, 12. On n'a pas assez admiré comment la fable de l'Énéide fait reposer sur la piété filiale d'Énée (*pius Æneas*) toute la destinée de Rome. Ce héros, qui porte son vieux père sur ses épaules, porte avec lui l'empire du monde. Cf. Gaius, *Institut.*, II, 154. *Fragmentum Vegoiæ Arrunti Veltumno*, apud Gœsium, p. 258, et les fragments de la loi des Douze Tables, apud Mortini, *Ordo historiæ juris civilis*. Cf. Giraud, *Histoire du droit romain*. On trouvera un tableau abrégé et complet du droit privé des Romains dans le traité de Maresoll, traduit et savamment annoté par M. Pellat.

préside, il exerce un ministère de prêtre; il déclare
le droit, c'est-à-dire le décret divin. Le tribunal où
il remplit cette fonction est un lieu saint, par conséquent orienté; il ne s'ouvre qu'aux jours permis ; la présence du soleil sur l'horizon mesure la
durée des audiences; je reconnais tout l'appareil
de cette procédure sacerdotale que j'ai déjà vue
chez les nations germaniques. L'autorité des actes
dépend aussi d'un certain nombre de formules sacramentelles et de rites symboliques; je retrouve
des signes qui me sont connus : la motte de terre
avec la baguette, image de la propriété légitime ;
la paille brisée entre les stipulants; les témoins
frappés à l'oreille en mémoire du contrat passé devant eux. Toute contestation civile devient une cérémonie sacrée : elle en porte le titre, *sacramentum* ; elle se termine par une offrande expiatoire;
le condamné paye une somme qui s'emploie à des
usages religieux. Toute condamnation criminelle
prend la forme d'un anathème : on interdit au
coupable l'eau et le feu, on prononce sur sa tête les
imprécations qui le vouent aux dieux infernaux.
La peine capitale est encore un sacrifice humain.
Si quelqu'un a dérobé la moisson d'autrui, la loi
des Douze Tables veut qu'on l'immole à Cérès (1).

(1) Ovide, *Fastes*, I, 47 :
   Ille nefastus erit per quem tria verba silentur,
   Fastus erit per quem lege licebit agi.
*Lex XII Tab.* : « Sol occasus suprema tempestas esto. » L. 2,

Ces rapprochements donnent déjà une lumière inattendue ; mais ce qui m'étonne davantage, c'est de trouver chez les Romains, chez un peuple si réglé, les signes de la même passion d'indépendance qui tourmentait les nations du Nord. Entrez dans cette ville sacerdotale : tout y annonce le règne de la force. Rome, ainsi que son nom le témoigne, c'est la cité *forte*. Le patriciat romain, comme la noblesse germanique, est une caste belliqueuse, et chaque magistrature un commandement militaire. Mais les patriciens dans les combats ne peuvent rien sans le reste des hommes libres, sans ceux qu'on nomme plébéiens. De là les prétentions de la plèbe, qui n'aura pas de repos qu'elle ne soit arrivée au partage de tous les droits et de tous les honneurs. Déjà le pouvoir souverain est descendu dans l'assemblée générale des deux ordres, qui se tient au champ de Mars, hors de la ville, afin que le peuple y paraisse en armes, rangé par classes et par centuries, c'est-à-dire en bataille.— Si l'on pénètre dans la famille, on aperçoit le

---

*Digest., de Originé juris*, 6. Tite Live, I, 24. Pline, XI, 45 : « Est in aure ima memoriæ locus quem tangentes antestamur. » Gaius, *Institut.*, IV, 17 : « Si de fundo... controversia erat... ex fundo gleba sumebatur. » Isidor., *Origin.*, IV, 24 : « Stipulatio a stipula : veteres enim, quando sibi aliquid promittebant, stipulam tenentes frangebant, quam iterum jungentes, sponsiones suas agnoscebant. »
— L'action appelée *sacramentum* est décrite par Gaius, *Institut.*, IV, 15-16. *Lex XII Tab.* : « Qui frugem aratro quæsitam furtim nox pavit secuitve, suspensus Cereri necator. » — Le célèbre dévouement de Curtius est encore un exemple de sacrifice humain.

même contraste. Le foyer domestique est un sanctuaire, mais la violence l'a envahi ; à côté des noces solennelles consacrées par des rites religieux (*confarreatio*), le droit romain admet deux autres manières d'aquérir la puissance sur une femme : premièrement par achat (*coemptio*), à la manière des Germains ; secondement par usage (*usus*), et les jurisconsultes font remonter ce mode à l'enlèvement des Sabines, qui rappelle les mœurs des pirates scandinaves. Une éternelle incapacité exclut les femmes de la vie civile : il faut qu'elles soient en puissance de père, dans la main (*in manu*) de leur mari, ou sous la tutelle de leurs proches. Le Romain au pied duquel on vient déposer l'enfant nouveau-né décide de sa mort en détournant la tête, ou de sa vie en le prenant dans ses bras : tout se passe comme en Germanie. Il n'y a pas jusqu'au meurtre des vieillards dont on ne reconnaisse la trace dans cette fête annuelle où l'on précipitait du haut d'un pont, dans le Tibre, des simulacres à cheveux blancs (1). — En même temps que la loi assigne à chaque citoyen sept arpents de terre qui constituent la propriété limitée, elle réserve un territoire considérable qui forme le domaine pu-

---

(1) Tite Live, I, 42, 43, 44. Gaius, *Institut.*, I, 110 et suiv.: « Olim itaque tribus modis in manum conveniebant : usu, farreo, et coemptione. » *XII Tab.*: « Pater insignem ad deformitatem puerum cito necato. » Festus, ad verbum *Depontani* : « Depontani senes appellabantur qui sexagenarii de ponte dejiciebantur... » Cf. Lactance, *Divinar. Inst.*, lib. I.

blic, à peu près comme les *Marches* de l'ancienne Germanie : des colons s'y établissent, mais à titre précaire, sous la dépendance des patriciens dont ils sont les clients ; les pâtres y chassent leurs troupeaux, ils y mènent cette vie nomade si naturelle sous le beau ciel du Latium. Si la loi les oblige à laisser leurs armes aux portes de Rome, ils n'y laissent pas leur fierté : le nom même de *Quirites*, qu'on leur donne en les haranguant, signifie les hommes de la lance ; et, dans les actes publics, dans la vente, l'affranchissement, l'émancipation, la lance (*vindicta*) figure encore comme le symbole du domaine légitime fondé par la conquête. — Il semble enfin que la justice publique ait vainement cherché à s'environner d'un appareil sacré. Le procès, dont elle avait voulu faire une solennité religieuse, devient une guerre. Le demandeur traîne son adversaire de vive force (*obtorto collo*) au tribunal ; là, dans l'enceinte pacifique, les deux plaideurs engagent le combat ; devant eux, on place la chose litigieuse, l'esclave, le meuble, une pierre de la maison, une glèbe de la terre qu'ils se disputent ; tous deux la touchent de la verge qu'ils portent, ils se prennent les mains, ils se serrent corps à corps : c'est l'image du duel judiciaire. Le préteur, comme le magistrat franc, ne juge point ; il délègue la connaissance du fait contesté à des juges pris parmi les simples citoyens. La condamnation prononcée emporte les mêmes effets.

Après le délai de trente jours, le débiteur qui refuse de s'exécuter est adjugé au créancier, chargé de fers, traité en esclave ; la loi règle seulement le poids de ses chaînes, et fixe la mesure de pain qu'on lui doit. Au bout de deux mois, elle permet de le vendre au delà du Tibre, et, s'il y a plusieurs créanciers, de mettre son corps en pièces et de le partager entre eux : « Si quelqu'un en coupe trop « ou trop peu, il n'y a pas de recours contre le « partage. » Les Douze Tables parlent comme la coutume de Norvége (1).

Ainsi toute la loi romaine laisse voir la même lutte de l'autorité et de la liberté qui éclate dans les coutumes de l'ancienne Germanie, mais avec cette différence qu'ici l'autorité reste maîtresse sur tous les points. Dans la cité, la vieille puissance du patriciat finira par succomber ; mais ce sera après avoir pris ses mesures pour assurer les destinées

---

(1) Varron, I, 18 ; Pline XVIII, 3. Festus, ad verbum *Patres* : « Fuisse morem patribus ut agrorum partes tribuerent tenuioribus tanquam liberis. » De Savigny, *das Recht des Besitzes*, p. 154, 456. Sur l'emploi de la vindicta, Caius, *Institut.*, I, 18 ; IV, 16 : « Sicut « dixi, ecce tibi vindictam imposui. » Simul homini festucam imponebat. — 21 : Per manus injectionem... qui agebat, sic dicebat : « Quod tu mihi judicatus, sive damnatus es, sestertium X millia, « quæ dolo malo non solviati, ob eam rem ego tibi sestertium X « millium judicati manus injicio. » Et simul aliquam partem corporis ejus prendebat... qui vindicam non dabat domum ducebatur ab actore, et vinciebatur. « Conférez aussi la procédure de la loi salique, 48 : *Manum super fortunam ponere*, avec l'action appelée *pignoris captio*, *Institut.*, IV, 26 et suiv. *XII Tab.* : « Aut nervo aut compedibus XV, pondo ne majore, at si volet minore, vincito... at si plures erunt rei, tertiis nundinis *partes* secanto : si plus minusve secuerunt, se fraude esto. »

de Rome, en ramenant le peuple émigré sur le mont Sacré. La querelle des deux ordres continuera, mais dans les murs, mais par la parole, non par les armes. Le peuple sera divisé, mais il ne se débandera point; il enverra des colonies, mais que la loi accompagnera jusqu'aux extrémités de l'empire, et qui n'auront rien de commun avec les hordes errantes des Germains. La constitution religieuse de la famille se maintiendra jusqu'à la fin; mais le pouvoir paternel qui la gouverne se laissera arracher le glaive par le pouvoir public; le droit de vie et de mort sera tempéré par le tribunal domestique, composé des parents les plus proches, sans le concours desquels le père ne peut frapper ni sa femme ni son fils. La dignité de l'épouse commence à se relever, grâce à l'établissement de la dot, qui lui assure des droits, par conséquent des garanties. Pendant que les Hérules et les Suédois continuent de mettre à mort leurs vieillards, on ne précipite plus dans le Tibre que des simulacres. La possession de fait subsiste à côté de la propriété, mais elle finit par en subir les règles. Le désarmement des citoyens est maintenu; s'ils paraissent dans les actes avec la baguette, image de la lance qui leur donna des droits, cette lance symbolique n'a plus de fer. Enfin la justice publique laisse engager le combat sous ses yeux, mais en mettant dans la main des deux adversaires la verge au lieu d'épée; encore les sépare-t-elle aussitôt, pour remplacer le duel par la plaidoirie et la vengeance privée par la condamnation légale. Dans ces fictions du droit romain, on voit percer l'indépendance de la personne humaine, qui se satisfait par un semblant de résistance armée. Mais toute la réalité du pouvoir est dans la société, dont les décisions n'ont pas de contrôle, contre laquelle il n'y a ni exception, ni droit, ni refuge dans la conscience : car Rome, c'est-à-dire la société même, est la grande divinité nationale ; en elle se confondent les deux souverainetés du sacerdoce et de l'empire ; ses lois ont toute la sainteté, toute l'inflexibilité des destins (*fas, fatum*). C'est en mettant la main sur les consciences qu'elle maîtrise les volontés. Ses jurisconsultes ne croyaient rien exagérer quand ils se disaient prêtres : « car, ajou-« taient-ils, nous exerçons le culte de la Justice ; « et la jurisprudence est vraiment la science des « choses divines et humaines. » Et voilà pourquoi les magistrats romains croyaient répondre à toutes les protestations des martyrs, en leur disant : Il ne vous est pas permis d'être : *Non licet esse vos* (1).

(1) Sur le tribunal domestique pour le jugement des femmes, voyez Klenze, *die Cognatem und Affinen nach Roemischen Rechte in Vergleichung mit andern verwandten Rechten*; dans le recueil de Savigny, *Zeitschrift für die Geschichtliche Rechtswissenschaft*, tome IV, 21. Sur les fictions de la procédure romaine, Cicéron, *pro Murena*. — Ulpien, *Institut.*, lib. I : « Cujus (juris) merito quis sacerdotes nos appellet : « Justitiam namque colimus... » Id., *Regular.* 1 : « Jurisprudentia est divinarum et humanarum rerum notitia. »

*Lois grecques.* Ainsi les premiers chroniqueurs allemands auraient eu moins de tort qu'on ne pense en représentant leurs ancêtres comme les frères puînés des Romains. Les ressemblances sont assez décisives pour indiquer une même origine; mais il s'y mêle assez de différences pour annoncer d'autres destinées. Or les dispositions où la coutume barbare et la loi romaine s'accordent sont encore celles qui semblent faire le fond des législations grecques : non que les Douze Tables aient été copiées, comme on l'a cru, sur les lois de Solon, mais à cause de l'étroite parenté des peuples de la Grèce et du Latium. A travers l'obscurité des siècles héroïques, on découvre un sacerdoce puissant, qui a ses premiers établissements en Thrace, en Samothrace, à Dodone, et qui perpétuera son autorité par l'institution des mystères. On voit aussi la résistance d'une race belliqueuse : la lutte de l'intelligence contre la force est figurée dans la belle fable d'Orphée, ce prêtre civilisateur, mis en pièces par les barbares qu'il avait tirés de leurs forêts. Toutes les institutions de la Grèce portaient la trace de ces déchirements. D'un côté subsistaient les restes d'une théocratie antique avec des castes héréditaires, comme à Sparte, où il y avait quatre classes d'hommes; avec des rois pontifes, comme ceux d'Athènes, qu'il avait fallu remplacer, après Codrus, par un archonte royal chargé de présider aux sacrifices. La famille vivait sous cette mystérieuse loi de la solidarité, selon laquelle le père se survivait dans la personne de ses descendants. De là l'étrange disposition de Lycurgue, qui permettait à l'époux sans postérité de livrer sa femme à un autre citoyen, dont il adoptait les fils. De là aussi les règlements de Solon, qui mettaient les rites funèbres à la charge de la succession, en y appelant les parents mâles par préférence aux femmes du même degré. La société domestique reposait sur l'inviolabilité de l'héritage que les premiers législateurs avaient assigné à chaque chef de famille en partageant le territoire. En même temps qu'on avait donné des terres aux citoyens, on avait cherché à leur ôter les armes; et rien n'est plus célèbre que la loi de Charondas, qui punissait de mort quiconque se présentait armé dans l'assemblée du peuple. Enfin, les dieux couvraient encore de leur majesté les tribunaux où siégeait la justice publique. Homère représente les juges assis sur des pierres polies, « dans le cercle sacré, » à peu près comme le magistrat scandinave entouré de ses assesseurs, au milieu de l'enceinte circulaire. L'ordalie germanique, dont le droit romain n'avait pas conservé de vestiges, reparaît dans cette belle scène de Sophocle où les soldats thébains, accusés d'avoir laissé ensevelir le corps de Polynice, se déclarent prêts « à saisir de leurs mains le fer rouge, à pas« ser par le feu, et à prendre les immortels à « témoin de leur innocence. » Ce sont là tous les indices d'une constitution sacerdotale. — D'un autre côté, on voit les vieux Pélasges, ces premiers habitants de la Grèce, errants comme les peuples du Nord, vivant des glands de leurs forêts et de la chair de leurs troupeaux. Aristote rappelle le temps où le mariage était un marché, et où les citoyens ne paraissaient en public que le fer à la main. Ces mœurs violentes perçaient encore dans la loi lacédémonienne, qui ordonnait le meurtre de l'enfant mal conformé, et dans la coutume d'Athènes, selon laquelle les parents d'un homme mis à mort par un étranger avaient droit d'arrêter trois citoyens de la ville à laquelle le meurtrier appartenait, et de les retenir en otage jusqu'à ce qu'ils eussent payé la rançon du sang. Partout reparaît l'antagonisme des deux principes : l'autorité plus forte dans les cités doriennes, la liberté plus indomptable chez les peuples ioniens ; mais toujours l'apothéose de la patrie, et l'État maître de toutes les consciences comme de toutes les têtes. Démosthène, qui avait vu faire tant de mauvaises lois, prononçait que « toutes les lois sont l'ouvrage et le présent des dieux, » et c'était à ce titre qu'il réclamait pour elles l'obéissance des hommes. Socrate professait la même doctrine, lorsque, refusant de s'enfuir de sa prison, il répondait à ses disciples par ce discours où il personnifie, il divinise les lois de l'État, ne tolère aucune désobéissance à leurs injonctions, et finit en déclarant qu'il faut non-seulement souffrir tout ce qu'elles infligent, mais faire tout ce qu'elles ordonnent. S'il boit la ciguë, c'est par un excès de respect pour cette divinité de la patrie, qui dominait tout le paganisme grec. Dans cette mort si vantée, il faut admirer un grand courage ; mais on peut y déplorer une grande erreur (1).

Mais, en Grèce comme en Italie, l'autorité religieuse a laissé prendre à la société une forme séculière : si la loi est un décret divin, elle est aussi l'ouvrage du peuple ; et les volontés ont du moins cette satisfaction de n'obéir qu'à la règle qu'elles se sont faite. A mesure qu'on remonte plus haut dans l'antiquité et plus loin vers l'Orient, la volonté de l'homme tient moins de place : elle expire sous le poids d'une législation tyrannique imposée

<small>Lois indiennes.</small>

---

(1) Bunsen, *de Jure hæreditario Atheniensium*. Klenze, *die Cognaten und Affinen*, p. 158 ; Dorfmüller, *de Græciæ primordiis*; Petit, *Leges Atticæ*; Plutarque, *in Solone, in Lycurgo*. — Sur le droit exorbitant accordé au père sans enfants, Plutarque, *in Lycurgo*, 15, 2 ; Xénophon, *Rep. Lacon.*, 1, 7 ; Meier et Schœman (*Attischer Process.*, p. 200) indiquent une disposition analogue dans les lois athéniennes. — Démosthène, *advers. Makartat.*; Homère, *Iliad.*, XVIII, vers 497 ; Sophocle, *Antigone*, v. 264. — Grimm, *Deutsche Rechts-Alterthümer*, p. 954, cite plusieurs autres exemples du jugement de Dieu chez les Grecs. — Preuves de la vie nomade et barbare des premiers peuples de la Grèce : Pausanias, VIII, 1, 42 ; Strabon, IX, XIII ; Denys d'Halicarnasse, 1, 17 ; Aristote, *Politique*, II, 8 ; Démosthène, *advers. Makart., advers. Aristocrat.* — L. 2, *Digest., de Legibus* : « Nam et Demosthenes orator definit : ὁ Τοῦτό ἐστι νόμος, ᾧ πάντας ἀνθρώπους προσήκει πείθεσθαι διὰ πολλά, καὶ μάλιστα ὅτι πᾶς ἐστι νόμος εὕρημα μὲν καὶ δῶρον Θεοῦ... » Platon *Criton* : Ἀλλὰ καὶ ἐν πολέμῳ καὶ ἐν δικαστηρίῳ καὶ πανταχοῦ ποιητέον ἃ ἂν κελεύῃ ἡ πόλις τε καὶ ἡ πατρίς.

au nom du ciel. S'il était permis de porter quelque lumière dans les institutions mal connues de la Perse, peut-être, au milieu d'une hiérarchie de prêtres, de soldats, d'agriculteurs et d'esclaves, on trouverait encore le pouvoir séculier maintenant sa prépondérance en la personne de ses monarques redoutés, qui se faisaient appeler rois des rois. Mais, quand on étudie les lois indiennes, on y voit tout un grand peuple enchaîné par la terreur des dieux. Le livre de la loi s'annonce comme une révélation; il commence par la création de l'univers; il contient tout un rituel, les règles des sacrifices, les formules des prières; il finit par le dogme de la vie future. Les prescriptions du droit sacré enveloppent pour ainsi dire toute la vie civile, et c'est là qu'on découvre enfin la raison de tant de coutumes dont les Occidentaux avaient conservé la lettre, mais non l'esprit.

C'est Brahma lui-même, le créateur, qui, pour la propagation de la race humaine, produisit de sa bouche le Brahmane, de son bras le Kchattrya, le Vaisya de sa cuisse, et le Soudra de son pied : il en fit les chefs des quatre castes sacerdotale, guerrière, agricole et servile. Le Brahmane a le premier rang comme l'incarnation vivante de la justice; il est le seul propriétaire de la terre; les autres hommes n'en jouissent que par son bienfait. Le guerrier et le laboureur ne vivent que pour le défendre et le nourrir ; le devoir de l'esclave est

d'obéir, mais en aveugle : « car, si quelqu'un en-
« seigne la loi à un Soudra, il sera précipité avec
« lui dans l'enfer. » Tout jusqu'ici me rappelle la
généalogie fabuleuse des castes scandinaves, et cette
croyance que les serfs n'entrent pas dans le palais
d'Odin. Mais en Inde, aussi bien que dans le Nord,
cette organisation oppressive devait rencontrer de
longues résistances. De là entre les prêtres et les
guerriers des rivalités poussées jusqu'à l'effusion du
sang ; de là une guerre éternelle contre les populations nomades qui erraient dans les bois et les
montagnes de l'Hindostan, qui ne subirent jamais
le régime des castes, et qui restèrent hors la loi
sous le nom de Barbare (*Mletchas*). Cependant le
sacerdoce indien semble avoir maintenu sa supériorité par une sorte d'alliance avec les chefs militaires ; avec les rois, dont il consacre le pouvoir,
mais pour le contenir et le régler. Le roi est plus
qu'un fils des dieux, c'est un dieu qui réside sous
une forme humaine. Mais il faut, dit la loi, qu'il
apprenne son devoir de ceux qui lisent les livres
sacrés, et « qu'il procure aux Brahmanes des jouissances et des richesses. » Afin que rien ne manque
à cette constitution religieuse de l'État, la caste qui
l'a fondée veille encore à sa défense. Trois prêtres
savants, présidés par un quatrième plus savant
qu'eux, forment le tribunal, à l'exemple de la cour
céleste de Brahma aux quatre faces. Les dieux y
sont interpellés par le serment que le témoin prête,

tourné vers l'orient, en face des images sacrées. Les épreuves du feu et de l'eau discernent l'innocent du coupable, selon cette règle commune aux peuples du Nord, que la flamme ne brûle pas l'homme véridique, et que l'eau le fait surnager. Enfin, le châtiment n'est plus seulement un acte sacré : la loi le représente comme une puissance divine, « produite dès le commencement pour le « bon ordre de l'univers ; génie terrible, à la cou- « leur noire, à l'œil rouge, par qui les créatures « visibles et invisibles jouissent de leur droit et « restent dans le devoir (1). »

En effet, la pensée du châtiment, c'est-à-dire de l'expiation, fait aussi le lien de la famille indienne, et devient le principe des mêmes institutions domestiques qu'on a vues dans tout l'Occident. Toute âme est une émanation divine, une divinité déchue qui expie des fautes ; et, comme elle tient par un lien secret à toutes les âmes dont elle descend et à toutes celles qu'elle engendre, elle ne peut

(1) *Lois de Manou*, I, 31, 87 ; X, 129 : « Un Soudra ne doit pas amasser de richesses, même lorsqu'il en a le pouvoir : car un Soudra enrichi vexe les Brahmanes; » VIII, 417 : « Un Brahmane peut, en toute sûreté de conscience, s'approprier le bien d'un Soudra. » — Mletchas ou Barbares, *Lois de Manou*, II, 23 ; X, 44. — Origine, caractère, droits et devoirs de la royauté, *Lois de Manou*, le livre VII tout entier. — Sur les jugements, livre VIII, 9. Allocution du juge au témoin, 87-101. Ordalies, 114-116 : « Celui que la flamme ne brûle pas, que l'eau fait surnager, auquel il ne survient pas de malheur promptement, doit être reconnu comme véridique dans sa déclaration. » — Apothéose du châtiment, livre VII, 14-25.

ni déchoir ni se relever sans entraîner d'autant de degrés toute la suite de ses ancêtres et de ses descendants. Celui qui vit mérite donc pour ceux qui ne vivent plus, et la loi ne souffre pas qu'il les oublie. Elle ne lui permet pas de prendre son repas sans en offrir les prémices en l'honneur des morts : tous les mois il célèbre le banquet funèbre (*sraddha*), sans lequel les aïeux seraient aussitôt précipités dans les enfers. C'est pour le continuer après lui que l'homme doit laisser une postérité sur la terre ; et telle est la sainteté de cette dette, que, s'il vieillit sans l'avoir acquittée, il a le droit d'appeler auprès de son épouse un de ses proches, qui lui donne un enfant : car, selon les termes de la loi, « par un fils l'homme est sauvé du séjour infernal, « par le fils d'un fils il obtient l'immortalité, par « le fils d'un petit-fils il s'élève à la demeure du « soleil. » Voilà pourquoi le nouveau-né, si c'est un mâle, doit faire sa première libation au moment d'entrer dans le monde : on lui présente dans la cuiller d'or, avec des paroles sacrées, le beurre et le miel, ces aliments mystérieux qu'on fait goûter aussi aux enfants des Germains. Mais la charge des sacrifices ne s'arrête pas aux descendants ; elle passe avec l'héritage aux ascendants et aux collatéraux de la ligne masculine, jusqu'à la septième génération (*sapindas*). Le lien de parenté se conserve entre eux par le banquet funèbre de chaque mois ; tandis que les parents par les femmes (*samanoda-*

cas) n'offrent au mort qu'une libation d'eau, et ne lui succèdent qu'au dernier rang. Cette différence entre les deux lignes, c'est-à-dire entre les deux sexes, décèle le côté faible de la loi. Tandis que la paternité est divinisée, et qu'un respect religieux protége la faiblesse de l'enfant, il semble que le vieil instinct barbare se réveille quand il faut régler la condition des femmes. « Que la femme, est-« il dit, ne soit jamais maîtresse de sa personne : « qu'elle demeure, enfant, sous la garde de son « père; épouse, sous la garde de son époux; « veuve, sous la garde de ses fils. » Pour elle, il n'y a point de prière, et la connaissance des lois lui demeure interdite : ce n'est plus qu'une chose précieuse qu'on acquiert par achat, par enlèvement ou par fraude. « Si quelqu'un s'introduit secrète-« ment auprès d'une femme endormie, ou eni-« vrée, ou égarée d'esprit, la loi déteste ce ma-« riage; » mais elle le valide. Une autre disposition range le meurtre d'une femme au rang des crimes secondaires, et le punit comme un vol de bétail. Il est vrai que le législateur cherche à vaincre cette dureté des mœurs domestiques; il reconnaît dans la femme je ne sais quoi de divin qu'il faut respecter, je ne sais quoi de magique qu'il faut craindre : « car, dit-il, la mai-« son maudite par une femme injustement mépri-« sée ne tarde pas à tomber en ruine. » Ce sont les mêmes contradictions, les mêmes perplexités qu'on a déjà vues dans les coutumes germaniques, et avec les mêmes effets. A côté du mariage par achat, par enlèvement ou par fraude, la loi indienne institue des noces solennelles, consacrées par des actes religieux. Elle souffre le brûlement des veuves ; mais elle exige que leur mort soit volontaire, et elle l'honore du moins comme un sacrifice (1).

Un système si compliqué et si scrupuleux, qui resserrait avec tant de rigueur les liens de l'État et de la famille, devait laisser peu de liberté à la personne. Chaque heure de la vie se trouvait marquée par des devoirs, des ablutions, des pénitences. Il semble cependant que ces nœuds, savamment formés, vont se rompre quand, le chef de famille ayant payé sa dette aux ancêtres, voyant grandir son fils et blanchir ses cheveux, la loi lui permet de quitter sa maison et de s'enfoncer dans la forêt. Là, sous des ombrages éternels, il connaît les joies sauvages de la solitude ; il erre à demi nu, sans

(1) Klemm, *die Cognaten und Affinen*, etc..., p. 117 et suiv. Sur le lien de solidarité qui unit le père et ses descendants, *Lois de Manou*, III, 82, 122, 259. Comment le père sans enfants a le droit de se donner un fils, IX, 57. Cérémonies de la naissance, II, 29. Dévolution des successions, IX, 104 et suiv. Sapindas, V, 60 ; IX, 187 ; Samanodacas, V, 60 ; et *Digest of Hindu Law*, vol. III, p. 145-278. Sur la condition des femmes, *Lois de Manou*, IX, 1-4, 17, 18. « Pour les femmes, aucun rit sacré n'est accompagné de prières : ainsi l'a prescrit la loi. Privées de la connaissance des lois et des prières expiatoires, les femmes sont la fausseté même. » Cf. II, 55-62. — Les huit modes de mariage, III, 20-42. Le mariage par séduction est compté comme le huitième mode.

feu, sans toit, mais aussi sans maître. Il lui est permis d'oublier les livres sacrés, les rites pieux, et tout ce qui lie le reste des mortels. On dirait que l'indépendance de l'homme ait fait son dernier effort, et qu'elle ne puisse aller plus loin. Mais la loi poursuit l'anachorète (*sannyasi*) dans le désert, le ressaisit et ne lui laisse pas de repos ; elle ne lui permet point de faire un pas sans regarder à terre, de peur d'écraser un être vivant. « Et comme, « jour et nuit, il fait périr involontairement un cer- « tain nombre de petits animaux, il doit se puri- « fier chaque jour par le bain sacré, et en rete- « nant six fois sa respiration : car, de même que « les métaux se purifient au feu, ainsi toutes les « fautes que les organes commettent sont effacées « par des suppressions d'haleine. » La loi ne peut rien de plus contre la liberté de l'homme que d'enchaîner le souffle de ses lèvres : elle ferme ainsi les ouvertures de ses sens ; elle lie ses désirs et ses pensées; elle l'emprisonne, pour ainsi dire, dans cet état de recueillement absolu où il ne connaît plus que lui-même, et en lui l'être éternel dont il est émané et dans lequel il rentrera. C'est en vain qu'il s'est arraché à la société : tout ce qu'il y avait laissé d'effrayant, il le retrouve au fond de son cœur ; il trouve le dogme d'une puissance divine qui seule existe, et qui ne produit des existences passagères que pour les dévorer. Devant elle, la personne humaine n'a point de droit, puisqu'elle n'a point de réalité, puisque sa vie n'est qu'une illusion, et que sa fin dernière est de se voir absorbée, c'est-à-dire anéantie dans l'abîme éternel (1).

Ainsi l'unité de la race indo-européenne, prouvée par les migrations des peuples, par la comparaison des mythologies, résulte encore du rapprochement des lois. En Germanie comme à Rome, chez les Grecs comme en Inde, on voit les mêmes moyens de civilisation, ou plutôt tous les moyens se réduisent à une doctrine traditionnelle, où chaque institution s'appuie sur un dogme. Assurément c'est un grand spectacle, en des temps si anciens et si voisins des origines du monde, de trouver déjà les idées maîtresses des affaires, les vérités invisibles soutenant les choses visibles, l'État gouverné par la pensée de Dieu, la famille par le souvenir des morts, l'homme par l'intérêt de son âme. Ce sont des croyances bien profondément enracinées que cette inexplicable représentation du père par ses descendants, cette souillure de l'enfant nouveau-né, cette déchéance de la femme, qu'on retrouve au fond de toutes les sociétés antiques. Mais dans toutes on voit aussi les instincts violents qui résistent à l'effort de la loi, et qui poussent les peuples à la barbarie. Partout l'op-

(1) Les devoirs de l'anachorète remplissent le sixième livre de la *Loi de Manou*. Sur l'absorption finale, livre XII, 125 : « L'homme qui reconnaît, dans son âme, l'âme suprême, présente chez toutes les créatures, se montre le même à l'égard de tous et obtient le sort le plus désirable, celui d'être à la fin absorbé dans Brahma. »

pression des faibles, l'appel aux armes, et l'homme cherchant la liberté dans la vie errante. On a demandé quel était le plus ancien, de l'état d'indépendance ou de l'état de société. Maintenant je crois pouvoir dire que tous deux sont aussi anciens que le monde, parce que tous deux ont leur principe dans les dernières profondeurs de la nature humaine, qui veut être libre, mais qui ne supporte pas la solitude.

Sans doute la doctrine civilisatrice qui fit la première législation du genre humain fut d'abord assez forte pour vaincre les résistances ; mais, lorsqu'en s'altérant elle eut perdu l'ascendant que la vérité lui donnait, il arriva de deux choses l'une : ou qu'elle chercha un appui dans un pouvoir absolu qui soumît les esprits par la contrainte ; ou qu'elle plia sous la violence des récalcitrants, et laissa retomber les peuples dans le désordre.

Chez les nations du Midi, en Inde, en Grèce, à Rome, l'autorité l'emporte ; et, comme c'est l'autorité qui fonde et qui conserve, ces nations ont couvert la moitié du monde de leurs institutions et de leurs monuments. Mais, pour avoir poussé trop loin le droit de la cité, pour avoir divinisé la patrie, pour l'avoir adorée d'un culte idolâtrique, on en vint à ne lui refuser aucun sacrifice. On méconnut le droit sacré de désobéir aux lois injustes, ou plutôt on ne connut pas la prérogative de la raison qui juge de la justice des lois. Les jurisconsultes proclamaient cette maxime, que la société n'a pas de compte à rendre de ses décisions. Ce fut l'erreur des grands États de l'antiquité ; ils périrent comme périssent tous les pouvoirs, par leurs excès. La décadence romaine donna cet exemple au monde. Les institutions étaient grandes, mais les consciences étaient étouffées ; un moment vint qu'elles s'éteignirent, et que, les lois les soutenant, la société se trouva dissoute.

Mais l'instinct de la liberté s'était réfugié chez les peuples germaniques. Sans doute cette passion d'indépendance, qui ne souffrait rien d'obligatoire, rien de fixe, rien de durable, ne permettait pas à la société de s'affermir. Il ne semble pas que la personne humaine fût meilleure hors de ces liens de la loi qui la soutiennent, incapable de se maîtriser, impuissante pour tout, si ce n'est pour détruire. Mais c'était aussi la destinée des barbares d'accomplir une œuvre de destruction. D'ailleurs le mal, chez eux, n'était pas sans ressources. L'homme n'y était pas descendu aussi bas que dans les pays policés, qui ont abusé de toutes les jouissances et de toutes les lumières. Ils étaient ignorants, par conséquent excusables à beaucoup d'égards ; ils étaient pauvres, car il n'y a pas de richesse plus tôt tarie que le pillage ; et la pauvreté devait le réduire au travail. Ils paraissaient chastes, si l'on comparait la grossière simplicité de leurs mœurs aux raffinements des débauches romaines. Enfin ces caractères énergiques, qui ne savaient pas obéir, mais qui savaient se dévouer, conservaient un reste de dignité humaine, une étincelle de ce sentiment d'honneur que les autres peuples anciens n'ont jamais bien connu, et dont le christianisme devait se servir pour former les consciences, et pour fonder sur l'obéissance raisonnable tout l'édifice des législations modernes.

## CHAPITRE IV

#### LES LANGUES.

La vieille religion des Germains devait finir avec les temps barbares ; une partie de leur législation était destinée à traverser les siècles féodaux ; leurs langues, plus durables, couvrent encore de leurs dialectes le tiers de l'Europe et la moitié de l'Amérique : quatre-vingts millions d'hommes les parlent. En ne considérant que les idiomes germaniques fixés par des monuments littéraires, on en compte quatorze. Au nord, le danois et le suédois se rattachent à l'ancien scandinave, encore parlé en Islande. Au centre, on trouve l'anglais et le hollandais ; le flamand et le bas allemand, qui eurent une littérature au moyen âge ; le frison, le vieux saxon, l'anglo-saxon, dont nous avons les restes dans des textes de lois, des poëmes, des traités scientifiques. Au midi, c'est le haut allemand, devenu la langue nationale de l'Allemagne moderne ; c'est l'idiome plus doux que popularisèrent les poëtes

<small>Énumération des langues germaniques.</small>

chevaleresques de la Souabe ; c'est l'ancien teutonique, tel que l'écrivaient les contemporains de saint Boniface, de Charles Martel. Enfin vient la langue des Goths, sauvée de l'oubli dans le peu de pages qui nous restent de la traduction de la Bible par l'évêque Ulphilas. Comment ne pas admirer la vigueur de ce vieux tronc germanique qui poussa tant de branches, qui eut des fleurs sous tous les cieux, et des fruits pour tous les siècles ?

Des quatorze idiomes qui viennent d'être énumérés, aucun, sans doute, ne représente exactement la langue parlée par les Germains de Tacite : tout ce qu'on en sait se réduit à des noms propres, qui se décomposent en un petit nombre de racines connues. Mais la version gothique des saintes Écritures est du quatrième siècle ; on a du septième et du huitième plusieurs textes teutoniques, anglo-saxons, scandinaves. Ces quatre idiomes occupaient un territoire immense ; ils supposaient un long travail du temps : en réunissant donc leurs traits communs, on retrouvera peut-être ce qui faisait le fond des langues germaniques aux approches de l'ère chrétienne.

Je ne me dissimule point ce qu'il y a d'épineux dans ces recherches ; je m'y engage, soutenu par la pensée d'atteindre une certitude que ne donne pas toujours l'étude des législations et des mythologies. Les peuples ne laissent pas de monuments plus instructifs que leurs langues. Et d'abord, dans le vocabulaire d'une langue on a tout le spectacle d'une civilisation. On y voit ce qu'un peuple sait des choses invisibles, si les notions de Dieu, de l'âme, du devoir, sont assez pures chez lui pour ne souffrir que des termes exacts. On mesure la puissance de ses institutions par le nombre et la propriété des termes qu'elles veulent pour leur service ; la liturgie a ses paroles sacramentelles, la procédure a ses formules. Enfin, si ce peuple a étudié la nature, il faut voir à quel point il en a pénétré les secrets, par quelle variété d'expressions, par quels sons flatteurs ou énergiques il a cherché à décrire les divers aspects du ciel et de la terre, à faire pour ainsi dire l'inventaire des richesses temporelles dont il dispose.

La grammaire conduit plus loin : on y saisit le génie même de la nation où elle s'établit. Il n'y a pas de puissance plus stable, plus obéie, plus active qu'une langue, ni dont la constitution fasse mieux connaître les besoins de l'esprit public et ses ressources. Les langues ont des règles d'euphonie pour contenter l'oreille par une succession de syllabes harmonieuses ; elles ont aussi des règles logiques pour satisfaire la raison par une suite de propositions intelligibles. Les premières montrent jusqu'où un peuple pousse cette sensibilité qui est le commencement de tous les arts ; les secondes font voir jusqu'où il porte cette rigueur de méthode sans laquelle il n'y a pas de science. Par la discipline qu'il s'impose, on juge déjà de sa vocation.

Enfin l'étymologie des langues éclaire l'histoire des sociétés. On ne remonte point aux origines des mots et des formes grammaticales, on n'assiste pas aux révolutions du langage, sans y reconnaître le mouvement des esprits et l'impulsion des événements. A la présence d'un grand nombre de termes étrangers, pénétrant pour ainsi dire de vive force dans un idiome qu'ils violentent, on découvre la trace d'une invasion. Dans les rapports réguliers qui existent entre deux langues, on retrouve les titres de parenté de deux peuples. Et quand l'une est jetée à l'occident, l'autre à l'orient, il faut bien croire à d'antiques migrations qui les séparèrent, et dont le souvenir même aurait péri, si les langues n'étaient destinées à faire l'histoire des temps qui n'eurent pas d'historiens.

*Vocabulaire des langues du Nord. Théologie.*
En ouvrant le vocabulaire scandinave, on est d'abord frappé d'un nombre infini de termes mythologiques. En effet, toutes les grandes religions ont eu leurs idiomes sacrés, soit qu'elles s'attachassent à une langue morte, qu'elles conservaient dans leurs livres et dans leur liturgie; soit qu'elles adoptassent une langue vivante, en y créant assez d'expressions pour composer une nomenclature savante, à l'usage des prêtres et de leurs disciples. Il fallait que les choses invisibles prissent un corps dans les mots qui les représentaient, et qui les

faisaient descendre, pour ainsi dire, à la portée de l'homme. Ainsi les Scandinaves avaient toute une théologie dans les cent quinze titres qu'ils donnaient à Odin, dans le catalogue des Ases, des Alfes, des Valkyries, des Nains et des Géants, en y ajoutant l'énumération des neuf mondes et la généalogie des héros. Le poëte qui parle dans le chant sacré du Havamal croit vanter son savoir en déclarant que, « si on l'interroge dans l'assemblée, il « est en mesure de nommer l'un après l'autre « tous les dieux et tous les génies. » Un autre poëme raconte comment le nain Alvis, qui savait toutes choses, alla trouver un soir le dieu Thor, et lui demanda la main de sa fille. Thor, ne voulant pas irriter le nain par un refus, lui promet la jeune déesse s'il répond aux questions qui lui seront faites. Il lui demande donc les noms du ciel et de la terre, du soleil et de la lune, des vents et des éléments, considérés comme autant de divinités. Et le nain récite les noms de chaque chose dans les langues différentes des Ases, des Alfes, des Géants et des mortels. Cependant il oublie que la nuit s'écoule, et que les premiers rayons du soleil sont mortels pour les nains qu'ils surprennent hors de leurs demeures : au lever du jour, Alvis expire sur la porte du dieu qui l'a trompé. Rien n'est mieux fait que ce récit pour exprimer l'abondance du langage théologique chez les Scandinaves, et la longueur de ces catalogues divins qu'une nuit ne suffisait pas à épuiser. Les termes dont ils se composaient avaient presque toujours une signification symbolique. Les quatre nains, par exemple, qui soutiennent le poids du monde, Nordri, Sudri, Austri, Vestri, portent les dénominations des quatre points cardinaux. Les trois Nornes chargées d'écrire les destinées humaines, Urda, Verdandi et Skulda, représentent le passé, le présent et l'avenir. Il ne faut donc pas s'étonner de trouver dans l'Edda des strophes entières formées de noms mystérieux : chacun d'eux résumait une croyance ; et ces listes, maintenant inintelligibles, fixées dans la mémoire par le rhythme et la mesure, n'avaient besoin que d'un commentaire pour s'éclairer et pour dérouler aux regards des adeptes l'éclatante mythologie du Nord (1).

Il se peut que ces richesses de la parole se soient en partie dissipées chez les autres nations de la même famille. On en voit cependant des restes dans les noms donnés aux esprits et aux génies de toute espèce qui troublèrent longtemps l'imagination rêveuse des Allemands. Les Anglo-Saxons distinguaient les Elfes des montagnes et les Elfes des plaines, ceux des forêts, ceux des lacs et ceux des

---

(1) *Edda Sæmundar*, *Havamal*, 162. « Si mihi in hominum concilio recensendi sunt dii singillatim, — Asarum et Alfarum, — omnium novi distinctionem. — Pauci insciti ita norunt. » *Alvismal*; *Voluspa*, 11, 18. Les strophes 11-14 sont formées des noms de 74 nains. Ces énumérations rappellent les catalogues de dieux, de héros et d'héroïnes, dans Homère et Hésiode.

villes. Tous les peuples germaniques ont conservé dans les mêmes termes le souvenir d'un même culte : tous désignent par des expressions semblables le prêtre, les lieux sacrés, les immolations sanglantes, les différentes sortes d'adorations et de prières. Partout reparaît le nom sous lequel Dieu est représenté comme l'être incréé, existant par lui-même. L'âme est désignée par un mot qui n'appartient qu'à elle, sans métaphore et sans équivoque; tandis que les Grecs et les Latins n'avaient su lui donner que le nom de ce souffle corporel et périssable (ψυχή, *anima*) que l'homme porte dans sa poitrine. Il est curieux de voir jusqu'où des peuples sans philosophes ont porté l'effort, quand il s'agissait de saisir la nature spirituelle de l'âme, et de déterminer les sentiments qui l'agitent, les actes qui l'exercent; comment ils ont tenté l'analyse de l'entendement et de la volonté; comment ils ont eu deux mots pour la pensée, deux pour le désir, et une admirable flexibilité d'expression pour tous les degrés de l'amour (1).

|  | Gothique. | Teutonique. | Anglo-saxon. | Scandinave. |
|---|---|---|---|---|
| (1) *Dieu*, | Guth, | Cot, | God, | Gud. |
| *L'âme*, | saivala, | seola, | sâvl, | sâl. |
| *Penser*, | minan, | maunjan, | munnan, | minna. |
|  | fruthian, | frot, | frod, | froda. |
| *Vouloir*, | viljan, | willan, | villa, | vilja. |
| *Désirer*, | geiran, | giri, | geornian, | giarn. |
|  | lueton, | lyst (?), | lyst, | lyst. |
| *Plaire*. | liuban, | liub, | leof, | liufr. |
| *Aimer*, | frijon, | friunt, | freond, | freia. |
| *Sacrifier*, | blôtan, | pluozan, | blôtan, | blôta. |

On a pensé que ces listes de mots auraient l'utilité de mettre sous

Droit.   En même temps que les dialectes primitifs du Nord conservent les plus authentiques débris de l'enseignement sacerdotal, on y découvre aussi les traces de toutes les institutions civiles. Si le droit ne put jamais vaincre le désordre des passions chez ces peuples violents, il avait été assez fort pour s'y créer une langue à son service, pour maintenir l'ordre dans les idées par la régularité des expressions, et pour constituer ainsi toute une jurisprudence. En effet, Odin et ses douze compagnons sont représentés comme autant de juges siégeant sur autant de tribunaux dans la cité d'Asgard ; et parmi les sciences qui viennent des dieux, on compte celle de terminer les contestations des hommes. S'il faut en croire les chants de l'Edda, « il y a des paroles « magiques savamment combinées, à l'aide des« quelles un accusé sort victorieux du jugement. » C'en est assez pour indiquer un certain nombre de termes techniques et de formules consacrées, par lesquels les coutumes du Nord avaient cherché de bonne heure à circonscrire, à enchaîner les notions abstraites du juste et de l'injuste. Et d'abord, les termes de droit étaient si bien établis, ils avaient tant d'autorité chez les Francs, les Alemans, les Bavarois et les Lombards, qu'au moment où les

les yeux du lecteur les rapports et les différences des quatre dialectes primitifs. J'ai surtout consulté, pour le gothique, le dictionnaire de Gabelenz et Lœbe, à la suite de la dernière édition d'Ulphilas. Il faut lire aussi les excellentes discussions philologiques par lesquelles J. Grimm commence chaque chapitre de sa *Mythologie*.

lois de ces peuples furent rédigées en latin, il y resta un grand nombre de mots barbares qu'on n'osa point traduire. De là, par exemple, dans la loi salique, le *tunginus*, ou magistrat inférieur ; le *mallum*, ou tribunal ; le *reipus*, ou mariage d'une veuve ; la *chenechruda*, ou cession de biens du débiteur insolvable. D'autres coutumes, comme celles de Frise, de Danemark, de Suède, écrites dans le dialecte national, n'éprouvent aucun embarras à rendre avec précision les rapports compliqués et délicats qui font le lien de la société. Toutes les langues germaniques ont un fonds commun d'expressions pour désigner la nation, le territoire et ses divisions, l'état des personnes, les degrés de parenté, la dévolution des biens. Elles distinguent, toutes, les biens meubles des immeubles, la terre patrimoniale des acquêts qui s'y sont ajoutés ; le magistrat qui préside au jugement, des assesseurs chargés de prononcer sur le fait en litige ; la réparation pécuniaire due à l'offensé, de la condamnation pénale que l'ordre public réclame. Quand les témoignages des historiens manqueraient, les indications des anciens glossaires nous feraient encore pénétrer dans les mœurs du Nord ; et ces vieux mots, toujours respectés, nous montreraient les restes d'une civilisation antique, débordés, mais non détruits par le flot de la barbarie (1).

(1) *Edda Sœmundar Brynhildar quida*, I. « Characteres causales (*Mal-Runar*) noris. — Si neminem tibi vis, — sæve offensam

En second lieu, afin que les expressions juridiques ne perdissent rien de leur prestige, elles ne s'employaient pas au hasard; on les liait, on les enveloppait dans des phrases sacramentelles soumises à un certain rhythme, à de certaines consonnances. C'étaient là, sans doute, ces combinaisons de mots qu'il fallait savoir pour ne point succomber en justice. Les plus anciennes formules connues sont en vers, et plusieurs, conservées jusqu'au moyen âge, ont encore toute la pompe lyrique. C'est ainsi que la loi islandaise, en confirmant le contrat qui réconcilie un meurtrier avec la famille de la victime, menace quiconque enfreindrait la paix jurée. « Qu'il soit exilé, dit-elle, aussi loin qu'un homme « puisse aller en exil; aussi loin que les chrétiens « vont à l'église, et que les païens sacrifient dans « leurs temples; aussi loin que le feu brûle et que « la terre verdoie, que les mères enfantent et que

---

rependere, — eos implicas, — eos involvis, — eos disponis universos, — in eo conventu, — ubi hominibus eundum est — ad juste constituta judicia. » Cf. *Havamal*, 156; Grimm, *Deutsche Rechts-Alterthümer*, I.

Voici la série des principaux termes de droit dans les quatre dialectes primitifs :

|  | Gothique. | Teutonique. | Anglo-saxon. | Scandinave. |
|---|---|---|---|---|
| *Le peuple,* | thiuda, | diot, | theod, | thiod. |
| *Le territoire,* | land, | land, | land, | land. |
| *Le souverain,* | frauja, | fro, | fréa, | fro. |
| *La noblesse,* | athala (?), | adal, | edhel, | ódal. |
| *L'homme libre,* | freis, | fri, | freo, | fri. |
| *Le serf,* | skalks, | skalk, | sceal, | skalkr. |
| *La propriété,* | aigin, | eikan, | agen, | eiga. |
| *L'héritage,* | arbi, | arbi, | yrf, | arfi. |
| *La borne,* | marka, | marka, | mearc, | marc. |

« l'enfant crie après sa mère, que le bois nourrit
« le feu, que le vaisseau chemine, et que brillent
« les boucliers; aussi loin que le soleil fond la
« neige, que la plume vole, que nage la truite, et
« que l'épervier plane au printemps; aussi loin
« que le ciel se courbe en voûte, que les vents
« soufflent, que les eaux courent à la mer, et que
« les hommes sèment le grain. » Il serait facile de
multiplier les exemples, et de montrer que le droit
germanique connut ces solennités de paroles qui
tinrent tant de place dans le droit romain, qui firent du langage judiciaire une sorte de poésie (*carmen necessarium*), et dont les jurisconsultes tirèrent
comme d'un germe les plus savantes institutions
qui furent jamais (1).

Des langues si riches quand il fallait parler des
dieux ou régler les intérêts des sociétés, comment

<small>Astronomie.</small>

---

(1) Grimm, *Deutsche Rechts-Alterthümer*. Les termes de droit s'emploient deux à deux ou en plus grand nombre, en observant la loi poétique de l'allitération, qui consiste à rapprocher les mots commençant par une même initiale. Exemple, dans les lois scandinaves :

medh mund ok mala. — Hûs ok hém ;

dans les lois anglo-saxonnes :

mæg and mundbora. — Hûs and hâm.

Je crois reconnaître des vers dans cette formule suédoise :

Tu ov ei mans maki
Ok ei madir y Drysti;

et dans ces autres tirées de la loi des Frisons :

Nord sebilima — nit mord beta.
Bl londes legere — sud bi hioda libbande.

se seraient-elles trouvées impuissantes pour décrire les scènes journalières de la création? Les vocabulaires germaniques sont prodigues de ces termes pittoresques et hardis qui attestent l'observation de la nature et l'émotion de l'esprit humain en présence de tant de grands spectacles. Tous les phénomènes semblent d'abord comme autant de merveilles qu'on ne saurait expliquer, qu'on ne saurait nommer, sans faire intervenir les dieux. L'arc-en-ciel était le pont (*Asbru*) par où les Ases descendaient des cieux sur la terre. Ils y avaient laissé leur nom aux créatures qu'ils avaient aimées. Parmi les oiseaux, on connaissait le Coq de Woden (*Odhins honi*); parmi les plantes, la Barbe de Donar (*Donnersbart*), le Sourcil de Balder (*Balldersbrå*), le Bouclier de Tyr (*Tyrihialm*), la main du Géant, l'Herbe des Alfes et celle des Nains. Les larmes que la Déesse de l'Amour avait versées en cherchant son époux s'étaient changées en or ; ce riche métal garda le nom de *pleurs de Freya*. La nature apparaissait toute vivante et toute divine dans un langage qui satisfaisait l'imagination, mais où l'on pourrait surprendre aussi les premiers efforts de la raison pour discerner, pour classifier les faits, pour en pénétrer les causes. Sous ces noms destinés à rappeler les vertus des plantes, à marquer l'origine des métaux précieux, il y a peut-être un souvenir des connaissances médicales et métallurgiques dont les prêtres scandinaves se vantèrent, et qui leur furent communes avec toutes les écoles sacerdotales de l'antiquité. Mais on peut aller plus loin et retrouver dans les idiomes du Nord les vestiges d'une science astronomique surprenante chez des peuples qu'on se figure enveloppés d'une brume éternelle, sous un ciel sans étoiles (1).

Le poëme sacré de la Volospa rappelle un temps où « le soleil ne connaissait pas ses palais, les étoi- « les ne connaissaient pas leur place, la lune ne « connaissait pas sa demeure. Alors les Ases s'assi- « rent sur leurs siéges élevés, et ces dieux saints « délibérèrent. Ils donnèrent des noms à la nuit « et aux décroissances de la lune ; ils nommèrent « le matin, le midi, l'après-midi et le soir, en sorte « qu'on pût compter les années. » Ce n'est pas forcer le sens de ce texte que d'y voir premièrement l'ignorance d'un peuple qui n'avait ni marqué la place des astres, ni mesuré leur cours ; ensuite la sagesse des prêtres représentants des dieux, qui démêlèrent le désordre apparent des mouvements célestes, saisirent les premières lois et tentèrent de les fixer par la parole. Cette astronomie toute sacerdotale ne pouvait parler que le langage du

(1) La *Volospa* (strophe 7) représente les Ases forgeant l'or ; et probablement la fable des pleurs de Freya fait allusion à la récolte de l'or dans les eaux des fleuves. D'un autre côté, le *Havamal* (strophe 150) met la médecine au nombre des sciences magiques ; et un autre poëme (*Brynhildar quida*) s'exprime en ces termes : « Characteres plantarum (*Rim-Runar*) scias, — si mediocus esse « cupis — et nosse vulnera inspicere : — illi cortici incidantur — « et germini arboris. »

sanctuaire : elle désignait les astres par des noms divins, et leurs différents aspects par des fictions mythologiques. Le soleil, c'était Odin; et, dans ce rôle, le dieu portait douze titres différents, selon les douze mois de l'année, et cinquante-deux surnoms, répondant aux cinquante-deux semaines. On l'appelait le flamboyant (*svidur*), le resplendissant (*gimnir*), le père du solstice (*iolfadir*), le dieu à l'œil de feu (*baleigur*); et c'est pourquoi on le représentait avec un œil seulement : il avait laissé l'autre en gage au nain Mimir, quand celui-ci lui permit de boire à sa fontaine, dont les eaux donnaient la connaissance des choses futures. On racontait aussi comment le génie de la lune, Mani, avait enlevé deux enfants qui puisaient à une source sacrée ; et l'on expliquait les taches du disque lunaire en y reconnaissant deux figures humaines portant une cruche suspendue à un bâton. Les douze Ases avaient dans le firmament douze palais, qui correspondent aux douze signes du zodiaque. La grande Ourse représentait le char d'une divinité. Les étoiles dont les Grecs firent le baudrier d'Orion figuraient, pour les Scandinaves, la quenouille de Frigga. Deux astres furent formés des yeux du géant Thiassi, mis à mort par les Ases ; et le dieu Thor composa une constellation des orteils d'Orvandil, son compagnon de voyage, dont les pieds avaient gelé en chemin. Ces dénominations, ces fables et tant d'autres aujourd'hui perdues, servaient à diriger les sages du Nord dans l'espace étoilé; ils y cherchaient des horoscopes et des augures, mais en même temps ils y poursuivaient une science plus utile aux hommes, sans laquelle il n'y a point d'ordre dans la vie, ni de règle dans la société : je veux dire la division du temps, la distinction des saisons, la durée des années. Il fallait que des connaissances si nécessaires fussent placées sous la garde de la religion. Trois sacrifices solennels consacraient les trois grandes époques du solstice d'hiver, de l'équinoxe du printemps et du solstice d'été. Deux nains, Nyji et Nidhi, présidaient à la croissance de la lune et à sa décroissance. D'autres temps étaient marqués par des observances dont le souvenir subsiste encore dans les superstitions du Danemark et de la Suède. Les douze mois, de trente jours chacun, s'augmentaient de quatre jours intercallés au second mois d'été, et complétaient ainsi une période de cinquante-deux semaines ou de trois cent soixante-quatre jours, trop courte de trente heures pour égaler la révolution du soleil. Cette lacune paraît avoir été partiellement remplie au moyen d'une semaine additionnelle qui revenait tous les sept ans. Le calendrier se conservait, comme toutes les traditions sacrées, par des chants et par une écriture symbolique. De là ces poëmes, encore populaires dans le Nord, composés pour rappeler l'ordre des mois et les fêtes qui y tombent; de là ces bâtons appelés runiques, où les paysans scandinaves gravent les divisions de l'année en caractères anciens, accompagnés d'hiéroglyphes. Le secret des vieux pontifes païens, divulgué par les prêtres chrétiens qui leur succédèrent, a été livré aux ignorants et aux petits (1).

Toutefois la science des astres n'était point restée confinée dans les temples de Scandinavie. Les Anglo-Saxons avaient aussi leur calendrier, qui nous est parvenu avec la nomenclature de leurs mois. Ils en comptaient douze, partagés entre quatre saisons et deux semestres : ces mois étaient lunaires, et formaient une année de trois cent cinquante-quatre jours. Les onze jours manquant pour compléter l'année solaire composaient tous les trois ans un treizième mois, intercalé dans la saison d'été. L'année s'ouvrait par la grande fête du

---

(1) Geijer, *Sve Rikes Hæfder*, cap. VII. Grimm, *Mythologie*, 661 et suiv. *Lexicon mythologicon*, et *Specimen calendarii gentilis*, à la fin du troisième volume de l'Edda ; Copenhague, 1828. Mais je ne puis adopter les rapprochements trop hardis et les conclusions précipitées de ce savant travail. — *Voluspa*, 5 : « Sol neque scivit — ubi palatia haberet; — stellæ nec sciverunt — ubi loca haberent; — luna neque scivit — quam mansionem haberet. — 6. Tum omnes dii occuparunt elatas sellas, — sanctissima numina, et de his deliberabant. — Nocti et interlunii — nomina dederunt. — Mane vocarunt — et meridiem ; — pomeridianum tempus et vesperam — pro numerandis annis. » — Pour les douze demeures célestes des Ases, et pour les cinquante-deux noms d'Odin, voyez au tome premier de l'Edda le poëme du *Grimmismal*, où j'incline à reconnaître l'abregé d'une doctrine astronomique. En ce qui touche les fables du géant Thiassi et d'Orvandil, voyez Harbardsliod, 28, et l'Edda de Snorro, 110, 111. — Les bâtons runiques des paysans scandinaves ont eu pour modèles ceux que le clergé catholique du Nord exposait dans les églises pour régler les jeûnes et les fêtes.

solstice d'hiver, et la nuit qu'on y consacrait était appelée la Mère des Nuits (*Moedrenech*). Cette solennité donnait son nom (*Guili*) au mois qui la précédait et à celui qui la suivait. Parmi les dix autres, cinq rappelaient par leurs dénominations les divinités qu'il fallait honorer, et les offrandes dont on devait charger leurs autels; cinq marquaient les temps favorables à la navigation et au soin des troupeaux, le moment de la récolte et le retour des frimas. Il y avait aussi des jours fastes et des jours néfastes, et toute la suite de ces règles était contenue dans des poëmes dont nous avons probablement les débris. Le système anglo-saxon se rencontrait avec le scandinave en plusieurs points, il aboutissait au même résultat; mais il différait par la durée des années communes, par le nombre et la distribution des jours intercalaires : en quoi il reproduisait presque entièrement l'ordre du calendrier athénien. Sans doute les hommes du Nord faisaient une erreur considérable, s'ils ne tenaient point compte de l'excédant de six heures qui forme nos années bissextiles; mais j'admire déjà que ces barbares aient égalé les Grecs dans leurs efforts pour concilier les mois réglés par la lune avec l'année réglée par le soleil, et pour réduire à la même loi les révolutions différentes de ces deux astres, que les hommes ont toujours consultés, et qu'ils sont parvenus si tard à mettre d'accord (1).

(1) Bède, *de Ratione temporum*, cap. xiii. La coutume de rédi-

Considérez toutes les nations germaniques ; vous les trouverez souvent errantes sur la terre, mais toujours attentives à s'orienter dans le ciel. Au quinzième siècle, les paysans des Pays-Bas connaissaient encore le chariot de Woden (la grande Ourse), et longtemps ceux de la Thuringe montrèrent la voie lactée comme le chemin par où le roi Yring était monté chez les dieux. Les fêtes populaires de l'Allemagne conservent encore le reste des solennités qui marquaient les solstices et les équinoxes. Si Charlemagne changea les noms que les Francs donnaient aux douze mois de l'année, ce fut sans doute pour faire tomber en oubli un calendrier idolâtrique, dont il n'osa cependant pas effacer toutes les traces : avril retient le nom de la déesse Ostara (*Ostar manoth*), et décembre resta le mois sacré, comme chez tous les peuples du Nord

ger le calendrier en vers devait être bien enracinée chez les Anglo-Saxons, puisque Bèda, après avoir écrit en prose son beau traité *de Ratione temporum*, crut devoir l'abréger en hexamètres latins, et en faire un sommaire encore plus court en latin rimé, probablement pour l'usage des écoles. Voici le début de cette pièce :

   Annus solis continetur
   Quatuor temporibus,
   Ac deinde adimpletur
   Duodecim mensibus.
   Quinquaginta et duabus
   Currit hebdomadibus,
   Trecentenis sexaginta
   Atque quinque diebus.

Je crois voir aussi des restes de l'ancien calendrier anglo-saxon dans le Ménologe en langue anglo-saxonne, publié par Hickes (*Thesaurus*), et dans un manuscrit cité par Turner, *History*, lib. VII, cap. XII.

(*Heilag manoth*). En remontant plus haut dans l'histoire, on trouve le législateur des Gètes apprenant à son peuple à reconnaître les douze signes du zodiaque et les révolutions des planètes. Les prêtres dépositaires de ces enseignements avaient un catalogue de trois cent quarante-quatre étoiles; et les guerriers mêmes, s'il faut en croire Jornandès, passaient leurs jours de repos à étudier les phases de la lune et les éclipses du soleil. Au milieu de ces exagérations on démêle la trace d'une science antique, répandue dans le Nord avant l'ère chrétienne; et l'on arrive à douter de l'opinion commune selon laquelle les Germains auraient emprunté aux Romains l'usage de la semaine et les noms des sept jours. Les Romains ne connurent la période hebdomadaire qu'au temps de César : il fallut des siècles avant qu'elle devînt assez populaire parmi eux pour s'introduire chez leurs voisins et leurs ennemis. Mais d'abord, en considérant l'accord de tous les idiomes germaniques à désigner la semaine par un même mot, et les jours par les noms des mêmes dieux nationaux, on a lieu de croire ces termes antérieurs à l'époque où les dialectes se divisèrent. D'ailleurs Tacite remarquait déjà chez les Germains l'observation régulière de la pleine lune et de la nouvelle, qui divisait les mois en deux parties égales, et qui donne lieu de soupçonner un second partage en quatre périodes de sept jours. Enfin ce partage fut fait dans le calendrier scandinave, puisqu'il roulait tout entier sur le nombre exact de cinquante-deux semaines, malgré l'inconvénient de former une année trop longue pour s'accorder avec le retour de la lune, trop courte pour coïncider avec la révolution du soleil. Comment l'institution des sept jours se fût-elle plus solidement établie chez le peuple le plus éloigné des Romains, si ce n'est qu'il la tenait d'ailleurs, c'est-à-dire de l'Asie, cette première patrie d'Odin et des Ases? C'est là que la semaine a ses origines, consacrées par les plus hautes traditions religieuses. Une conjecture si naturelle s'appuie encore de deux indices moins sûrs, mais dont il faut tenir compte. D'une part, Wodan, à qui les Germains dédient le quatrième jour, rappelle par son nom et par ses attributs le dieu Bouddha, sous l'invocation duquel le même jour est placé chez les Indiens. D'un autre côté, les deux peuples semblent s'attacher à l'idée d'un renouvellement périodique du monde, et la durée qu'ils lui donnent forme naturellement un grand cycle astronomique. Or l'âge présent du monde, selon les Indiens, durera quatre cent trente-deux mille années, qui seront suivies d'une ruine universelle; et le poëme scandinave du *Grimmismal*, où il est difficile de ne pas voir une exposition mythologique du calendrier, déclare qu'avant la destruction de l'univers huit cents personnages divins sortiront par chacune des cinq cent quarante portes de la Valhalla. Si la Valhalla représente ici la demeure du soleil, et si les personnages qui en sortent sont autant d'années, il est remarquable que leur réunion forme encore le nombre fatal de quatre cent trente-deux mille. Ainsi les deux peuples s'accorderaient dans la plus grande comme dans la plus faible mesure du temps. De telles analogies ne s'expliquent point par une rencontre fortuite. L'astronomie devait naître sous le ciel de l'Orient; mais il fallait qu'elle suivît ces nations voyageuses qui allaient chercher leur destinée dans les forêts ou sur les mers du Nord, et qui auraient péri de terreur si le calcul des révolutions célestes, en leur promettant le retour du soleil, n'avait consolé la longueur de leurs nuits et de leurs hivers (1).

(1) Grimm, *Mythologie*, p. 687. Éginhard, *Vit. Carol. M.*, apud Perz, t. II, p. 458 : « Mensibus etiam juxta propriam linguam vocabula imposuit cum ante id temporis apud Francos partim latinis, partim barbaris nominibus pronuntiarentur. » Jornandes, *de Reb. Getic. Grimnismal*, cap. XII. Grimm éprouve aussi quelques doutes sur l'origine de la semaine ; et Geijer adopte ce rapprochement des 432,000 personnages mythiques de l'*Edda*, et des 439,000 années de la période indienne. — On peut citer, comme un des plus frappants exemples de l'analogie qui règne entre les langues germaniques, les termes par lesquels elles désignent les différentes parties de la durée.

| | G. | T. | A. | S. |
|---|---|---|---|---|
| Le *temps*, | theils, | zit, | tid, | tidh. |
| Le moment, | mel, | mal, | mel, | mal. |
| L'heure, | weila, | hvila, | hvil, | hvila. |
| Le jour, | dags, | tag, | dag, | dagr. |
| La semaine, | viko, | vecha, | vica, | vika. |
| Le mois, | menoths, | manod, | monadh, | manadr. |
| L'année, | jer, | jâr, | gear, | ar. |
| Le siècle, | aivs, | êwa, | ava, | æfi. |

A vrai dire, le mot *aivs* ou *ewa*, comme le latin *ævum* et le grec αἰών, ne désigne qu'une longue durée sans mesure déterminée.

*Ce qui manque au vocabulaire des langues du Nord.*

Cependant, ces expressions figurées, ces formules mystérieuses, qui donnent tant d'éclat aux vieilles langues du Nord, en trahissent aussi l'insuffisance et la faiblesse. Ce sont comme des langues sacrées qui protègent la science naissante, mais où elle n'a ni liberté ni grandeur. Il ne faut pas croire que les idiomes d'Alaric et de Clovis eussent déjà des expressions pour toutes les délicatesses de la pensée humaine. Lorsque après les invasions les dialectes de la Germanie se trouvèrent en présence de la civilisation chrétienne, il leur fallut un travail de plusieurs siècles avant de pouvoir se plier à cette variété infinie de notions savantes qui n'avaient jamais pénétré dans l'esprit des barbares. Ce ne fut pas trop de toute la persévérance des écrivains monastiques pour faire passer dans ces langues rebelles la théologie de l'Évangile. Ils n'y parvinrent qu'en détournant les vieux mots de leur sens primitif, ou en empruntant à la langue de l'Église des termes dont ils accommodaient l'orthographe à la prononciation de leurs lecteurs. C'est ainsi que le mot de *minna*, qui dans les mœurs païennes désignait la coupe vidée dans les festins pour l'amour des dieux et des ancêtres, devint le nom chrétien de la vertu de charité. C'est ainsi que du latin *eleemosyna* il fallut faire *alamuosa*, l'aumône : les barbares n'avaient ni le mot ni la chose. D'un autre côté, si l'on considère cette partie des langues germaniques où se réfléchissent les mœurs des peuples, on reconnaît bientôt leur extrême pauvreté en tout ce qui touche les habitudes de la vie sédentaire, le luxe des villes, les monuments qui les ornent, les arts qui les enrichissent. Quand les moines vinrent ouvrir des écoles dans les bourgades allemandes, il fallut encore tirer du latin le nom d'une institution si nouvelle (*schola, schule*). Au contraire, les locutions abondent pour désigner la maison isolée, entourée d'un espace vide, telle que la décrit Tacite; la salle du banquet, où le noble rassemblait ses proches et ses fidèles; le lieu fort, où il se retranchait contre ses ennemis. Rien de plus varié que les images de la vie errante, de la navigation, de la chasse et de la guerre. Je trouve dans la langue des Goths toutes les armes offensives et défensives (*vepna, sarva*), le casque (*hilms*), la cuirasse (*brunjo*), le bouclier (*skildus*), les traits qu'on lance de loin (*arvazna*), et deux sortes d'épées (*hairus, meki*). Aucune de ces expressions n'indique une origine étrangère, et toutes les traditions des Germains les font voir en effet habiles à forger les métaux. Enfin, si la nature se peint dans les idiomes du Nord, c'est avec les rigueurs du ciel et la stérilité du sol. Ils distinguent avec soin tous les phénomènes du froid et de la tempête; mais ils n'ont pas à nommer les richesses végétales de climats plus heureux. Je remarque le grand nombre de termes dont ils disposent pour discerner tout ce qui frappe l'ouïe : le cri des bêtes, le frémissement des arbres, le murmure des eaux. L'ouïe est le sens le plus exercé du nomade ; elle le guide quand les yeux ne peuvent plus rien : souvent les pâtres des Alpes, égarés le soir, retrouvent le chemin de leurs chalets en prêtant l'oreille au bruit des sources qui se précipitent dans les vallées.

Ainsi le dépouillement du vocabulaire des nations germaniques laisse déjà voir ce qu'il leur restait de lumières, ce qui faisait leur force, ce qui faisait leur impuissance. On pourrait aisément pousser plus loin ces inductions, s'il n'était périlleux de se fier sans réserve à des listes de mots mutilées par le temps. Il a moins de prise sur les formes grammaticales.

<small>Grammaire des langues du Nord.</small> Rien ne semble plus libre que la pensée humaine et que la parole qui la représente. Toutefois la parole non plus que la pensée ne fait rien de grand, rien de public ni de durable, qu'en se soumettant à des lois. C'est pourquoi toute langue qui a une destinée religieuse, politique, littéraire, se lie par des règles. La grammaire est un commencement de discipline, une première satisfaction donnée à ce besoin d'ordre qui tourmente les peuples bien doués. Mais alors l'indépendance de la parole se réfugie pour ainsi dire dans l'usage de chaque lieu, de chaque famille, de chaque homme, qui reste maître de s'exprimer mal. Cette façon irrégulière de s'exprimer s'appelle barbarisme, et j'y reconnais

en effet ce je ne sais quoi de barbare, c'est-à-dire
d'insoumis, qu'on trouve au fond de toutes les sociétés. Les irrégularités de l'usage tendent à faire
irruption dans la langue publique : elles s'y introduisent d'abord à titre d'exceptions ; elles finissent
par la pénétrer dans tous les sens, par la décomposer et la détruire. Il n'y a pas d'idiome si poli
qui ne recèle de telles causes de corruption ; le
désordre qu'elles y portent indique à peu près ce
qu'il y a de trouble dans les intelligences. C'est
l'étude que je voudrais faire sur les dialectes du
Nord, sans toucher à des détails philologiques trop
délicats pour une main étrangère.

Le premier besoin de la parole est de captiver *Euphonie*
l'oreille, distraite par les sons du monde extérieur ;
et c'est pourquoi l'euphonie tient une si grande
place dans la grammaire des langues anciennes.
Au milieu de tant de bruits charmants ou terribles, ce qui fait écouter la voix humaine, c'est
qu'elle articule : ce sont les articulations, c'est-à-dire les consonnes, qui soutiennent les syllabes,
et qui donnent aux mots leurs formes. Elles sont
donc les éléments les plus nécessaires du langage,
par conséquent les plus invariables, et ceux qui
s'altèrent le moins par la différence des lieux et
des temps. Les idiomes germaniques tirent leur
force du nombre et de la combinaison des consonnes. Elles y forment, comme en grec, un système complet, où chacun des trois organes de la

voix, les lèvres, la langue et la gorge, produit trois articulations correspondantes, douces, fortes et aspirées. Ces neuf consonnes se modifient et se permutent, mais selon des lois immuables, qui gouvernent tous les dialectes, qui en forment le principal lien de famille, et qui permettent d'y retrouver la généalogie de chaque radical, quelques vicissitudes qu'il ait traversées (1).

Les voyelles tiennent moins au fond des mots ; elles en sont, pour ainsi dire, la couleur, que le temps efface. En jetant les yeux sur une page de l'Évangile gothique, on est surpris de la singulière richesse des voyelles dans le corps des mots et dans les désinences. Entre toutes dominent l'A, l'I, l'U (prononcé *ou*), qui représentent les trois notes primitives de la voix humaine ; elles se réunissent pour former des diphthongues sonores : il semble qu'on retrouve la variété du grec avec la majesté du

---

(1) Voici la loi de permutation des consonnes, qui est la découverte capitale de J. Grimm.

Étant donné un radical gothique, il passera ordinairement en anglo-saxon et en scandinave sans changer de consonne. Mais, s'il entre en langue teutonique, la consonne douce est remplacée par la forte ; la forte, par l'aspirée ; l'aspirée, par la douce. — Exemples :

|   | Gothique. | Teutonique. |   |
|---|---|---|---|
| D se change en P, | bairan, | piran, | *porter.* |
| P en F, | thaurp, | dorof, | *village.* |
| F en B ou V, | filu, | vilo, | *beaucoup.* |
| D en T, | daur, | tor, | *porte.* |
| T en TH ou Z, | tagr, | sahar, | *larme.* |
| TH en D, | that, | daz, | *cela.* |
| G en K, | gasts, | kast, | *étranger.* |
| K en CH, | kuni, | chunni, | *race.* |
| H en C, | svaihra, | schwager, | *beau-père.* |

latin. Tout indique un peuple dont l'oreille exigeante veut être charmée en même temps qu'avertie, qui cherche dans la parole un art, et qui n'aura pas de repos qu'il n'en ait tiré le plaisir laborieux de la versification. Le teutonique retient encore plusieurs de ces qualités musicales. Elles se soutiennent moins dans l'anglo-saxon et le scandinave. Les voyelles éclatantes s'assourdissent, les longues deviennent brèves, les brèves se contractent, les désinences tombent ou sont remplacées par l'*e* muet. C'est ainsi que le désordre pénètre dans les langues du Nord. On prévoit le moment où tant de noms pompeux, dépouillés en chemin, nous arriveront à l'état de monosyllabes. Le gothique *arvazna*, flèche, ne se reconnaît plus dans le scandinave *or;* et *fairguni*, montagne, devient en allemand *berg*. Dans ces mots brusques et précipités, on croit sentir la prononciation d'une foule grossière, qui ne donne rien aux plaisirs de l'esprit, qui se soucie peu de l'euphonie, pressée de se faire entendre et satisfaite d'être comprise. Un historien l'a dit : « Les langues commencent par être une musique, et finissent par être une algèbre (1). »

(1) J.-J. Ampère, *Littérature et Voyages*, p. 387. — Le gothique a trois voyelles brèves, *a, i, u*, deux longues, *ê, ô;* quatre principales diphthongues, *ai, au, ei, iu*. Les exemples suivants indiquent les transformations qu'elles subissent dans les trois autres dialectes :

|   | Gothique. | Teutonique. | Anglo-saxon. | Scandinave. | Allemand. |
|---|---|---|---|---|---|
| A, | marei, | mari, | mere, | mer, | moer, mer. |
| I, | libains, | leban, | lifian, | lif, | leben. vie. |

Les idiomes qui vieillissent peuvent négliger de flatter l'ouïe; mais l'inévitable effort de la parole est d'intéresser l'attention, c'est-à-dire ce qu'il y a au monde de plus mobile et de plus occupé; et c'est à quoi elle ne parvient que par les idées qu'elle lui livre enchaînées sous les mots. Les règles logiques de la grammaire n'ont pas d'autre but que de former ces liens du discours, en faisant subir aux termes de la proposition un certain nombre de flexions régulières. Dans la déclinaison d'un nom, dans la conjugaison d'un verbe, il y a plus qu'un exercice d'enfant : il y a la lutte du mot qui cherche à enlacer l'idée, toute spirituelle qu'elle est; qui la suit dans tous ses détours, dans tous ses mouvements, et qui se montre aussi souple, aussi prompt, aussi infatigable qu'elle.

Déclinaison. L'ancienne déclinaison germanique distinguait trois genres, le masculin, le féminin et le neutre; trois nombres, le singulier, le pluriel et le duel; six cas, nominatif, génitif, datif, accusatif, vocatif, instrumental. Il y paraissait une parfaite régularité. Toutes les nuances de la pensée étaient représentées par autant de désinences différentes : les

|    | Gothique. | Teutonique. | Anglo-saxon. | Scandinave | Allemand. |          |
|----|-----------|-------------|--------------|------------|-----------|----------|
| U, | sunus,    | sunu,       | sunu,        | sonr,      | sohn,     | *fils*.  |
| E, | mêna,     | mano,       | mona,        | mani,      | mond,     | *lune*.  |
| O, | rôdjan,   | radun,      | rædan,       | rœdi,      | reden,    | *parler*.|
| AI,| stairno,  | sterno,     | steorra,     | stiœrna,   | sterne,   | *étoile*.|
| AU,| daur,     | turi,       | duru,        | dyr,       | thür,     | *porte*. |
| EI,| laihwan,  | lihan,      | lihan,       | lia,       | lehen,    | *prêter*.|
| IU,| liuthon,  | liod,       | leodh,       | liodh,     | lied,     | *chant*. |

voyelles marquaient les genres et les nombres ; les consonnes caractérisaient les cas. Cette belle ordonnance, dérangée de bonne heure, se conserve surtout dans le gothique et le teutonique : l'anglo-saxon et le scandinave contractent déjà les terminaisons, les déplacent et les confondent. Une telle manière de décliner, que les grammairiens appellent la *déclinaison forte*, devait se soutenir difficilement : elle supposait des habitudes d'application et de discernement qui feraient honneur aux sociétés les plus polies (1).

Aussi la paresse des esprits avait eu recours à des procédés moins savants. La nasale *n*, introduite dans les désinences, altéra d'abord la consonne ca-

---

(1) Voici le paradigme de la déclinaison forte dans les quatre dialectes :

|  | Gothique. | Teutonique. | Anglo-saxon. | Scandinave. |  |
|---|---|---|---|---|---|
| *Masculin,* | blinds, | plinter, | blind, | blindr, | *aveugle.* |
| *Féminin,* | blinda, | plinta, | blindu, | blind. |  |
| *Neutre,* | blindata, | plintuz, | blid, | blindt. |  |

Je donne seulement la déclinaison masculine, la plus instructive des trois. Cf. Grimm., *Gramm.*, t. I.

| | Gothique | Teutonique | Anglo-saxon | Scandinave |
|---|---|---|---|---|
| *Sing. n.* | blind s, | plint er, | blind, | blind r. |
| *Gén.* | blind is, | plint es, | blind es, | blind s. |
| *Dat.* | blind amma, | plint emu, | blind um, | blind um. |
| *Acc.* | blind ana, | plint an, | blind ne, | blind an. |
| *Instr.* | | plint u. | | |
| *Plur. n.* | blind ai, | plint ê, | blind e, | blind ir. |
| *Gén.* | blind aisê, | plint êrô, | blind ra, | blind ra. |
| *Dat.* | blind aim, | plint êm, | blind um, | blind um. |
| *Acc.* | blind ans, | plint ê, | blind e, | blind a. |

Le vocatif n'existe que dans un petit nombre de substantifs gothiques. Le teutonique est le seul qui conserve le cas instrumental. Ces quatre dialectes ont le duel, mais dans le pronom personnel seulement.

ractéristique ; elle finit par l'effacer. La confusion, déjà visible dans le gothique, se montre surtout dans les autres dialectes. L'anglo-saxon et le scandinave n'ont plus qu'une flexion pour tout le singulier. C'est ce que les grammairiens appellent la *déclinaison faible*. Elle se développe surtout dans l'allemand moderne, où, un grand nombre de noms ayant perdu toute trace des cas, il y faut suppléer par les prépositions et les articles. La mémoire se décharge, mais la langue s'appauvrit (1).

*Conjugaison.* La grammaire s'attache moins au nom qu'au verbe. Elle met tout son art dans ce mot flexible, qui fait le nœud de la proposition. Le verbe gothique se prête avec une facilité remarquable aux besoins du discours. On y trouve deux voix, l'actif et le passif ; trois modes, indicatif, subjonctif, impératif ; deux temps, le présent et le passé ; trois personnes et trois nombres. Le point capital est la formation du prétérit, qui se fait régulièrement par le redoublement de la première syllabe du radical et par le changement de la voyelle (*slépa*, je dors ; *saislep*, je dormis). Ce changement de voyelle s'o-

(1) Paradigme de la déclinaison faible.

|  | Gothique. | Teutonique. | Anglo-saxon. | Scandinave. |  |
|---|---|---|---|---|---|
| *Sing.* n. | han a, | han o, | han a, | han i, | *le coq.* |
| *Génit.* | han ins, | han in, | han an, | han a. |  |
| *Dat.* | han in, | han in, | han an, | han a. |  |
| *Acc.* | han an, | han un, | han an, | han a. |  |
| *Plur.* n. | han ans, | han un, | han an, | han ar. |  |
| *Génit.* | han anô, | han ônô, | han ena, | han a. |  |
| *Dat.* | han am, | han ôm, | han um, | han um. |  |
| *Acc.* | han ans, | han un, | han an, | han a. |  |

père de six manières différentes, d'où naissent les six conjugaisons qu'on nomme *fortes*. Ce système savant, compliqué, qui fait passer chaque verbe par quarante flexions successives, exigeait une singulière netteté de prononciation, une grande délicatesse d'oreille, un prompt sentiment des rapports entre les nuances du mot et celles du sens. C'était beaucoup demander à des peuples de guerriers et de pâtres : aussi voit-on la règle fléchir et le désordre prévaloir. Le gothique lui-même perd le redoublement dans le plus grand nombre de ses verbes. Les autres dialectes ne le connaissent pas ; ils n'ont conservé ni les formes du duel, ni celles du passif. L'anglo-saxon ne met plus de différence entre les trois personnes du pluriel ; des quarante flexions primitives du verbe, il n'en retient plus que douze(1).

(1) Des cinq cents verbes forts dont M. Grimm retrouve la trace dans les langues germaniques, cinquante-sept seulement se conservent dans les quatre dialectes : je prends pour exemple *giban*, donner.

|  |  |  | Gothique. | Teutonique. | Anglo-saxon. | Scandinave. |
|---|---|---|---|---|---|---|
| Indicatif présent | *sing.* | 1 | gib a, | kip u, | gif e, | gef. |
|  |  | 2 | gib is, | kip is, | gif est, | gef r. |
|  |  | 3 | gib ith, | kip it, | gif oth, | gef r. |
|  | *plur.* | 1 | gib am, | kip umes, | gif ath, | gef um. |
|  |  | 2 | gib ith, | kip at, | gif oth, | gef idh. |
|  |  | 3 | gib and, | kip ant, | gif adh, | gef a. |
|  | *duel.* | 1 | gib ôs. |  |  |  |
|  |  |  | gib ats. |  |  |  |
| prétérit | *sing.* | 1 | gab, | kap, | gëaf, | gaf. |
|  | *plur.* | 1 | gêb um, | kap umes, | gëaf on, | gaf um. |
|  | *duel.* | 1 | gêb u. |  |  |  |
| Subjonctif présent | *sing.* | 1 | gib aû, | kâp ê, | gif e, | gef i. |
| présent | *sing.* | 1 | gêb jaû, | kâp i, | gëaf e, | gef i. |
| Impératif | *sing.* | 2 | gib, | kip, | gif, | gef. |
| Infinitif |  |  | gib an, | kep an, | gif an, | gef a. |
| Participe présent |  |  | gib ands, | kêp anter, | gif ende, | gef undi. |
| passé |  |  | gib ans, | kêp âner, | gif en, | gef inu. |

ÉT. GERM. I.

Mais le langage populaire ne rencontrait pas de difficulté plus grande que la formation du prétérit : ce fut de ce côté que l'innovation se tourna. Au lieu de modifier les voyelles des radicaux de six manières différentes, on conserva le radical invariable, en y ajoutant une terminaison uniforme (*haba*, j'ai ; *habaida*, j'eus). Cette méthode facile constitue ce qu'on appelle la *conjugaison faible*. Les quatre dialectes primitifs l'admettent comme une exception. Elle ne comprend d'abord que les verbes dérivés : elle s'enrichit peu à peu des autres qui échappent à l'ancienne règle, et finit par faire loi à son tour dans l'allemand moderne, où les verbes *forts*, réduits à cent soixante, ne figurent plus qu'à titre d'irréguliers (1).

Ainsi, dans la déclinaison et dans la conjugaison, deux principes contraires se font jour : l'un est l'ancienne tradition de la langue, conservant les riches flexions des noms et des verbes, modelées avec un art infini sur toutes les formes de la pensée humaine ; l'autre est l'usage, qui se débarrasse

---

(1) Voici un exemple de conjugaison faible. Il suffit d'indiquer la première personne du singulier de chaque temps pour en distinguer les caractéristiques. *Haban* signifie *avoir*.

| | Gothique. | Teutonique. | Anglo-saxon. | Scandinave. |
|---|---|---|---|---|
| Indicatif présent. | hab a, | hap êm, | hab be, | haf i. |
|    prétérit. | hab aids, | hap eta, | hæf de, | haf dz. |
| Subjonctif présent. | hab aû, | hap êe, | hab be, | haf i, |
|    prétérit. | hab aidêdjaû, | hap êti, | hæf de, | haf di. |
| Participe présent. | hab ands, | hap êntar, | hab ende, | haf andi. |
|    prétérit. | hab aitus, | hap didr, | hæf d, | haf dhr. |
| Infinitif | hab an, | hap an, | hab ban, | haf a. |

de ce luxe grammatical comme d'un héritage incommode, dépouille les mots de leurs flexions, et les remplace par des particules et des suffixes. D'un côté, il y a je ne sais quoi de vivant qui travaille au dedans des mots et qui les fléchit; de l'autre, il y a un procédé mécanique qui les prend par le dehors, et les unit par des liens plus grossiers, mais plus durables. Ce procédé devait l'emporter à la fin dans les idiomes germaniques, et y mettre un ordre nouveau. Mais, au temps dont nous nous occupons, il ne réussissait encore qu'à ébranler les règles anciennes. Les formes du discours n'avaient plus cette exactitude qui ne permet pas de se méprendre sur leur signification. L'incertitude des termes laissait la pensée dans le vague, par conséquent dans l'impuissance. Il y avait assurément peu de logique au fond de ces langues, peu de travail d'esprit chez les nations qui les parlaient.

Une dernière particularité grammaticale achève de peindre le caractère des hommes du Nord. Pendant que, chez les Hébreux, ce peuple de la tradition et de la prophétie, les verbes ont le passé et le futur, mais point de présent, les dialectes du Nord, au contraire, n'ont pas de futur. Quand ils commencent à traduire des textes grecs et latins, ils rendent le futur et le présent par le même mot : la différence des temps ne leur est pas encore sensible. Plus tard seulement, ils cherchent à l'exprimer à l'aide des auxiliaires. Ces peuples ont dans leurs conjugaisons un moyen de désigner le passé : car ils y tiennent par les souvenirs, par les lois, par les croyances. Ils ont le présent, comme il convient à des esprits qui vivent sous l'impression du moment et que la passion occupe tout entiers. Mais ils ne connaissent pas le futur, parce que c'est le propre des barbares de se montrer imprévoyants, et de se complaire dans cette indépendance absolue qui ne dispose jamais du lendemain.

<small>Étymologie. Origine des langues germaniques.</small> Il reste à chercher des lumières historiques dans l'étymologie des langues du Nord ; et d'abord on remarquera l'étroite union des quatre dialectes qui viennent d'être examinés. On y a trouvé le même fond de vocabulaire, les mêmes radicaux pour exprimer les premières idées de Dieu, de la société, de la nature ; on y a reconnu la même grammaire, partout les mêmes lois d'euphonie, partout deux manières de décliner les noms et de conjuguer les verbes. Rien ne démontre plus sûrement l'unité de la grande race qui couvrit l'Europe septentrionale depuis le Tanaïs jusqu'à l'Océan. En second lieu, tous ces idiomes font voir une lutte entre la tradition qui garde sur eux un reste d'empire, et le génie indiscipliné d'un peuple impatient de toute autorité, dans le langage comme dans l'action. La décadence n'est cependant pas si profonde qu'elle ne laisse apercevoir les traces d'une ancienne culture, d'une société plus régu-

lière et plus occupée des besoins de l'intelligence. Enfin, si l'on cherche le lieu où cette culture put fleurir, les indices ne manquent point. En effet, la langue gothique montre une supériorité incontestable par la régularité de ses flexions, par l'harmonieuse composition de ses mots et par l'abondance des termes abstraits dont elle dispose. Le teutonique altère déjà ces belles qualités; elles s'obscurcissent surtout dans l'anglo-saxon et le scandinave, où tout se contracte comme sous l'influence d'un climat glacé. Ainsi, en parcourant les idiomes germaniques, on les trouve plus riches, plus sonores, plus exacts, à mesure qu'on retourne vers le Midi et l'Orient. Les langues des Germains, comme tous leurs souvenirs, s'accordent pour tracer l'itinéraire de leurs migrations, pour en reculer le départ jusqu'en Asie, et sauver ainsi les titres de leur parenté avec le reste du genre humain.

Ces premières indications se confirment, si l'on compare les dialectes du Nord avec la grande famille des langues indo-européennes. C'est un fait acquis à la science par d'admirables travaux, que l'analogie profonde qui unit les idiomes germaniques, celtiques, slaves, et ceux de l'Italie, de la Perse et de l'Inde. Je n'entreprends pas de revenir sur des recherches qui ont été poussées jusqu'aux derniers détails : il me suffit d'en rappeler sommairement les conclusions.

Rien n'est plus discrédité en philologie, rien

*Rapport avec les langues indo-européennes.*

n'est moins décisif que le seul rapprochement des mots. Il y a des ressemblances fortuites qui ne prouvent rien ; il y en a de partielles qui prouvent le commerce, mais non la parenté de deux nations. Cependant la comparaison devient concluante quand elle porte sur des mots que les peuples n'empruntent pas ; qui forment, pour ainsi dire, le corps des langues. Comment douter encore, lorsque de longues tables scrupuleusement dressées font ressortir l'identité des radicaux sanscrits, grecs, latins, gothiques, pour les pronoms personnels, les nombres, les fonctions essentielles de l'âme, les organes du corps, les liens de famille, les spectacles journaliers de la terre et du ciel? Le rapprochement jette une lumière encore plus vive si un mot, indécomposable dans les langues dérivées, trouve en sanscrit ses racines, et par conséquent son explication. C'est ainsi que la langue sacré des Indiens rend raison, comme on l'a vu, du nom que les peuples du Nord donnent à la Divinité. Ainsi encore le latin *vidua* et le gothique *vidovo*, veuve, se décomposent et s'expliquent dans le sanscrit *viddva* (*vi*, privatif ; *ddva*, époux), sans époux (1).

(1) Voici le tableau des noms de nombres cardinaux :

| | Sanscrit. | Latin. | Gothique. | Teutonique. | Anglo-saxon. | Scandinave. |
|---|---|---|---|---|---|---|
| 1 | eka, | unus, | ains, | ainar, | ân, | ainn. |
| 2 | dva, | duo, | tvai, | zvene, | tvegen, | tveir. |
| 3 | tri, | tres, | threis, | dri, | thri, | trir. |
| 4 | tchatour, | quatuor, | fidvor, | fior, | flover, | fiorir. |
| 5 | pantchan, | quinque, | fimf, | vinf, | fif, | fimm. |
| 6 | chach, | sex, | saihs, | sêhs, | six, | sex. |

Si les mots constituent le corps des langues, la grammaire en est l'âme. Mais les langues indo-européennes n'ont, à vrai dire, qu'une même grammaire, dont elles observent inégalement les lois. C'est surtout dans le sanscrit qu'il faut chercher ces combinaisons euphoniques qui font du discours une sorte de mélodie. C'est là qu'on voit les trois voyelles primitives *a*, *i*, *u*, en produire onze autres, qui, avec trente-quatre consonnes, représentent toutes les touches de la voix humaine. C'est enfin là que se découvrent dans leur ensemble les règles de permutation selon lesquelles la consonne douce devient forte et la forte aspirée.

|   | Sanscrit. | Latin. | Gothique. | Teutonique. | Anglo-saxon. | Scandinave. |
|---|---|---|---|---|---|---|
| 7 | raptan, | septem, | sibun, | sibun, | séofon, | siö. |
| 8 | atchun, | octo, | ahtan, | ahtó, | éahta, | atta. |
| 9 | navan, | novem, | niun, | niun, | nigon, | niu. |
| 10 | dasan, | decem, | taihun, | zehan, | tyn, | tiu. |

Dans toutes ces langues, le système de numération est décimal.

### PRONOMS PERSONNELS.

|  | Sanscrit. | Gothique. | Teutonique. | Anglo-saxon. | Scandinave. |
|---|---|---|---|---|---|
| 1<sup>re</sup> personne *sing.* | aham, | ik, | ih, | ic, | ék. |
| *plur.* | vayam, | veis, | wir, | vé, | vēr. |
| *duel.* | avâm, | vit, | wir, | vit, | vit. |
| 2<sup>e</sup> personne *sing.* | tvam, | thu, | du, | thu, | thu. |
| *plur.* | yuyam, | jus, | ir, | gâ, | ér. |
| *duel.* | yuvâm, | jut, | jiz, | gil, | it. |

### NOMS DE FAMILLE.

|  | Sanscrit. | Gothique. | Teutonique. | Anglo-saxon. | Scandinave. |
|---|---|---|---|---|---|
| Père, | pita, | fadar, | fatar, | fader, | fadir. |
| Fils, | sunus, | sunus, | sunu, | sunu, | sour. |
| Fille, | duhits, | douthar, | tothar, | dohtor, | dottir. |
| Frère, | bhratri, | brothar, | prodar, | brodhor, | brodir. |
| Sœur, | svasri, | svi-tar, | suestar, | svaster, | syster. |

Ces règles se maintiennent dans tous les idiomes de la même famille; elles y mettent l'ordre, en régularisant les changements que les radicaux doivent subir à mesure qu'ils passent de peuple en peuple (1).

Nulle part mieux qu'en sanscrit on ne voit se former le lien logique du mot et de l'idée. La déclinaison forte y paraît dans toute sa richesse, avec trois genres, trois nombres et huit cas. Sans doute cette régularité ne se soutient pas dans toutes les langues de même origine : le duel, conservé en grec, disparaît en latin, et le gothique ne l'a plus que dans le pronom. Mais partout se maintient la distinction des trois genres, partout reviennent les

(1) Dans ce court exposé, j'ai cherché à reproduire les conclusions de la savante grammaire comparée de Bopp (*Vergleichende Grammatik*). Cet orientaliste a entouré de nouvelles preuves la belle loi de permutation des consonnes, déjà démontrée par Grimm (*Deutsche Gramm.*, t. I). Étant donné un radical sanscrit, ce radical passera (presque toujours) dans les autres idiomes européens sans changer de consonne : mais, en entrant dans les dialectes gothique, anglo-saxon, scandinave, la douce sera remplacée par la forte ; la forte, par l'aspirée ; et l'aspirée, par la douce. Enfin, si le mot descend dans le teutonique, la douce sanscrite se changera en aspirée, l'aspirée en forte, la forte en douce. C'est ce qui devient sensible par les exemples suivants :

| | Grec ou latin. | Gothique. | Teutonique. |
|---|---|---|---|
| B, P, F, | turba, | thorop, | dorof. |
| P, F, V, | pedis, | fotus, | vuoz. |
| F, B, P, | frater, | brothar, | pruoder. |
| D, T, TH, ou Z, | duo, | tvai, | zvene. |
| T, TH, D, | tres, | threis, | dri. |
| TH, D, T, | θυγάτηρ, | dauhtar, | tohtar. |
| G, K, CH, | γένος, | kuni, | chunni. |
| K, H, C, | ἑκυρός, | svaihra, | schwager. |
| CH, G, K, | χήν, | gans, | hans. |

mêmes caractéristiques des quatre cas principaux, partout enfin l'on aperçoit le principe de la déclinaison *faible*, qui plie encore sous la règle générale, mais qui s'en affranchira pour se développer librement dans les dialectes germaniques (1).

Même ressemblance dans la manière de conjuguer. Rien n'égale la flexibilité du verbe sanscrit, qui compte trois voix, six modes, six temps, trois personnes avec trois nombres, en tout trois cents formes distinctes. Ce modèle s'altère ; mais toutes les langues indo-européennes en retiennent quelques traits : toutes donnent les mêmes caractéristiques aux trois personnes. La forme du prétérit sanscrit se reproduit dans le grec, dans plusieurs verbes latins et dans la conjugaison *forte* du go-

---

(1) Les caractéristiques régulières du singulier masculin sont *s* pour le nominatif, *s* pour le génitif, une voyelle longue pour le datif, la nasale *m* ou *n* pour l'accusatif. Exemple :

| | Sanscrit. | Gothique. | Comparez avec le latin. |
|---|---|---|---|
| *Nom. s.* | sun us, *fils,* | sun us, | fruct us. |
| *Gén.* | sun ês, | sun aus, | fruct ûs. |
| *Dat.* | sun avê, | sun au, | fruct ui. |
| *Accus.* | sun um, | sun *a pour* sun un, | fruct um. |

La nasale *n*, dont la présence devient le principe de la déclinaison faible, paraît déjà dans le sanscrit.

| En sanscrit. | En grec. | En latin. | En gothique. |
|---|---|---|---|
| Nama, *nom,* | ὄνομα, *nos.;* | homo ; | guma, *homme,* |
| Nama n es, | ὀνόμ. ες, | homi n is, | gumi ns. |
| Sarma, *heureux;* | μέλας, *noir ;* | sermo, | hairtô, *cœur.* |
| Sarma n es, | μέλα ν ος, | sermo n is, | hairti ns. |

Deux règles sont communes à toutes les déclinaisons de la famille indo-européenne : 1° le neutre fait l'accusatif semblable au nominatif ; 2° le génitif et l'accusatif neutre sont semblables aux mêmes cas du masculin.

thique. Mais en même temps s'introduit en grec le procédé de la conjugaison *faible*, qui prévaut en latin, où il gouverne la plupart des verbes; il devient enfin la règle générale des idiomes du Nord. Ceux-ci ne connaissent déjà plus l'imparfait, l'aoriste, le plus-que-parfait, les deux futurs des langues classiques; ils perdront bientôt les flexions du duel et celles du passif; ils n'arriveront jusqu'à nous qu'après avoir dissipé, pour ainsi dire, leur part de l'héritage, dont ils auront à peine sauvé assez de débris pour faire reconnaître leur naissance et leur rang (1).

(1) Les caractéristiques régulières des personnes sont *m* pour la 1re, *s* pour la 2e, *t* pour la 3e. Nulle part la ressemblance ne paraît plus frappante que dans le verbe *être* :

| Présent indicatif. | Sanscrit. | Grec. | Latin. | Gothique. |
|---|---|---|---|---|
| *Sing.* 1re pers. | Asmi, | ἐσμί, | sum, | im. |
| 2e | Asi, | ἐσσί, | es, | is. |
| 3e | Asti, | ἐστί, | est, | ist. |
| *Plur.* 1re | Smas, | ἐσμέν, | sumus, | sijum. |
| 2e | Stha, | ἐστέ, | estis, | sijuth. |
| 3e | Santi, | εἰσί, | sunt, | sind. |

| Subjonctif. | Sanscrit. | Grec. | Latin. | Gothique. |
|---|---|---|---|---|
| *Sing.* 1re pers. | Sjâm, | εἴην, | sim, | sij an. |
| 2e | Sjâs, | εἴης, | sis, | sij ais. |
| 3e | Sjât, | εἴη, | sit, | sij ai. |
| *Plur.* 1re | Sjâma, | εἴημεν, | simus, | sij sima. |
| 2e | Sjâta, | εἴητε, | sitis, | sij sith. |
| 3e | Sjus, | εἴεν, | sint, | sij aina. |

En ce qui touche la formation des temps du prétérit, on trouve premièrement les verbes qui ont le redoublement et le changement de voyelle. Sanscrit : *tup*, frapper; prétérit, *tutôpa*. Grec : τύπτω, couper; τέτυφα. Latin : *pango, pepigi*. Gothique : *slêpa, saislêp*. Secondement, ceux qui altèrent seulement la voyelle. Latin : *capio, capi; ago, agi*. Gothique : *giba, gab; standa, stoht*. Troisièmement, ceux qui intercalent une consonne pour former une désinence. Grec : λύω, λέλυκα. Latin : *amo, amavi*. Gothique : *haba, habaida*.

Le sanscrit a perdu plusieurs formes que des dialectes plus jeunes ont retenues (1). On est donc conduit à supposer l'existence d'une langue mère, qui aurait fait pour ainsi dire la première éducation de la race indo-européenne, lorsque, peu nombreuse encore, elle vivait sous le même ciel, avant que chaque peuple s'en détachât pour aller attendre à son poste les ordres de la Providence. Dans cette longue émigration, à travers tant de siècles et de périls, comment les hommes n'eussent-ils pas beaucoup oublié? Plus ils s'enfoncent du midi au septentrion et de l'est à l'ouest, plus les traditions s'obscurcissent dans les langues comme dans les mœurs. Ainsi le grec conserve plus de flexibilité que le latin, tandis que l'éclat et la régularité du gothique ne se reconnaissent pas chez l'anglo-saxon, perdu aux dernières extrémités de l'Occident.

Les langues germaniques se rattachent à celles de l'Asie par un autre lien, par l'alphabet. On a longtemps douté que l'art d'écrire fût connu en Germanie. Tacite veut que l'écriture y soit restée « un secret ignoré des hommes comme des fem-

Alphabet runique.

---

(1) En comparant le nombre des flexions que prend le verbe régulier dans divers idiomes indo-européens, j'en trouve environ 500 en sanscrit (sans compter les participes), à peu près autant dans le grec, 150 en latin, 40 en gothique, 25 en teutonique, 21 en scandinave, 12 en anglo-saxon. Cependant, au subjonctif, le latin *sint* et le teutonique *sijaina* gardent la caractéristique *n*, qui disparaît dans le sanscrit *sjus*.

mes (1). Mais en même temps il décrit les bâtons divinatoires, marqués de signes déterminés, dont les combinaisons servaient à faire connaître l'avenir ; il indique, sur les confins de la Germanie et de la Rhétie, des monuments couverts d'inscriptions en lettres grecques. C'est assez pour laisser soupçonner l'emploi d'une écriture savante, consacrée à des usages religieux, et dont les formes n'étaient pas sans ressemblance avec l'alphabet commun de la Grèce et de l'Italie. Plus tard, lorsque Ulphilas traduit la Bible dans la langue des Goths, il se sert de l'alphabet grec ; mais il y ajoute plusieurs lettres, qui n'ont d'analogues que dans les caractères appelés *runiques*. Ces caractères paraissent au sixième siècle chez les Francs, ensuite chez les Anglo-Saxons, les Saxons, les Scandinaves. Ils y sont liés aux opérations magiques, aux rites des sépultures, à tout ce qu'il y a de plus ancien dans les coutumes et dans les souvenirs (2). Odin lui-

---

(1) Tacite, *Germania*, 19 : « Litterarum secreta viri pariter ac fœminae ignorant. » Cf. c. x et iii. La question de l'existence de l'alphabet chez les Germains a été vidée dans le savant traité de W. Grimm : *Die Deutsche Runen*.
(2) W. Grimm (*Deutsche Runen*) a publié deux alphabets gothiques et plusieurs alphabets anglo-saxons, saxons, scandinaves. A la fin du sixième siècle, le poëte Fortunat, écrivant à son ami Flavus, le conjure de lui répondre en langue barbare, s'il ne veut le faire en latin :

    Barbara fraxineis pingatur runa tabellis
    Quodque papyrus agit, virgula plana valet.

Rhabanus Maurus enrichit son traité *de Inventione linguarum* d'un

même est l'inventeur des runes, il les porte gravées sur la baguette mystérieuse qui donne la paix ou la guerre aux nations ; c'est lui qui en enseigna l'usage aux rois et aux sacrificateurs : de là ce système d'écriture sacrée connu par tout le Nord. Un chant anglo-saxon, d'origine païenne, mais qui a reçu des retouches chrétiennes, présente la série des runes, avec leurs noms et leurs sens, dans une suite de vers empreints de cette naïveté qui est le caractère des premiers âges.

F. *Feoh*, L'Argent. — L'Argent est la joie de l'homme. L'homme doit donc le répandre avec libéralité, s'il veut obtenir jugement favorable.

U. *Ur*, Le Bison. — Le Bison a la tête dure et les cornes hautes. C'est la bête cruelle qui combat les cornes en avant, frappant du pied dans le marais. C'est le plus fier des animaux.

Th. *Thorn*, L'Épine. — L'Épine est très-aiguë ; elle est dangereuse sous la main de l'homme ; elle est souverainement incommode à celui qui dort avec elle.

O. *Os*, La Bouche. — La Bouche est le commencement de la parole, le siége de la sagesse, la joie de celui qui est prudent. Elle fait le plaisir de l'homme et sa confiance.

alphabet qu'il attribue aux Marcomans ; il en indique l'emploi superstitieux : « Litteras quibus utuntur Marcomanni quos nos Nordmannos vocamus, infra scriptas habemus, a quibus originem qui theosticam loquentur linguam trahunt. Cum quibus carmina sua incantationesque ac divinationes significare procurant qui adhuc paganis ritibus involvuntur. » Au temps de Rhabanus, on donnait aussi le nom de Marcomans et de Normands aux Saxons établis au delà de l'Elbe. Cf. Fulcuin, ap. d'Achery *Spicilegium*, 135 ; et Helmoldus Nigellus, *Chronic*.

## CHAPITRE IV.

R. *Rad,* La Chevauchée. — La Chevauchée est douce à l'homme quand elle le ramène au logis; elle est salutaire à celui qui, monté sur un fort coursier, poursuit une longue route.

C. *Cen,* Le Bois résineux. — Le Bois résineux se fait connaître à tous les regards quand on le jette dans le brasier. Blanche et lumineuse, sa flamme monte dans la salle où dorment les fils des rois.

H. *Hagl,* La Grêle. — La Grêle est la plus blanche des graines elle tombe du ciel brumeux; le vent la pousse en tourbillon, elle finit par se résoudre en eau.

N. *Nid,* La Pauvreté. — La Pauvreté resserre la poitrine des enfants des hommes; cependant elle les laisse arriver à la puissance et à la sécurité, si d'abord ils prennent conseil.

I. *Is,* La Glace. — La Glace est froide et glissante; mais elle brille comme le verre, elle scintille comme la pierre précieuse. L'œil aime à contempler les plaines unies que forme la gelée.

S. *Sigel,* Le Soleil. — Le Soleil fait l'espoir des gens de mer, lorsqu'ils cinglent sur le bain immense où nagent les poissons, ou que le navire, ce coursier marin, les ramène vers la terre.

T. *Tyr,* Le Marteau. — Le Marteau est un signe sacré. Il maintient la paix parmi les fils des rois. Durant le voyage, on le voit briller (sous la figure de l'éclair) dans les nuées ténébreuses. Ce signe ne trompe jamais.

B. *Beork,* Le Bouleau. — Le Bouleau ne porte pas de fruits. Cependant il pousse vigoureusement ses branches stériles, et ses rameaux ont leur beauté. Il rend un doux murmure, lorsque, tout couvert de feuillage, il est caressé par le vent.

M. *Man,* L'Homme. — L'Homme se réjouit quand il est aimé de ceux de son sang; mais l'un trahira l'autre. C'est pourquoi le Dieu juste nous rendra à la terre d'où nous sortîmes.

| | | |
|---|---|---|
| L. *Lagu*, | L'Eau. | — L'Eau devient la pensée continuelle des hommes de mer lorsqu'ils sont balancés dans la nacelle, ou quand les grandes vagues les épouvantent, et que le navire, ce coursier des mers, ne connaît plus de frein. |
| A. *Ac*, | Le Chêne. | — Le Chêne est sur la terre l'abri des enfants des hommes. Devenu vaisseau, il descend sur le réservoir où se baignent les alcyons : il va chercher la mer. Que chacun ait un chêne, c'est le plus noble des arbres. |
| Y. *Yr*, | L'Arc. | — L'Arc fait la joie et l'honneur du fils de roi et de l'homme libre. Il est utile au combat, léger en voyage, bon compagnon de route pour les guerriers (1). |

Ce petit poëme respire bien le génie du Nord. On y retrouve tout ce qui frappait, tout ce qui touchait les vieux Germains : les forêts de chênes et de bouleaux, et les longues chevauchées sur des plaines de glace, la mer et ses terreurs, la guerre et ses joies, l'amour de l'or, le pouvoir de la parole dans les assemblées du peuple, le foyer domestique où le bois résineux pétille, et par-dessus tout le souvenir des dieux, qui mettent l'éclair comme un signe dans les nuages. Nous avons donc un monument primitif de l'alphabet runique.

Il est vrai que chaque peuple, chaque siècle y

(1) W. Grimm (*Deutsche Runen*) a donné le texte de ce poëme, et celui d'un chant scandinave qui reproduit les seize runes dans un ordre un peu différent, mais avec de telles ressemblances de détail, qu'il faut y reconnaître une seconde version du même original. Au reste, les Anglo-Saxons mirent une sorte de raffinement dans l'écriture runique ; ils donnèrent aux caractères une forme plus compliquée, et on portèrent le nombre de seize à trente-deux.

introduit de nombreuses variantes. Mais partout reparaissent seize lettres qui rappellent les seize cadméennes de l'alphabet grec, emprunté lui-même aux Phéniciens. Comme les lettres phéniciennes, les runes ont des noms dont elles forment les initiales, en même temps qu'elles donnent la figure ou l'hiéroglyphe des objets que ces noms désignent. De même que l'Alpha (A) représente la tête renversée du bœuf (ɤ), que les Phéniciens appellent *aleph;* ainsi, dans l'alphabet runique, la lettre *T*, initiale de *Tyr*, la foudre, est remplacée par l'image d'un fer de lance ( ↑ ). La lettre *Y*, initiale du mot *yr*, l'arc, est représentée par un arc armé de sa flèche (↥) (1). De part et d'autre c'est une écriture qui cherche à exprimer des sons; mais elle garde la trace du système hiéroglyphique, qui s'appliquait à reproduire des images. Si une telle ressemblance ne peut être fortuite, il faut que les caractères runiques soient venus avec les Germains de l'Asie occidentale, d'où l'alphabet phénicien, qui est aussi celui des Hébreux et des Arabes, devait sortir pour faire le tour du monde.

Mais, pendant que l'art d'écrire, propagé en Grèce et en Italie, y devenait l'instrument de la parole publique, portait de ville en ville et de siècle

---

(1) De même, le bêta β figure une maison (*beth*), le gamma Γ le cou d'un chameau (*ghimel*). — On a obéi à une nécessité typographique en empruntant le Ψ grec pour remplacer le caractère runique qui lui ressemble, mais qui s'en distingue par des formes bien plus anguleuses.

en siècle des chants, des récits, des doctrines qui agitaient les peuples et qui pressaient le travail des esprits, le même présent, mis entre les mains des hommes du Nord, y était demeuré inutile. La caste sacerdotale avait fait de l'écriture, selon l'expression de Tacite, un secret ignoré de la multitude, un moyen de perpétuer des superstitions qui étouffaient les intelligences. J'ai déjà cité le *Chant de Rig*, où se développe, si l'on peut ainsi parler, tout le système d'éducation des Scandinaves. Les enfants des serfs et des hommes libres sont exercés aux travaux des champs et des fatigues de la guerre. Le dernier des fils du noble, celui qu'on appelle *Konr*, c'est-à-dire le roi ou le prêtre, est le seul qui apprenne à connaître les runes. Et en effet, dans tous les poëmes de l'Edda, la connaissance des caractères runiques passe pour une science réservée aux dieux et aux représentants des dieux, à laquelle on n'arrive que par des initiations et par des épreuves. Ainsi, quand le héros du Nord, Sigurd, a délivré Brunhilde la belle captive, celle-ci, qui est déesse, révèle à son libérateur l'art des runes et leur antique origine. Elle lui apprend comment Odin, instruit par le nain Mimir, grava les premiers caractères sur un bouclier avec la pointe d'un glaive, et, les raclant ensuite, les mêla dans une boisson composée de vin, d'or et d'herbes puissantes, qui fut répandue dans l'espace : les Ases en eurent une part et laissèrent l'autre aux hommes de race noble. C'est le même breuvage que Brunhilde présente à Sigurd, et elle ajoute ces mots : « Reçois de mes mains, homme belliqueux, « cette coupe enchantée, pleine de gloire et de « vertus secrètes, pleine de chants, de prières fa- « vorables et de joyeux discours. — Par elle tu « apprendra les runes de la victoire (*sig-runar*). « Si tu veux rester vainqueur, tu les graveras, les « unes sur le pommeau de ton épée, les autres sur « les coquilles qui garnissent la garde, quelques- « unes sur les deux côtés de la lame ; et deux fois « tu invoqueras par son nom le dieu des batailles. « — Tu apprendras les runes des philtres (*côl-ru- « nar*). Si tu veux que la femme étrangère ne « trompe point ta foi, tu les graveras sur la corne « à boire, sur le dos de la main, et tu traceras sur « l'ongle le signe de la fatalité. — Tu apprendras « les runes de l'enfantement (*biarg-runar*). Si tu « veux assurer la délivrance de la femme qui en- « fante, il faut les écrire sur la paume de la main, « les enlacer autour des doigts et implorer les « déesses qui portent secours. — Tu apprendras « les runes de la mer (*brim-runar*). Si tu veux « sauver dans leur course les navires, ces chevaux « de l'Océan, tu graveras ces caractères sur la « poupe et sur le timon du gouvernail ; tu les mar- « queras avec le fer rouge sur l'aviron. Il n'y aura « plus de tempête si menaçante, ni de flots si « livides, dont tu ne sortes vivant. — Tu appren-

« dras les runes des plantes (*lim-runar*). Si tu
« veux exercer l'art de guérir et reconnaître les
« blessures, tu tailleras ces caractères sur l'écorce
« et sur la racine de l'arbre qui pousse ses bran-
« ches du côté où se lève le soleil. — Tu appren-
« dras les runes des procès (*mal-runar*). Si tu
« veux que nul ne te fasse payer chèrement une
« offense, tu les lieras, tu les envelopperas, tu les
« combineras dans l'assemblée où les hommes doi-
« vent comparaître devant le tribunal légitime.
« —Telles sont les runes de l'écriture (*bok-runar*),
« les caractères excellents, efficaces entre les mains
« de ceux qui savent en user sans confusion et sans
« erreur. Leur puissance durera jusqu'au jour qui
« mettra fin au règne des dieux (1). » Ce n'est
point ici le lieu d'éclaircir toutes les obscurités de
ce texte; cependant rien n'en ressort mieux que
l'existence d'une écriture employée à conserver,
comme autant de formules magiques, les premiers
préceptes de tous les arts. Mais on voit ces traditions emprisonnées dans un cercle d'initiés, enve-
loppées de pratiques superstitieuses dont elles ne
se dégageront pas, incapables de mouvements et
de progrès. La science des caractères runiques, en
se condamnant au secret, s'était vouée à une stérilité éternelle. Les Germains possédaient au fond
le même alphabet que toute l'Europe policée,

(1) *Edda Sæmundar, Rigmal. Brynhildar quida*, 1.

comme ils avaient la même grammaire ; mais ils n'avaient pas su se servir de ces deux grands moyens de civilisation. La barbarie, c'est-à-dire le désordre, est dans leurs langues aussi bien que dans leurs institutions et leurs croyances.

Conclusion. Et cependant l'étude des langues achève de résoudre avec le dernier degré de certitude la question d'origine, déjà éclaircie par la comparaison des lois et des mythologies de l'antiquité. A la vue du ciel rigoureux de la Germanie, de cette terre ingrate et de ces tristes déserts, Tacite ne pouvait comprendre qu'on eût quitté pour eux des climats meilleurs : il croyait les Germains autochthones (1). C'était l'orgueil des anciens de ne vouloir rien de commun entre eux et ces étrangers, dont ils faisaient des sujets, des esclaves, des gladiateurs. Quel n'eût pas été leur étonnement d'apprendre que leurs poétiques idiomes, que la langue d'Homère et celle de Virgile touchaient de si près à celle de ces nomades, détestés comme les ennemis des dieux et des hommes? Le christianisme ne pouvait rien faire de plus hardi que de reconnaître chez les Germains les frères des Romains et des Grecs, et la science moderne ne pouvait rien tenter de plus honorable que de ressaisir les preuves de

---

(1) Tacite, *Germania*, 2 : « Ipsos Germanos indigenas crediderim... Quis porro, præter periculum horridi et ignoti maris, Asia, aut Africa, aut Italia relicta, Germaniam peteret, informem terris, asperam cœlo, tristem cultu adspectuque, nisi si patria sit? »

cette parenté. Il était réservé à la philologie, à une étude qui passe pour oiseuse et stérile, d'arriver à des découvertes si fécondes; de contredire toutes les conjectures des matérialistes; d'établir, par la communauté du langage et des idées, une incontestable communauté d'origine entre ces races blondes aux yeux bleus, à la grande stature, qui erraient dans les solitudes du Nord, et les peuples brunis par le soleil, d'une plus petite taille, d'un sang bouillant, qui bâtissaient des villes, creusaient des ports, ouvraient des écoles, sous le ciel lumineux du Midi. Il reste assurément beaucoup à faire pour ramener à la même unité les races dispersées sur le reste du globe; mais il suffit que toutes les recherches historiques du dix-neuvième siècle tendent à la démonstration du dogme de la fraternité, de la solidarité universelle. Il faut bien que l'avenir ait des questions à résoudre; il faut que la vérité, en s'éclairant toujours, conserve toujours assez de difficultés autour d'elle pour tenir les esprits en haleine et pour courber les savants, comme le reste des hommes, sous la sainte loi du travail.

# CHAPITRE V

LA POÉSIE.

*Si les Germains ont une poésie savante.*
Il n'y a pas de langue sans poésie. On connaît des peuples qui ne sèment point, qui ne bâtissent point ; on n'en connaît aucun qui ne chante pas, où il n'y ait des chants pour bercer les enfants, pour animer les guerriers, pour louer les dieux. L'humanité, si misérable qu'elle fût, ne s'est jamais contentée de la satisfaction de ses besoins terrestres. Elle ne saurait se priver de ces plaisirs de l'esprit, qu'on a coutume de regarder comme un luxe. Il ne s'agit donc pas de savoir s'il y eut une poésie chez les Germains, mais si, au milieu des chants improvisés qu'ils avaient comme tous les barbares, il se forma un cycle poétique, c'est-à-dire une suite de récits qui missent en scène les mêmes héros, qui s'enchaînassent entre eux, et s'établissent ainsi dans la mémoire des hommes. Il s'agit de savoir jusqu'où l'art fut porté, si la poésie fit l'occupation régulière d'un certain nombre d'intelligences ; comment enfin le génie germanique tenta d'atteindre à cet idéal de beauté que toutes

les nations cherchent à fixer dans leurs monuments, comme elles cherchent à mettre la justice dans leurs lois et la vérité sur leurs autels.

La Germanie, avec ses forêts éternelles, avec ses beaux fleuves, avec ses mœurs belliqueuses, avait plus de spectacles qu'il ne fallait pour réveiller l'inspiration. Comme chez toutes les nations jeunes, les grandes émotions s'exprimaient d'elles-mêmes dans un langage harmonieux et figuré. La joie et la douleur suscitaient les poëtes : dans les banquets, la harpe passait de main en main comme la coupe, et le convive qui refusait de chanter était couvert de confusion. Il y avait des danses accompagnées de chants pour les noces ; il y en avait pour les funérailles. Quand on avait mis sur le bûcher le corps d'un chef avec ses armes, ses trésors et ses esclaves égorgés, une troupe choisie de gens de guerre tournait plusieurs fois autour, en répétant en chœur les louanges du mort, en célébrant ses exploits et ses largesses. D'autres fois on voit les veuves des guerriers improviser le cantique de deuil, comme le font encore les paysannes de la Corse et de la Grèce. C'est ainsi que, dans un fragment de l'Edda, la belle Sigruna pleure Helgi son bien-aimé, mort sur le champ de bataille. « — Non, « je n'irai plus m'asseoir joyeuse sur les monta-« gnes de mon pays, ni le matin ni le soir ; je ne « connaîtrai plus le plaisir de la vie, tant que je ne « verrai plus mon roi porter son front haut et

*La tradition poétique chez les Germains.*

*Poésie lyrique.*

« rayonnant au-dessus de son peuple ; tant que je
« ne verrai plus venir ce chef, pressant sous lui
« son cheval belliqueux, accoutumé au frein d'or ;
« tant que je n'irai pas recevoir ce héros au retour
« des combats. — Quand Helgi jetait l'épouvante
« parmi ses ennemis et parmi leurs proches ligués
« avec eux, c'était comme si le loup poursuivait
« un troupeau de chèvres, qui, éperdues, se pré-
« cipiteraient du haut du rocher. — Helgi l'em-
« portait sur le reste des guerriers comme le frêne
« au beau feuillage l'emporte sur la ronce, ou
« comme le faon, encore tout trempé de rosée, s'é-
« lance portant la tête plus haute que les autres
« bêtes de la forêt. » Ainsi les héros du Nord ont
aussi des pleureuses à leurs obsèques : il semble
que ces hommes de sang ne peuvent s'endormir
dans leur tombeau, s'ils n'y sont bercés comme des
enfants par le chant des femmes (1).

(1) Voyez dans Bède (*Hist. eccl.*, IV, 24) l'histoire du pâtre Cædmon. Burchard de Worms, *Interrogat.*, 54 : « Est aliquis qui supra mortuum nocturnis horis carmina diabolica cantaret, et biberet, et manducaret ibi? » Sermo S. Eligii, apud d'Achery *Spicilegium*, t. V, p. 215-219 : « Ludos etiam diabolicos et vallationes (ballatinnes?) vel cantica gentilium fieri vetato. » *Edda Sæmundar*, t. II. *Hundingsbana*, II : « Ita Helgias — perterruerat — hostes suos omnes — et eorum cognatos, — quasi lupo persequente — ruerent vesanæ — capræ pavoris plenæ — ex monte deorsum. — Ita Helgius — heroibus antecelluit, — ui formosa — fraxinus spinæ ; — aut hinnulus iste — rore respersus, — qui reliquis feris — celsior incedit, — dum cœlum versus alata — cornua resplendent.

Les danses funèbres autour du bûcher de Beowulf, décrites à la fin du poème anglo-saxon consacré à célébrer ce héros, ressemblent, de la manière la plus frappante, aux funérailles d'Attila décrites par Jornandès, *de Rebus Geticis*, cap. XLIX.

Si l'homme ne savait ni vivre ni mourir sans que la poésie fût pour ainsi dire à ses côtés, comment les peuples se seraient-ils passés d'elle? Nous l'avons vue mêlée aux sacrifices et aux prières, employée à conserver les traditions religieuses, les lois, le calendrier, l'alphabet. Nous rencontrerons encore plusieurs exemples de ces compositions où les leçons d'une vieille sagesse revêtent la forme tantôt d'un récit, tantôt d'une suite d'énigmes ou de sentences. Rien n'est plus naturel, et par conséquent plus inspiré, que ces premières tentatives d'alliance entre le vrai et le beau ; que cette poésie enseignante, didactique, qu'on a coutume de regarder comme une poésie de décadence, et qu'on trouve cependant à l'origine de toutes les grandes littératures, depuis Hésiode et les comiques grecs jusqu'aux poëtes inconnus de l'Edda. Les Germains, chez qui tous les pouvoirs trouvaient tant de résistances, ne résistaient pas à la puissance des vers. Ils redoutaient la parole chantée qui pouvait les flétrir dans la mémoire de leurs derniers neveux. « Tout meurt, disaient-ils; une seule chose ne meurt « pas : c'est le jugement qu'on porte des morts (1). »

*Poésie didactique.*

Dès lors on ne s'étonne plus si le chant menait les guerriers au combat. La bouche collée contre

*Commencement de la poésie épique.*

---

(1) Voyez ci-après les préceptes que Brunhilda donne à Sigurd, et l'analyse du *Vafthrudnismal. Havamal,* 77 : « Intereunt opes, — intereunt cognati, — interit ipse itidem ; — unum novi — quod non interest — judicium de mortuo quocumque. »

leurs boucliers, ils entonnaient l'hymne militaire ; ils présageaient l'issue de la journée par la force et l'éclat des voix. Quand Julien l'Apostat en vint pour la première fois aux mains avec les Allemands, ses soldats, saisis d'horreur, comparaient les refrains barbares de l'ennemi aux cris des aigles et des vautours. Les prisonniers condamnés à périr dans les tourments chantaient eux-mêmes leur chant de mort, comme les sauvages du Canada. Les vainqueurs célébraient leur triomphe par des récits poétiques. Nous en trouvons l'exemple dans un fragment anglo-saxon sur la bataille de Finsburh, qui remonte aux temps païens, et qui respire bien l'ivresse du sang et la joie de la destruction. — « L'armée est en marche, les oiseaux « chantent, les cigales crient, les lames belliqueu-« ses retentissent... Maintenant commence à luire « la lune errante sous les nuages; maintenant « s'engage l'action qui fera couler des larmes... « Alors commença le désordre du carnage : les « guerriers s'arrachaient des mains leurs boucliers « creux ; les épées fendaient les os des crânes. La « citadelle retentissait du bruit des coups; le cor-« beau tournoyait noir et sombre comme la feuille « de saule; le fer étincelait comme si le château « eût été tout en feu. Jamais je n'entendis conter « bataille plus belle à voir (1). »

---

(1) Tacite, *Germania*, 5 ; Julien, *Epist*. *Edda Sæmundar*, t. II, *Atlaquida in Grænlenska*. Chant de Ragnar Lodbrok. Le

Les chants ne périssaient pas toujours avec le moment qui les avait inspirés. Tacite connaissait chez les Germains d'antiques poëmes qui leur tenaient lieu d'annales : on y célébrait les héros, fils des dieux et pères des peuples. Les Goths avaient aussi des chants héroïques, où ils trouvaient l'origine de leurs deux maisons royales, toute la suite de leurs chefs, Ethespamara, Hanala, Fritigern, Vitigès, et les conquêtes de leur nation, auxquelles, disaient-ils, l'antiquité classique ne pouvait rien opposer de plus grand. C'était la coutume des Scandinaves de louer les exploits de leurs ancêtres dans des vers qu'ils gravaient sur les rochers. A mesure que les peuples de l'Allemagne entrent dans l'histoire, ils arrivent avec des souvenirs fabuleux dont ils ne se détachent qu'à regret, et que leurs premiers chroniqueurs ont soin de recueillir. Ainsi les Francs faisaient descendre d'un dieu marin la race de leurs rois chevelus ; les Saxons se croyaient nés des pierres du Hartz, au milieu d'un bois vert arrosé d'eaux murmurantes ; la chronique des Lombards s'ouvre, comme un poëme, par l'entretien de Freya et d'Odin, qui décide de la destinée de deux nations. Ce sont comme les débris d'autant de vieilles épopées qu'on retrouve encore chez les historiens du moyen âge ; en considérant

poëme sur la bataille de Finsburh a été publié par Conybeare (*Anglo-saxon poetry*), et par Kemble, à la suite du poëme de Beowulf.

ce qu'elles durèrent, on soupçonne déjà ce qu'elles furent (1).

Mais, si chaque nation avait ses chants, rien n'est plus remarquable que la facilité avec laquelle ils se communiquaient de proche en proche, et se propageaient sur tous les points d'un territoire si vaste, depuis les Alpes jusqu'aux extrémités de la Norvége. Les exploits des Ostrogoths et des Lombards étaient encore célébrés au neuvième siècle par toute l'Allemagne. Des chanteurs saxons hantaient la cour des rois de Danemark. Clovis avait demandé à Théodoric un de ces joueurs de harpe dont les récits faisaient le passe-temps des princes. Quand les langues, les mœurs, les religions, se touchaient de si près, les souvenirs devaient aisément se confondre, et former un trésor de poésie commun à tous les peuples du Nord, où chacun d'eux trouverait ses titres de famille avec ceux de ses frères. Si la perpétuité des traditions épiques permet déjà d'en chercher les traces, leur universalité prouve davantage, et nous en tirons de nouveaux indices (2).

(1) Jornandès, *de Rebus Geticis*, IV, 4. Saxo Grammaticus, *præfatio* : « Danorum antiquiores majorum acta, patrii sermonis carminibus vulgata, linguæ suæ litteris saxis et rupibus insculpenda curabant. » Fredegar., *Epitome*, apud D. Bouquet, t. II, p. 595. Aventinus, *Bairisch. Chronic.*, 18, et Grimm, *Deutsche Sagen*, II, 62. Paul Diacon., *Histor. Longobard.*, lib. I, cap. vIII.
(2) Flodoard, *Hist. Remensis Ecclesiæ*, 4, 5; *Chronicon Urspergense* (Argentor., 1609), p. 86 ; Otton de Freysingen, *Chronic.*, V, 3; Saxo Grammaticus, *Historia*, lib. XIII ; Cassiodor., *Epist.*

En effet, ces traditions n'avaient pu se perpétuer et s'étendre sans que l'ordre s'y fût mis. Il fallait qu'une certaine unité en liât toutes les parties ; qu'il y eût chez les premiers Germains, une fable antique, populaire, autour de laquelle fussent venus se grouper les récits de chaque époque et les héros de chaque nation. Or, si l'on considère de près ce qui reste des souvenirs épiques de la Germanie, on y démêle sans peine un certain nombre de figures connues : Théodoric, Odoacre, Attila ; on y retrouve les rois authentiques des Goths, des Burgondes, des Lombards, de la Suède et du Jutland. Mais on y découvre aussi un personnage qui n'a rien d'historique : les Scandinaves l'appellent Sigurd, et les Allemands Siegfried. Contemporain des anciens dieux, c'est dans un monde fabuleux, parmi des êtres mythologiques, qu'il accomplit sa destinée. Les poëtes païens n'ont pas de sujet plus aimé : les aventures de Sigurd, de ses aïeux, de sa veuve, occupent vingt fragments de l'*Edda* ; il est célébré dans les chants populaires des îles Feroë et du Danemark ; en même temps sa mémoire se conserve sur les bords du Rhin, remplit le poëme des *Nibelungen*, et vit encore dans les petits livres qui charment le paysan pendant les veillées d'hiver. A cette ténacité des souvenirs on juge de leur antiquité. On a lieu de croire qu'une telle fable tient à ce que les peuples germaniques eurent de plus vieux et de plus sacré, quand on la trouve par tout le Nord, sous des cieux si différents ; résistant partout au changement des religions, des mœurs, des dialectes; conservée partout avec trop de différences pour qu'on y voie un emprunt de voisin à voisin, avec trop de ressemblance pour qu'on n'y reconnaisse pas un héritage venu des mêmes aïeux (1).

Voici la plus ancienne version de cette héroïque histoire. Je la tire des chants de l'*Edda*, où je trouve beaucoup de répétitions, de variantes et de lacunes, m'attachant à ressaisir le thème primitif au milieu des remaniements que lui ont fait subir plusieurs générations de poëtes.

Un jour il arriva que trois dieux, Odin, Hœner et Loki, parcourant la terre, s'arrêtèrent auprès d'une cascade, non loin de laquelle habitait le vieux nain Hreidmar avec ses trois fils, Otur, Fafnir et Regin ; et ces nains avaient le pouvoir de revêtir plusieurs formes. Ce jour-là, Otur s'était changé en loutre afin de poursuivre les poissons de la cascade ; et, comme il dévorait sa proie au bord des eaux, Loki le tua d'un coup de pierre et l'écorcha. Le même soir, les trois dieux vinrent prendre gîte chez Hreidmar, se vantèrent de leur chasse, et montrèrent la peau sanglante. Hreidmar reconnut la dépouille de son fils ; il retint les dieux prisonniers jusqu'à ce qu'ils eussent payé la rançon du

---

(1) Pour l'ensemble des traditions héroïques de la Germanie, cf. W. Grimm, *Deutsche Heldensage*.

meurtre. La rançon fut de remplir d'or la peau de loutre et de la couvrir d'or. Les dieux payèrent, mais en avertissant le nain que le rouge métal ferait sa perte et la perte de plusieurs (1). Cette malédiction devait bientôt s'accomplir. A peine le vieux Hreidmar était-il en possession de l'or, que ses deux fils lui en demandèrent le partage. Sur son refus, Fafnir le tua d'un coup d'épée, et, afin de jouir seul du trésor, il l'emporta dans une caverne, où il se changea en dragon pour le garder; Regin, frustré de sa part, jura de punir son frère.

Or, en ce même temps, régnait la royale famille des Volsungs, c'est-à-dire des fils de la Splendeur. Odin en avait été le père, Sigurd en était le dernier rejeton. L'arrêt du destin lui promettait des années courtes, mais glorieuses : car son nom devait être célèbre sous le soleil parmi les noms des guerriers, « parmi ceux qui gouvernent la tem- « pête des lances. » Les dieux lui avaient donné le cheval intelligent Grani ; les nains avaient forgé son épée, à laquelle rien ne résistait ; lui-même devait conquérir le casque merveilleux dont la vue frappait de terreur les hommes et les bêtes. Sigurd venait de venger son père tué dans un combat, et, selon l'usage des Scandinaves, il avait

---

(1) *Edda Sæmundar Fafnisbana.* II. « Id aurum faxo — quod Nanus possedit — fratribus duobus — in necem vertatur, — et principibus octo in dissidium. — Mese suno pecuniæ — nemo fructum capit. »

gravé de la pointe de son glaive la figure sanglante d'un aigle sur le dos du meurtrier. C'est alors que le nain Regin lui offrit de le conduire à la caverne où reposait l'or rouge gardé par le dragon Fafnir. Le héros tenta l'aventure; il creusa une fosse profonde sur le sentier par où le monstre allait boire, s'y cacha pour l'attendre, et au passage le perça de son glaive. Fafnir mourant chanta : « Guerrier, « guerrier, de qui es-tu le fils, et de quel homme « es-tu l'homme, puisque tu as trempé ta lame « dans le sang de Fafnir? Le glaive est resté dans « mon cœur. » — Sigurd répondit : « Je m'ap- « pelle Sigurd, mon père s'appelait Siegmund ; je « t'ai tué avec mes armes. » — Fafnir chanta : « Qui t'a conseillé? Comment as-tu été poussé à me « ravir la vie? Jeune homme aux yeux brillants, « tu as eu un père farouche, les oiseaux de proie « se sont réjouis à ta naissance. » — Sigurd répondit : « Mon courage m'a conseillé, j'ai eu pour « aides mes mains et mon glaive aigu. Rarement « devient-il brave et insensible aux coups, celui « qui tremble quand il est enfant. » — Fafnir chanta : « Et moi je te prédis la vérité : cet or re- « tentissant, ce trésor qui étincelle comme le feu, « ces riches bracelets, causeront ta mort (1). » — Sigurd se rit de ces avertissements : il arracha

---

(1) *Fafnisbana*, II, 2. « At ego unice verum tibi prædico : — sonorum illud aurum, — atque illa iguis instar rutilans pecunia, — isti annuli tibi in necem evadent. »

le cœur du monstre, et le fit rôtir pour le dévorer. Mais, aussitôt que la chair du dragon eut touché ses lèvres, il s'aperçut qu'il comprenait le langage des oiseaux. Or les oiseaux chantaient qu'il eût à se défier de Regin. Sigurd connut donc que Regin songeait à le trahir; il lui coupa la tête, s'abreuva du sang des deux frères, et se mit en possession du trésor.

Cependant les oiseaux s'entretenaient d'une belle vierge qui attendait un libérateur: c'est Brunhilde, l'une des Valkyries, de ces divinités guerrières auxquelles Odin remet le soin des combats. Celle-ci a violé un décret du dieu : il l'a punie en lui interdisant les champs de bataille; il l'a condamnée au sommeil, au mariage et à la mort. Elle dort frappée d'un assoupissement magique, toute revêtue de son armure, au sommet d'une montagne entourée de flammes : elle épousera celui qui arrivera jusqu'à elle en franchissant la barrière de feu. Sigurd donc chevauche vers la montagne, traverse les brasiers qui l'environnent, pénètre jusqu'auprès de la vierge captive et la réveille en fendant sa cuirasse. Alors elle salue le Jour, et les Rayons fils du Jour, et la Nuit, et la Terre fille de la Nuit; elle salue aussi les dieux et les déesses, qui donnent le pouvoir, le savoir et l'éloquence; elle demande enfin le nom de celui qui la délivre; elle répond à ses questions, lui enseigne l'art des runes et les préceptes de la sagesse. « Je te donne, lui dit-elle,

« ce premier conseil : ne cause jamais de tort à ceux
« de ton sang, et, quand ils te feraient injure, mo-
« dère ta vengeance. On dit que cette vertu est
« récompensée chez les morts. — Je te donne cet
« autre conseil : ne jure point de serment qui ne
« soit vrai. D'horribles chaînes punissent la foi
« violée. Celui-là est exécrable parmi les hommes,
« qui a violé la foi promise. — Je te donne cet
« autre conseil : encore que tu voies des femmes
« éclatantes de beauté assises sur leurs escabelles,
« ne permets pas que leurs parures d'argent trou-
« blent ton sommeil, et ne cherche pas leurs bai-
« sers. — Je te donne cet autre conseil : encore
« que tu entendes les hommes assis à un banquet
« échanger des paroles violentes, ne te querelle
« point dans l'ivresse avec les guerriers. Plusieurs
« perdent la raison dans le vin. — Je te donne
« aussi ce conseil : de rendre honneur aux dé-
« pouilles des morts, quelque part que tu les
« trouves, soit qu'ils aient péri de maladie, soit
« qu'ils aient péri dans les flots, soit qu'ils aient
« péri par le fer. — Je te donne aussi ce conseil :
« de ne jamais croire aux promesses d'un ennemi
« dont tu as égorgé le frère ou terrassé le père. Le
« loup vit encore dans le louveteau, bien que tu
« penses l'avoir assouvi d'or (1). » Ces discours de

(1) *Brynhildar quida*, I : « Id tibi consilii do — ne credas unquam — promissis hostis consanguinei — cujus fratrem occidisti,
— aut dejecisti patrem. — Latet lupus — in parvulo filio, — etsi

la Valkyrie ravissent le cœur de Sigurd. Il jure qu'il n'aura pas d'autre épouse : « car tu es, dit-il, « tout à fait selon mon sens. » Mais la malédiction du trésor doit troubler ce dessein.

Sigurd va chercher aventure au pays des Niflungs, c'est-à-dire chez les fils des Ténèbres, où règnent trois frères : Gunar, Hogni et Guttorm. Il s'allie avec eux; et, leur mère lui ayant présenté un breuvage magique qui lui fait perdre la mémoire de Brunhilde, il épouse Gudruna, leur sœur. Bientôt après, Gunar entend parler de la Valkyrie prisonnière, il la convoite pour épouse : il n'a pas de paix qu'il ne l'ait conquise; il faut que Sigurd l'accompagne dans cette lointaine chevauchée. Nul autre que le vainqueur du dragon ne peut franchir le feu qui enveloppe la montagne. Il change donc de forme avec Gunar : c'est sous ces traits empruntés qu'il arrive une seconde fois jusqu'à Brunhilde, et passe trois nuits auprès d'elle; mais il place entre elle et lui une épée nue, et remet la vierge pure et respectée à son frère d'armes. Cependant Brunhilde, qui n'a rien oublié, ne connaît plus de joie; elle trouve son plaisir dans des pensers cruels;

auro sit exhilaratus. » Ce discours de Brunhilde, dont je n'ai cité qu'un petit nombre de vers, semble former, comme M. Ampère l'a remarqué, un traité complet de magie et de morale, un poème didactique, encadré dans la grande épopée du Nord. Du reste, cette morale rappelle celle de la Voluspa, où les parjures sont en effet condamnés à une captivité horrible dans la demeure des méchants, construite de serpents entrelacés. Str. 34 et 35.

elle ne pardonne point à Sigurd ; elle veut le tenir dans ses bras ou le voir mort à ses pieds ; elle excite Gunar à le faire périr. Gunar se concerte avec ses frères ; le souvenir du trésor fatal les séduit et les décide : « car il est bon, disent-ils, de posséder
« l'or des fleuves, de jouir des richesses, et d'être
« assis dans un palais en goûtant le fruit de la féli-
« cité. » Guttorm, le plus jeune des trois frères, frappe le héros en trahison. Sigurd meurt ; mais il n'ira pas seul dans le pays des morts. Brunhilde veut le suivre : elle fait dresser un vaste bûcher.
« Élevez-le, dit-elle, dans la plaine, assez large
« pour donner place à nous tous qui mourrons avec
« Sigurd. Qu'on le couvre de voiles et de boucliers,
« et de riches tapisseries, et qu'on y brûle le guer-
« rier à côté de moi. Qu'on brûle de l'autre côté
« mes serviteurs ornés de colliers précieux ; que
« deux soient à la tête avec deux éperviers ; que le
« partage soit égal. Qu'entre nous on place l'épée
« d'or, le glaive à la pointe acérée, comme il fut
« placé le jour où nous montâmes dans la même
« couche, où l'on nous appelait du nom d'époux.
« Alors les portes étincelantes de la Valhalla ne re-
« tomberont pas sur ses talons ; s'il est accompa-
« gné de mon cortége, notre voyage ne se fera pas
« sans éclat : car cinq de mes servantes l'accompa-
« gnent, et huit serviteurs de naissance illustre,
« et l'esclave qui a bu le même lait que moi. J'en ai
« beaucoup dit : j'en dirais plus encore si le glaive

« me permettait de parler. La voix me manque;
« ma blessure s'enflamme. J'ai proféré la vérité :
« c'est ainsi qu'il fallait mourir (1). »

En effet, Brunhilde s'est frappée de son glaive; elle meurt en prédisant à ses frères d'implacables vengeances. Ces vengeances remplissent une suite de chants où la veuve de Sigurd reparaît, devenue l'épouse d'Attila, qu'elle égorge dans un festin. Théodoric entre en scène; on voit s'entre-tuer les chefs des Danois, des Goths, des Burgondes; le récit rapproche des personnages que le temps avait séparés; les siècles et les distances sont confondus, mais les noms restent reconnaissables, et tout se rapporte à la grande invasion des barbares, dont le souvenir dut agiter longtemps les peuples du Nord. Sigurd appartient donc à la mythologie; mais il touche à l'histoire. Il forme le nœud entre les dieux et les hommes, en même temps que, par ses ancêtres, par ses alliances, par ses descendants, il lie les maisons royales de la Scandinavie avec celles de l'Allemagne. Comme il groupe autour de lui les héros favoris de la poésie germanique, c'est sur lui qu'ils se modèlent. Le combat contre le serpent revient dans l'histoire de deux rois de Danemark, Frotho et Fridlev; les Anglo-Saxons le racontent de Beowulf; les Allemands prêtent la même

---

(1) *Fafnisbana*, III : « Tum ei non ruent in calcem splendidæ fores aulæ — annulo spectabilis. — Si ei adest — meus hinc comitatus, — nequiquam iter nostrum — vile erit. » etc.

aventure à Théodoric et au fabuleux Otnit, roi des Lombards. C'est ainsi que se forment les cycles épiques; c'est toujours un même idéal héroïque que les poëtes reproduisent sous des noms différents, avec d'autres épisodes. Les peuples ont ceci de commun avec les enfants, qu'ils ne se lassent pas de se faire répéter les récits qui les ont une fois charmés (1).

*Interprétation de la fable de Sigurd.*

Et maintenant, si l'on s'étonne de la fécondité d'une fable qui en inspira tant d'autres, il faut la réduire à ses traits principaux pour en découvrir le sens mystérieux, par conséquent ce qui en fait la force et la durée. La scène s'ouvre dans ces temps voisins de la création, où les dieux et les nains, les puissances bonnes et mauvaises, se disputent la terre. Les hommes prennent part à la querelle ; on assiste à la lutte des Volsungs et des Niflungs, c'est-à-dire des fils de la Lumière et des enfants des Ténèbres. Sigurd est le rejeton d'Odin, le chef des défenseurs de la Lumière, le champion du bien contre le mal. Il engage le combat avec le dragon, et il en sort vainqueur, initié au langage des oiseaux, qui est celui des oracles, invulnérable enfin. Car, selon la tradition allemande, en se baignant dans le sang du monstre, il est devenu impéné-

---

(1) *Edda Sœmundar*, t. II ; Copenhague, 1818. M. Ampère a publié une belle étude de la fable de Sigurd et de Siegfried dans la *Revue des Deux-Mondes*, 1852. Cf. Saxo Grammaticus, *passim.*; *Beowulf*, vers 4458 et suiv.; Caspar von der Rœhn, *Heldenbuch*; W. Grimm, *Deutsche Heldensage*.

trable au fer, excepté entre les deux épaules, où
une feuille de tilleul s'est attachée : c'est par là
qu'il doit périr. Cependant il se rend maître du
trésor et délivre la vierge captive. Mais cet or est
maudit, et cette femme est déchue. Les deux fata-
lités commencent à poursuivre le héros : elles l'engagent dans l'alliance des enfants des Ténèbres ;
il devient leur victime. Il faut qu'il meure pour
accomplir l'antique anathème ; mais il faut qu'il
l'efface en triomphant de la mort. C'est une
croyance populaire de l'Allemagne, que le héros,
transporté dans une caverne du mont Geroldseck,
où viennent le rejoindre les braves des âges suivants, y attend le jour marqué par le destin pour
reparaître en vainqueur. Au fond de cette histoire
héroïque on voit percer un mythe religieux. Sigurd
est plus qu'un homme, c'est une incarnation divine ; toute sa destinée rappelle celle de Balder, le
dieu lumineux, qu'on voit aussi, dans tout l'éclat
de la jeunesse, de la force et de la beauté, mourir
par la perfidie des puissances infernales, mais pour
revivre un jour et régner sur le monde régénéré.
C'est ce jeune dieu aimé des peuples, dont ils
ont voulu retrouver l'image, d'abord en la personne
de Sigurd, ensuite dans chacun des héros qui lui
succèdent. C'est le dogme le plus pur de l'ancienne
religion, le plus moral, le plus pathétique, qui devient pour ainsi dire le pivot de l'épopée. Et
comme dans cette religion tout rappelle l'Orient,

comme elle en fait venir ses dieux, on ne peut guère douter que la tradition poétique ne soit née sous le même ciel, dans ces temps reculés où les Germains attendaient encore aux confins de l'Asie le moment de leur dispersion. Le souvenir du héros voyageur les aurait donc suivis dans leurs conquêtes jusqu'au fond de la Germanie et de la Péninsule scandinave; il y serait demeuré pour échauffer le courage des guerriers, pour leur rappeler le péril de ces richesses qu'ils aimaient trop, pour consoler leur mort, et pour conserver enfin, au milieu de tant de populations dispersées qui ne se connaissaient plus, le type du caractère national et la preuve d'une antique fraternité (1).

*Rapports de l'épopée germanique et de l'épopée grecque.*

L'origine de l'épopée germanique achèvera de s'éclaircir par la comparaison des fictions semblables qu'on trouve dans les grandes littératures de l'antiquité. La mythologie grecque connaît aussi un dieu lumineux, Apollon, qui perce de ses flèches le serpent né de la corruption de la terre. Il reste vainqueur; mais il meurt des morsures qu'il a reçues, descend aux enfers, et en revient rayonnant

---

(1) *Nibelungen*, passim, et le petit livre intitulé : *Eine wunderschœne Historie von dem gehœrnten Siegfried*. M. Guido Gurres a publié une nouvelle rédaction de ce récit populaire, en y rattachant avec un bonheur singulier les plus grands souvenirs de la mythologie du Nord. Voyez aussi J. Grimm, *Deutsche Sagen*, I, 28. En ce qui touche l'interprétation mythologique de la fable de Siegfried, je me rapproche des opinions exprimées par J. Grimm, *Mythologie*, t. I; par Lachmann, *Anmerkungen zu den Nibelungen*, et par N. de Hagen. Voyez aussi W. Müller, *Versuch einer mythologischen Erklærung der Nibelungen*.

d'une jeunesse éternelle, pour recueillir les adorations des hommes. C'est l'idéal que reproduisent toutes les fables héroïques de la Grèce. Le combat contre le serpent reparaît dans les aventures d'Hercule, de Cadmus, de Bellérophon. Mais les ressemblances éclatent surtout entre le héros de l'*Edda* et trois personnages aimés des poëtes classiques : Jason, Persée, Achille. L'expédition des Argonautes a pour théâtre la Colchide, c'est-à-dire une contrée maudite, où naissent les poisons, où règnent les divinités de l'Enfer et de la Nuit. La Toison d'or rappelle la peau de loutre où fut déposé le trésor fatal : un dragon veille encore à sa garde. Jason est le rejeton des dieux, le fils de la Lumière. Il devient invulnérable par la vertu d'une onction magique dont il a frotté ses membres. Il terrasse le monstre et s'empare de l'or éclatant ; mais, comme Sigurd, il trouve le danger dans la victoire. Il s'éprend comme lui d'une vierge magicienne dont l'amour lui sera funeste. Médée s'attache à ses pas ; elle épuise pour lui les secrets de son art, jusqu'à ce que, se voyant trahie, elle se venge en le faisant périr par une main inconnue. Cependant Jason n'était point resté confondu dans la foule des morts. Il recevait les honneurs divins chez les peuples de l'Arménie, de l'Albanie et de la Colchide, qui lui érigeaient des temples et qui se donnaient pour les descendants de ses compagnons. On ajoutait qu'un fils de Médée, poussant ses conquêtes au bord de la mer Caspienne, avait fondé le royaume des Mèdes (1).

La fable de Persée prête aux mêmes rapprochements. Persée descend de Jupiter; il a reçu aussi bien que Sigurd l'épée magique, le casque qui rend invisible, et le coursier intelligent, Pégase. On lui attribue la conquête du trésor des Hespérides, gardé par le serpent dont les yeux ne se fermaient ni le jour ni la nuit. Il délivre la belle Andromède, qui devient son épouse, mais dont les noces sont ensanglantées par un combat terrible. Il meurt enfin de la main d'un traître : cependant il ne descend point aux sombres bords du Styx ; il habite le palais des dieux, pendant que sa mémoire est honorée par toute la terre. Car Pindare veut qu'il ait pénétré bien loin dans le Nord, chez les Hyperboréens, qui l'admirent à leurs sacrifices et le firent asseoir à leurs banquets. Son fils avait conquis la Colchide, et c'était de lui que les Perses faisaient descendre la race de leurs rois (2).

Enfin, dans l'histoire d'Achille, l'héroïsme grec se dégage des circonstances mythologiques qui l'enveloppaient : au siège de Troie on ne voit plus de

---

(1) Sur le mythe d'Apollon mourant de ses blessures et descendant aux enfers, cf. Lobeck, *Aglaophamus*, p. 179 ; sur la fable de Jason et le culte qu'on lui rendait en Arménie, Apollodore, *Biblioth.*, I, 9; Strabon, *Géogr.*, XI ; Raoul Rochette, *Histoire des colonies grecques*, t. III.

(2) Guigniaut, *Religions de l'Antiquité*, II, 157 ; Pindare, *Pythic.*, 10 ; Hésiode, *Théogon.*, in fine.

dragon ni de magicienne; mais il y a une femme fatale et un trésor. Achille aussi est issu d'un sang divin. Les destins lui ont promis comme à Sigurd une courte vie, mais un nom immortel. Il porte aussi une armure merveilleuse, et ses chevaux prophétisent. Trempé dans un bain sacré, il en est sorti invulnérable, excepté au seul endroit où la flèche de Pâris doit l'atteindre. Il meurt frappé en trahison par celui dont il va épouser la sœur. Mais la croyance populaire le fait revivre dans les îles Fortunées, où il se repose de ses travaux avec le blond Ménélas; ou bien encore dans l'île Leucé, aux bouches du Danube, où on l'honore comme un dieu. D'autres veulent qu'il ait porté la guerre au nord du Pont-Euxin, et qu'il ait régné sur les Scythes (1).

Ainsi la tradition germanique se rencontre avec celle des Grecs, non pas en un petit nombre de points, non pas dans tous, mais dans les traits qui composent la figure du héros, qui font l'intérêt dramatique, la beauté, la moralité de l'action. De tels rapprochements ne s'expliquent ni par le hasard, qui n'a pas cette constance; ni par une imitation servile, où il n'y aurait pas cette variété. Ils supposent l'existence d'une fable antique, également recueillie, diversement développée par le génie barbare du Nord et par la muse du Midi. Enfin

(1) Pour le culte d'Achille au nord du Pont-Euxin, Dion Chrysostome, *Borysthénit.*; Strabon, *Géogr.*, VII.

les deux traditions se rencontrent sur la même scène. Achille, Persée, Jason, visitent précisément les rivages septentrionaux de la mer Noire, non loin du Tanaïs, au bord duquel les Scandinaves placent la mystérieuse cité d'Asgard, le séjour des dieux et le premier théâtre de leurs combats. Tout s'accorde pour rappeler l'ancien voisinage des deux peuples, lorsque tous deux, encore peu éloignés de la patrie commune, sur les versants du Caucase, étaient nourris des mêmes croyances et bercés des mêmes chants.

<small>Origine commune des grandes épopées.</small> Mais la Colchide tenait de près à la Médie, et les fables grecques de Médée et de Persée avaient encore ceci de remarquable, qu'elles se liaient aux souvenirs d'un autre peuple, c'est-à-dire des Perses, dont la langue et la religion indiquent aussi une étroite parenté avec les Germains. Persée, en effet, est la divinité nationale du grand empire persan, qui porte son nom. C'est le même que Mithras, le dieu de la Lumière; c'est l'adversaire du ténébreux Ahriman, caché sous la figure du serpent pour introduire la corruption dans le monde. Le combat divin continue de siècle en siècle entre les héros de l'Iran, ou de la région lumineuse, et les barbares du Touran, enfants de la Nuit. Ainsi le grand Dchemchid, le serviteur du Soleil, armé de l'épée d'or, en vient aux mains avec l'émissaire des démons, l'odieux Zohac, qui porte attachés à ses épaules deux serpents nourris de chair humaine.

Dehemchid succombe ; mais c'est pour renaître en la personne du jeune Féridoun, vainqueur du monstre et libérateur des peuples. Cette suite de grands rois ne s'interrompt plus jusqu'à Rusthem, le plus puissant de tous. Après de longues guerres contre les ennemis des dieux, il meurt, comme Sigurd, dans une chasse où son frère l'a traîtreusement conduit. Mais la tradition héroïque, troublée chez les Perses par de fréquentes révolutions, s'est conservée plus fidèlement dans les sanctuaires de l'Inde, dans ces poëmes sans fin qu'on y récite encore solennellement aux fêtes publiques. Rien n'est plus célèbre que l'épopée du Mahabharat, où Vichnou, le dieu conservateur, s'incarne sous le nom de Crichna, afin de délivrer la terre, désolée par les géants et les monstres. En vain les esprits mauvais suscitent contre lui le serpent Caliya : il se dégage des replis du reptile et lui écrase la tête; il met à mort le géant qui tenait en captivité seize mille vierges, et met en liberté les belles prisonnières ; les impies tombent sous ses coups, les opprimés sont rétablis dans leurs droits. La mission de Crichna est accomplie : il périt enfin, percé d'une flèche, en prédisant les maux qui fondront sur les hommes, jusqu'à ce qu'il redescende du ciel pour les sauver (1).

Il semble donc que les grandes nations de la famille indo-européenne, qui gardèrent tant de

(1) Cf. Guigniaut, *Religions de l'Antiquité*, I, 205, 308, 327, 677 ; et la belle analyse du *Schahnameh* donnée par J. Gœrres.

traces d'une éducation commune, en retinrent aussi ce sujet éternel de leurs chants. C'est toujours la lutte du bien et du mal, de la lumière et des ténèbres, de la vie et de la mort : d'un côté, la puissance du mal s'introduisant sous la figure du serpent avec l'aide de la femme; de l'autre côté, le héros, incarnation de la nature divine, subissant la mort pour la vaincre et pour expier une ancienne malédiction. Ici je crois reconnaître un mystère, qui fait depuis six mille ans la préoccupation du monde, qui est au fond de toutes les religions, comme la religion est au fond de toutes les épopées. La lutte, la chute et la rédemption formeraient le texte d'un premier récit, dont tous les autres ne seraient que des variantes ou des épisodes. Ainsi l'humanité n'aurait jamais chanté d'autre histoire que la sienne, elle ne se serait pas donné d'autre spectacle que celui de ses antiques douleurs ; et je ne m'étonne plus qu'elle ne s'en soit jamais lassée. Elle aime à voir, à toucher ses blessures, dût-elle les rouvrir; et voilà comment il se fait que nous cherchons un plaisir dans la poésie, et que nous ne sommes pas contents si nous n'y trouvons des larmes.

*L'art poétique des Germains.* Les Germains avaient donc un cycle épique : la fable qui en faisait le pivot s'enfonçait jusque dans la dernière antiquité; elle touchait aux plus vieilles traditions de la Grèce et de l'Orient. Ils avaient un héros, c'est-à-dire un modèle achevé des vertus qu'ils honoraient; un récit tragique, mais plein d'avertissements salutaires; tout un monde de fictions assez merveilleuses pour retenir les imaginations charmées et leur donner l'habitude du grand et du beau. C'est ainsi que la poésie commence l'instruction des peuples. Il reste à savoir quel parti les Germains tirèrent de leurs ressources poétiques. Toutes les nations du monde ont des traditions, comme toutes les montagnes ont des carrières; mais il faut que l'art y mette la main pour en faire sortir des monuments.

Les peuples du Nord comprenaient si bien ce que la poésie exige d'art, qu'ils en avaient fait le secret des dieux. Une fable insérée dans la nouvelle *Edda* raconte qu'à l'origine des siècles vivait un sage, nommé Kvasir, qui l'emportait sur tous les hommes par le savoir et par l'éloquence. Deux nains le mirent à mort, recueillirent son sang dans trois vases, et, le mêlant avec du miel, ils en firent un breuvage qui devait communiquer le don de la poésie. Il n'y avait rien qu'Odin ne tentât pour conquérir un breuvage si précieux. Il descendit sur la terre, pénétra dans la caverne où les trois vases étaient cachés, les enleva, et, prenant la figure d'un aigle, il emporta dans le ciel le dépôt sacré, pour en faire part aux immortels d'abord, ensuite aux hommes. Lui-même s'abreuva le premier, et c'est pourquoi il est appelé l'inventeur des chants. Il ne parle

L'art des vers chez les Scandinaves.

qu'en vers, et ses discours enchaînent tous les cœurs. Cependant il a délégué sa puissance à Bragi son fils, et à Saga sa fille, la déesse de la tradition. Saga a sa demeure auprès d'une cascade (*Sôqvaberkkr*), où elle puise chaque jour avec une urne d'or. Bragi est appelé le dieu des vers, le chanteur à la longue barbe, le premier des poëtes ; la belle Idunna, son épouse, garde dans une cassette les pommes merveilleuses dont la vertu est de rajeunir les dieux et d'écarter d'eux la vieillesse jusqu'au dernier jour du monde. L'art des vers est ensuite descendu chez les nains, chez les génies des bois et des eaux. Quand leur voix s'élève, on dit que les fleuves retiennent leurs flots et que les oiseaux frémissent de plaisir. Enfin les mortels ont appris ce langage divin. C'est en vers que le sacrificateur prie et que le magicien prononce ses conjurations ; la parole, liée par un certain rhythme, a le pouvoir de lier à son tour les vents et les tempêtes. — Il se peut que ces fictions ne soient pas toutes bien anciennes ; mais elles représentent vivement ce qu'il y a de mystère, de difficulté, d'enivrement, dans le métier des poëtes, les sources d'inspiration où ils doivent puiser, l'immortalité dont ils disposent. Surtout rien n'exprime mieux le caractère de la poésie scandinave, où tant d'horreur se mêle à tant de beautés. Il y entre assurément autant de sang que de miel (1).

(1) *Edda* de Snorre, 82-87. *Edda Sœmundar*; *Grimmismal*.

Si l'art des vers est le partage des dieux, c'est
aussi celui des prêtres. Il a commencé avec les fables qu'il célèbre. Son nom même (*Runa*, *Liod*)
indique un étroit rapport avec la science des runes
et des enchantements. On y sent le travail d'une
caste sacerdotale, qui étonne la multitude avec cet
idiome harmonieux, mesuré, chargé d'images et
d'allusions. Les rois, issus des dieux et revêtus du
pontificat suprême, apprennent les règles du chant
en même temps que celles des sacrifices. Ainsi le
roi Gunar, jeté, les poings liés, dans la caverne
des serpents, où il devait mourir, improvise une
dernière fois en frappant du pied les cordes de sa
harpe. Plus tard la poésie fut sécularisée. Les
princes eurent à leur cour des sacrificateurs sur
lesquels ils se déchargeaient du service des autels,
et des scaldes auxquels ils laissaient le soin de célébrer leurs exploits. Cette coutume était tellement
enracinée, que saint Olaf, le premier roi chrétien
de Suède et l'ennemi déclaré des traditions superstitieuses, au moment de livrer la bataille de Stik-
larstad, fit appeler trois poëtes, et, les plaçant à ses
côtés au milieu du cercle de boucliers dont ses soldats l'entouraient, leur commanda de regarder tout
ce qui se passerait de mémorable, afin de le célébrer par des chants. Or il arriva qu'Olaf périt dans
la mêlée, et deux de ses poëtes tombèrent avec lui.

45 ; *Ægisdrecka*, 8, 15. Grimm, *Mythologie*, I, 215, 287, 430 ;
II, 855, 865.

Le troisième, nommé Thormoder, blessé à mort, employa ce qui lui restait de vie à composer un chant en l'honneur de son roi ; puis, arrachant le fer de sa blessure, il rendit le dernier soupir. — Comme le pouvoir se divisait entre les chefs nombreux qui prenaient le titre de roi dans toutes les provinces du Nord, les scaldes se partageaient en autant de petites cours, dont ils faisaient l'ornement. Ils se multiplièrent donc, et finirent par former une classe et en quelque sorte une école de poëtes qui suivaient les chefs au combat pour chanter leurs faits d'armes, et qui avaient place à leur table pour rappeler la mémoire des aïeux. Ils jouissaient de priviléges considérables ; et leurs compositions, transmises de bouche, furent longtemps les seules annales du Danemark, de la Suède et de la Norwége. Enfin la passion des chants avait passé des grands au peuple. Aux assemblées qui réunissaient chaque année le peuple d'Islande, des conteurs publics récitaient les aventures des héros ; d'autres allaient chercher des auditeurs de bourgade en bourgade. Il n'était pas permis de rebuter le chanteur en cheveux blancs qui frappait à la porte. Ses récits faisaient le passe-temps des nuits d'hiver. Pour charmer les longues veillées du Nord, il fallait une parole infatigable et une mémoire exercée. On cite un de ces rapsodes, l'aveugle Stuf, qui savait soixante chants et trente grands poëmes. Il y a peu de temps qu'on voyait encore, parmi les pêcheurs des îles Feroë, des vieillards capables de chanter jusqu'au bout la vengeance de Brunhilde et la douleur de Gudrun (1).

La condition des poëtes chez les Germains

Ces mœurs, mieux conservées en Scandinavie, ont laissé leur trace chez toutes les nations germaniques. Les prêtres des Gètes avaient des poëmes sacrés, qu'ils accompagnaient du son des instruments. Tacite trouve chez les Germains des hymnes en l'honneur d'Hercule, c'est-à-dire du dieu Thor. Il y avait aussi des formules magiques qui se chantaient pour consulter le sort, pour fermer les blessures, pour délivrer des captifs, et dont quelques-unes sont parvenues jusqu'à nous. S'il s'agissait, par exemple, de guérir un cheval blessé, on répétait les vers déjà cités plus haut, où paraissaient les dieux et les déesses secourant le coursier de Balder, blessé dans la forêt. S'il fallait faire tomber les fers d'un prisonnier, on récitait cet autre chant : « Un jour les nymphes étaient assises ; elles étaient « assises çà et là. Les unes nouaient des liens, les « autres retenaient la marche de l'armée, d'autres « cueillaient des fleurs pour en tresser des guir- « landes. — Captif, secoue tes chaînes, échappe à « tes ennemis. » Des compositions si mutilées nous apprennent bien peu. Elles laissent cependant présumer ce que pouvait être, dans des chants de plus

(1) *Edda Sæmundar*, t. II ; *Oddrunar Gratr.*, *Havamal*, 156 ; *Olaf helges saga*, 218-247. Geiger. *Svea rikes häfder.* cap. v. W. Grimm, *Heldensage*, 321 ; P.-E. Müller, *über die Æchtheit der Asalehre.*

longue haleine, cette poésie sacerdotale, dont les moindres accents ne manquent ni de noblesse ni de grâce (1).

Dans la suite, on voit les rois des Francs et des Anglo-Saxons exercés dès leur enfance à retenir par cœur les chansons héroïques de leurs peuples. C'est ainsi qu'Alfred le Grand était resté jusqu'à l'âge de douze ans dans une entière ignorance des lettres humaines ; mais jour et nuit, dit le chroniqueur, il se faisait chanter des poëmes en langue barbare, qu'il retenait de mémoire. Aussi lorsque, dépossédé par les Danois, obligé de reconquérir pied à pied son royaume, il voulut pénétrer dans le camp de ces pirates pour épier leurs desseins, il y entra comme un scalde, la harpe à la main, chanta à la table du roi, et entendit les discours des chefs. D'autres fois, les princes ont des chanteurs en titre, qu'ils chargent du soin de leur gloire et de leurs plaisirs. Le respect public entoure ces hommes inspirés. La loi des Ripuaires punit d'une peine quadruple celui qui a blessé à la main un joueur de harpe. L'épopée anglo-saxonne de Beowulf nous introduit à la cour des princes danois, lorsque, entourés de leurs compagnons d'armes, ils s'as-

---

(1) Jornandès, Tacite, *loc. citat.* J. Grimm, *Ueber zwey entdeckte Gedichte*, etc. Voici le texte du second fragment :

Eiris sazun Idisi — sazun hera duoder.
Suma hapt heptidum — suma heri lezidun ;
Suma clubodun — umbi cuonio widi.
Inspring haptbandun — invar vigandun.

soient au banquet, et que la coupe étincelante passe de mains en mains. Alors on voit le chanteur, « l'homme aux pensées sublimes et dont la « mémoire est pleine de chants, » prendre son instrument et célébrer premièrement l'origine des choses : « comment naquit la terre, la plaine bril- « lante qu'embrassent les eaux ; comment le Dieu « qui donne la victoire suspendit dans le ciel le soleil « et la lune, ces deux luminaires, pour éclairer les « hommes ; et comment il para toutes les contrées « du monde avec des plantes et des feuillages. » Il rappelle ensuite les aventures des héros, les guerres d'Hengest et d'Offa, et le combat que le vieux Sigemund livra au dragon gardien du trésor : « Ce fils de « prince, seul, au pied de la Roche grise, en vint « aux prises avec la bête sauvage ; et il eut ce bon- « heur que son épée transperça le serpent aux di- « verses couleurs, et qu'il devint maître de l'or « amoncelé. » Mais, en même temps qu'il est dépositaire des traditions anciennes, le joueur de harpe sait « trouver des paroles qu'il lie harmonieusement « ensemble, pour louer les grandes actions des « hommes de son temps. » Il chante le soir les vainqueurs de la journée, qui s'enorgueillissent de ces récits. On reconnaît bien à ces caractères les vieux Saxons, les plus farouches des hommes, mais les plus capables de civilisation : il n'y a pas de fête pour eux sans des joies grossières, sans des nuits passées à boire jusqu'à ce que les guerriers tombent ensevelis dans le vin. Mais il n'y a pas de fête non plus sans la poésie, qui est le plus noble et le plus délicat de tous les plaisirs (1).

Cependant les poëtes des Germains, comme ceux des Scandinaves, ont leur place ailleurs que dans les banquets. On les trouve sur les champs de bataille, à côté des héros, dont ils sont les égaux par la naissance et par la valeur. Ainsi, dans le poëme des Nibelungen, quand les guerriers burgondes venus au camp d'Attila commencent à reconnaître les dispositions hostiles des Huns, et passent une nuit sans sommeil sous le toit de la salle où on les a hébergés, Volker le musicien va se placer sur le seuil de la porte; « il touche ses « cordes de façon que toute la salle retentit; il fait « entendre des airs doux et suaves, qui finissent par « endormir sur leur couche les guerriers sou-« cieux. » Mais le lendemain il reparaît au premier rang dans la mêlée, aussi habile à manier le glaive que l'archet, jusqu'à ce qu'il meure de la mort des braves. Souvent aussi on trouve de nobles chanteurs chargés de ces défis ou de ces messages dangereux qui plaisaient à la témérité des hommes du Nord. La harpe qu'ils portent ne fait pas

---

(1) Thégan, *de Gestis Ludovici Pii*, c. xix : « Poetica carmina gentilia quæ in juventute didicerat, respuit. » Asser, edit. Cambden, p. 5 et 15 : « Saxonicos libros recitare et maxime saxonica carmina discere non desinebat. » Je n'ignore pas que l'histoire d'Alfred allant chanter dans le camp des Danois est contestée; mais j'y trouve la preuve de cette instruction poétique que le peuple attribuait à ses rois.

moins de prodiges que la lyre d'Orphée : il n'y a pas de cœurs si durs qu'elle désespère de fléchir. Je ne puis me défendre de citer encore un de ces exemples qui font éclater, sous des mœurs toutes barbares, le génie musical de l'Allemagne. On lit dans un vieux poëme comment le roi de Frise, Hettel, s'était épris de la belle Irlandaise Hilda, que son père Hagen retenait prisonnière, refusant les princes qui la demandaient, et faisant pendre les messagers qui portaient leurs paroles. Cependant trois vassaux du roi Hettel se chargent de l'ambassade. Le plus célèbre des trois est Horrand, aussi habile musicien que bon guerrier. Ils partent avec une riche cargaison, prennent terre en Irlande, et se présentent au château de Hagen comme des marchands étrangers. Ils y passent plusieurs jours ; on admire leur bonne mine et leur magnificence. « Or il arriva qu'un soir Horrand se mit à chanter d'une voix si merveilleuse, qu'il plut à tout le monde, et les petits oiseaux qui gazouillaient dans la cour se turent, et oublièrent leurs chansons ; les bêtes des bois laissèrent leurs pâturages ; les serpents qui devaient cheminer dans l'herbe, et les poissons qui devaient nager dans les eaux, ne se souvinrent plus de leur chemin. Il chanta trois airs, et tous ceux qui étaient là trouvèrent le temps court. » Le vieil Hagen lui-même est ému ; il permet que sa fille entende la voix du héros. Horrand fait si bien, que la princesse l'invite à monter près d'elle, reçoit le message, se laisse conduire sur les vaisseaux des prétendus marchands, et devient l'épouse du roi de Frise. — Horrand et Volker rappellent encore les scaldes belliqueux du paganisme ; mais ils sont aussi les modèles des poëtes chevaliers, des Minnesinger du treizième siècle, de ce Wolfram d'Eschembach, par exemple, qui ne savait pas lire, mais qui composait de mémoire un poëme de vingt-quatre mille vers pour l'instruction des seigneurs et des nobles dames, et qui faisait gloire de ses faits d'armes bien plus que de ses chants (1).

Mais c'est la destinée des arts de descendre dans la foule et de se populariser, au risque de s'avilir. Au-dessous de ces chanteurs héroïques, il y en avait d'autres moins désintéressés, qui vivaient de leur talent, visitant les manoirs des riches, et revenant chargés d'or. L'idéal d'une telle vie, avec tout ce qu'elle avait de prestige, est exprimé dans une ballade anglo-saxonne d'une haute antiquité, où le poëte vante ses longs voyages à travers les royaumes et les peuples, sur la terre spacieuse. Il a hanté, s'il faut l'en croire, la cour d'Attila, celles d'Ermanaric, roi des Goths, de Gibich, roi

(1) *Nibelungen*, aventure 30<sup>e</sup>. — *Gudrunlieder*, publiées par Etmüller, p. 38 et suiv. :

Die tier in dem walde liezen sten,
Die würme die da solten in dem grase gên,
Die vische die da solten in dem wâge vliezen,
Die liezen ir geverte : jâ kunde er siner vuoge
wol geniezen.

des Burgondes, et de tous les chefs puissants du Nord ; il a pénétré en Italie et jusque dans le palais du César des Grecs : aussi a-t-il éprouvé beaucoup de bien et de mal. C'est pourquoi il peut chanter ce qu'il a vu, et raconter de longues histoires aux convives, dans la salle où l'on boit l'hydromel. La ballade finit en ces termes : « Ainsi vont cheminant les chanteurs avec leurs vers. Ils traversent beaucoup de pays, ils avouent leur pauvreté, ils ont des paroles de reconnaissance. Toujours, au nord ou au sud, ils finissent par trouver quelque juge de leurs chants, quelque chef prodigue de présents, qui désire voir exalter sa grandeur devant ses nobles vassaux. Celui qui sait dignement célébrer les actions d'autrui a la plus solide gloire d'ici-bas. » Mais la gloire était le partage du petit nombre. Souvent ces rapsodes mercenaires, repoussés par les grands, ne trouvaient d'asile qu'au foyer du pauvre. Au huitième siècle on voyait encore, dans les villages païens de la Frise, des aveugles, des mendiants gagner leur pain en récitant aux paysans attroupés « les aventures du vieux temps et les combats des anciens rois. » Après que les sacerdoces antiques se furent éteints, quand les Minnesinger eurent trouvé d'autres héros à célébrer, ce furent les poëtes du peuple, ce furent ces misérables, ces ignorants qui gardèrent le dépôt des traditions nationales. Au dix-septième siècle, la ville de Worms conservait encore la coutume de décerner une récompense d'argent à l'improvisateur qui célébrait dans un poëme sans défaut Siegfried, le meurtrier du dragon (1).

<small>Combats poétiques.</small>

Ainsi la poésie est d'abord une fonction sacerdotale, ensuite une occupation aristocratique, enfin un métier populaire. Elle constitue pour ainsi dire une profession, qui a ses usages, qui a ses charges et ses droits. Elle ne plairait pas au cœur violent des hommes du Nord, si elle n'avait pas aussi des combats et des périls. Rien n'est plus commun dans l'Edda que les assauts de paroles où deux improvisateurs se provoquent par des questions obscures, poussent leurs interrogations sur tous les points difficiles de la mythologie, rivalisent de savoir et d'éloquence, jusqu'à ce que l'un d'eux reste vainqueur : souvent la mort est le partage du vaincu. Odin, le dieu des vers, donna le premier exemple de ces luttes. Un jour il quitte le ciel ; il veut éprouver la sagesse du géant Vafthrudnir, qui a visité les neuf mondes et qui sait toutes choses. Caché sous un visage d'emprunt, il entre dans la salle du géant, s'assied devant

---

(1) Voici la traduction latine de quelques vers de ce chant anglo-saxon, publié par Thorpe dans sa belle édition du *Codex exoniensis*, p. 318 : « Ita commeantes — cum cantilenis feruntur — poetæ hominum — per terras multas. — Necessitatem dicunt, — gratias agunt. — Semper a meridie aut borea — inveniunt unum — carminum cognitorem, — prodigum donorum. » Cf. l'histoire de l'aveugle Berulef dans la vie de saint Liudger, Bolland., *Act. SS. Martii*. W. Grimm, *Heldensage*, p. 520.

lui, et tous deux conviennent de jouer leur tête au combat du chant. Le géant demande à son adversaire les noms des chevaux qui mènent dans le ciel le char du jour et celui de la nuit; comment s'appelle le fleuve qui partage la terre entre les hommes et les dieux; quelle est la plaine où les Ases livreront leur dernière bataille. Odin répond d'abord; il interroge ensuite : D'où vient la terre et d'où naquit le ciel? Quels plaisirs occupent les héros morts dans les cours de la Valhalla? Quelle destinée attend le monde après l'embrasement général? Enfin, quel nom mystérieux fut murmuré à l'oreille de Balder quand on le plaça sur le bûcher? A cette dernière question, le géant reste muet, reconnaît son interlocuteur, et paye de sa vie l'honneur d'avoir lutté contre un dieu. L'Allemagne connut aussi ces duels poétiques. J'en trouve un vestige dans le fabuleux récit du combat de la Wartburg. En présence du landgrave de Thuringe et de toute sa cour, se présentent sept poëtes : l'un d'eux s'annonce pour le champion du duc d'Autriche, et défie les autres chanteurs de lui opposer un égal ; s'il succombe dans la dispute, il consent à être justicié comme un voleur. La dispute s'engage ; les chants, les récits, les énigmes, se succèdent. Cependant le bourreau se tient prêt, et le vaincu perdrait en effet la tête, si la landgravine ne lui tendait la main pour le sauver. Au fond de cette fiction chevaleresque du treizième siècle, on voit percer un souvenir des temps païens (1).

Jusqu'ici les mœurs poétiques de l'ancienne Germanie rappellent celles des premiers âges de la Grèce : d'abord les prêtres, comme Orphée, Linus, Amphion, qui font servir l'art des vers au culte des dieux et à l'instruction des peuples ; puis les chanteurs, qu'Homère représente assis à la table des rois, où l'on écoute leurs conseils aussi bien que leurs récits ; enfin les rapsodes parcourant les villes la branche d'olivier à la main, et célébrant sur la lyre les combats des héros. Il n'y a pas jusqu'aux assauts de chant, avec leur condition fatale, qui ne trouvent un exemple dans la fable de Marsyas vaincu et écorché par Apollon. Ce ne sont ni les goûts sanguinaires ni les images monstrueuses qui manquent dans les premières créations de la poésie grecque : il s'y voit assez de parricides, assez de géants, d'hydres, de gorgones et de centaures, pour trahir le désordre des imaginations et la barbarie de l'art. Mais ces ressemblances ne vont pas au delà des temps homériques. Avec l'*Iliade*, tout change : le sentiment de l'ordre s'introduit dans l'art grec et ne lui laissera plus de repos qu'il ne l'ait poussé à la dernière perfection. D'un côté, ce chaos de fables se débrouille, les monstruosités sont rejetées

(1) *Edda Sæmundar*, t. l. *Wafthrudnismal. Krieg zu Wartburg*, dans la collection des Minnesinger, publiée par Von der Hagen.

sur le fond du théâtre, la nature seule occupe la scène ; elle y paraît avec vérité, avec simplicité, mais avec ce je ne sais quoi de divin qui en rehausse toutes les proportions. D'un autre côté, l'harmonie des idées passe dans la prosodie, dans tout le langage ; elle lui communique une douceur, une force, une clarté inimitables. Mais ces progrès étaient soutenus par tous les efforts d'une civilisation qui a fait l'admiration du monde. Au contraire, les habitudes violentes des Germains devaient entretenir le trouble dans leur poésie comme dans leur langue et dans leurs lois. L'art y était, mais incapable de corriger la grossièreté de ses inventions et l'insuffisance de ses formes.

Il semble que ce soit une tentative étrange que de déterminer les formes de versification pratiquées chez les Germains de Tacite. Cependant je crois possible d'en indiquer les traits principaux, en cherchant ce qui s'en est conservé chez les peuples du Nord. Je pense reconnaître la prosodie primitive des langues germaniques, lorsque, du septième siècle au neuvième, je vois les mêmes règles observées avec la plus exacte uniformité dans tout ce qui nous reste de poëmes teutoniques, anglo-saxons et scandinaves.

*Prosodie des langues germaniques. Allitération.*

Si donc on rapproche quelques fragments teutoniques qui paraissent dater des temps mérovingiens, si on les compare aux plus anciennes poésies anglo-saxonnes et aux chants de l'Edda, on trouve que tout l'artifice des vers s'y réduit à deux moyens : l'accentuation et l'allitération. Et d'abord il n'y faut pas chercher une succession régulière de syllabes longues et brèves, comme chez les anciens; on n'y voit pas non plus un nombre fixe de syllabes quelconques, comme chez les modernes : la règle n'exige qu'un nombre égal de syllabes accentuées. Le vers ordinaire compte deux accents, c'est-à-dire, deux élévations de voix et deux chutes. En second lieu, les vers se succèdent deux à deux, liés, non par la rime, qui est le retour des mêmes désinences, mais par l'allitération, qui est le retour des mêmes initiales. La versification est riche quand l'initiale revient trois fois, quand la même lettre commence deux mots dans le premier vers, un dans le second. Au fond, ces règles dérivent des lois musicales auxquelles obéissent toutes les poésies. L'oreille y trouve deux plaisirs : le plaisir de la cadence et celui de la consonnance. Elle aime cette variété d'inflexions, cette succession de notes qui montent et qui descendent, et d'où résulte une sorte de mélodie. Elle aime aussi la répétition des mêmes sons, qui met l'unité dans la variété, qui lie les deux vers pour en former une période harmonieuse. Mais ce ne sont là que les premiers efforts de l'art naissant. L'accentuation tenait lieu de rhythme dans les anciens chants populaires latins; l'allitération régnait dans les poëmes des Celtes et des Finnois. Il y a loin d'un procédé si facile à la savante versification des Grecs, à ces lois sévères qui contraignaient le génie, qui le gênaient, qui l'irritaient ; mais, dans cette lutte, dans cette indignation de la pensée contre les difficultés de la parole, la verve éclatait enfin, d'autant plus puissante qu'elle était réglée : *Facit indignatio versum* (1).

---

(1) Voici des exemples d'allitération :

1° En scandinave, *Volospa*, str. 5 :

    Sol varp sunnan    Sol e meridia,
    Sinni mana.    Socius lunæ...

2° En anglo-saxon, *Beowulf*, v. 7 :

    Oft Scyld Scefing,    Sæpe Scyld Scefi filius,
    Sceathen threatun.    Hostibus congestis...

3° En teutonique, voy. l'invocation magique ci-derrière :

    Suma *H*apt *H*eptidun.    Aliæ vincula vinciebant,
    Suma *H*ari lezidun.    Aliæ exercitum morabantur.

Je me range ici au système de M. Rask, qui divise en deux vers les deux membres de phrases allitérés. M. Grimm n'en fait qu'un seul vers en deux hémistiches.

On trouve des traces d'allitération dans les plus anciens monuments latins ; par exemple, dans les termes de droit : *Felix faustumque, puro pioque, templa tesquaque, sane sarteque*. Elle reparaît chez les poètes latins des temps barbares ; par exemple, dans les poésies de S. Fortunat :

    V. 347 : Dum rapit, eripitur rapienda rapina rapaci.
    500 : Fœdera fida fides formosat fœda fidelis.
    508 : Illustris lustrante viro loca lustra ligustra.

Du même genre était ce poème en l'honneur de Charles le Chauve dont tous les vers commençaient par un C :

    Carmina clarisonæ calvis cantate Camœnæ.

Nous avons des exemples semblables dans plusieurs idiotismes français : *Sain et sauf, fort et ferme, bel et bon, feu et flamme*.

Le génie indiscipliné des barbares n'aurait pas supporté les chaînes d'une rigoureuse prosodie ; il n'était pas non plus capable de ce travail soutenu qui fait la perfection du style. Dans les chants anglo-saxons et scandinaves, on reconnaît des imaginations que rien ne gouverne. Elles s'élèvent avec une admirable impétuosité ; mais elles ne se maîtrisent pas, elles s'oublient. Leur dessein se trouble ; le poëme commençait par un récit d'épopée, un dialogue dramatique l'interrompt brusquement, et finit avec tout le désordre d'une composition lyrique. Le sublime y étincelle, mais l'obscurité le suit souvent. Toute clarté se perd au milieu d'un nombre infini d'allusions, d'énigmes, d'allégories. Jamais l'horreur du mot propre, jamais la passion des figures ne fut poussée si loin que chez ces pirates de la mer du Nord. L'or, qu'ils supposent recueilli dans les fleuves, s'appellera dans leurs vers la *flamme des eaux*, la grêle sera la *pierre des nuages*, un vaisseau devient le *coursier de l'Océan*, et un cheval le *vaisseau de la terre;* la harpe s'appelle le *bois du plaisir*, et les larmes l'*eau du cœur*. Les scaldes se vantaient de donner au dieu Odin cent quinze noms, et de pouvoir désigner une île par cent vingt et une périphrases différentes (1).

Avec une telle poésie, il ne faut point s'étonner

---

(1) *Edda, passim.* — Le *bois du plaisir* et l'*eau du cœur* sont des expressions du poëme de Beowulf. Cf. P. E. Müller, *über die Æchtheit der Asalehre*.

que les Germains n'eussent pas de prose. La poésie est la forme naturelle du langage ; c'est le flot de la mer, le balancement des forêts, le souffle de la poitrine, qui donne le premier exemple du rhythme et de la mesure. C'est la sensibilité qui se satisfait par les chants, comme par les cris et les pleurs. Voilà pourquoi les vers se composent et se conservent sans le secours de l'écriture, de sorte que l'improvisation n'est jamais si fréquente que parmi les peuples ignorants. Au contraire, la prose est l'ouvrage de la raison maîtresse d'elle-même et maîtresse de sa parole, tirant de son propre fonds et de l'ordre même de ses pensées la forme qu'elle donne au discours. Elle suppose donc toute l'activité de l'esprit humain. Elle veut un travail intérieur, que l'écriture seule peut soutenir. C'est pourquoi il n'y a de prose que chez les nations qui écrivent, chez les nations laborieuses, et par conséquent civilisées. Les Germains possédaient un alphabet ; mais nous ne l'avons vu employé qu'à des usages superstitieux, tout au plus à de courtes inscriptions sur les rochers et les tombeaux. Les plus anciens monuments en prose sont des traductions du grec et du latin. La syntaxe des textes originaux y est suivie avec une si timide exactitude, qu'il y faut bien reconnaître les premiers essais d'une langue qui n'a point de règle pour la construction prosaïque. Il n'y aurait jamais eu de livres chez un peuple qui en a tant fait depuis, s'il n'eût passé par les écoles des moines latins de Fulde et de saint-Gall (1).

*Ce qu'il y a de barbare dans la poésie du Nord.*

Cependant la poésie du Nord était bien moins barbare par la forme que par le fond. On n'y voit pas d'effort pour épurer les fictions d'une mythologie grossière. On y sent partout les deux passions qui poussaient les Germains sur la frontière romaine et les pirates normands sur les mers : la passion de l'or et celle du sang. Voici les conseils que le poète du *Havamal* donne à son disciple : « Qu'il se lève « matin celui qui en veut aux richesses et à la vie « d'autrui. Rarement le loup qui reste couché « trouve une proie, rarement l'homme qui dort « trouve la victoire. — Si tu connais un homme « à qui tu te fies peu, et dont tu veuilles tirer « un service, tiens-lui un langage flatteur, « dissimule ta pensée : rends-lui mensonge pour « mensonge. » Toute la fable de Sigurd n'est que l'histoire d'un trésor et de plusieurs vengeances : les frères, pour un peu d'or, y font égorger leurs frères; les héros arrachent le cœur de leurs ennemis et en boivent le sang; une mère tue ses en-

---

(1) La version d'Ulphilas suit mot à mot le texte grec des Évangiles; exemple :

Atta unsar thu in himinam, veihnai namô theins
Πάτερ ἡμῶν ὁ ἐν τοῖς οὐρανοῖς, ἁγιασθήτω τὸ ὄνομά σου.
Quimai thiudinassus theins. Vairthai vilja theins sve in himina
Ἐλθέτω ἡ βασιλεία σου. Γενηθήτω τὸ θέλημά σου ὡς ἐν οὐρανῷ
jah ana airtha.
καὶ ἐπὶ τῆς γῆς.

fants, jette leur chair dans des vases remplis de miel qu'elle met sur la table de son mari, le poignarde lui-même après cet horrible festin, et l'ensevelit sous les ruines de son palais incendié. Le poëte achève son récit en déclarant heureux « l'hom« me qui engendrera une telle fille, une femme « aux actions fortes et glorieuses ! » Ce ne sont point ici les emportements d'une imagination en délire; ce sont bien les mœurs, non des Scandinaves seulement, mais de toutes les nations germaniques. Ces spectacles de carnage se renouvellent encore dans l'épopée allemande des *Nibelungen*. On y voit des guerriers épuisés de fatigue et de soif, et leur chef leur crie : « Si quelqu'un a soif, qu'il « boive du sang ! » « Or l'un d'eux s'en fut là où il y avait des morts; il s'agenouilla près d'une blessure et détacha son casque ; alors il commença à boire le sang qui ruisselait, et, quoiqu'il n'y fût pas accoutumé, cela lui parut grandement bon (1). »

Mais nulle part les instincts avares et sanguinaires n'éclatent plus violemment que dans la fable

Fable de Weland

(1) *Edda Sæmundar*, *Havamal*, 45, 58. *Fafnisbana*, II : Pecunia potiri vult — hominum quisque — perpetuo usque ad diem unicum. — Nam semel — debet viventium quisque — descendere ad Ilelam. — *Atlamal* : Beatus est posterorum quisque — cui gignere contigit talem — puellam, fortium factorum laude, — qualem Giukius procreavit ! Cf. *Nibelungen*, 34ᵉ aventure.

Do gie der recken einer d.. er einen töten vant :
Er kniet lui zuo der wunden, den helm er abe gebant ;
Do begunde er trinken daz fliezende bluot :
Srie ungewon ers ware, ez dûhtie in grœzlichen guot

du forgeron Weland, qui a laissé des souvenirs sur tous les points de l'Europe occupés par les Germains, depuis les Pyrénées jusqu'à la mer Glaciale. Longtemps, en Allemagne, on montra la forge de Weland. En Islande, un habile artisan s'appelle encore un Volundr. Une complainte anglo-saxonne célèbre les malheurs de Weland, et les habitants du Berkshire faisaient voir la pierre sur laquelle l'ouvrier invisible ferrait les chevaux des voyageurs. Les romans chevaleresques français veulent que les armes bien trempées sortent de l'atelier de Galand (ou Waland), qui forgea les trois bonnes épées Flamberge, Hauteclere et Joyeuse. Voici donc l'aventure du forgeron telle que la raconte l'Edda, telle qu'au treizième siècle l'évêque norwégien Biorn de Nidaros l'entendit répéter encore à la cour de l'empereur Frédéric II (1).

Au temps où le roi Nidur régnait en Suède, trois Finnois vinrent s'établir dans la vallée du Loup, tous trois frères et de race royale. Comme ils erraient un jour autour du lac qui arrose la vallée, ils virent que trois Valkyries s'y baignaient en filant du lin ; elles avaient laissé leurs vêtements sur la rive. Chacun des trois frères en prit une pour épouse. Volundr, le plus jeune des trois, eut en partage la belle Alvitra, qui savait toutes choses. Mais après sept hivers les trois Valkyries se souvin-

---

(1) *Vilkina Saga*, *Edda Samundar*, t. II; *Vœlundar quida*.

rent des combats où elles avaient coutume de se mêler, et, quittant leurs époux, elles retournèrent sur les champs de bataille. Deux des frères se mirent à leur poursuite, l'un du côté du levant, l'autre du côté du couchant. Mais Volundr resta seul dans la vallée ; il resta assis tout le jour, il forgea l'or rouge, il y enchâssa des pierres précieuses, il fit un grand nombre d'anneaux qu'il suspendit à un cordon d'écorce, attendant s'il plairait à sa belle épouse de revenir.

Or il arriva que le roi Nidur entendit parler de Volundr et de ses richesses. Il prit donc avec lui des hommes armés, s'enfonça dans la vallée du Loup, força l'entrée de la forge, fit lier Volundr qui dormait, lui prit son glaive étincelant et s'empara des anneaux d'or, dont il destina le plus riche à Bodvilda, sa fille. Il retourna chez lui chargé d'or et ramenant son prisonnier. Et Volundr grinçait des dents en voyant son glaive aux mains du roi et son anneau au doigt d'une étrangère. La reine s'en aperçut : elle conseilla de mettre le captif hors d'état de nuire. « Craignez, dit-elle, ce serpent au « regard perfide ; coupez-lui les nerfs et jetez-le « dans l'île de Sœvarstod. » On coupa donc à Volundr les nerfs des jarrets, on le jeta dans l'île, on lui bâtit une forge, et il y travaillait pour le roi Nidur à des ouvrages d'or et d'argent. Mais il travaillait aussi à sa vengeance.

Un jour, les deux fils de Nidur vinrent trouver

le forgeron, et, s'étant fait donner les clefs de son coffre, ils y virent beaucoup d'or rouge et de joyaux. Et Volundr leur dit : « Venez demain, venez seuls, « et je ferai en sorte de vous donner tout cet or. « Mais ne dites ni aux femmes, ni aux serviteurs, « ni à personne, que vous venez près de moi. » Le lendemain, de bonne heure, les deux frères s'appelèrent l'un et l'autre. « Allons, dirent-ils, voir le « trésor. » Ils y allèrent, et, s'étant fait ouvrir le coffre, ils y regardaient avec avidité. Volundr leur coupa la tête; il cacha leurs restes sous le fourneau. Puis il prit leurs crânes, les entoura d'argent, et en fit des coupes pour le roi Nidur leur père; il enchâssa les prunelles de leurs yeux comme des pierres précieuses, et les envoya à la reine leur mère. De leurs dents il fit une parure, et l'envoya à Bodvilda leur sœur. Un peu après, Bodvilda étant venue le prier de réparer l'anneau qu'elle avait brisé, il lui présenta un breuvage enivrant, et la déshonora. « C'est maintenant, s'écria-t-il, que je suis « vengé. »

En même temps Volundr s'ajusta des ailes qu'il s'était secrètement fabriquées, et il s'éleva en riant dans les airs. Or il passa devant la salle où le roi Nidur attendait ses enfants, et le roi lui cria : « Qu'a-« t-on fait de mes fils? » Volundr répondit : « Jure-« moi premièrement par le bord de ton vaisseau et « par le cercle de ton bouclier, jure par l'épaule « de ton cheval et par la pointe de ton glaive, que

« tu respecteras celle qui est devenue l'épouse de
« Volundr... Et maintenant va dans la forge que tu
« as fait construire; tu y trouveras les soufflets
« teints de sang. J'ai coupé la tête de tes enfants,
« et j'ai caché leurs restes sous le fourneau. De
« leurs crânes j'ai fait des coupes garnies d'argent
« pour le roi Nidur. J'ai enchâssé les prunelles de
« leurs yeux comme des pierres précieuses, et je
« les ai envoyées à la reine leur mère. De leurs
« dents j'ai fait une parure, et je l'ai envoyée à
« Bodvilda leur sœur. Et, à l'heure qu'il est, Bod-
« vilda porte dans ses flancs un fils de Volundr,
« elle, la seule enfant qui vous reste à tous deux. »
Alors le roi s'écria : « Tu n'as jamais proféré une
parole qui me causât plus de douleur. Mais il n'y
« a pas d'homme assez grand pour qu'à cheval
« même il puisse te combattre ; il n'y en a pas d'as-
« sez fort pour te frapper d'en bas, tandis que tu
« planes là-haut dans les nues (1). »

Il semble, au premier aspect, que cette fable soit, comme Volundr lui-même, d'origine finnoise : elle convient au caractère industrieux et cruel que les Scandinaves prêtent aux peuples de la Finlande, leurs éternels ennemis. Cependant c'est Volundr qui joue ici le rôle héroïque ; c'est lui que le poëte chante et

(1) *Vœlundar quida*. Sur le mythe de Weland, voyez W. Grimm, *Heldensage*, et l'intéressant travail de M. Francisque Michel. M. Ampère, *Histoire littéraire de France*, t. II, a indiqué les traces que ce mythe a laissées dans les vieilles traditions françaises.

que les auditeurs admirent ; c'est lui qui a survécu comme un personnage national dans la mémoire des peuples. Des traditions nombreuses en font le fils du géant Wate, établi dans l'île de Seeland, et le petit-fils du roi de Suède, Wilkinus, qui s'unit à une déesse des eaux. D'autres fois Volundr est un Elfe, c'est-à-dire un être divin ; et l'on se rappelle qu'en effet le travail des métaux est compté parmi les plaisirs des dieux. L'Edda représente les Ases bâtissant une ville dans la plaine de l'Ida : ils y élèvent des temples, des autels et des fourneaux ; ils fabriquent d'abord des tenailles et des instruments de forgeron, puis des joyaux de toute sorte, « et les « ouvrages d'or ne leur manquent pas. » Ces dieux, prêtres et forgerons, rappellent singulièrement les plus vieilles religions de la Grèce, les dactyles du mont Ida, les telchines, les cabires, tous travaillant le fer, tous pontifes et magiciens (1). A leur tête est Vulcain, père d'une race d'ouvriers, dont le plus habile sera Dédale. Vulcain est boiteux, comme Weland. Mais la ressemblance va jusqu'aux derniers détails en la personne de Dédale, lui aussi prisonnier d'un roi, lui aussi travaillant dans une île, et s'échappant enfin avec les ailes qu'il s'est faites ; lui aussi est resté si populaire chez les anciens, qu'on disait proverbialement un ouvrage de Dédale pour désigner un ouvrage parfait. De telles

(1) Guigniaut, *Religions de l'Antiquité*, t. II, p. 275.

analogies supposent assurément une tradition commune; mais on retrouve toute la différence des deux poésies dans les traits qu'elles choisissent et dans les couleurs qu'elles y mettent. Ce qui émeut les poëtes classiques, c'est la destinée d'Icare, de ce jeune fils que Dédale emmène dans sa course aérienne, dont il dirige l'essor comme l'oiseau dirige le premier vol de ses petits. Mais le téméraire enfant s'élève trop haut : la cire de ses ailes se fond aux approches du soleil, il est précipité dans la mer. En vain Dédale, descendu sur le rocher de Cumes, voulut graver aux portes d'un temple l'histoire de ses malheurs : deux fois il essaya de ciseler dans l'or la chute d'Icare, deux fois retombèrent ses mains paternelles. Voilà le récit que les Grecs et les Latins ne se lassaient pas d'entendre et de répéter. Ils en avaient fait la plus touchante des élégies ; ils y trouvaient un sujet de pitié, c'est-à-dire d'un sentiment qui rend l'homme meilleur. L'épisode de Dédale reviendra encore dans ce sixième chant de l'*Énéide* qu'Auguste se faisait lire par Virgile. Au contraire, ce qui plaît aux scaldes scandinaves, c'est le spectacle d'un ressentiment que rien ne désarme ; c'est ce captif, ce boiteux, qui sait dissimuler, punir un roi, et lui échapper enfin. Je ne vois plus dans l'histoire de Volundr qu'un sujet d'horreur, un récit fait pour flatter les plus mauvais appétits de la nature humaine, un chant digne d'avoir été chanté au festin fameux où Alboin, roi des Lombards, contraignit Rosemonde à boire dans le crâne de son père.

C'est que la poésie n'a pas tout le pouvoir qu'on lui suppose. Il faut qu'elle prenne les héros de la tradition, les mœurs de la société; et, comme elle est le plus populaire de tous les arts, elle en est aussi le moins libre, puisqu'elle doit se rendre l'interprète de toutes les croyances et de toutes les passions nationales. Les annales d'un peuple ne donnent que la suite de ses chefs et de ses victoires : on y apprend ce qu'il put et ce qu'il fit. C'est dans les chants de ses poëtes qu'il laisse voir ce qu'il ne fit pas, mais ce qu'il voulut, ce qu'il rêva; c'est là seulement qu'on entend le cri de l'amour ou de la haine, et qu'on a affaire, non plus à des morts, mais à des passions vivantes. Voilà pourquoi nous nous sommes arrêtés longtemps à considérer le peu qui nous reste de la poésie du Nord : ce ne sont que des éclairs, mais ils achèvent de jeter quelque lumière sur ces ruines de l'antique Germanie que nous avions cherché à reconstruire. Maintenant nous commençons à nous représenter cet état mal défini qu'on appelle la barbarie ; nous en saisissons le caractère principal, savoir, l'indiscipline des esprits et des volontés. Pendant que les sociétés policées reconnaissent des règles qu'on ne viole pas sans soulever l'indignation universelle, c'est le propre de ces peuples incultes de ne connaître aucune loi si sacrée qui ne puisse être impunément désobéie, aucun devoir qui ne cède à l'appât du butin et au plaisir des représailles. Rien ne les empêche donc plus de descendre au dernier abrutissement, et nous ne sommes pas surpris de les trouver anthropophages. Mais nous savons aussi qu'il ne leur manque pas un de ces instincts généreux qui relèvent la nature humaine : ni la piété filiale, qui arme le héros pour venger son père ; ni le dévouement chevaleresque, lorsqu'il délivre la vierge captive ou qu'il la conquiert pour son compagnon d'armes ; ni la tendresse de la femme quand elle monte sur le bûcher de son fiancé ; ni sa pudeur, quand elle place entre elle et lui un glaive d'or. Après que l'Évangile aura purifié cette terre barbare, il ne faudra pas s'étonner d'en voir sortir toute une moisson de saints et de grands hommes.

Ainsi la poésie ne fait que reproduire les mêmes contradictions qui éclatent dans les religions, dans les lois, dans les langues des Germains. Il n'y a pas d'horreurs, comme il n'y a pas de faussetés, qu'on ne voie parmi eux, où l'on ne sente je ne sais quelle haine de l'ordre, je ne sais quel effroyable amour des ténèbres, du mal et de la destruction. Mais il n'y a pas non plus de beautés, comme il n'y a pas de vérités et de justices, que ces esprits grossiers n'aient entrevues et qu'ils n'aient aimées : car une race d'hommes ne traverserait pas les siècles si ces divines communications n'y maintenaient

*Conclusions de la première partie.*

un reste d'ordre et de lumière. Un contraste si étonnant devient plus instructif quand on le voit se reproduire chez les autres peuples qui couvrirent le nord de l'Europe. Je me borne aux deux plus puissants, les Celtes et les Slaves, qu'on ne saurait oublier, soit à cause de leurs nombreux rapports avec la Germanie, soit à cause des derniers traits qu'ils ajoutent au tableau du monde barbare.

*Rapports des Germains avec les autres peuples du Nord.*
Il ne faut pas croire, en effet, que les Germains seuls occupassent le territoire immense où nous avons tracé l'itinéraire de leurs migrations, depuis la mer Baltique jusqu'à l'Océan. Les Allemands se font une fausse gloire de se figurer leurs ancêtres formant une nationalité compacte, maîtres d'un sol incontesté, dans un isolement qui les eût frappés d'impuissance. Comme il fallait que cette race devînt forte, il fallait qu'elle fût mêlée, qu'elle fût contenue, qu'elle trouvât autour d'elle des alliances et des résistances; qu'elle connût ces commerces féconds, ces luttes salutaires qui font grandir les peuples. Sans parler des Finnois et des hordes errantes désignées par les anciens sous le nom de Scythes et de Sarmates, deux autres nations pouvaient disputer l'empire du Nord. D'un côté, les Celtes couvraient d'abord, comme d'une première couche, toutes les contrées que l'invasion germanique devait inonder : la Bretagne, la Gaule, l'Espagne, la haute Italie. Leurs établissements s'étendaient au bord de la Baltique, où l'on trouve les Cimbres;

dans la Bohême, colonisée par les Boïens; sur les rives du Danube, habitées par les Scordisques et les Taurisques, frères des Gaulois; enfin, jusqu'au nord du Pont-Euxin et du Palus-Méotide, où les anciens plaçaient la première patrie des Cimmériens, c'est-à-dire des peuples celtiques. D'un autre côté, les Slaves, d'abord resserrés entre le Borysthène et les sources de la Vistule, devaient envahir successivement la Carinthie, la Moravie, la Silésie, la Lusace, la Poméranie, d'où ils ne sortirent plus, et pousser leurs incursions jusqu'au cœur de la Thuringe. Au huitième siècle, les moines qui allèrent fonder le monastère de Fulde parlaient encore avec terreur des bandes de sauvages slaves qu'ils avaient rencontrés descendant les rivières à la nage et troublant de leurs cris le silence des forêts. Des nations qui avaient pénétré si profondément dans la Germanie avaient dû laisser une trace dans son histoire. En effet, rien n'est plus célèbre que la ligue des Teutons avec les Cimbres, les plus redoutables des Celtes ; et en même temps rien ne tient plus de place dans la mythologie du Nord que les guerres et les alliances des Ases avec les Vanes, c'est-à-dire avec les Slaves. La déesse de l'Amour, Freya, passait pour une fille des Vanes admise à titre d'otage parmi les dieux des Germains, et honorée sur leurs autels comme un symbole de paix et d'union (1).

(1) Parmi les populations celtiques de la Germanie, Tacite compte

Mais les trois grands peuples du Nord n'étaient pas seulement voisins, ils étaient frères; et cette parenté a ses preuves dans les traditions et dans les mœurs.

Les Celtes. Quand les Grecs plaçaient la cité primitive des Cimmériens aux confins de l'Europe et de l'Asie, ils s'accordaient avec un antique récit qui représente les Celtes arrivant en Occident sous la conduite de Hu le Fort. « Ils venaient du pays de l'Été (*Deffro-*
« *bani*), du côté où s'élève Constantinople; ils tra-
« versèrent la mer brumeuse pour s'établir en Bre-
« tagne; et avant eux il n'y avait point d'hommes
« vivant dans la contrée, ni autre chose que des
« bisons, des castors et des ours. » S'ils vinrent de l'Orient, de cette école de toutes les religions savantes, on n'est plus surpris de trouver chez eux un enseignement qui rappelle à la fois la théologie de l'Inde et les chants sacrés des Scandinaves. De

les Cimbres, les Estyens, les Gothini, les Botens, sans parler des Gaulois établis dans les *agri decumates*. *Germania*, 28, 29, 37, 43, 45. Strabon, lib. VII : καὶ τὰ Κελτικά (ἔθνη), οἵ τε Βοῖοι καὶ Σκορ-δίσκοι καὶ Ταυρίσκοι. Plutarque (*in Mario*) étend le pays des Celtes jusqu'au Palus-Méotide. Sur les Cimmériens, Homère, *Odyssée*, XI, 12 ; Hérodote, I, 6 ; IV, 1 et suiv. Cf. Diefenbach, *Celtica*, t. I. — En ce qui touche les établissements des Slaves, Frédégaire, 68 : « Multis post haec vicibus Winidi (Slavi) in Thoringiam, et reliquas vastando pagos, in Francorum regnum irruunt. » Adam de Brême, c. 1 : « Praeter eam partem quae trans Albim supra incolitur a Soralis. » *Vita S. Sturmi*, ap. Pertz, t. II, 365 : « Ibi ad (flumen Fuldam) magnam Sclavorum multitudinem reperit ejusdem fluminis alveo natantes, lavandis corporibus se immersisse. » Cf. Zeuss, *die Deutschen und die Nachbarstamme*, p. 636 et suiv. — Sur la ligue des Cimbres et des Teutons, Plutarque, *in Mario*. Guerres et alliances des Ases avec les Vanes, *Ynglinga saga*, cap. IV.

là ces trois grands dieux, Teutatès, Taranis et Hésus, semblables à la trinité nationale des Germains, et rangeant aussi sous leurs lois tout un peuple d'êtres invisibles, de fées, de géants et de nains, qui animent la nature et qui la divinisent. De là cette cosmogonie où l'on voit l'univers passant par une suite de créations et de destructions, la terre elle-même représentée comme un animal gigantesque : le soleil est son œil, et de sa poitrine jaillissent trois sources, la mer, la pluie et les fleuves. De là, enfin, la métempsycose et le voyage des âmes à travers trois cercles d'existence : le cercle de l'épreuve, celui de la félicité et celui de l'infini. Tant de ressemblance entre les dogmes devait se faire sentir dans les institutions qu'ils soutenaient. Les coutumes de la Germanie reparaissaient chez les Celtes, avec des différences qui n'infirment point la parenté, mais qui attestent la liberté des deux peuples. Dans la société, une hiérarchie où l'on distingue quatre degrés : les druides, les nobles ou chefs de guerre, les hommes libres réduits à une sorte de vasselage, et enfin les esclaves. Dans la famille, l'union conjugale consacrée par le don du matin et par le brûlement des veuves ; la constitution du clan, qui unit par une étroite solidarité les hommes issus d'un même sang, et les rend propriétaires en commun du domaine patrimonial. Dans les institutions judiciaires, l'ordalie ou le jugement de Dieu par le feu et par l'eau ; le serment déféré aux parents, aux amis, aux clients de l'accusé ; la composition pécuniaire, et la loi tarifant le meurtre au prix d'un certain nombre de têtes de bétail. La comparaison des langues n'est pas moins concluante que celle des lois : en étudiant les idiomes celtiques, on retrouve une branche éloignée, mais reconnaissable, de la famille indo-européenne; l'alphabet primitif des Irlandais reproduit les seize lettres de l'écriture runique. Toute la poésie des bardes rappelle celles des scaldes islandais par les règles mêmes de sa versification, par les enseignements religieux dont elle était dépositaire, enfin par les fables épiques dont nous trouvons le dernier écho dans les légendes populaires du pays de Galles. Quand je lis, par exemple, comment saint Samson combattit contre la fée qui brandissait une lance à trois pointes, et comment il pénétra dans la caverne du dragon pour l'enchaîner et le précipiter dans la mer, je ne puis oublier Sigurd, Brunhilde la Valkyrie, et le dragon de l'Edda. — Si les traditions sont communes, le même désordre s'y est introduit pour conduire les deux peuples aux mêmes excès. Les pierres druidiques réclamaient autant de victimes humaines que les autels de Wodan. César trouva en Bretagne des tribus nomades vivant de leur chasse, et qui ne connaissaient, s'il faut l'en croire, ni propriété ni mariage : les femmes y étaient communes, comme les biens. L'ivresse du carnage n'éclate pas plus dans les chants anglo-saxons que dans l'hymne de guerre du barde gallois, lorsqu'il se réjouit du banquet préparé aux corbeaux et aux vautours, lorsqu'il invite ses compagnons d'armes à « multiplier les crânes vides de « cervelle, à multiplier les femmes sans époux et « les chevaux sans cavaliers. » A ces cris sanguinaires, on se souvient que plusieurs tribus celtiques étaient cannibales (1).

Les Slaves furent moins connus des anciens, et le peu qu'on sait de leur première condition ne laisse voir que des peuplades sauvages dispersées sur un territoire immense, où chaque chef de famille campait à l'écart, sans demeure fixe, sans voisins et sans lois. La passion de la guerre les poussait à la fois sur les provinces de l'empire d'Orient et sur les terres des rois mérovingiens. La férocité de leurs mœurs allait si loin, que les Russes

*Les Slaves.*

---

(1) L'émigration des Kimris, sous la conduite de Hu-gadarn, est rapportée dans les triades galloises, triade 4. Lucain, *Pharsale*, I, 444, nomme les trois grands dieux des Gaulois. Cf. Cæsar, *de Bello Gallico*, IV, VI. — Sur la cosmogonie, la métempsycose et toute la doctrine sacrée des Celtes, le témoignage des anciens s'accorde avec plusieurs documents dont la critique moderne admet l'authenticité. Voyez surtout deux chants de Thaliesin (*Myvyrian archeology*, 20, 27), et le poème des *Séries*, publié par M. de la Villemarqué (*Chants populaires de la Bretagne*, t. I). — Pour les institutions celtiques, voyez aussi Tacite, *Agricola*; les lois galloises de Hoël le Bon; tome I<sup>er</sup> de l'*Histoire d'Irlande* de Moore, et les recherches de M. de Courson sur l'*Histoire des peuples bretons*. — En ce qui concerne les langues et la poésie, Pictet, *de l'Affinité des langues celtiques avec le sanscrit*; le savant recueil de M. de la Villemarqué; miss Brooke, *Relics of ancient Irish poetry*. La légende de S. Samson est tirée du *Liber Landavensis*. C'est Diodore de Sicile (v. 32, § 3) qui accuse d'anthropophagie plusieurs tribus irlandaises.

offraient en sacrifice leurs enfants nouveau-nés, et qu'au treizième siècle il fallait qu'Albert le Grand visitât, en qualité de légat du Saint-Siége, les Slaves de Poméranie, pour déraciner la coutume païenne de tuer les vieillards et de les dévorer. Cependant, si l'on pénètre chez ces barbares avec les chroniqueurs du Nord, qui les connurent avant leur conversion, on y découvre les traces d'une ancienne culture. C'est d'abord une doctrine sacrée, le dogme d'un Dieu suprême, lumineux et intelligent, Swjatowit, qui, avec Perun et Rujewit, forme une triade en tout point comparable à celles des Celtes et des Germains. Les divinités inférieures viennent ensuite, avec leurs attributions distinctes, leurs généalogies, leurs aventures et leurs combats. Cette mythologie a son expression dans un culte pompeux. Rien ne ressemble plus aux descriptions du sanctuaire suédois d'Upsal, que les temples des villes slaves de Rugen, de Stettin, de Rhetra, de Kiew, d'Arkona, qu'on représente peuplés de statues d'or, entourés de bois sacrés, où les provinces voisines envoyaient des offrandes et sollicitaient des oracles. La fondation de ces cités sacerdotales était déjà une tentative pour retenir et policer les peuples. On y voit l'autorité des prêtres plus grande que celle des chefs de guerre, et tous les signes d'une constitution théocratique souvent ébranlée, jamais détruite. Mais le lien le plus fort qui contînt les nations slaves, qui les empêchât de se dissoudre, c'était la chaine des souvenirs historiques. Les poëmes qui les conservent ont toute la popularité, toute l'opiniâtreté des vieux chants de l'Allemagne : on reconnaît le même génie épique, les mêmes fables sous d'autres noms. Si les paysans du Rhin font voir le rocher où Siegfried combattit le dragon, et la forêt où il mourut par la trahison de ses proches, les Polonais ont longtemps chanté le roi Crocus, vainqueur du serpent, et tué à la chasse par les émissaires de son frère. On montre encore les os du reptile scellés dans les murs de la cathédrale de Cracovie. Ces traits sont déjà frappants, mais l'analogie des langues est décisive. Les idiomes slaves ont leur place marquée entre le sanscrit et le gothique; seulement, par l'abondance de leurs voyelles, par la richesse de leurs formes grammaticales, ils tiennent de plus près à l'Orient. Tout s'accorde pour confirmer la tradition des Slaves, qui les faisait venir du voisinage de la mer Noire, du berceau commun des Germains et des Celtes (1).

(1) Procope, *Bell. Goth.*, 3, 4 : Οἰκοῦσι δὲ ἐν καλύβαις οἰκτραῖς διεσκηνημένοι πολλῷ μὲν ἀπ' ἀλλήλων, ἀμείβοντες δὲ ὡς τὰ πολλὰ τὸν τῆς ἐνοικήσεως ἕκαστοι χῶρον. Helmoldus Nigellus. *Chronic. Slavorum*, I, 53, etc. : « Inter multiformia Slavorum numina præpollet Swantewit, deus terræ Rugianorum... » *Ibid.*, 3 : « Hosvero (inferiores deos) distributis officiis de sanguine ejus processisse... » *Ibid.*, 12 : « Sacerdos ad nutum sortium et porro rex et populus ad nutum ejus pendent. » Cf. Jornandes, *de Rebus Geticis*, 5. Ditmar de Mersburg, Adam de Brême, et la vie de S. Otton de Bamberg, *apud* Bolland., *Jul.* I. Nestor, *Chronic.*, II. — Bopp, *Vergleichende Grammatik*, préface de la deuxième livraison.

Fraternité des peuples indo-européens.

Ainsi s'établit l'incontestable fraternité des nations germaniques avec les deux grands peuples du Nord en même temps qu'avec les peuples policés du Midi. Quelque différente que soit la destinée des uns et des autres, ils donnent tous le spectacle de la même lutte. Il n'en est pas de si barbare où l'on ne voie un reste de civilisation qui se défend ; il n'en est pas de si cultivé où l'on ne touche au vif je ne sais quelle racine de barbarie que rien ne peut arracher. Au fond des sociétés, comme au fond de la conscience humaine, on retrouve la loi et la révolte ; on retrouve la contradiction, le désordre, c'est-à-dire ce que Dieu n'y a pas mis. L'histoire, comme la tradition, aboutit au mystère de la déchéance : nous arrivons, par un chemin bien long, à une vérité bien vieille ; mais rien n'est plus digne de la science que de donner des preuves nouvelles à de vieilles vérités.

Tout le travail des siècles ne consiste qu'à réparer cette déchéance, à effacer cette contradiction ; à remettre l'unité, la paix dans l'homme, dans les peuples, dans le genre humain. C'est ce que je vois commencer au sein de la famille européenne, à l'époque où, resserrée dans les vallées de l'Asie occidentale, elle attendait l'heure de se disperser. Quand le moment de la Providence fut arrivé, les Indiens et les Perses prirent leur route vers le Sud. L'essaim de peuples d'où devaient sortir les Grecs et les Latins se dirigea du côté de l'Occident ; les

Celtes, les Germains et les Slaves ne trouvèrent devant eux que les froides plaines du Septentrion, et il semble que leur partage était mauvais. Pendant vingt siècles leurs frères possédèrent les plus belles contrées de la terre, fondèrent des cités, des écoles, et firent à eux seuls toutes les affaires publiques de l'humanité. Les conquérants, les législateurs, les philosophes, se succédaient, travaillant sans le savoir à unir les peuples méridionaux par une civilisation commune, qui s'acheva sous la garde et pour ainsi dire sous le mur de l'empire romain. Quand cet ouvrage fut accompli, il ne resta plus que de renverser le mur et de livrer l'entrée aux hommes du Nord, afin de composer cette société plus grande qui devait être la chrétienté. Les Germains se trouvaient en mesure de répondre à l'appel : ils avaient crû et multiplié dans l'ombre; et, s'ils étaient assez barbares pour renverser l'empire romain, il leur restait assez de lumières pour rebâtir sur ses ruines.

SECONDE PARTIE

LA GERMANIE EN PRÉSENCE DE LA CIVILISATION
ROMAINE

## CHAPITRE VI

LA CIVILISATION ROMAINE CHEZ LES GERMAINS.

Les événements qui ouvrirent la Germanie à la domination romaine remplissent une période d'environ soixante-cinq ans, depuis l'an 55 avant J.-C. jusqu'à l'an 10 de l'ère chrétienne. Il faut savoir ce que Rome était alors, et quelle sorte de civilisation elle portait aux peuples conquis. {Destinée de Rome. Ce qui faisait sa puissance.}

Pendant que les lieutenants d'Auguste établissaient au bord du Rhin les quartiers de leurs légions, Virgile, retiré dans quelqu'une de ses villas de Campanie ou de Sicile, dictait l'admirable discours de Jupiter, au premier livre de l'Énéide, où il résumait toute la pensée de son poëme, et probablement toute la politique du prince dont il servait les desseins. Il y faisait intervenir le décret du ciel pour fixer d'avance la fortune « de ces « Romains maîtres de toutes choses, de cette na- « tion qui porterait la toge pacifique. Sa puissance « ne devait trouver de bornes ni dans l'espace ni « dans le temps, car un empire sans fin lui était « promis. Alors se fermerait le temple de la guerre, « et des dieux bienfaisants donneraient des lois « aux peuples désarmés. » Ce n'étaient point là des songes de poëte ; c'était la doctrine des orateurs, des historiens, des hommes d'État. Au langage de Cicéron et de Tite-Live, il semblait que des débats du forum dépendît la sûreté de l'univers. Mécène conseillait à Auguste de proclamer l'union du monde sous un seul pouvoir, et d'effacer ces différences d'usages et de gouvernements qui divisaient les hommes. Un peu plus tard, Pline admirait « l'immense majesté de la paix romaine » enveloppant toute la terre. « Les dieux, disait-il, « avaient choisi l'Italie pour rassembler les em- « pires divisés, pour adoucir les mœurs, pour rap- « procher, par le commerce de la parole, les lan- « gues de tant de barbares qui ne s'entendaient « pas, et pour ramener l'homme à l'humanité. » Assurément on ne pouvait exprimer en termes plus forts la mission de Rome, et quelle part elle devait prendre à l'œuvre de la Providence, qui était de rétablir l'unité détruite de la famille humaine (1).

(1) Virgile, *Æneid.*, I, 28 et suiv. Cf. Cicéron, *pro Balbo*, pas-

Tout semblait fait pour assurer cette destinée. La société romaine était le résultat et comme l'abrégé des civilisations antiques. Les traditions religieuses de l'Orient se conservaient encore dans les sanctuaires étrusques, d'où la ville de Romulus avait reçu ses croyances, ses rites et ses prêtres. Rien de plus remarquable, chez un peuple dont les commencements sont si grossiers, que cette théologie savante qui plaçait au faîte de l'univers une puissance inconnue, immuable; au dessous, une série de dieux émanés d'elle; plus bas, les âmes considérées comme autant de divinités, mais déchues, condamnées à descendre sur la terre et jusqu'aux enfers, pour y subir les expiations prescrites, avant de remonter au ciel. De là, la science des augures, le culte des mânes, et ce commerce avec le monde invisible, qui faisait le fond des institutions romaines, qui prêtait à la cité une majesté vraiment divine, et la mettait en mesure d'exiger tous les sacrifices et de compter sur tous les

*sim*; Sénèque, *Epist.* XLVII. Pline, *Hist. nat.*, III, 6 : « Numine deôm electa (Italia) quæ... sparsa congregaret imperia, ritusque molliret, et tot populorum discordes ferasque linguas sermonis commercio contraheret ad colloquia, et humanitatem homini daret. » Les Grecs avaient fini par reconnaître cette mission de Rome. Plutarque, *de Fortun. Rom.*; Aristide, *Orat. in Romam*; voyez aussi l'hymne d'Érinne, εἰς τὴν Ῥώμην. Et, sur ce point, les chrétiens des premiers siècles pensaient comme les païens : Tertullien, *de Anima*, 30; *ad Scapulem de persecutione* : « Quousque sæculum stabit, tamdiu enim stabit (imperium). » Voyez aussi Thierry, *Histoire de la Gaule sous l'administration romaine*, t. I; et F. de Champagny, *Tableau du monde romain*, t. I, liv. I.

dévouements. D'un autre côté, les lettres et les arts de la Grèce étaient venus tempérer la sévérité des mœurs latines. Les fils des patriciens, élevés par des pédagogues grecs, allaient achever leurs études aux écoles d'Athènes et de Rhodes. Tout ce que la poésie avait produit de plus achevé depuis Homère jusqu'à Théocrite, tout ce que les maîtres de Démosthènes et ses émules avaient porté de raffinements dans l'art de la parole, tout ce qu'avaient pu faire six siècles de philosophie pour l'éclaircissement des questions qui tourmentent l'esprit humain, tant d'inspirations, tant de travaux, avaient passé dans la langue rustique du Latium, pour la façonner, l'ennoblir, et y développer enfin les qualités incomparables qui en firent l'idiome commun du monde policé. Le génie romain profitait donc de ce qui l'avait précédé, mais en y ajoutant ce qu'il avait de propre, je veux dire le sentiment du juste, la passion du droit et la volonté de le faire régner parmi les hommes. Sans doute, chez les Indiens et les Grecs, on avait écrit des lois, mais pour un temps et pour un seul peuple : la gloire des Romains fut d'en avoir voulu faire pour tous les temps et pour toute la terre. C'est à quoi ils travaillèrent, en brisant de bonne heure le cercle étroit, mais puissant, de leur constitution théocratique, en engageant une lutte de quatre cents ans contre le patriciat, jusqu'à ce qu'ils arrivassent, par les plébiscites de leurs tribuns, par les édits de leurs préteurs, par les doctrines de leurs jurisconsultes, à ces notions de droit naturel qui ont leur source dans la raison divine, et leur application dans toutes les sociétés. Je ne m'étonne plus qu'épris de cette justice absolue, les Romains s'en soient déclarés les interprètes et les vengeurs, qu'ils aient prétendu ne servir qu'elle en contraignant par les armes les peuples qui résistaient à leurs lois, et qu'enfin la plus belliqueuse nation de l'univers se soit considérée comme la gardienne de la paix universelle (1).

De si hautes pensées n'avaient rien de téméraire au temps où Auguste ferma le temple de Janus. Au delà des frontières poussées de la mer du Nord au mont Atlas, et de l'océan Atlantique à l'Euphrate, l'autorité de Rome s'étendait sur un nombre infini de royaumes et de tribus, qu'elle tenait dans l'épouvante ou dans le respect. Les Scythes et les Sarmates sollicitaient son alliance ; les Parthes avaient rendu les aigles enlevées aux légions de Crassus ; on avait vu venir les ambassadeurs des Indiens et des Sères, avec des éléphants et des trésors : ils avaient mis quatre ans à traverser l'Asie

(1) Ottfried Müller, *die Etrusker*. — Plutarque, *Vie de Romulus*. — Suétone, *de Illustribus Grammaticis*. — Giraud, *Histoire du Droit romain*. — Digeste, l. II, *de Origine juris*. — Virgile, VI, 853 et suiv. :

Tu regere imperio populos, Romane, memento,
Hæ tibi erunt artes, pacique imponere morem...

Pline, *Hist. nat.*, XXVII, 1 : « Immensa pacis romanæ majestate. »
Sénèque, *de Providentia* : « Gentes in quibus romana pax desinit. »

et la moitié de l'Europe, pour apporter les hommages de leurs rois. Chaque année une flotte romaine partait de la mer Rouge et allait toucher à la côte de Malabar. Un peu plus tard, d'autres vaisseaux achevèrent le tour de la Grande-Bretagne. Au récit de ces navigations, les esprits s'échauffaient et commençaient à prévoir l'époque où, selon la parole de Sénèque, « l'Océan ouvrirait ses bar-« rières et laisserait passage à d'autres Argonautes « vers un continent nouveau. » Rome n'ayant plus rien à vaincre, le moment lui semblait venu de tout régler. Elle ne paraissait avoir recueilli les traditions des peuples civilisés que pour faire à son tour l'éducation des barbares, et pour étendre d'un bout du monde à l'autre le bienfait des mêmes lumières (1).

*Ce qui faisait l'impuissance de Rome.* — Cependant la civilisation romaine, au moment de sa plus grande puissance, recélait déjà tous les vices qui devaient la précipiter. On a vu ailleurs comment le paganisme, en divinisant la nature, en s'attachant à reproduire dans son culte les deux mystères de la vie et de la mort, avait abouti à la

---

(1) Florus, *Epitom.*, IV, 12 : « Omnibus ad occasum et meridiem pacatis gentibus, ad septentrionem quoque, dumtaxat intra Rhenum atque Danubium, item ad orientem intra Cyrum et Euphratem ; illi quoque reliqui, qui immunes imperii erant, sentiebant tamen magnitudinem, et victorem gentium populum romanum reverebantur..., » etc. Cf. Strabon, Tacite, *Agricola*, 10, et le célèbre passage de Sénèque le Tragique : « Venient annis — Sæcula seris — Quibus Oceanus — Vincula rerum — Laxet et ingens — Pateat tellus, — Nec sit terrarum — Ultima Thule. »

prostitution religieuse et au sacrifice humain. Aux fêtes de la Bonne Déesse, les matrones, dit saint Augustin, faisaient dans le temple ce qu'elles n'auraient pas voulu regarder au théâtre. Et pourtant on sait assez ce que supportaient les spectateurs du théâtre latin, et comment on y poussa le goût de la réalité jusqu'à déshonorer des femmes et brûler des hommes sur la scène, quand il fallait représenter les amours de Jupiter ou la mort d'Hercule. Les lieux où se consommaient ces horreurs passaient pour sacrés. Au milieu s'élevait l'autel de Bacchus, et tout se faisait au nom des dieux. On considérait comme autant de rites religieux les combats de gladiateurs et ces jeux où les condamnés, parés de bandelettes à la manière des victimes, étaient jetés aux lions et aux ours. A la menace d'une grande calamité publique, on enterrait vivants deux étrangers, en l'honneur des divinités de l'enfer. Jusqu'au quatrième siècle, on ne cessa pas de placer, chaque année, une coupe fumante de sang humain sur l'autel de Jupiter Latial. De tels excès contentaient les passions violentes de la multitude, mais ils soulevaient la raison. Le souvenir du sacrifice d'Iphigénie indignait le poëte Lucrèce, et l'armait contre une religion qui avait pu conseiller tant de crimes. Les doctrines épicuriennes se propageaient rapidement parmi les puissants et les riches, dont elles charmaient la mollesse et dont elles endormaient les remords. César faisait profession publique au sénat de ne point croire à la vie future; et le peuple, gagné déjà par les mêmes opinions, allait volontiers siffler ses dieux, quand un poëte comique lui donnait en spectacle l'*Adultère d'Anubis* ou *Diane battue de verges*. La philosophie ne réparait pas les ruines qu'elle avait faites. Cicéron, le plus sage et peut-être le meilleur des Romains, entouré de toutes les lumières de l'antiquité, employait un dialogue de ses Tusculanes à démontrer premièrement l'immortalité de l'âme, et subsidiairement que la mort ne serait point un mal, encore que l'âme dût mourir. Vainement l'interlocuteur se déclare satisfait de la première démonstration; Cicéron insiste : « Il faut, dit-il, se défier de tout : on peut se laisser surprendre à la subtilité d'un raisonnement; les sages se sont trompés sur des points plus clairs; » et ce dogme de l'autre vie lui paraît encore enveloppé d'obscurité. Les stoïciens n'y trouvent pas plus de lumière : les plus habiles professent que les âmes survivent aux corps, mais pour un temps; qu'elles habitent une région du ciel, mais jusqu'à ce que, l'espace étant rempli, les premières venues soient anéanties, afin de laisser place aux dernières. Je ne sais rien de plus respectable que ces efforts désespérés de la philosophie pour résoudre les questions religieuses qui ne lui laissent point de repos; mais je ne sais rien de plus démontré que son insuffisance (1).

(1) Tite Live, *Hist.*, XXXIX et suiv. : Sept mille personnes enve-

Le paganisme avait encouragé les mauvais penchants de l'humanité. Cependant il enseignait la crainte des dieux, la distinction du bien et du mal, tout ce qui faisait le fond de la conscience et que l'incrédulité détruisait. De là cette corruption qui marque les derniers temps de la république, lorsque, les anciennes vertus s'éteignant, il ne resta plus dans les cœurs que la passion de l'or, du sang et de la chair. Alors Atticus faisait la traite des gladiateurs et prêtait à la grosse aventure; César souriait aux sarcasmes de ses soldats, qui lui reprochaient l'infamie de ses nuits; Auguste faisait crucifier un de ses esclaves pour avoir mangé un oiseau dressé dont il aimait les jeux. Quand l'homme était tombé si bas, comment la sainteté de la famille se fût-elle soutenue? Je m'explique ainsi la contagion

loppées dans les mystères infâmes des bacchanales. Sur les prostitutions religieuses, saint Augustin, *de Civitate Dei*, VII, 21. Pline, *Hist. nat.*, XXVIII, 4. Pline, XXX, 1. Le sénat rend en 669 un décret contre les immolations humaines. Mais Porphyre, *de Abstinentia*, II, 56, atteste que les immolations continuaient de son temps. Sur les deux étrangers qu'on enterrait vivants, Tite-Live, XXII, 57; Pline, XXVIII, 2. Sur le caractère religieux des combats de gladiateurs, Valère Maxime, III, 4, 7. Sacrifice humain offert par Octave aux mânes de César, Suétone, *Octav.*, 15. Lactance, *Divin. Institut.*, lib. I : « Si quidem Latialis Jupiter etiam nunc sanguine colitur humano. » En ce qui touche les spectacles, Tite-Live, *Hist.*, VII, 1, 2. Tertullien, *Apologetic.* et *Advers. Gnostic.* Cyprien, *de Spectaculis*. Magnin, *Origines du théâtre*. Et sur toute cette corruption du paganisme, Tschirner, *der Fall des Heidenthums*. Filon, *Mémoire sur l'état moral et religieux de la société romaine*. Cicéron, *Tuscul.*, I, « 78 : « Nihil nimis oportet confidere... in his est enim aliqua obscuritas. » *Ibid.*, 77 : « Stoici autem usuram nobis largiuntur tanquam cornicibus : din mansuros siunt animos, semper, negant..., » etc.

du célibat, la facilité du divorce, qui introduisait une sorte de polygamie successive ; en même temps qu'un tribun du peuple, Helvius Cinna, se disposait à faire décréter publiquement la pluralité des femmes. Dans les proscriptions du second triumvirat, plusieurs fils avaient dénoncé leurs pères. Plus tard, il fallut qu'un sénatus-consulte interdît les emprunts d'argent aux fils de famille, que l'impatience de leurs créanciers poussait au parricide. L'État même ne conservait plus rien de ce prestige religieux que lui prêtaient les vieilles croyances. La négligence des patriciens avait laissé périr l'antique tradition des augures ; on n'en retenait que de vaines cérémonies, qui ne commandaient plus le respect du peuple. Toute la morale des citoyens puissants était dans cette maxime d'Euripide : « S'il « faut violer les lois, il faut les violer pour régner ; « en toute autre chose, observez la justice. » A quoi bon rappeler la vénalité des élections, la rapacité des magistrats et des officiers du fisc, la spoliation des provinces ? Au milieu de ce désordre universel, grandissait la puissance impériale. Sans doute les Césars maintinrent les magistratures, mais pour s'en attribuer la meilleure part, le souverain pontificat, le tribunat, la censure, le proconsulat, et pour ne laisser aux autres que des honneurs sans puissance. Le nom de la république subsistait, mais comme une fiction légale à laquelle personne ne croyait plus. Ce système de fictions faisait le côté faible de la législation romaine. Le respect des règles anciennes s'attachait à en garder la lettre, pendant que la différence des temps introduisait un esprit nouveau. Ainsi la loi des douze tables ne connaissait d'héritiers que les parents par les mâles : le préteur appelait à la succession les parents par les femmes, mais en les supposant héritiers légitimes. La loi qui punissait le vol ne prévoyait ce crime qu'entre citoyens romains : en citant devant les juges l'étranger coupable, il fallait le supposer citoyen. L'antique solennité du combat judiciaire se perpétuait, mais en remplaçant la lance par la verge. Toute la procédure n'était qu'une suite de formules surannées et d'actes fictifs, que Cicéron ne craignait pas de livrer au ridicule, qui heurtaient le bon sens public, et qui menaient au mépris de la loi, et par conséquent à sa ruine (1).

(1) Sur la corruption des mœurs, Salluste, *Catilin.*, 10 ; *Jugurth.*, 41. Cicéron, *Lettres familières*, 8, 8 ; 1, 9 ; 6, 2 ; *à Atticus*, 3, 19 ; 4, 4 ; 15. Suétone, *in Cæsare*, 22, 30, 49, 51, 52 : « Helvius Cinna tribunus plebis plerisque confessus est habuisse se scriptam paratamque legem, quam Cæsar ferre jussisset cum ipse abesset, uti uxores liberorum quærendorum causa quas et quot vellet ducere liceret. » Le trait d'Auguste, qui fait un singulier contraste avec sa clémence chez Vedius Pollio, est rapporté par Plutarque, *Apophthegm.* — *Digeste*, l. I, *ad S. C. Macedonianum* : « Ne cui, qui filiofamilias pecuniam mutuam dedisset actio petitioque daretur. » — Gaïus, *Institut. comment.*, III, 23 ; IV, 11 et suiv.; 37 : « Item civitas romana peregrino fingitur... veluti si furti agat vel cum eo agatur. » On ne finirait pas, si l'on voulait énumérer toutes les fictions de la procédure romaine, tout ce qui s'y faisait de ventes simulées, *per æs et libram*. On feignait de vendre l'enfant qu'on émancipait, l'enfant qu'on donnait en adoption, la femme qu'on voulait rendre maîtresse de ses affaires, l'hérédité qu'on voulait transmettre, etc. Cicéron, *pro Murena*, 23-27.

Enfin, cette culture même des lettres, qui eut toute sa fleur au siècle d'Auguste, approchait déjà de son déclin. Les écrivains romains en étaient venus à ce moment critique où, préoccupés à l'excès de la perfection des formes, ils allaient négliger le travail de la pensée et le soin des grands intérêts, sans lesquels il n'y a pas de grandes littératures. Les signes avant-coureurs de la décadence se déclarèrent avant la mort d'Auguste. Deux beaux esprits marquent l'altération du goût, l'un dans la prose, l'autre dans la poésie : je veux dire Pollion, ce critique malveillant de Cicéron et de Tite Live, et Ovide, qui loua Virgile, mais qui n'en reproduisit ni la sobriété ni la vigueur. Dès lors la passion des exercices déclamatoires et des lectures publiques pousse les orateurs et les poëtes à ces défauts qui plaisent, à ces effets de parole qui soulèvent les applaudissements de l'auditoire, mais qui n'auront que les dédains de la postérité. L'érudition succède à l'inspiration épuisée, et l'art remplace le génie (1). Voilà donc où en était la civilisation romaine quand elle pénétra chez les Germains. Elle pouvait leur bâtir des temples ; mais les dieux qu'elle y devait installer ne valaient pas mieux que ceux du Nord : ils inspiraient moins de foi, par conséquent moins de vertus. Elle avait à leur proposer des lois admirables, mais servies par

(1) Suétone, *de Illustribus grammaticis*. Tacite, *de Causis corruptæ eloquentiæ*. Quintilien, lib. XII, cap. x.

de mauvais citoyens. Elle leur portait des écrits de ses plus grands maîtres, mais commentés par des disciples stériles. Il y avait assurément bien moins de poésie dans les écoles des grammairiens latins, que dans les chants d'une troupe de barbares rassemblés autour d'un bûcher pour célébrer les funérailles de leur chef.

La conquête de la Germanie fut poussée plus loin qu'on ne pense communément ; elle fut soutenue plus longtemps, elle eut de plus grands effets.

<small>Histoire de la conquête romaine en Germanie</small>

Déjà César avait pris possession de la rive gauche du Rhin, occupée par des populations d'origine germanique. Deux fois (55 et 53 avant J.-C.) il avait passé le fleuve, et poussé ses reconnaissances jusque dans l'intérieur du pays, dont la courte description fait une des plus belles pages de ses Commentaires. Après ses guerres d'Asie, il se proposait de revenir par le nord du Pont-Euxin, de prendre à revers la Germanie, qu'il traverserait de l'est à l'ouest, et de rentrer dans les Gaules avec la gloire d'avoir étendu l'empire jusqu'à l'océan Septentrional, regardé comme la limite de l'univers. Ce rêve ne fut pas réalisé ; mais il est remarquable que le génie de César ait été attiré vers ces trois grands pays du monde moderne, la France, l'Angleterre et l'Allemagne ; qu'il n'ait pas moins fallu que son épée pour commencer leur destinée, et que sa plume pour écrire le premier chapitre de leur histoire (1).

Auguste se fit un devoir filial d'accomplir le vœu de son prédécesseur. Après avoir affermi, par les soins de ses lieutenants, Agrippa et Munatius Plancus, la domination romaine sur le Rhin ; après que ses fils adoptifs, Drusus et Tibère, eurent soumis les peuples indomptés qui s'étendaient des Alpes au Danube, il crut le moment venu de pénétrer au delà des deux fleuves. Drusus (12 ans avant J.-C.) attaqua la Germanie par le septentrion : sa flotte descendit l'Yssel, rasa les côtes de la Frise et vint aborder à l'embouchure de l'Ems, où il construisit un fort. L'année suivante, il s'avança par terre jusqu'au Weser : une troisième expédition le conduisit au bord de l'Elbe. Il songeait à forcer ce dernier obstacle, lorsqu'un jour, dans la profondeur des bois, lui apparut une femme d'une stature plus qu'humaine, qui lui ordonna, dit-on, de retourner en arrière, et l'avertit que sa dernière heure approchait. On ajoute que peu après il mourut d'une chute. C'est le récit des historiens romains : et qui sait si, dans cette apparition, il ne

(1) Florus, III, 10; César, *Comment.*, V, VI; Plutarque, *in Cæsare* : Παρασκευή δέ καί γνώμη στρατεύειν μέν έπί Πάρθους, κατεστρεψαμένω δέ τούτους καί δι' Υρκανίας παρά τήν Κασπίαν θάλασσαν καί τόν Καύκασον έκπεριελθόντι Πόντον εἰς τήν Σκυθικήν ἐμβαλεῖν· καί τά περίχωρα Γερμανοῖς καί Γερμανίαν αὐτήν ἐπιδραμόντι διά Κελτῶν ἐπανελθεῖν εἰς Ἰταλίαν καί συνάψαι τόν κύκλον τούτον τῆς ἡγεμονίας τῷ πανταχόθεν Ὠκεανῷ περιοριζομένης.

faut pas reconnaître quelque prêtresse de Woden, qui se crut inspirée d'arrêter l'étranger au passage, et de sauver les derniers sanctuaires de ses dieux (1)?

Toutefois Rome n'abandonna point les conquêtes de Drusus. Pendant dix-huit ans, les légions sillonnèrent le pays, écrasèrent toutes les résistances, accoutumèrent les peuples à la crainte, qui est le commencement de la soumission. Domitius Ahenobarbus passa l'Elbe, et éleva, sur la rive droite, un autel en l'honneur d'Auguste. Des négociations s'ouvrirent avec les Burgondes, dont les tribus couvraient les bords de la Vistule. Toutes les résistances paraissaient domptées ; le génie des peuples et même le climat semblaient s'adoucir : c'était un autre ciel, une autre terre. Des progrès si rapides furent interrompus par le désastre de Varus, écrasé avec trois légions dans la forêt de Teutoburg. Mais le jeune et vaillant Germanicus vengea l'honneur du nom romain. Après deux ans de victoires, il ne demandait plus qu'une campagne pour achever la réduction de la Germanie en province. La jalousie

(1) Dion Cassius, XLVIII, L; LIII, LIV. Strabon, IV, VII. Tite Live, CXXXV, CXXXVI, CXXXVIII. Tacite, *Annal.*, XII, 27 ; *Germania*, XXVIII. Velleius Paterculus, II, 95, 97. Horace, *Carm*., IV, 4, 14. *Monument. Ancyr.*, *tabul.* 2ᵉ. Florus, IV, 12. Sur la mort de Drusus, Tite Live, CXL. Dion Cassius, LV, 1 : Γυνή γάρ τις μείζων ἢ κατὰ ἀνθρώπου φύσιν ἀπαντήσασα αὐτῷ, ἔφη· ποῖ δῆτα ἐπείγῃ. Δρούσε ἀκόρεστε, κ. τ. λ. Il est impossible de citer ici tous les témoignages de l'antiquité sur une époque si connue ; on les trouvera réunis dans le savant livre de Barth, *Deutschlands Urgeschichte*, t. I. Parmi les historiens modernes de l'Allemagne, j'ai consulté principalement Pfister et Luden.

de Tibère le priva de cette gloire, en lui décernant la vaine pompe du triomphe. Rome vit traîner au Capitole des prisonniers de toutes les nations germaniques, des prêtres, des chefs enchaînés avec leurs femmes et leurs fils. On portait autour du vainqueur les images des fleuves captifs; mais en même temps l'armée victorieuse commençait à quitter leurs bords; elle se retira lentement et à regret. En l'an 28 de l'ère chrétienne, le poste laissé à l'embouchure de l'Ems se maintenait encore; en l'an 47, les légions campaient près du Weser. Claude ordonna qu'elles se repliassent sur le Rhin. Mais la guerre avait duré un siècle et c'était plus qu'il n'en fallait aux Romains pour laisser au delà du Rhin une trace ineffaçable (1).

(1) Tacite, Annal., IV, 44. Dion Cassius, LV, 6. Suétone, in Tiber., 9. Velleius Paterculus, II, 72, 97, 118. Florus, IV, 12 : « Ea denique in Germania pax erat ut mutati homines, alia terra, cœlum ipsum mitius mollitusque solito videretur. » Cf. Dion, LVI, 18 : Ἐς τε τὸν κόσμον σφῶν (Ῥωμαίων) οἱ βάρβαροι μετερρυθμίζοντο καὶ ἀγορὰς ἐνόμιζον, συνόδους τε εἰρηνικὰς ἐποιοῦντο. Le sénat regardait déjà la Germanie comme une province : « Ipsi (Druso) quod nunquam, alias, senatus romanus ex provincia dedit. » Florus loco citato. L'expédition de Domitius Ahenobarbus, au delà de l'Elbe, est surtout connue par le fragment de Dion Cassius que Morelli a publié à Bassano, 1798. — Sur la défaite de Varus, le récit le plus instructif me semble être celui de Velleius Paterculus, II, 117, 120. Cf. Dion, LVI, 18 et suiv. Florus, IV, 12. Tacite, Annal., 1. Manilius, Astronomic., I, 894, rapporte les signes célestes qui annoncèrent la destruction de l'armée romaine. Cf. Suétone, in Octavian., 23, 49. Senec., Epist. LVII. — Sur les guerres qui suivirent, Suétone, in Tiberio, 18, 21. Velleius Paterculus, 120 et suiv. Ovide, Trist., III, 12 ; IV, 2. Tacite, 1 ; passim, 2, 5-26. Il faut lire dans Strabon, VII, la description du triomphe de Germanicus. En ce qui touche la domination romaine en Germanie après le rap-

Si les armées romaines reculaient au nord, elles reprenaient leurs avantages du côté du midi. Déjà Tibère (7 ans après J.-C.) avait dompté la puissante nation des Marcomans, établie dans les montagnes de la Bohême, d'où elle dominait le cours du Danube. Trajan s'attacha à soumettre la rive gauche du fleuve, depuis sa source jusqu'à ses bouches. Avant de succéder à l'empire, ce grand homme commandait en Germanie (94-98). On y avait admiré la rapidité de ses expéditions, la fermeté de son gouvernement, le respect qu'il inspirait aux barbares, lorsque, assis sur la chaise curule, entouré des faisceaux, il rendait la justice à tant de peuples différents de mœurs et de langues. C'est alors qu'il paraît avoir achevé la conquête du territoire compris entre le Rhin, le Mein et le Danube; des colons gaulois y furent établis, avec la condition de défricher le sol et de payer à l'État la dîme des récoltes. Devenu empereur, Trajan tourna ses armes contre les Daces, les plus belliqueux des Germains orientaux (102-105), et réduisit en province la contrée qui s'étend du Danube aux monts Carpathes et au Dniester. La civilisation latine y jeta des racines profondes : après dix-huit siècles, les peuples de la Valachie et de la Moldavie, issus, si l'on veut les en croire, des soldats de Trajan, prennent encore

pel de Germanicus, Tacite, *Annal.*, IV, 72; XII, 16-19 : « Igitur Claudius adeo novam in Germanias vim prohibuit, ut referri præsidia cis Rhenum juberet. »

avec orgueil le nom de Romains, *Roumouni* (1).

La soumission de la Germanie était devenue une des pensées dominantes de la politique impériale. Il fallait que tous les grands princes y missent la main. En 160, le soulèvement des Marcomans, soutenus par une confédération nombreuse, appela Marc-Aurèle sur la frontière. Il y trouva une des plus formidables guerres que l'empire eût soutenues. Cependant neuf campagnes successives le rendirent maître du territoire ennemi; il s'enfonça jusque dans le pays des Buriens, entre l'Oder et la Vistule, laissa partout des camps fortifiés et des garnisons; et déjà il songeait à former une province nouvelle sous le nom de Marcomannie, quand la mort le prévint. Mais on voit assez l'impression que la puissance romaine avait laissée parmi ces peuples, par les conditions qu'ils subirent. Ils s'engageaient à rester en paix avec leurs voisins, à fournir chaque année du blé et des soldats, à ne tenir l'assemblée publique qu'une fois par mois, dans un lieu déter-

(1) Guerres contre Marbod et les Marcomans, Strabon, VII; Velleius Paterculus, 108, 109, 110, 120. Tacite, *Annal.*, II, 62, 63. Suétone, *in Tiber.*, 57. Expédition de Trajan en Germanie, Pline, *Panegyric.*, IX, XII, XIV, XVI, LXXXII. Établissement des colons gaulois entre le Danube et le Rhin, Tacite, *Germania*, 29 : « Non numeraverim inter Germaniæ populos, quanquam trans Rhenum Danubiumque consederint, eos qui *decumates agros* exercent. Levissimus quisque Gallorum, et inopia audax, dubiæ possessionis solum occupavere. Mox limite acto, promotisque signis, sinus imperii et pars provinciæ habentur. » — Sur les guerres de Trajan contre les Daces, Dion Cassius, LXVIII. Vaillant, *la Romanie* ou *Recherches sur les peuples de la langue d'Oc*.

miné, et en présence d'un officier de l'empereur (1).

Toute l'ardeur du premier siècle s'était portée du côté du Rhin, toute l'attention du second fut tournée vers le Danube; le troisième eut à défendre les deux fleuves contre les invasions des Francs, des Alemans et des Goths. Mais ces insultes provoquèrent un glorieux retour de la fortune romaine. En 235, Maximin passa le Rhin; une nuée d'archers parthes, arméniens et maures qui composaient son armée s'abattit sur le pays, et parcourut l'espace de trois cents milles, brûlant les habitations, enlevant les troupeaux, faisant un carnage et un butin incalculables. Probus (277) porta aux Germains un coup plus terrible encore. Il attaqua les peuples qui avaient envahi la Gaule, leur tua quatre cent mille hommes, rejeta leurs restes au delà du Neckar et de l'Elbe, et poussa la guerre jusqu'à ce que les chefs ennemis vinssent implorer sa clémence. Il exigea d'eux un tribut, des otages, et le désarmement général de leur nation. Des stations militaires, des villes nouvelles fondées chez les barbares, devaient garantir l'exécution du traité. C'est alors que l'empereur put adresser au sénat cette lettre, où respire encore le génie victorieux de l'ancienne Rome. « Je rends grâces aux « dieux immortels, pères conscrits, parce qu'ils ont

(1) Dion Cassius, LXXI, LXXII. Julius Capitolinus, *Marc. Antonin.* : « Voluit Marcomanniam provinciam facere. » Cf. Reichart, *Germanien unter den Römern,* p. 348 et suiv.

« justifié le choix que vous aviez fait de moi. La
« Germanie est subjuguée jusqu'à ses dernières
« limites. Neuf rois de différents peuples sont ve-
« nus en suppliants se prosterner à mes pieds,
« c'est-à-dire aux vôtres. Déjà les barbares ne
« labourent, ne sèment, ne combattent plus
« que pour vous. Décernez donc, selon l'usage,
« des supplications solennelles... On a repris à
« l'ennemi plus de butin qu'il n'en avait fait. Les
« bœufs des Germains courbent la tête sous le joug
« de nos laboureurs... Nous aurions voulu, pères
« conscrits, réduire la Germanie en province, mais
« nous avons remis cette mesure à un temps où
« nos vœux seront mieux remplis, c'est-à-dire où
« la bienveillance des dieux nous donnera des ar-
« mées plus nombreuses. » Mais ce dessein n'eut
pas d'effet. Toute l'habileté des successeurs de Probus ne servit qu'à défendre les anciennes limites ; et l'épée de Constantin et de Théodose retarda seulement de quelques années le moment de l'invasion générale qui livra l'empire aux représailles des Germains (1).

(1) Jul. Capitolinus, *Maximini duo*. Vospiscus, *Probus*. Lettre de Probus au sénat : « Ago diis immortalibus gratias, P. C., quia vestra in me judicia comprobarunt. Subacta est omnis, qua tenditur late Germania... Omnes jam barbari vobis arant, vobis jam serunt, et contra interiores gentes militant... Nam et CCCCM hostium cæsa sunt, XVIM armatorum nobis oblata... Vulneramus, P. C., Germaniæ novum præsidem facere, sed hoc ad pleniora vota distelimus, » etc. Zosime, lib. I, complète le récit des campagnes de Probus en Germanie.

Les guerres de Germanie sont restées dans l'ombre, par la faute des abréviateurs et des biographes qui nous ont conservé une partie de l'histoire impériale. A travers l'obscurité de leurs récits, on n'aperçoit que des marches rapides, des combats sans suite, des traités sans force. Mais d'autres monuments témoignent d'un plan conçu avec maturité, suivi avec persévérance : je veux parler des constructions militaires récemment découvertes en Saxe, en Lusace, en Silésie. De longs retranchements se prolongent à travers les forêts de pins qui les couvrent en plusieurs endroits, et qui leur assignent une date reculée. Leur hauteur, portée jusqu'à soixante pieds, indique la main d'un peuple habitué à ne rien faire que de grand. Toutes leurs proportions ont la régularité des ouvrages auxquels les Césars employaient leurs soldats. Derrière ce rempart, on croit distinguer les postes destinés à le défendre. On les reconnaît aux ruines considérables qui subsistent encore dans le haut Mein, aux noms des lieux qui s'y conservent, et qui rappellent la présence des légions. La Bohême a de vieux châteaux auxquels la tradition donne aussi une origine romaine. Enfin, des fouilles récentes dans le pays de Liegnitz et de Breslau ont mis au jour un grand nombre de médailles impériales, d'armes, d'idoles, des vases de forme classique, des urnes sépulcrales, dont l'une portait une inscription latine, des traces d'habitations, et tout ce qui annonce, non le passage, mais le séjour d'un corps d'armée. Ainsi se dessine une ligne fortifiée qui touche d'une part à l'Elbe, limite des conquêtes d'Auguste, et de l'autre à l'Oder, où Trajan fit commencer la frontière de la Dacie. Cette construction peut se placer dans les treize années de la grande guerre des Marcomans. L'enceinte qu'elle achève embrasse presque toute la Germanie de Tacite; elle marque la borne jusqu'à laquelle Rome étendit, sinon son domaine, au moins ses desseins, et souvent son autorité. C'est ce qu'on vit quand les Chérusques reçurent un chef de la main de Néron, quand le roi et la prophétesse des Semnons allèrent visiter Domitien; quand un chef des Quades, accusé par son peuple, comparut devant le tribunal de Caracalla. Ces hommages ne s'adressaient pas aux mauvais princes, qui les reçurent, mais au pouvoir civilisateur qu'ils représentaient. En parcourant dans toutes les directions le pays des Germains durant trois cents ans, en y séjournant sur plusieurs points, les Romains, ces grands serviteurs de la Providence, faisaient plus qu'ils ne pensaient. Ils donnaient à leurs ennemis un spectacle bienfaisant : le spectacle de l'intelligence disposant des plus grandes forces qui furent jamais; le spectacle de l'ordre, des lois, des arts, qui assurent la supériorité des nations civilisées. Ils réveillaient chez les barbares ces premiers sentiments d'admiration et de curiosité par où comnonce l'éducation des peuples, comme celle des hommes (1).

Mais l'empire n'atteignit jamais les limites rêvées par ses maîtres. Il embrassa cependant une grande partie du territoire disputé. La frontière tracée, dit-on, par Adrien, commençait aux bouches du Rhin, et le suivait jusque vers le confluent de la Moselle. Là, elle s'enfonçait à l'orient en re-

*Résultats de la conquête.*

---

(1) Reichart, *Germanien unter den Römern*, 282, 348. Krusen *Budorgis. Archiv. des schlesisch-sæchsischen Vereins zur Aufsuchung der Alterthümer*. Dans le cercle du haut Mein, on trouve les noms de lieux suivant : *Rœmersreuth, Rœmergrundlein, Rœmerbühel*. Près de Stadtsteinach, on croit reconnaître les traces de fortifications romaines. Entre l'Elbe et l'Oder, dans toute la basse Lusace, on trouve des vestiges semblables. Les plus frappants sont ceux d'un rempart, à une heure au nord de Senftenberg : il a cinq milles de long, 50 à 60 pieds de haut, avec une largeur proportionnée. La régularité des angles saillants et rentrants atteste le soin donné à ce travail, et un bois de pins qui le couvre lui donne une date nécessairement très-reculée. En Bohême, on s'accorde à regarder la *tour noire* d'Eger comme une construction romaine. La Silésie est plus riche en antiquités. Des fouilles pratiquées à Liegnitz, et surtout à Massel, village du comté d'Œls, ont mis au jour un nombre considérable de vases, d'ustensiles, d'armes et d'idoles ; et, ce qui est plus décisif, une urne avec cette inscription : D. MART. OSSA III OLL. LIBA. On est donc tenté de reconnaître dans le village de Massel l'ancienne Massilia, où Sévère avait commandé la légion scythique. Æ. Spartianus, *in Vita Severi* : « Legioni IV scythicæ deinde præpositus est circa Massiliam. » C'est aussi dans cette région de l'Allemagne, et près de la Vistule, que Ptolémée place ces Buriens, chez lesquels Marc-Aurèle pénétra. Il faudrait probablement rapporter à cette expédition la pierre votive trouvée à Nassenfels : I. O. M STATORI FL. VETVLENVS LEG. III ITAL. NEVENSVS AB EXPEDITIONE BURICA EX VOTO POSVIT.

Sur l'autorité morale que Rome exerçait chez les peuples restés libres, Tacite, *Germania*, 29 : « Protulit enim magnitudo populi romani ultra Rhenum, ultraque veteres terminos imperii reverentiam. » *Ibid.*, 42 : « Sed vis et potentia regibus ex auctoritate romana. »

montant le Mein, et descendait ensuite vers le sud-est pour rejoindre le Danube aux environs de Ratisbonne, et ne le quitter qu'au pied des monts Carpathes. Les terres conquises qu'elle enveloppait formèrent plusieurs provinces, dont le nombre varia selon les temps. On en compta jusqu'à huit : quatre au sud-est : les deux Noriques, la première Rhétie et la deuxième ; quatre au nord-ouest : la Séquanaise, la première Belgique et les deux Germanies. Ces provinces n'étaient pas toutes occupées par des peuples de même origine : les Rhétiens semblent un rameau de la famille pélasgique ; les Séquanais et le plus grand nombre des Belges appartenaient à la puissante race des Celtes. Mais tôt ou tard les populations primitives devaient disparaître sous le flot des conquérants germains. L'empire comprenait donc tout ce qui devait former un jour la Flandre et le Brabant, la Lorraine et les quatre électorats du Rhin, l'Alsace, la Souabe, et une partie de la Franconie, la Suisse et la Bavière, la moitié de l'Autriche, le Tyrol et la Carinthie, c'est-à-dire les trois quarts de l'Allemagne du moyen âge (1).

---

(1) Cluverius, *Germania antiqua. Notitia dignitatum imperii*. Le retranchement romain partait du Danube, commençait près de Kelheim, passait par Altmannstein, Weissenburg, Gunzenhausen, Mainhart, Jaxthausen, Haasen, Obernburg, Aschaffenburg, et allait rejoindre le Rhin près de Braubach. V. Wenck, *Hessische Landesgeschichte*, I, 50. Buchner, *Reise auf der Teufelmauer*. Zeuss, *die Deutschen*, p. 504. Leichlen, *Schwaben unter den Römern*. Phillips, *Deutsche Reichs-und-Rechts-Geschichte*. p. 59.

C'était là que la civilisation latine, maîtresse pendant près de trois cents ans, devait montrer tout son pouvoir.

Quand les Romains prenaient possession d'un pays vaincu, ils engageaient, pour ainsi dire, une guerre nouvelle contre le sol. Ils tenaient avec raison la terre inculte pour la meilleure alliée des barbares qui l'avaient habitée, pour la plus dangereuse ennemie des maîtres nouveaux qui la subjuguaient. Il fallait premièrement l'assujettir par une chaîne de constructions fortes, et par un réseau de chemins qui la rattachassent au reste de l'empire. Il fallait ensuite la dompter par le défrichement, lutter contre les éléments rebelles, assainir l'air en ménageant l'écoulement des eaux, percer les bois, féconder le désert. Les dieux avaient mis l'ordre dans le ciel ; Rome se chargeait de le réaliser sur la terre, en y portant la sécurité, la régularité, la fertilité. Voilà pourquoi son peuple, le plus guerrier du monde, fut aussi un peuple constructeur et laborieux. Voilà pourquoi le travail était honoré comme un combat, et la culture comme une conquête.

*Voies romaines. Défrichements du sol. Villes fondées.*

La Germanie offrait à ces vainqueurs de la nature un champ de bataille digne d'eux. Tacite décrit avec une sorte d'horreur le ciel rigoureux du Nord, ses plaines tristes, entrecoupées de marécages, couvertes d'une végétation stérile et de troupeaux chétifs. Rien de plus effrayant que ces futaies où l'on cheminait soixante jours sans en trouver le bout; où, selon Pline, les chênes croissaient si forts et si serrés, que souvent leurs racines se rencontraient, se courbaient jusqu'à sortir de terre, et jusqu'à former des arcades assez hautes pour laisser passer un homme à cheval. Ces souvenirs de l'antiquité s'accordent avec une tradition qu'on peut recueillir comme l'expression naïve de la terreur qui saisissait les esprits à l'entrée des forêts vierges. Un ancien chroniqueur hollandais rapporte que l'empereur Claude revenait de son expédition d'Angleterre, quand il débarqua près de Slauenburg, sur la côte de Hollande. « Et après qu'il eut battu les barbares qui bordaient le rivage, il se dirigea vers un grand bois que les gens du pays appelaient le *bois sauvage sans pitié*. Là, les Romains entendirent le grand bruit des bêtes qui avaient leur gîte dans les fourrés. Il y avait des ours, des lions, des sangliers et d'autres animaux féroces, qui multipliaient si fort, qu'ils tenaient tous les hommes dans l'épouvante. Alors l'empereur demanda si personne n'habitait dans ce bois, et on lui dit : « Seigneur, il est hanté de tant de « bêtes sauvages, qu'avec tout ce que vous avez « de soldats, vous ne pourrez pas le traverser. » Et l'empereur voulut savoir si le bois était grand, et si de l'autre côté n'habitaient pas d'autres peuples. On lui répondit : « Le bois a bien dix milles de « long sur trois de large, et au delà habitent les

« bas Saxons, qui ne laissent de paix à qui que ce
« soit sur la terre. Si donc vous avez la bonne for-
« tune de traverser le bois, vous aurez affaire à ce
« peuple. » Alors l'empereur s'écria : « Ce n'est pas
« sans raison qu'on l'appelle le *bois sauvage sans
« pitié*. » Et le nom, ajoute le chroniqueur, s'est
conservé jusqu'à nos jours (1).

En présence de tels obstacles, les expéditions de
Drusus voulaient être soutenues par des travaux
immenses. Il enchaîna d'abord le Rhin, en jetant
deux ponts sur ses eaux et cinquante châteaux sur
ses rives. Trajan couvrit de forteresses le cours inférieur du Danube. Adrien lia les deux fleuves par un
retranchement qui se développait sur une longueur
de trois cents milles. La grandeur de ses restes étonne
encore les paysans des environs : ils l'appellent le
*Mur du diable*. Cette ligne de défense, complétée
par des constructions détachées sur le Taunus, sur
le Steinsberg et sur plusieurs autres points, rétablie
à deux reprises par Probus et Valentinien I$^{er}$, dé-
sespéra pendant longtemps tous les assauts des barbares. En même temps deux canaux unirent le
Rhin à l'Yssel et à la Meuse ; un troisième, dont
l'exécution fut interrompue, devait le rattacher à
la Saône et ouvrir ainsi la communication de l'O-
céan à la Méditerranée. Les inondations du Neckar

(1) Tacite, *Germania*, 2, 5 : « Terra... aut silvis horrida, aut paludibus fœda. » Pline, *Hist. nat.* Le fragment de la Chronique de Hollande est tiré des manuscrits de la bibliothèque de Berne, et reproduit par J. Gœrres, *die Vælkertavel des Pentateuch*.

furent contenues par une digue. D'autres ouvrages assurèrent la navigation du lac de Constance, du Danube et de ses principaux affluents. Les panégyristes des empereurs n'ont pas assez de louanges pour célébrer la conquête de ces grands cours d'eau, qui ouvraient le territoire aux flottes romaines. Les légions y circulaient par des routes qu'elles-mêmes avaient percées. Une voie principale allait de la mer Noire à la mer du Nord : de nombreux embranchements desservaient les provinces adjacentes et les rattachaient au grand réseau de chemins qui partait de la pierre milliaire du Capitole pour se distribuer jusqu'aux dernières extrémités de l'empire. On ne se représente pas assez la hardiesse de ce travail, ces chaussées superbes sillonnant les montagnes, franchissant les marais, traversant des contrées différentes de climat, d'aspect, de population : toujours avec la même solidité, la même uniformité, la même opiniâtreté que la ville éternelle mettait dans toutes ses œuvres (1).

(1) Florus, IV, 12. Tacite, *Annal.*, XI, 20; XIII, 53. Dion, LXVIII. Spartianus, *in Adriano*. Vopiscus, *in Probo*. Eumène, *Panegyric. Constantin.*, 13 : « Totus armatis navibus Rhenus instructus est, et ripis omnibus usque ad Oceanum dispositus miles imminet. » Symmaque, *Laudatio Valentimani*, 2, 5, 7, 21 : « Brachiis utrinque Rhenus urgetur, ut in varios usus tutum praebeat commeatum. » *Laudatio Gratiani*, 9 : « Rhenus non despicti imperia, sed intersecat castella romana, repagulis pontium captivus urgetur. » Cf. Ammien Marcellin, XXX, 8. Procope, *de Ædificiis*; 4, 5. Antonini *Itinerarium* (edit Wesseling). J'y trouve l'indication de douze routes dans les différentes provinces qui ont formé depuis l'Alle-

Il fallait plus. Une vieille maxime de la sagesse latine voulait que le Romain s'assît pour vaincre : *Romanus sedendo vincit*. Ce peuple était avare et laborieux. Il s'attachait à la terre; il en défendait la moindre parcelle avec tant de jalousie, que, pour consacrer les bornes de ses champs, il recourait à toutes les solennités du culte, à toutes les menaces de la loi. Une lisière de moissons couvrait les frontières mieux que la plus haute muraille. C'est pourquoi les empereurs avaient intéressé les soldats à la défense des provinces, en leur abandonnant une partie du sol. Alexandre Sévère et Probus assignaient aux troupes postées au delà du Rhin des champs, des habitations, avec des esclaves, des bestiaux, et des approvisionnements de blé. Valentinien accorda aux colons militaires qu'il établit le choix des meilleures terres, à chacun une paire de bœufs, à tous l'exemption des impôts. Ces mesures n'étaient prises que pour la sûreté de l'empire, elles tournèrent au profit du territoire conquis. Elles lui donnèrent une population per-

magne : « A Lugduno (Batavorum) Argentoratum. — A Treveris Agrippina. — A Treveris Argentorato. — A Colonia Trajani ad Agrippinam. — A Castello Coloniæ. — De Pannoniis in Gallias. — Iter per ripam Pannoniæ. — A Lauriaco Veldidena. — A ponte Œni ad castra. — A ponte Œni Veldidena. — Ab Augusta Vindelicorum Verona. — Ab Aquileia Lauriaco. » Cf. *Tabul. Peutinger.* — Parmi les modernes, j'ai surtout consulté Fiedler, *Rœmische Denckmæler am Niederrhein*. Mone, *Urgeschichte des Badischen Landes*. Jaumann, *Colonia Sumlocenne*. Ruihart, *Ælteste Geschichte Bayerns*. Schœpflin, *Alsatia illustrata*, t. I. Welser, *Rerum augustanarum*.

manente, endurcie aux fatigues et aux dangers, capable de percer les forêts, de dessécher les marécages, de soumettre enfin la nature aux savants procédés de l'agriculture italique. Les grandes invasions n'effacèrent pas les traces de ce défrichement. Les paysans du duché de Bade labourent encore avec la charrue des Géorgiques, et les soldats de Probus ont planté les premiers ceps des vignes fameuses qui font la couronne du Rhin (1).

C'était beaucoup d'avoir changé le désert en campagnes fécondes : un dernier effort en fit sortir des cités. La puissance romaine, née dans une ville, n'a pas eu de repos qu'elle n'eût couvert de villes tout l'Occident. En effet, elle ne pouvait prendre possession du sol d'une manière plus impérieuse qu'en emprisonnant l'espace libre dans une enceinte de murailles, en forçant les eaux des torrents à cheminer sur les aqueducs, et la pierre à monter en voûtes pour former ces portiques, ces thermes, ces amphithéâtres, qui rappelaient sous un ciel glacé les besoins et les plaisirs du Midi. Bientôt les postes militaires de la Germanie, les

(1) Varron, *de Re rustica*, 1, 2. Velléius Paterculus, II, 104. Lampride, *in Alexandro Sev.* Vopiscus, *in Probo* : « Agros, et horrea, et domos, et annonam transrhenanis omnibus fecit, iis videlicet quos in excubiis collocavit. » Loi de Valentinien, *Code Théodosien*, VII, 20, 8. Orelli, *Inscript*. 3528. Cf. Mone, *Urgeschichte des Badischen Landes*, t. I, où l'agriculture du pays de Bade est étudiée jusque dans le dernier détail. On trouve un grand nombre d'inscriptions militaires citées par Fiedler, *Rœmische Denckmæler*, et par Lersch, *Central Museum Rheinlœndischer Inschriften*, et par Steiner, *Codex Inscriptionum Rheni*.

ports des fleuves, les stations des grandes routes, devinrent les noyaux d'autant de cités. Les anciens itinéraires en comptent cent seize, et de ce nombre soixante-cinq au moins sont encore debout. Je reconnais sous leurs anciens noms les lieux qui devinrent dans la suite Vienne, Salzbourg, Passau, Ratisbonne, Augsbourg, Bâle, Strasbourg, Worms, Spire, Mayence, Cologne, Aix-la-Chapelle. Des ruines imposantes, des inscriptions, des musées encombrés d'ouvrages de toute sorte, attestent que les Romains sont venus poser la première pierre de toutes ces villes, où l'histoire d'Allemagne devait avoir ses plus belles scènes, où s'agitèrent pendant tant de siècles les plus grandes affaires de la chrétienté (1).

Ainsi le territoire germanique se trouva incorporé

Les institutions politiques.

(1) Sur les douze routes décrites dans l'Itinéraire d'Antonin, je compte environ cent villes ou postes militaires. Reichard, *Germanien unter den Rœmern*, porte à quatre-vingts environ le nombre des lieux nommés par Ptolémée et les autres écrivains anciens dans la grande Germanie, hors de la frontière de l'empire. Mone, dont le calcul me paraît exagéré, trouve dans le pays de Bade seulement cent quatre villes ou villages d'origine romaine. Une inscription trouvée à Heddernheim mentionne un *collegium lignariorum*; une autre, à Ettlingen, un *contubernium nautarum*. Plusieurs autres, à Mayence, à Clèves, nomment un *præfectus fabrorum*, des *negotiatores artis cretariæ, frumenti, ferrarii, argentarii*. Voyez Mone, *Urgeschichte*, t. I, p. 251. Cf. Hefele, *Geschichte der Einführung des Christenthums im S. W. Deutschlande*, p. 34-41. Jusqu'en 1837, on avait trouvé dans le royaume de Wurtemberg plus de cent vingt inscriptions, statues ou bas-reliefs. Le monument le plus instructif est l'inscription suivante trouvée à Hausen, district de Heidenheim : IMPERATOR. CÆSAR. GALLIENVS. GERMANICVS. INVICTVS. AVGVSTVS. Elle prouve que ce pays était encore au pouvoir des Romains vers l'an 250.

à l'empire; il en eut l'aspect pacifique et régulier. Une terre si profondément remuée devait porter autre chose que des récoltes et des édifices : il était temps d'y asseoir des institutions. De même qu'une contrée sauvage réveille la passion de l'indépendance dans le cœur humain et l'invite à la vie errante, ainsi les champs cultivés, les habitations qui se touchent, qui s'alignent, et qu'un même mur enveloppe, donnent aux hommes des leçons de stabilité, de subordination, et comme le premier exemple de la vie civile.

*Administration impériale.* La plus forte des institutions romaines, hors de Rome surtout, c'était la puissance impériale. A Rome, l'empereur ne fut longtemps que le prince du sénat, réunissant dans ses mains les attributions de plusieurs magistratures. Mais dès le commencement il devint le souverain des provinces, de celles du moins qu'il s'était fait donner comme les plus importantes et les plus menacées, par conséquent de celles qui formaient la frontière du Nord. Il y exerçait un pouvoir proconsulaire, c'est-à-dire absolu, militaire et civil, avec le droit de vie et de mort sur les personnes, et le domaine éminent de toutes les terres, avec les honneurs divins et tout ce qu'exigèrent jamais les rois les plus obéis. Souvent les premiers Césars avaient paru au bord du Rhin. Plusieurs autres, et les plus guerriers, vécurent ou moururent sur les champs de bataille de la Germanie. Trèves vit passer dans ses murs une longue suite d'empereurs, depuis Maximien jusqu'à l'usurpateur Maxime. Alors le cérémonial de l'Orient envahissait la cour impériale; les peuples avaient sous les yeux les pompes de la monarchie. Ils s'y attachèrent comme on s'attache à tous les spectacles; ils s'en firent une habitude, et à la longue un besoin.

Les empereurs avaient d'abord régi les provinces par des lieutenants chargés du commandement des troupes et du gouvernement civil, et par des procureurs responsables de l'administration financière. Dioclétien et ses successeurs pensèrent relever leur autorité en échelonnant au-dessous d'elle une hiérarchie nombreuse, dont les rangs et les titres nous sont connus par la *Notice des dignités de l'empire*. On y voit le préfet du prétoire des Gaules faisant sa résidence à Trèves, avec le vicaire qui lui est subordonné. Trois consulaires et cinq présidents siégent aux chefs-lieux des huit provinces germaniques. Ces magistrats ne commandent plus les légions, ils ne conservent qu'un pouvoir administratif et judiciaire. Cependant telle est encore chez les Romains la sainteté de la justice, qu'ils ne sauraient l'entourer de trop de solennité. Le préfet du prétoire prend place sur la chaise curule; on porte devant lui l'image du prince. Sur une table couverte d'une nappe frangée d'or, entre quatre candélabres garnis de cierges allumés, repose le livre des constitutions impériales. On retrouve une partie de cet appareil dans les tribunaux inférieurs.

L'impression de respect qu'il laissait dans les esprits était si forte, que l'Église transporta à ses évêques le cérémonial du prétoire. Comme elle avait pris les basiliques où l'on rendait la justice, pour les modèles de son architecture sacrée, elle emprunta aussi la chaise curule, qui fut le trône épiscopal, les flambeaux, la table, qui servit d'autel : seulement elle remplaça l'image du prince par celle du Christ, et le livre des lois humaines par l'Évangile. Cependant des dignitaires si honorés n'avaient aucune part au maniement des deniers publics. Les finances se partageaient entre deux administrations indépendantes. D'un côté le comte des *largesses sacrées* faisait la recette et l'emploi de l'impôt, payait les troupes et jugeait en matière fiscale. Il avait sous lui des agents comptables pour toutes les provinces : on voit à Augsbourg, à Trèves, les préposés du Trésor, les procureurs des monnaies, les intendants des chasses. D'une autre part, le comte du *domaine privé*, assisté d'un grand nombre d'officiers, régissait les biens-fonds et les revenus de tout genre qui formaient le patrimoine des empereurs. Quand on considère de près l'organisation de ces différents services, l'exactitude du cadastre, les mesures prises pour la répartition et la perception de l'impôt, la composition des bureaux avec tout ce qu'ils employaient de directeurs, de secrétaires, de commis, d'expéditionnaires et d'appariteurs, on reconnaît, au milieu de beaucoup d'abus, la division du travail, le contrôle mutuel des fonctions, l'authenticité des écritures, et tous les principes d'ordre qui devaient passer dans l'administration des États modernes (1).

Mais le gouvernement impérial s'attacha les provinces par un bienfait plus désintéressé. De même que l'image du prince figurait dans tous les tribunaux, ainsi son autorité faisait la force de tous les jugements. Les Césars avaient eu soin de s'attribuer la plus auguste fonction de la puissance publique, qui était de faire régner le droit, c'est-à-dire la volonté des dieux, au milieu des contestations humaines. Ils exerçaient leur charge en prononçant sur les causes portées en dernier ressort jusqu'à eux, en répondant par des rescrits aux questions des magistrats ou des particuliers, en rendant des édits généraux qui éclaircissaient les obscurités de la législation, ou qui suppléaient à ses lacunes. Ils étaient les interprètes des lois, ils en devinrent les réformateurs. Assistés d'un conseil où parurent Gaïus, Ulpien, Paul, Papinien, les plus grandes lumières que la justice temporelle ait jamais eues,

(1) Empereurs qui parurent en Germanie : Auguste, Tibère, Caligula, Vitellius, Domitien, Trajan, Adrien, Marc Aurèle, Commode, Caracalla, Alexandre Sévère, Maximin, Posthumus, Claude II, Aurélien, Probus, Constantin, Julien, Valentinien I$^{er}$. Empereurs qui résidèrent à Trèves : Maximien, Constance Chlore, Constantin, Valentinien, Maxime. — Sur l'administration impériale, cf. *Notitia dignitatum imperii Occidentis*; Naudet, *des Changements opérés dans toutes les parties de l'administration romaine, depuis Dioclétien jusqu'à Julien.* — Caïus, II, 7 : « Sed in provinciali solo... dominium populi romani est, vel Cæsaris. »

ils entreprirent de continuer l'œuvre des tribuns, des préteurs, des premiers jurisconsultes, et de corriger la rigueur du droit civil par l'équité du droit des gens. Mais le droit civil représentait l'ancienne tradition de Rome; le droit des gens se formait de ce qu'il y avait d'universel et de permanent dans les coutumes des provinces. C'étaient donc elles à leur tour qui faisaient la loi, qui la faisaient égale pour tous. Tout tendait à l'unité. La politique d'Auguste et de ses successeurs s'appliquait à effacer les différences des peuples, en prodiguant aux provinciaux le titre de citoyens, jusqu'à ce qu'enfin la constitution de Caracalla l'accorda sans réserve à tous les sujets de l'empire. Alors le droit commun fut constitué, et ce bienfait toucha si profondément les provinces, qu'il leur fit pardonner jusqu'aux crimes des plus mauvais empereurs, et que le nom impérial, déshonoré par tant de tyrans, demeura populaire jusqu'à la fin. Un reste de vénération l'entourait encore quand il n'était plus qu'un souvenir. Nous verrons la souveraineté des princes byzantins reconnue par les barbares, maîtres de l'Occident. Et plus tard, quand les provinces germaniques chercheront à se donner une constitution puissante et durable, elles voudront relever ce vieil empire romain qui ne fut jamais oublié. Elles exigeront que leur souverain passe les Alpes pour aller au Vatican recevoir le titre d'Auguste. Il y aura des théologiens et des jurisconsultes qui démontreront comment la monarchie universelle, nécessaire au repos du monde, a passé sans interruption des Romains aux Francs. Les chroniqueurs rattacheront la généalogie des Hohenstauffen à celle des Césars, en remontant jusqu'à Dardanus et jusqu'à Jupiter. Si tant d'efforts n'arrivent point à restaurer le passé, il en restera du moins des traditions monarchiques qui ne se perdront plus; et la jurisprudence romaine deviendra le fond de tous les codes européens (1).

D'un autre côté, le pouvoir militaire détaché des fonctions civiles avait reparu sous des titres nouveaux. Le maître des deux milices, et, après lui, les deux maîtres de l'infanterie et de la cavalerie, avaient à leur disposition les comtes et les ducs qui commandaient les légions des frontières. La *Notice des dignités de l'empire* nomme le comte de Strasbourg, le duc de Mayence, le duc de la seconde Germanie, celui des deux Réthies, et celui du Noricum extérieur. On voit sous leurs ordres des légions, des cohortes, des corps de cavalerie

<small>Organisation militaire.</small>

---

(1) Digeste, *de Justitia et Jure*, I, 4 : « Jus gentium est quo gentes humanæ utuntur. » — *De statu homin.*, l. XVII. Dion Cassius, LXXVII. Gottfried de Viterbe, *Pantheon historic.*, 3, 8.

<small>A Jove Romani legum sunt dogmate pleni
Quas hodie leges discimus, ipse dedit...
In duo dividimus trojano sanguine prolem :
Una per Italiam sumpsit diademata Romæ;
Altera Teutoniæ regna læta fovet.</small>

Voyez aussi Amédée Thierry, *Histoire de la Gaule sous l'administration romaine*, t. I.

légère ou pesamment armée, postés de proche en proche sur les bords du Rhin et du Danube; des flottilles veillent à la sûreté des deux fleuves; on trouve sur plusieurs points, à Lorch, à Strasbourg, à Trèves, des fabriques de boucliers, de balistes, d'armes de toute espèce. Cette énumération donne encore une grande opinion de la force militaire de l'empire au temps de sa dernière décadence. Mais il avait fallu des liens plus forts que ceux de la discipline pour retenir les gens de guerre dans des postes si dangereux. Nous avons vu comment Alexandre Sévère et ses successeurs avaient distribué le territoire menacé aux troupes chargées de le défendre; mais les clauses de cette concession méritent d'être étudiées. L'empereur, seul propriétaire du sol provincial, conservait le haut domaine des terres partagées. Les possesseurs n'en avaient que la jouissance héréditaire, sous les trois conditions d'entretenir le fossé, de défendre le retranchement, et d'engager au service leurs enfants ou leurs héritiers. Or, si l'on considère ces titres de ducs et de comtes, qui désignaient les premières dignités de la milice impériale, et qui devaient bientôt marquer les rangs de la noblesse germanique; si l'on y ajoute ces concessions de terre, à charge de service de guerre, qui avaient déjà tout le caractère des fiefs, ne sera-t-il pas permis de conclure que l'organisation militaire des provinces romaines eut plus de part qu'on ne lui en attribue d'ordinaire à l'établissement du régime féodal (1)?

Régime municipal.

L'autorité seule se faisait sentir dans le gouvernement des provinces : mais la liberté reprenait ses droits dans l'administration des villes. Ce n'est pas ici le lieu de reproduire le détail trop connu des institutions municipales. J'y remarque seulement la politique éternelle de Rome, cherchant à se rendre partout présente, pour rester partout maîtresse. De même que Rome avait son image et comme un abrégé d'elle-même dans ses légions, dont les camps étaient autant de cités mobiles et armées en pays ennemi ; de même elle se multipliait dans ses colonies, fixées comme autant de camps désarmés et paisibles sur la terre conquise. On répétait pour leur fondation les cérémonies qui avaient consacré la ville naissante de Romulus. Les pontifes, après s'être assuré des auspices favorables, purifiaient le lieu désigné. La charrue sym-

(1) *Notitia dignitatum.* « Sub dispositione viri illustris magistri peditum, præsentalis comites militum infra scriptorum... Comes tractus argentoratensis... Dux Pannoniæ primæ et Norici ripensis, dux Rhetiæ primæ et secundæ, dux Germaniæ secundæ, dux Moguntiacensis. » C'est aussi dans la *Notitia* qu'on trouve l'énumération de toutes les forces romaines en Germanie. — Voici les termes des concessions de terre accordées par Alexandre Sévère et ses successeurs : *Vopiscus in Probo :* « Sola quæ de hostibus capta sunt limitaneis ducibus et militibus donavit, ita ut eorum ita essent, si hæredes illorum militarent, nec unquam ad privatos pertinerent, dicens attentius eos militatures, si etiam sua rura defenderent. » Cf. Loi II, Digest. *de Evictionibus :* « Lucius Titius prædia in Germania trans Rhenum emit, et partem pretii intulit ; cum in residuam quantitatem hærens emptoris conveniretur, quæstionem retulit, dicens : Has *possessiones* ex præcepto principali partim distractas, partim veteranis in præmia adsignatas. »

bolique traçait l'enceinte des murailles, on la faisait carrée comme l'enceinte d'un temple; les arpenteurs divisaient régulièrement l'espace intérieur, et marquaient les bornes de chaque héritage. Si la colonie avait obtenu ce qu'on appelait le droit italique (*jus italicum*), la terre ainsi mesurée était traitée comme terre d'Italie; elle devenait susceptible, non plus seulement d'une possession précaire et conditionnelle, mais d'une propriété immuable, sans restriction et sans charges (*jus quiritium*), qui contenait la garantie de toutes les libertés. Maîtres dans leurs foyers, les colons étaient souverains dans les murs de leur ville. L'autorité s'y partageait, comme à Rome, entre l'assemblée générale du peuple et un sénat ordinairement composé de cent membres, qu'on appelait aussi la curie ou l'ordre des décurions. Les duumvirs élus chaque année représentaient les consuls, gouvernaient la cité, et rendaient la justice dans les limites de leur compétence. Un magistrat quinquennal, remplissant les fonctions de censeur, administrait les revenus; des édiles veillaient à la police de la voirie et des marchés. Ces institutions entretenaient dans les colonies la pratique des droits et des devoirs qui faisaient la vie politique des Romains. Elles attachaient les peuples en les honorant; elles constituaient un privilège que les cités devaient mériter par leurs services. Les autres villes, avec les titres différents de colonies sans droit italique, de municipes, de préfectures, recevaient aussi des lois inégales. Mais toutes avaient du moins leur curie, c'est-à-dire leur conseil, et par là même le pouvoir de délibérer, qui est, à vrai dire, le principe de tous les pouvoirs (1).

Les documents mutilés qui nous sont parvenus ne nous font connaître qu'une seule ville de droit italique sur la frontière du Nord, je veux dire Cologne, et sept colonies : Trèves, Xanten, Bâle, Rottenbourg sur le Neckar, Augsbourg, Salsbourg et Wels. On y peut ajouter probablement Passau et Ratisbonne. Il semble, au premier aspect, que ces faibles images de Rome, transportées sur un sol si souvent remué par la guerre, y devaient trouver peu d'appui, peu d'égards chez les officiers impériaux, peu de crédit chez des populations à demi barbares. On voit en effet les curies opprimées, et les magistratures réduites à n'être plus que des noms. Mais rien n'égale la puissance des noms sur l'esprit des peuples ; ils s'y conservent avec une bienfaisante opiniâtreté ; ils y conservent avec eux les traditions, et par conséquent les droits. Ainsi les villes des provinces germaniques essuyèrent

(1) Cicéron, de leg. agrar., II, 12. Philippic., II. Aul. Gell., Noctes atticæ, XVI, 13 : « Coloniæ sicut effigies parvæ simulacraque populi romani. » Cf. Végèce, I, 21 : « Si recte constituta sunt castra, milites quasi armatam civitatem videntur secum portare. » Tacite, XIV, 27 : Festus, ad verbum Municipium. Heineccius, Antiquit. roman., I, 124 et suiv. De Savigny, Histoire du droit romain, t. I. Guizot, Essai sur l'histoire de France. De Champagny, Tableau du monde romain, t. I.

tous les orages de l'invasion : elles perdirent leurs monuments, leurs temples, et ces théâtres dont elles aimaient les jeux ; elles ne perdirent jamais le souvenir de leurs libertés. Au onzième siècle, Ratisbonne conservait sa vieille enceinte, qu'on appelait Tiburtine, du nom de Tibère, son fondateur ; on y connaissait des citoyens vivant sous la loi romaine, et certaines mesures d'intérêt général étaient prises de concert par le sénat et le peuple. Cologne, de son côté, garda sa curie, qui fut appelée « la corporation des puissants » *Richerzechheit*), et qui tirait de son sein les bourgmestres, successeurs des duumvirs, investis comme eux d'une autorité judiciaire et administrative. D'autres villes n'avaient qu'un reste de leurs anciennes franchises ; mais c'était assez pour faire l'envie des populations soumises au régime féodal. En 993, les instances de l'impératrice Adélaïde auprès de son petit-fils Otton III obtinrent aux habitants de Selz le bienfait de la *liberté romaine*. Au commencement du douzième siècle, Strasbourg et Fribourg, en Brisgau, avaient des consuls (1).

(1) Les colonies de Cologne (Colonia Agrippina), de Xanten (Colonia Trajana), de Trèves (Augusta Treverorum), de Bâle (Augusta Rauracorum), d'Augsbourg (Augusta Vindelicorum), de Salzbourg (Juvavia), de Wells (Ovilabis), étaient les seules que l'on connût en Allemagne, jusqu'à ce que M. le chanoine Jaumann retrouvât l'antique colonie de Sumlocene, aujourd'hui Rottemburg sur le Neckar. Rien n'est plus complet que ce beau travail (*Colonia Sumlocene*, Stuttgard, 1840), où une ville tout entière est pour ainsi dire reconstruite avec quelques inscriptions. — Sur la consti

Ainsi la liberté comme l'autorité devait porter le sceau de Rome pour contenter les peuples. Le nom romain était chez eux la marque de tout ce qu'il y avait de plus légitime et de plus durable. Voilà pourquoi on les voit recueillir avec tant de sollicitude les souvenirs de ces maîtres du monde, dont ils se croyaient les héritiers. Il y avait peu de vieilles villes qui n'attachassent leur noblesse à quelque tour bâtie par Drusus, à quelque palais de Constantin. Le panégyrique de saint Annon, écrit vers l'an 1100, rappelle avec orgueil l'origine latine des cités de Cologne, Mayence, Worms, Spire ; il attribue la fondation de Metz à Metzius, compagnon de César, et célèbre les travaux des Romains, qui firent de Trèves un lieu si fort. « Ils y cons-
« truisirent en pierres, continue le poëte, un con-

tution des villes d'Allemagne, j'ai consulté le savant mémoire d'Eichhorn, *Ueber d. Ursprung d. stædtl. Verfassung*, et Dœnniges, *das deutsche Staatsrecht*, p. 247. Gemeiner (*Ursprung der Stadt Regensburg*) cite les passages suivants de la lettre d'un prêtre anonyme, *ad Reginwartum abbatem*, vers l'an 1036 : « Ibi (Ratisbonne) urbs antiqua a Tiberio quondam Augusto munitissimis mœnüs inter mellitos, ut sic dictum sit, rivulos et flumina satis pinguissima constructa, quæ antiquitus Tiburtina dicta fuerat... Tunc plebs urbis et senatus pia erga patronum et doctorem suum devotione fervens muros urbis occidentali parte deposuit. » — Pour Cologne, le plus ancien document est un arbitrage entre le burgrave et le magistrat archiépiscopal (Vogt), en date de l'année 1169, où l'on trouve mentionnés les « magistri civium, scabini colonienses, et officiati de Rycherzeggede. » Cf. *Vita sanctæ Adelheid.*, par Odon de Cluny : « Ante duodecimum circiter annum obitus sui, in loco qui dicitur Salsa, urbem decrevit fieri sub liberiate romana. » Nous avons en effet le décret qu'Adélaïde obtint de son petit-fils Otton III en 995 : Ap. Schœpflin, *Alsat. dipl.*, t. I.

« duit souterrain par où ils envoyaient jusqu'à Colo-
« gne, autant de vin qu'en voulaient les capitaines
« de la ville : car leur puissance était très-grande. »
Ce trait me frappe, parce qu'il est fabuleux et tri-
vial, par conséquent populaire; parce que j'y reconnais l'opiniâtreté d'une tradition qui entretenait
les peuples dans une grande opinion d'eux-mêmes.
Sous ces fables, il y avait des libertés ; le jour vint
où elles s'en dégagèrent, où elles éclatèrent dans
les villes du Rhin, grandirent avec la ligue han-
séatique, et fondèrent en Allemagne la puissance
du tiers état. (1).

*Les écoles.* — Des institutions si complètes et si durables ne ten-
daient cependant qu'à soumettre les volontés : il fallait encore gouverner les intelligences. Les Romains
y avaient pourvu par l'établissement des écoles publiques. Ce fut un trait de leur génie d'avoir reconnu
de bonne heure ce que peuvent les lettres pour troubler ou pour servir les sociétés, et d'avoir fait de

(1) *Panegyric. S. Annon.* Schilter, *Thesaur.*, 1, et Wackernagel, *D. Lesebuch*, p. 184.

    Metze stifte ein Cæsaris man
    Mezius geheizan.
    Triere was ein burg alt :
    Si cierti Rômere gewalt,
    Dannin man unter diz erdin
    Den win santi verri
    Mit steinin rinnin
    Den herrin al ei minnin
    Die ei Kolne wârin sedilhaft
    Vili michili was diu iri craft.

l'enseignement une fonction au lieu d'une industrie, en lui donnant des priviléges, une dotation, et en même temps des règles. A l'exemple de Rome, chaque colonie eut ses maîtres de rhétorique et de grammaire, rétribués, honorés, et chargés pour ainsi dire de la police des esprits. On peut croire que les villes de la frontière germanique ne furent pas les dernières à ouvrir leurs écoles, puisqu'on voit celle de Xanten (*colonia Trajana*) détruite par un incendie, et rétablie par la libéralité de Marc-Aurèle et de Vérus. Plus tard, quand les successeurs de Dioclétien cherchent à rassembler les forces défaillantes de l'empire, ils ne négligent rien pour relever l'autorité de l'enseignement et pour en étendre l'action. Une constitution de Gratien suppose que toutes les grandes cités de la Gaule avaient des grammairiens et des rhéteurs qui professaient les lettres grecques et latines. Les villes qui portent le titre de métropoles sont autorisées à choisir ceux qu'elles veulent appeler à l'honneur de l'enseignement public. Mais le salaire des professeurs ne restera pas à la discrétion des sénats municipaux : le rhéteur recevra « vingt-quatre annones, » c'est-à-dire autant de fois la ration d'un soldat ; et le grammairien douze. Trèves, cette capitale du Nord, aura des chaires plus opulentes : le rhéteur y touchera trente annones, le grammairien latin, vingt : on en donnera douze au grammairien grec, si l'on en peut trouver un qui soit digne de ce titre. D'autres mesures achèvent de régler la condition des professeurs en les exemptant de la tutelle, du service militaire, et de toutes les charges qui peuvent atteindre leurs personnes ou leurs biens. Toute vexation contre eux est punie d'une amende de cent mille pièces d'argent ; et, par une disposition où éclate bien la dureté des mœurs païennes, si l'un d'eux reçoit quelque injure d'un esclave, il a droit d'exiger que le coupable soit battu de verges sous ses yeux (1).

Si l'on veut pénétrer dans ces écoles privilégiées et voir quel genre de services leur valait tant de faveurs, on doit reconnaître l'étendue que les anciens donnaient à ces deux arts, singulièrement restreints chez les modernes, la grammaire et la

---

(1) Pighius, *Hercul. prodic.*, p. 77, mentionne la table de marbre qui attestait la libéralité de Marc-Aurèle et de Vérus en faveur de l'école de *Colonia Trajana*. — Code Théodosien, lib. XIII, tit. III, l. 2 : « Imppp. Valens; Gratianus et Valentinianus AAA, Antonio Pf. P. Galliarum. Per omnem diocesim commissam magnificentiæ tuæ, frequentissimis in civitatibus quæ pollent et eminent claritudine præceptorum, optimi quique erudiendæ præsideant juventuti, rhetores loquimur et grammaticos, atticæ romanæque doctrinæ. Quorum oratibus XXIV annonarum e fisco emolumenta donentur, grammaticis latino vel græco XII annonarum deductior paulo numerus ex more præstetur : ut singulis urbibus quæ metropoleis nuncupantur, nobilium professorum electio celebretur, nec vero judicamus liberum ut sit cuique civitati suos doctores et magistros placito sibi juvare compendio. Trivererorum vel maximæ civitati uberius aliquid putavimus deferendum : rhetori ut triginta, item viginti grammatico latino, græco etiam, si qui dignus reperiri potuerit, XII præbeantur annonæ. Dat. X kalend. jun. Valente V et Valentiniano AA Coss. (376). » — Cf. l. I, h. t. : « Servus ois si injuriam fecerit, flagellis debeat a suo domino verberari coram eo cui fecerit injuriam. » Cf. l. 5, h. t.

rhétorique. La charge des grammairiens était de lire et d'interpréter les poëtes. Il fallait d'abord qu'ils suppléassent par la publicité de leurs lectures à l'insuffisance des manuscrits ; qu'ils maintinssent la pureté des textes, compromise par les copistes ; qu'ils défendissent chaque vers contre l'oubli, chaque page contre l'interpolation. Ils avaient ensuite à dégager le sens des passages difficiles, et de tous ceux auxquels ils aimaient à prêter une obscurité mystérieuse. La poésie était pour eux comme le dernier écho d'une science primitive longtemps réservée aux prêtres, qui embrassait la théologie, le droit sacré, les commencements de l'histoire, les lois de la nature. Ils trouvaient dans l'Iliade et l'Énéide toute la physique et toute la morale. Une telle façon de commenter avait ses abus ; elle avait aussi le mérite de rattacher à des textes impérissables un nombre infini de connaissances qui pouvaient périr, qui pénétraient ainsi dans la foule et arrivaient à la postérité. Les fonctions des rhéteurs n'étaient pas moins considérables. Ils conservaient la tradition de cette longue suite d'hommes éloquents qui avaient fait non-seulement l'ornement de Rome, mais sa force. En instruisant l'orateur, ils faisaient profession de former l'homme entier, par la pratique du raisonnement, par l'étude des passions, par l'amendement des mœurs. Sans doute ces prétentions étaient mal soutenues, quand l'enseignement aboutissait à des exercices de déclamation, à des discours impossibles sur des sujets supposés; quand, par exemple, pour la millième fois il fallait exhorter Agamemnon à ne point tuer sa fille, ou faire plaider Ajax contre Ulysse. Les harangueurs formés à de pareilles leçons n'en sortaient que pour patroner humblement les causes des provinciaux au tribunal du gouverneur, ou pour adresser de pompeux panégyriques aux princes, qu'ils ne manquaient pas de mettre vivants au rang des dieux. Cependant c'était beaucoup d'avoir conservé l'habitude de la parole publique, de l'honorer comme une ancienne puissance, de naturaliser, parmi des populations différentes d'origine, d'usages et de dialectes, la langue latine, qui devait faire d'abord le lien de l'empire, et, après la chute de l'empire, l'unité de l'Occident.

L'école de Trèves avec ses prérogatives devait attirer les maîtres les plus exercés de la Gaule. Ses grammairiens siégeaient six heures par jour au pupitre des lectures publiques; on les comparait à Cratès et à Varron, c'est-à-dire à ce que l'antiquité avait eu de plus savant. L'un d'eux, Harmonius, qui réunissait le culte des muses grecques et latines, avait tenté de restituer le texte mutilé d'Homère, en marquant d'un signe les vers interpolés. La présence des empereurs encourageait l'éloquence mercenaire, mais laborieuse des panégyristes, dont nous avons plusieurs discours. On déteste la lâcheté de leurs flatteries, mais on s'intéresse aux efforts de ces étrangers, lorsqu'ils se reconnaissent si inférieurs aux Romains, lorsqu'ils mettent tant d'opiniâtreté à imiter des modèles qui les humilient, mais qui les excitent, et finissent par leur faire trouver une sorte de verve et d'éclat. Jamais Trèves n'avait vu les lettres entourées de plus d'honneurs qu'à l'époque où le rhéteur Ausone, appelé dans cette ville pour présider à l'éducation du jeune Gratien, fut successivement élevé aux titres de comte, de questeur, de préfet du prétoire, et reçut enfin, en 365, les insignes du consulat. C'est pendant ce long séjour qu'il composa un grand nombre de poëmes, passe-temps frivoles d'une cour qui se piquait de bel esprit. Mais il faut distinguer l'idylle de la Moselle, la meilleure peut-être de ses compositions, tout inspirée de la beauté de cette Rome du Nord, où il avait passé des jours si doux. Il se représente suivant d'abord les détours du fleuve verdoyant et silencieux ; il décrit la limpidité des eaux, les tribus innombrables de poissons qui les habitent, les coteaux couronnés de vignes, aux pieds desquels les Faunes et les Naïades mènent leurs danses loin du regard des hommes. Cependant les approches de la cité s'annoncent par l'affluence des barques chargées qui portent le commerce de toute la terre, par les villas suspendues aux deux rives avec leurs portiques, leurs piscines et leurs jardins. Enfin se déploient sur la colline les larges murs qui ceignent la cité impériale. Le poëte admire la grandeur des édifices, les greniers qui nourrissent les légions, l'éclat de la noblesse, l'humeur belliqueuse du peuple. Mais surtout il exalte cette éloquence rivale du génie latin, ces hommes versés dans les lois, puissants par la parole, qui occupent la chaire de Quintilien au milieu des acclamations d'une école encombrée, ou qui en sortent pour devenir l'appui des accusés, l'honneur du sénat municipal, et quelquefois pour revêtir les premières dignités de l'empire. Il finit en accompagnant la Moselle jusqu'au Rhin, et en s'assurant que les eaux réunies des deux fleuves tiennent à distance les barbares intimidés. Ce petit ouvrage a de la grâce et de la douceur : mais ce qui m'arrête, c'est le spectacle d'une civilisation si élégante parmi des populations germaniques, c'est la culture des lettres poussée jusqu'aux derniers raffinements sur une terre si menacée, et le calme enfin de ce poëte qui laisse aller sa barque au courant du fleuve, sans autre inquiétude que de construire des vers ingénieux, qu'un auditoire choisi applaudira le lendemain (1).

(1) Quednow, *Beschreibung der Alterthümer in Trier*. Ausone, *Epist*. XVII, *ad Ursulum, grammaticum Trevirorum*, en lui envoyant six pièces d'or : « Quotque doces horis, quotque domi resides. » Il fait l'éloge du grammairien Harmonius :

Harmonio, quem Clarenus, quem Scaurus et Asper,
Quem sibi conferret Varro priorque Crates ;

Un siècle après, Trèves, saccagée cinq fois par les barbares, n'avait plus que des ruines. Mais au milieu de ces ruines jaillissait encore, selon l'expression de Sidoine Apollinaire, « la fontaine de « l'ancienne éloquence. Les lois de Rome étaient « tombées, l'autorité de sa langue ne chancelait « pas. » L'école archiépiscopale avait succédé à celle des grammairiens et des rhéteurs. Les lettres y trouvèrent un asile pendant les orages du sixième et du septième siècle ; elles y refleurirent sous Charlemagne, quand Alcuin, écrivant à Rigbod, archevêque de Trèves, lui reprochait amicalement de savoir par cœur les douze livres de l'Énéide mieux que les quatre Évangiles. En même temps, on voit commencer dans la même ville les deux écoles monastiques de saint Maximin et de saint Matthias, dont les disciples composèrent des traités de poétique, de musique, d'astronomie. La cité chrétienne ne voulait rien perdre de sa vieille gloire ; elle montrait avec orgueil l'épitaphe de son prétendu fondateur Trebetas : on y lisait comment ce fils de Ninus, roi de Babylone, persécuté par sa

<small>Quique sacri lacerum collegit corpus Homeri,
Quique notas spuriis versibus opposuit :
Cecropiæ communæ docus latiæque camœnæ...

Idem, *Ordo nobilium urbium*, 4. *Mosella*, 399 :

..... Lægumqne eatos, Iondique potentes
Præsidium sublime reis ; quos cura summos
Municipum vidit proceres, propriumque senatum ;
Quos prætextati celebris facundia ludi
Contulit ad veteris præconia Quintiliani.

Cf. Ampère, *Histoire littéraire de la France*, t. I, 254.</small>

mère Sémiramis, était venu chercher un refuge et bâtir une ville chez les Germains. Cette fable semble contemporaine de celles qui dès le quatrième siècle faisaient remonter aux héros du siége de Troie les origines des principales villes de la Gaule. Et en même temps il semble qu'on entende un dernier écho des temps païens, dans cette chanson latine que les gens de Trèves répétaient encore au treizième siècle, et qui s'accorde bien avec la fable de l'aqueduc construit pour conduire le vin de Trèves aux réservoirs de Cologne :

« Trevir metropolis,
Urbs amoenissima
Quæ Bacchum recolis,
Baccho gratissima,
Da tuis incolis
Vina fortissima. »

« Trèves la métropole, — aimable cité — qui honores Bacchus, — et que Bacchus chérit, — donne à tes habitants — les vins les plus forts (1). »

(1) Sidon., Apollinar., *ad Arbogastem, comitem Trevirorum.* « Quirinalis fonte facundiæ potor Mosellæ, Tiberim ructas; sic Barbarorum familiaris, quod nescius barbarismorum, par ducibus antiquis lingua manuque. Quo vel incolumi vel perorante, etsi ad limitem ipsum jura latina ceciderunt, verba non titubant. » Alcuin, *ad Rigbod, archiep. Trevir.* : « Utinam evangelia IV, non Æneides XII, pectus compleant tuum ! » — Gotfried de Viterbe, *Pantheon*, ill, raconte l'histoire de Trebeta et donne l'épitaphe conservée au treizième siècle :

Nisi Semiramis quæ tanto conjugé felix
Plurima possedit, sed plura prioribus addit,
Non contenta suis, nec totis finibus orbis,
Expulit a patrio privignum Trebeta regno,
Insignem profugus Trevorûm qui condidit urbem.

Cf. Hontheim, *Historia trevirensis diplomatica*. La chanson latine sur Trèves a été publiée par Docen, *Miscellan.*, II, 192.

Il serait facile de reconnaître les traces d'une culture semblable sur toute la ligne du Rhin. On pourrait citer à Cologne une inscription païenne en vers latins, une autre à Bonn en vers grecs ; à Rottenbourg, deux pierres monumentales dédiées aux muses de la tragédie et de la comédie. Plus tard, on verrait les méthodes des écoles romaines perpétuées dans les monastères. La grammaire y comprenait encore la lecture des poètes interprétés à la manière des anciens. La rhétorique n'avait pas renoncé aux plaidoiries simulées, aux combats oratoires qui mettaient en œuvre toutes les armes de la parole. N'accusez pas la stérilité de cet enseignement. Vous verrez sortir de l'école latine de Saint-Gall les premiers écrivains de la prose allemande, et ce sera une terre romaine, la terre de Souabe, conquise, colonisée, fécondée par les Latins, qui portera la première génération des Minnesinger (1).

Il reste à considérer si la civilisation romaine s'arrêta aux colons italiens ou gaulois qu'elle éta-

<small>Si la civilisation romaine eut prise sur les Germains.</small>

---

(1) Lersch, *Central Museum Rheinlændischer Inschriften*, Cologne. Inscription 59ᵉ :

<small>Optasio nomen sis natum carmine tristi
Nomen dulce suis lamentabile semper,
Opistus genitur (sic) et mater Nemesia deflet.</small>

Bonn, Inscription 4ᵉ :

<small>Θεσσαλονείκη μοι πατρίς ἔπλετο. Οὔνομ᾽ ᾽Ὕλη μοι.</small>

Cf. Jaumann, *Colonia Sumlocene*, planches 7 et 8, bas-relief représentant les deux muses de la tragédie et de la comédie.

blissait dans les provinces du Nord, ou si elle eut prise enfin sur les peuples germaniques; si elle ne fut pour eux qu'un spectacle, ou si elle devint un bienfait.

On a déjà vu comment les Germains conservaient, au milieu de tous les désordres de la barbarie, tous les instincts de la civilisation : l'attachement à la terre, aux coutumes, aux traditions antiques. Il semblait qu'ils se souvinssent d'une société plus parfaite dont ils auraient été séparés pour un temps, et qu'ils devaient retrouver un jour. Il ne faut donc pas s'étonner de l'attrait qui poussait plusieurs peuples de cette race vers le monde romain, vers le Midi, où ils croyaient voir le séjour de leurs dieux. Ainsi les Cimbres et les Teutons, en pénétrant dans les Gaules, avaient envoyé à Rome une ambassade pour obtenir « que le « peuple de Mars leur accordât des terres à titre de « solde, et les prît à son service. » Après leur défaite, leurs femmes, retranchées derrière les chariots du camp, offraient encore de se rendre, si l'on consentait à les admettre au nombre des prêtresses romaines. Ce n'était donc pas seulement la fécondité des champs qui frappait les barbares, c'était aussi la majesté des institutions. Comment les adorateurs d'Odin et de Thor n'auraient-ils pas été tentés de reconnaître leurs divinités belliqueuses dans ces empereurs qu'ils voyaient entourés d'une pompe religieuse et militaire, recevant les honneurs divins, traînant à leur suite tout ce que les fables du Nord promettaient aux habitants de la Valhalla : le vin, l'or, les combats de gladiateurs? Quand Tibère traversa la Germanie et campa au bord de l'Elbe, on raconte que, du milieu des bandes ennemies qui couvraient l'autre rive, un vieux chef se détacha ; il se jeta seul dans un canot d'écorce, passa le fleuve et demanda à voir de près celui qu'on nommait César. Puis, l'ayant contemplé en silence, il se retira en déclarant que ce jour était le plus glorieux de sa vie ; « car jusqu'ici, disait-il, j'avais entendu parler des dieux; aujourd'hui je les ai vus! » L'admiration qui avait saisi ces hommes impétueux les entraînait à la suite des armées, elle les conduisait à visiter la ville impériale, elle les poussait à l'imitation des mœurs romaines. Un noble marcoman appelé Marobaud, après avoir passé plusieurs années auprès d'Auguste, retourna chez son peuple, s'en rendit maître jusqu'au point de le transplanter dans le bassin de la Bohême, dont les montagnes devaient lui servir de remparts, se bâtit un palais et une ville, où il attira par ses bienfaits les marchands et les ouvriers des provinces limitrophes, se forma une armée de soixante et quatorze mille hommes qu'il soumit à la discipline des légions ; et, s'attachant par des alliances les nations voisines, il avoua le dessein de fonder un empire germanique. Ses sujets le détrônèrent, mais sa pensée lui survécut.

CHAPITRE VI.

Ce fut celle de Théodoric et de Charlemagne (1).

Les Germains esclaves.

Si les hommes du Nord se sentaient attirés vers Rome, il semble d'abord qu'ils y trouvaient peu d'accueil. Les premiers Germains qu'on y vit furent probablement ceux que Marcellus traînait à sa suite chargés de fers, lorsque, en l'an 188 avant J.-C., il triompha des Insubriens et de plusieurs tribus germaniques. Après la victoire de Marius, des troupeaux de prisonniers teutons furent vendus à l'encan sur le Forum. Mais il était dans les destinées de Rome que ses institutions les plus malfaisantes tournassent au bien futur du genre humain. Aucune nation ne fit plus d'esclaves, mais aucune ne donna plus d'étendue au bienfait de l'affranchissement. Longtemps il dépendit du père de famille, dans sa toute-puissance domestique, non seulement de rendre libres ceux qui l'avaient servi, mais de les rendre en même temps citoyens. Ces vaincus d'hier, initiés par la servitude aux mœurs des Romains, entraient tout à coup en possession de la liberté, de l'égalité, de la souveraineté. Ils avaient leur banc au théâtre, où souvent leurs exclamations barbares offensèrent les oreilles délicates des hommes lettrés; ils portaient leurs suffrages aux comices et formaient cette multitude orageuse qui disposait des destinées du monde.

(1) Velleius Patercul., II, 106, 107 : « Sed ego beneficio ac permissu tuo, Cæsar, quos ante audiebam, hodie vidi deos; nec feliciorem ullum vitæ meæ, aut optavi aut sensi diem. » Idem, ibid., 108, 109, 110. Tacite Annal., II, 26, 46, 62, 65.

C'est ce que Scipion savait bien, lorsque, interpellant du haut de la tribune la plèbe ameutée : « Je vous ai amenés ici les mains liées derrière le dos, s'écriait-il ; vous ne me ferez pas peur, parce qu'on vous a déchaînés. » Auguste s'effraya de cette invasion d'esclaves ; il mit à leur liberté des restrictions et des obstacles. Cependant il n'empêcha pas l'empire d'être gouverné par des affranchis, c'est-à-dire par des barbares. En même temps les guerres de Germanie jetaient chaque année des milliers de prisonniers sur les marchés de la Gaule. Les panégyristes des empereurs ne se lassent pas de vanter ces expéditions, à la suite desquelles les places publiques de Trèves et de Cologne étaient encombrées de captifs à vil prix. Ils aiment à montrer ces troupes de Francs, d'Alemans, de Saxons, entassés sous les portiques ; les hommes frémissant de leur impuissance ; les femmes reprochant à leurs époux et à leurs fils les chaînes qu'elles portent ; les familles entières adjugées au Gaulois désœuvré, qui les envoie cultiver ses champs en friche. Ils ne prévoient pas que ces esclaves auxquels on livre les terres en deviendront un jour les maîtres par l'affranchissement ou par la révolte, et que tôt ou tard la puissance finira par se ranger du côté du travail (1).

(1) Le plus ancien monument où paraisse le nom des Germains est le texte suivant, tiré des fastes capitolins, *ad annum* 551 : « M. Claudius, M. F. M. N. Marcellus, cos. de Galleis Insubribus et

*Les Germains colonisés sur les terres de l'empire.*

La servitude fut donc le premier noviciat des Germains. Mais Rome devait les élever jusqu'à elle par une autre voie moins humiliante et plus sûre. La ville éternelle avait commencé par être un asile : selon une ancienne tradition, chacun des nouveaux sujets de Romulus avait dû apporter avec lui une poignée de sa terre natale, pour la déposer dans une fosse qu'on appela le *Monde*. Ce rit exprime bien la politique romaine, qui s'emparait du monde en l'incorporant à l'empire. Comme à l'époque des rois la cité s'était agrandie pour recevoir dans ses murs les Sabins, les Albains, les Étrusques; ainsi les premiers empereurs reculèrent la frontière pour y envelopper les nations mêmes qui la menaçaient. Ils ne se bornèrent pas à tolérer sur le territoire conquis ce que César y avait trouvé de peuplades germaniques; ils reçurent celles qui, pressées par leurs ennemis ou séduites par un climat plus doux, sollicitaient l'hospitalité de Rome en offrant d'obéir à ses lois. Dès le temps d'Auguste, de Tibère et de Claude, les Ubiens, les Sicambres, au nombre de quarante mille, les Bataves, les Frisons furent établis sur les bords du

---

Germaneis. K. Mart. isque spolia op. rettulit duce hostium Vir. Clastid. » — Claud. Mamertin., *Panegyric. Maximian.* : « Toüs porticibus civitatum sedere captiva agmina barbarorum, viros silonita feritate trepidantes, respicientes anus ignaviam filiorum, nuptas mariorum copulatas vinculis, pueros ac puellas familiari murmure blandientes, atque hos omnes provincialibus vestris ad obsequium distributos, donec ad destinatos sibi cultus solitudinum ducerentur. »

Rhin, dont ils formèrent la garde. Ces transfuges de la barbarie ne la regrettaient pas. Quand la révolte de Civilis mit en feu les bords du Rhin, les Germains du territoire de Cologne repoussèrent les trois propositions qu'on leur fit de raser les murs de la ville, d'égorger les habitants romains, et de retourner à la vie errante de leurs aïeux. Marc-Aurèle poursuivit le dessein de ses prédécesseurs, et plus tard Claude II, Aurélien, Probus, le complétèrent en transportant sur la rive droite du Danube une multitude innombrable de Marcomans, de Goths, de Vandales, et en une seule fois cent mille Bastarnes. Bientôt les provinces du Nord furent couvertes de Germains. Ils devinrent assez nombreux pour occuper l'attention du législateur. Les constitutions impériales les désignent par le nom de *Læti*, où je reconnais l'allemand *Leute*, c'est-à-dire gens de guerre : elles en font les colons militaires, qui n'occupent le sol qu'à charge de le défendre. C'est à ce titre que Maximilien, Constance Chlore et Julien introduisent de nouvelles colonies d'Alemans et de Francs, depuis l'embouchure du Rhin jusqu'à ses sources. On voit bientôt les *Læti* fixés au cœur même de la Gaule, à Paris, à Bayeux, à Coutances, à Poitiers. Valentinien leur ouvre l'Italie, et leur donne des champs fertiles au bord du Pô. Rien ne semblait plus sage que de repeupler ainsi des contrées épuisées, de donner des bras à la terre, et à l'empire des soldats qui lui coûtaient peu. Mais le résultat principal et probablement le moins calculé, ce fut que les barbares trouvèrent sur la frontière romaine un point d'appui pour résister à l'entraînement des peuples nomades, dont ils se détachaient. Ils y trouvèrent des postes qu'on ne désertait pas impunément, des demeures fixes, des populations sédentaires, et enfin toutes les habitudes de stabilité qui sont les commencements de la civilisation (1).

*Les Germains dans l'armée romaine.*

Il fallait déjà beaucoup d'effort pour fixer les barbares; Rome fit plus : elle les disciplina. Ce ne

---

(1) Plutarque, *in Romulo*. Tacite, *Annal.*, XI, 19 : « Natio Frisiorum datis obsidibus consedit apud agros a Corbulone descriptos. Idem senatum, magistratus, leges imposuit. » On reconnaît bien ici un commencement de civilisation romaine. Idem, *Ibid.*, XII, 27, 30; *Germania*, 28; *Histor.*, IV, 64, 65. Suétone, *in Tiberio*, 9. Eutrope, VII, 5. Trebellius Pollio, *in Claudio*, II; Vopiscus, *in Aureliano, in Probo* : « Centum millia Bastarnarum in solo romano constituit. » Ammien Marcellin, XXVIII : « Alemannos..., Theodosius... pluribus cæsis quoscumque cepit, ad Italiam jussu principis misit, ubi, infertilibus agris acceptis, jam tributarii circumcolunt Padum. » — Sur les *Læti* : Eumène, *Panegyr. Constant. Chlor.* : « Nerviorum et Trevirorum arva jacentia Lætus postliminio restitutus et receptus in leges Francus excoluit. » Cf. Zosime, II, 54. Ammion, X, 8, *Notitia dignitatum imperii*. Code *Théodosien*, lib XIII, 2, 9, 4, 9. Les *Læti* sont les mêmes que les *Gentiles*. Code *Théodosien*, lib. VII, 15, 1 : « Terrarum spatia quæ gentilibus propter curam munitionemque limitis atque fossati humana fuerint provisione concessa... » Voyez sur ce point Pardessus, *Quatrième Dissertation sur la loi salique*. Guérard, *Polyptique d'Irminon*. Je me range à l'opinion de M. Guérard, en m'écartant à regret de celle de J. Grimm, qui fait venir le mot *Lætus* de la racine teutonique *Las*, désignant le serf attaché à la glèbe (*Deutsche Rechts-Alterthümer*, p. 305). Il ne me semble point naturel que des gens de guerre aient été nommés d'un nom déshonorant, et qui ne convenait qu'à une classe d'hommes désarmés.

fut point, comme on l'a souvent dit, un signe de décadence, une nécessité de l'empire en détresse : c'était une tradition des plus glorieux siècles de la république, de se faire servir par ses ennemis, et d'enrôler sous les aigles romaines un grand nombre d'auxiliaires étrangers. César, qui reconnut de bonne heure les qualités militaires des Germains, avait levé parmi eux des cohortes d'élite : leur charge impétueuse décida la victoire de Pharsale. Dès lors l'histoire de l'empire n'a pas de scènes où ils ne trouvent leur rôle. Ils combattent à Philippes : ils forment la garde favorite d'Auguste et de ses successeurs. Ils suivent Drusus et Tibère dans la haute Germanie, Claude en Bretagne. Quand Vitellius, proclamé à Cologne, descendit en Italie, on rapporte qu'il traînait après lui une nuée de barbares. Une prêtresse de leur pays les excitait par ses prédictions. Leurs habits de peau, leurs lances gigantesques, effrayèrent les Romains qui se crurent livrés au pillage. Cependant tous les empereurs, bons et mauvais, estimèrent les services de ces hommes farouches, mais simples, qui résistaient à la corruption. Je retrouve les Germains à la solde de Marc-Aurèle, de Caracalla, de Valérien, de Gallien, d'Aurélien, de Probus, de Dioclétien. Quarante mille Goths suivaient Constantin aux batailles d'Andrinople et de Chalcédoine, où il renversa en la personne de Licinius les dernières espérances de l'idolâtrie : le règne des barbares commence avec celui du christianisme. En effet, à partir de cette époque, les troupes germaniques font toute la force de l'empire; par conséquent elles décident de ses destinées. Mais on n'a pas assez remarqué par quels degrés elles arrivent à cette puissance. Il y a d'abord les alliés (*fœderati*), les rois et les peuples qui prennent le titre d'amis des Romains, qui se mettent au service des empereurs, mais pour un temps et sous des réserves où éclate encore le vieil instinct de l'indépendance. Ainsi les auxiliaires recrutés en Germanie par Julien avaient décidé qu'ils ne passeraient point les Alpes. Il y a les colons militaires (*læti*) attachés à la défense du sol qu'ils occupent; mais le lien qui les assujettit les protége en même temps; et leur engagement a les mêmes limites que leur territoire. Enfin l'élite des alliés et des colons passe dans les cadres de l'armée régulière. La *Notice des dignités de l'empire* nomme des légions de Germains, des cohortes de Bataves et de Francs Saliens, des escadrons de Goths et de Marcomans. On les trouve à tous les avant-postes, en Afrique, en Phénicie, en Arabie, et jusque sur la frontière de Perse. Sans doute les légions n'avaient plus rien de leur ancienne constitution, qui en faisait autant de cités belliqueuses avec leurs lois, leurs magistrats, leurs sacrifices : de six mille hommes elles étaient réduites à quinze cents. La discipline y avait diminué comme le nombre. Elles conservaient cependant tout ce qui restait de cet art de la guerre, dont les Romains avaient été les maîtres. La régularité de leurs exercices faisait l'admiration et le désespoir de leurs ennemis; et les camps, si relâchés qu'ils parussent, étaient encore des écoles où les recrues barbares apprenaient à connaître l'union, l'ordre, l'obéissance, c'est-à-dire toutes les conditions de la société policée (1).

(1) Dès l'an de Rome 698, on voit une garnison de Gaulois et de Germains dans la ville égyptienne d'Alexandrie, Cæsar, *Bell. civ.*, III, 7. — Sur les services rendus par les Germains à César dans ses guerres des Gaules, voyez tout le livre VII, *de Bello Gallico*. Suétone, *in Augusto*, 55, 49; *in Nerone*, 34. Tacite, *Annales*, I, 50; *Hist.*, II, 88. Le grand historien peint d'une manière admirable les barbares de l'armée de Vitellius : « Nec minus sævum spectaculum erant ipsi, tergis ferarum et ingentibus telis horrentes, cum turbam populi propter inscitiam parum vitarent. » La garde germaine subsistait encore au temps de Caracalla, qui affectait d'en porter le costume. — Vopiscus, *in Probo* : « Accepit præterea XVI millia tyronum quos omnes per diversas provincias sparsit, ita ut numeris vel limitaneis militibus L aut LX insereret, dicens : Sentiendum esse, non videndum quum auxiliaribus barbaris Romanus juvatur. » Ammien Marcellin (*Hist.*, XX) donne un remarquable exemple de l'engagement conditionnel des *Fœderati* : « Qui relictis laribus transrhenanis, sub hoc venerant pacto, ne ducerentur ad partes unquam transalpinas. » La *Notitia dignitatum* montre les *Læti* déjà établis à Bayeux, à Rennes, et dans toute l'Armorique, à Poitiers, à Langres, à Autun. Dès ce moment, et un demi-siècle avant Clovis, on peut dire que la conquête de la Gaule par les Germains est achevée. Végèce atteste que les barbares s'efforçaient d'imiter la discipline romaine, III, 10 : « Artem bellicam solam hodieque barbari putant esse servandam, cætera aut in hac arte consistere, aut per hanc assequi se posse confidunt. » Voyez, dans la *Notitia dignitatum*, la nomenclature des légions germaniques. Cf. Lehuerou, *Histoire des Institutions mérovingiennes*, t. I; de Petigny, *Étude sur l'époque mérovingienne*, t. I; Guizot, *Histoire de la civilisation en France*, t. I; Naudet, *des Changements opérés dans l'administration romaine*.

*Les Germains dans les offices publics.*

Il ne restait plus que de leur en ouvrir les portes, et, après les avoir exercés à tous les devoirs, de les admettre à tous les droits. Cicéron soutenait déjà cette belle doctrine : « qu'il n'y avait pas de « nation si éloignée, si étrangère, si ennemie, chez « laquelle Rome ne pût recruter des citoyens. » César avait fait asseoir des Gaulois dans le sénat, Claude y introduisit des Bretons et des Espagnols ; chaque nation arrivait à son tour au gouvernement de l'empire ; les Germains eurent aussi leur avénement. Dès le premier siècle, on voit Arminius recevant l'anneau de chevalier ; des Frisons, des Chérusques admis au droit de cité, aux commandements militaires, aux sacerdoces publics. Désormais rien n'est fermé aux hommes du Nord : ils parviendront jusqu'à la dignité impériale en la personne du Goth Maximin. A sa suite, les marches du trône se couvrent de barbares. Sous Valérien, on trouve dans les premières charges de l'armée quatre officiers, Hartmund, Haldegast, Hildemund et Cariovisc, qu'on prendrait à leurs noms pour des soldats de Clovis. Gallien engage à son service le chef des Hérules, Naulobat, et le crée consul. Constance Chlore n'a pas de compagnon d'armes plus fidèle que le roi des Alemans Éroch, qui assure plus tard l'empire au jeune Constantin, en faisant déclarer pour lui les légions de Bretagne. Au quatrième siècle, on ne peut plus compter tous les Francs, les Alemans, les Goths, les Burgondes,

qui occupent les offices de la cour ou de l'armée impériale, comtes des domestiques, ducs des frontières, maîtres de la milice. Quelques-uns, comme Sylvanus et Magnence, se font décerner la pourpre; d'autres, comme Arbogaste et Ricimer, aiment mieux la jeter sur les épaules d'un prince de leur choix et régner en son nom. Le Vandale Stilicon, tuteur et beau-père d'Honorius, gouverne l'Occident pendant quatorze ans ; et, s'il laisse éclater de temps en temps la cruauté d'un barbare, on reconnoît le génie romain à l'éclat de ses victoires et à l'habileté de ses négociations. Les contemporains y furent trompés. Le poëte Claudien célèbre le rajeunissement de l'empire sous un ministre qui rappelle les temps de Brutus, de Camille et de Scipion. Il représente les bandes d'Alaric exterminées, les Alemans soumis, les rois des Francs jetés dans les fers, les peuples du Rhin changeant le glaive en faucille, et le voyageur, à la vue des riches cultures qui couvrent les deux rives, demandant laquelle des deux est romaine. Si les succès militaires l'émeuvent, c'est qu'il y voit le triomphe de cette domination pacifique et bienfaisante que Rome étend sur le monde, « à la fa-
« veur de laquelle les vaincus deviennent citoyens,
« l'étranger retrouve partout la patrie, et tous les
« hommes ne forment plus qu'une même nation.
« Les arts de l'antiquité revivent avec les mêmes
« mœurs ; le génie voit s'ouvrir devant lui les

« routes glorieuses, et les muses relèvent leurs
« têtes humiliées. » Assurément il faut beaucoup
retrancher de ses louanges : mais c'était beaucoup pour un Vandale de les écouter, de les aimer, de les payer, et de mettre sa gloire à continuer la politique de César et d'Auguste. Même dans ces jours de décadence, on ne touchait pas impunément au gouvernement d'un grand empire, on ne pouvait en appliquer les lois sans être frappé de leur sagesse. Les barbares ne siégeaient pas au consistoire des princes, aux assemblées du sénat, dans les tribunaux, sans être à la fin convaincus, subjugués par le spectacle d'une société qui avait tant de souvenirs et tant d'espérances, et qui ne se crut jamais si près de devenir maîtresse du monde qu'au moment même où elle allait périr (1).

(1) Cicéron, *pro Balbo*, XIII : « Defendo enim rem universam, nullam esse gentem ex omni regione terrarum, neque tam dissidentem a populo romano odio quodam atque discidio, neque tam fide benevolentiaque conjunctam, ex qua nobis interdictum sit, ut ne quem adsciscere civem aut civitate donare possimus. » Velleius, II, 128 : « Arminius... assiduus militiæ nostræ prioris comes, etiam civitatis romanæ jus equestremque consecutus gradum. » Il faut voir dans Tacite l'histoire de ces députés frisons qui visitèrent Rome au temps de Néron, qui se conduisirent si fièrement au théâtre, et qui revinrent avec le droit de cité. *Annales*, XIII, 54. — Vopiscus, *in Aureliano*. Fragment d'une lettre de Valérien à Aurélien : « Tecum erit Hartmudus, Haldegastes, Hildemundus, Carioviscus. » Pour les chefs germains qui jouent un rôle dans l'histoire romaine depuis Constance jusqu'à la fin de Valentinien, voyez Ammien Marcellin, *passim*. Je remarque surtout (lib. XXXI) Mellobaudes, à la fois roi des Francs et comte des domestiques sous Gratien. Cf. de Pétigny, t. I;

Pendant que les Germains faisaient leur éduca-  *Les Germains initiés aux lettres latines.*
tion politique dans les nombreux emplois de la
hiérarchie impériale, comment auraient-ils échappé
à l'enseignement littéraire qu'ils trouvaient partout constitué, honoré, applaudi? Stilicon n'était
pas le seul qui goûtât l'encens des poëtes ; au contraire, je remarque l'empressement des principaux
chefs barbares à s'entourer de rhéteurs et de
grammairiens. Quand Arbogaste voulut créer un
empereur, il choisit un ancien maître d'éloquence
nommé Eugène, encore tout pénétré de souvenirs
mythologiques, dont le premier acte fut de rétablir
l'autel de la Victoire dans le sénat, et les images
des dieux sur les drapeaux de l'armée. Le roi des
Visigoths, Théodoric, fit donner la pourpre au vieil
Avitus, son précepteur : il ne trouvait pas que ce
fût trop pour payer les leçons de droit et de poésie
qu'il en avait reçues. Il se vantait d'avoir lu Virgile, et d'avoir senti son humeur s'adoucir sous le
charme des beaux vers (1). Les barbares lisaient

Claudien, *de quarto Consulatu Honorii. De Laudibus Stiliconis*, lib. I.

Ut Salius jam rura colat, flexosque Sicambri
in falcem curvent gladios, geminasque viator
Cum videat ripas, quæ sit romana requirat;
Ut jam trans fluvium non indignante Chauco
Pascat Belga pecus, mediumque ingressa per Albin
Gallica Francorum montes armenta pererrent.

*Ibid.*, lib. III. Dans la préface de ce livre, Claudien compare la faveur que Stilicon lui accorda à celle de Scipion pour Ennius : « Noster Scipiades Stilico. » Voyez aussi tout le livre *de Bello Getico*.

(1) Sidoine Apollinaire, lib. 1, epist. vii : « Student armis eunu-

donc; ils écrivirent, ils eurent des poëtes et des orateurs. Tel fut le Franc Mcrobaudes, qu'on trouve, sous Valentinien III, chargé d'un commandement en Espagne, élevé au consulat, écrivain célèbre, dont nous n'avons qu'un petit nombre de pages mutilées, mais qu'il faudrait étudier de près pour voir ce que la civilisation latine pouvait faire d'un Germain. Les contemporains eux-mêmes en furent si frappés, qu'ils élevèrent à cet homme extraordinaire une statue d'airain sur le forum de Trajan. L'inscription annonçait qu'on avait voulu récompenser de la sorte « un homme d'une ancienne « noblesse et d'une nouvelle gloire, aussi habile à « manier la plume que l'épée, dont les armes et « les vers avaient ajouté à la splendeur de l'em-« pire. » En parcourant le peu qui reste de lui, on trouve d'abord tout ce qu'il pouvait apprendre des meilleurs maîtres de son temps. Ses vers, d'une latinité correcte, ont la coupe, l'éclat, l'harmonie, en un mot tout l'artifice du style de Claudien. Les thèmes de ses petites compositions rappellent cette

chi, litteris fœderati. » Idem, *Panegyricus Avito dictus*, v. 497. C'est le roi Théodoric qui parle à Avitus :

............... Mihi Romula dudum
Per te jura placent : parvumque ediscere jussit
Ad tua verba pater, docili quo prisca Maronis
Carmine molliret Scythicos mihi pagina mores.

Ajoutez à ce tableau le Franc Baudo, élevé au consulat en 385, et S' Augustin, alors rhéteur à Milan, lui récitant un panégyrique. Augustinus, *Contra Priscillianum*, III, 30.

poésie de cour où triomphait Ausone. S'il assiste au repas de Valentinien, il épuise toute la Fable pour relever la pompe impériale. Quand l'Empereur fait asseoir sa sœur à ses côtés, c'est Apollon avec Diane dans l'assemblée des dieux. Quand il paraît accompagné de l'impératrice, c'est Pélée et Thétis : l'univers ne peut attendre de leur union qu'un autre Achille. Ou bien le poëte décrit les vergers de Faustus, les longues murailles de buis taillées comme le marbre, et le bois au frais ombrage. « qui recèle, pour le plaisir du maître, un « hiver domestique au plus fort de l'été. » Mais heureusement pour sa gloire, Merobaudes, dans son panégyrique d'Aétius, s'attaque à un sujet plus digne d'occuper les esprits : il célèbre la lutte de Rome contre la barbarie. Dans ce combat qui partageait le monde, le poëte franc n'hésite point ; il prend parti contre les barbares. Le panégyrique s'ouvre par le tableau de la paix universelle. Du Caucase et du Tanaïs jusqu'aux sources du Danube, les rois ennemis ont désarmé. Le Rhin coule sous les lois de l'Italie ; la Gaule respire, arrachée aux fureurs des Goths ; et les Vandales, maîtres de l'Afrique, sollicitent l'alliance des Césars. Ce calme du monde irrite une divinité malveillante, que le poëte ne nomme pas : elle va chercher Bellone dans les montagnes de la Thrace : elle l'y trouve, confinée dans une caverne loin du regard des hommes, appuyée sur sa lance rouillée et sur son bouclier terni, et pleurant de ce que depuis tant d'années les peuples ne versent plus de pleurs. Elle l'excite à soulever de nouveau les nations du Nord pour les précipiter sur l'empire. « Renverse, dit-elle, ces maisons de marbre aux toits d'airain... « Qu'il n'y ait pas de murailles assez fortes pour « arrêter tes emportements. Que Rome soit dans « l'effroi, et que ses empereurs mêmes tremblent « au bruit de tes fureurs. Chasse de la terre les « dieux qui voulurent y recevoir l'hospitalité ; « porte la désolation dans les temples des divinités « romaines, et que je ne voie plus attiser sur les « autels le feu qui fléchit Vesta. Pour moi, je péné- « trerai secrètement dans les palais superbes; je « ferai disparaître les vieilles mœurs et les vieux « courages; je veux que les forts soient méprisés et « qu'il n'y ait plus de respect pour les justes. Que « l'éloquence périsse avec le culte délaissé d'Apol- « lon; que les honneurs soient déférés aux indi- « gnes; qu'au lieu de la vertu, le hasard tienne la « balance des affaires; que la soif de l'or fasse « délirer tous les esprits, et que, dans le désordre « universel, on ne reconnaisse plus la pensée sou- « veraine de Jupiter. » — Ces menaces ont leur effet; l'empire touche à sa dernière heure, quand les vœux réunis du sénat et du peuple forcent Aétius à sauver le monde. Le poëte décrit avec admiration les victoires de ce grand homme sur les peuples teutoniques. La vue des champs de bataille l'anime, et lui rappelle les combats de César, le dévouement des Fabius, et Décius qui abrégea glorieusement ses jours. Et lorsque, las de ces peintures sanglantes, il veut louer les traités conclus par son héros, il retrouve toutes les images de l'antiquité pour célébrer les bienfaits de la paix, « qui fait le salut de l'univers et le nœud des éléments, qui fonde les cités, donne des lois aux nations, et qui a porté le nom de Numa aussi haut que celui de Romulus. » Rien n'est plus instructif que l'erreur de ce Franc, de ce contemporain de Mérovée, qui, au moment du triomphe de ses frères barbares, s'attache avec tant d'illusion, avec tant d'opiniâtreté, aux dieux, aux institutions, aux souvenirs héroïques du monde romain. Quel travail prodigieux ne fallait-il pas pour remuer de la sorte les cœurs et les esprits, et pour y enraciner en quelques années toutes les opinions, toutes les passions, toutes les délicatesses d'un vieux peuple qui avait douze cents ans de culture (1)!

(1) Merobaudis *Reliquiæ* edidit Niebuhr (Bonnæ, 1824). Tout indique le personnage désigné dans l'inscription trouvée au forum de Trajan : « Fl. Merobaudi VS com. Sc. — Fl. Merobaudi, æque forti et docto viro, tam facere laudanda quam aliorum facta laudare præcipuo. » Cf. Sidoine Appollinaire, *ad Felicem*, IX, 278, 502. Voici quelques vers de Merobaudes. *In viridarium Fausti* :

Privatamque hiemem frondea tecta tenent.

*Panegyricus Aetio dictus*. Ce fragment compte 197 vers.

Addidit laborem famulantis fœdera Rhenus

L'invasion pacifique.

C'est ainsi que Rome achevait ses conquêtes en Germanie, et c'est ainsi qu'elle préparait les conquêtes des Germains dans l'empire. Ceux qui ont écrit l'histoire des grandes invasions se sont portés, avec la curiosité de la foule, du côté où ils entendaient le bruit des batailles; ils n'ont vu que les irruptions violentes qui, au bout de deux siècles, finirent par renverser la monarchie romaine. Ils n'ont pas assez étudié cette autre invasion pacifique et régulière qui dura sept cents ans, et qui poussait peu à peu les hommes du Nord jusqu'au cœur même de la civilisation. Elle se fit, pour ainsi dire, par deux portes que les lois avaient ouvertes, par l'esclavage et par le service militaire. Si les barbares entrent, ce sont les généraux victorieux, ce sont les empereurs qui les conduisent comme par la main, qui leur donnent des terres, des institutions, des droits. Dès lors ils pénètrent de tous côtés dans la vie publique. Ils peuvent dire, comme

*Orbis, et hospitiis flecti contentus habenis,*
*Gaudet ab alterna Thybrim sibi crescere ripa.*

Discours de la déesse qui exhorte Bellone :

*Romanos populare deos, et nullas in aris*
*Vestra exoratæ fotus struas poliest ignis...*
*Majorum mores et pectora prisca fugabit...*
*Attica neglecto pereat fœmdis Phœbo,*
*Pectoribus sævi demens furor æstuet auri,*
*Omniaque luce sine mente Jovis, sine numine summo.*

M. Bougnet, *Histoire de la chute du paganisme*, a reconnu avec raison, dans ces vers, l'écho des plaintes du parti païen, qui accusait le christianisme de la ruine de l'empire.

les premiers chrétiens, qu'ils ne sont que d'hier, et que déjà ils remplissent non-seulement les cadres des légions, les colonies des vétérans, mais les cités, les écoles, le sénat, le palais ; ils ne s'abstiennent pas même des temples ; et eux aussi, s'ils se retiraient, ils laisseraient le peu qui reste de vieux Romains effrayés de leur solitude. Leur présence n'a rien de menaçant : les uns se déclarent les amis, les hôtes de l'empire ; les autres en sont devenus les sujets et les soldats. Ils commencent à comprendre la cause qu'ils servent. Ils admirent, plus que personne, la grandeur de cette cité hospitalière où ils sont accueillis ; et la majesté de l'État impose peut-être moins aux derniers descendants des familles sénatoriales qu'aux nouveaux dignitaires qui dépouillent la saie germanique pour prendre le laticlave et la robe prétexte. Cependant Rome avait cette sagesse de respecter les usages et les traditions des peuples qu'elle naturalisait ; et comme elle avait laissé aux villes grecques leurs lois civiles, elle ménageait les habitudes militaires des Germains. Ces populations transportées sur le territoire romain, qui menaient avec elles leurs femmes, leurs enfants, leurs vieillards, n'abandonnaient pas en un jour les mœurs de leur première patrie : elles en conservaient des traits qui ne devaient pas s'effacer. Ainsi les conditions que les auxiliaires alemans faisaient à Julien rappellent les vassaux des empereurs d'Allemagne, tirant l'épée au besoin pour défendre leur prince, mais refusant de le suivre au delà des Alpes ou de la mer. Les colonies des bords du Rhin vivaient sous un régime où toute la féodalité était en germe. Si des troupes barbares s'engageaient sans réserve à la solde des Césars et prenaient rang dans leurs armées, cette coutume était si nationale, qu'elle traversa tout le moyen âge, et qu'on voit un corps d'aventuriers scandinaves, sous le nom de Varègues, former la garde des derniers empereurs de Constantinople, comme plus tard il n'y aura pas de prince en Europe qui n'ait ses lansquenets allemands ou ses régiments suisses. Les Germains établis dans l'empire formaient donc comme une seconde race romaine, assez rapprochée de la première pour en hériter, conserver la langue, les lois, les arts; assez peu séparée des autres nations du Nord pour être en mesure de les policer à leur tour.

En effet, la civilisation romaine ne parut jamais plus puissante qu'au moment où, l'empire étant vaincu, elle subjugua les vainqueurs. Le roi des Visigoths Athanaric avait fait trembler Valens; mais plus tard, venu à Constantinople, il admirait la magnificence de la ville, et déclarait qu'à son avis le maître de tant de trésors et de tant d'hommes était un dieu. Alaric s'honora du titre de préfet du prétoire, et, arrivé aux portes de Rome, il s'arrêta frappé de respect, ne pouvant se résoudre à livrer aux flammes la capitale de l'univers.

Ataulfe reconnaissait qu'il s'était trompé en rêvant un empire gothique, et ne voulait plus d'autre gloire que d'épouser une fille de Théodose et de mettre les forces des Goths au service du nom romain. Le dernier empereur d'Occident abdique, et rien ne semble changé : je considère les chefs des nations germaniques qui se disputent les provinces de la monarchie, et je trouve qu'ils s'en déclarent les serviteurs et les sujets. Odoacre prend le titre de patrice; Théodoric, qui le détrône, se présente en Italie comme le fils adoptif et le délégué de l'empereur Zénon ; sa mission est de rebâtir les villes détruites, de relever l'autorité du sénat et des magistratures, de ramener le règne des lois et des lettres. D'un autre côté, je vois les rois burgondes adresser aux Césars de Byzance des protestations d'obéissance et de fidélité. Clovis reçoit d'Anastase les insignes du consulat, et longtemps ses successeurs se considéreront comme des magistrats romains ; ils en auront le costume et le cortège ; ils construiront des cirques, et finiront, comme Chilpéric, par dicter des vers dans la langue de Virgile (1).

(1) Jornandes, *de Rebus geticis*, 28 : « Deus, inquit (Athanaricus), sine dubio terrenus imperator est ; et quisquis adversus eum manum moverit, ipse sui sanguinis reus exsistit. » Zosime, lib. V, VI. Orose, *Hist.*, VII, 43, fait parler Ataulfe en ces termes : « Cum esset animo ingenioque nimius se imprimis ardenter inhiasse, ut obliterato romano nomine romanum omne solum et imperium Gothorum faceret et vocaret, fieretque nunc Astaulfus quod quondam Cæsar Augustus. At ubi multa experientia probavisset, neque Gothos

Il y a là autre chose qu'un caprice de barbares : il y a une admiration du passé, inintelligente peut-être, mais bienfaisante, qui voudrait en imiter toutes les institutions, et qui en conservera beaucoup. Avec les charges du palais, les règles de l'administration impériale se perpétuent. Avec la langue latine, le droit romain pénètre dans les codes des Visigoths, des Burgondes, des Alemans, des Bavarois, des Lombards ; et l'historien des Goths, Jornandes, semble exprimer le sentiment commun de tout l'Occident, lorsqu'il reconnaît encore à la fin du sixième siècle l'autorité de cette Rome qui a conquis la terre par les armes, « et « qui n'a pas cessé, dit-il, de régner sur les ima- « ginations (1). » Ce mot éclaire et justifie la politique romaine. On l'a vue travailler avec persévé-

ullo modo parere legibus posse, propter effrænatam barbariem... Elogisse se saltem ut gloriam de restituendo in integrum augendoque romano nomine Gothorum viribus compararet. » — Idatius, *Chronic. Olymp.*, 299 : « Wallia, rex Gothorum, romani nominis causa cædes magnas efficit Barbarorum. » — Sur le titre de patrice conféré à Odoacre par Zénon, voyez Malchus Philadelphitanus, cité par Photius, *Biblioth.* Cassiodor., *Epist. senatui urbis romanæ*. Voyez aussi les lettres adressées à l'empereur d'Orient par S. Avitus de Vienne, au nom de Gondebaut et de Sigismond, *Epist.* 23 : « Cumque gentem nostram videamur regere, non aliud nos quam milites vestros credimus ordinari. » Gregorius Turonensis, II, 38 : « Igitur ab Anastasio imperatore codicillos de consulatu accepit, et in basilica B. Martini tunica blates indutus est et chlamyde, imponens capiti diadema ; tunc ascenso equo, aurum argentumque... spargens voluntate benignissima erogavit, et ab ea die tanquam consul et Augustus est vocitatus. »

(1) Jornandes, *de Reb. get.*, præfat. : « Quomodo respublica cœpit et tenuit, totumque pene mundum subegit, et hactenus vel imaginarie teneat. »

rance contre son intérêt, en introduisant dans l'empire ceux qui devaient le renverser. Mais elle travaillait pour un intérêt plus grand que le sien ; elle servait un dessein qu'elle ne connaissait pas en poliçant les hommes du Nord. Par un juste retour elle y trouva une autre gloire qu'elle n'avait pas cherchée. Elle perdit le pouvoir temporel, qui s'exerçait par l'épée ; mais elle conserva l'autorité morale des lois, des lettres, des souvenirs. Au milieu de ses ruines, sans armes, sans trésors, Rome n'était plus qu'une puissance spirituelle. Mais c'était précisément en cette qualité que, devenue chrétienne, elle devait recommencer la conquête du monde.

# CHAPITRE VII

RÉSISTANCE DES GERMAINS A LA CIVILISATION ROMAINE.

<small>Vices de la civilisation romaine.</small> Nous n'avons point cherché à rabaisser la civilisation latine ; nous n'en avons dissimulé ni la puissance ni les bienfaits. Mais on ne peut pas non plus méconnaître les vices qui la compromirent ; et, tandis qu'elle subjuguait la moitié des peuples germaniques, il reste à voir comment elle provoqua d'abord la résistance des autres, et ensuite leurs représailles.

<small>Le paganisme romain impuissant chez les barbares.</small> On ne civilise vraiment les hommes qu'en s'assurant de leurs consciences. C'est là, dans ce fond de la nature humaine, qu'il faut vaincre le premier de tous les désordres, qui est celui des passions. Les anciens le savaient si bien, que toutes leurs histoires faisaient intervenir des personnages divins, des prêtres, des religions, pour policer les peuples. Rome elle-même ne donnait pas d'autres fondements à ses institutions : elle n'aurait pas cru ses colonies solidement établies, si elle ne leur avait communiqué ses auspices, ses rites, son droit

sacré. Ainsi les principales cités du Nord, Augsbourg, Cologne, Trèves, avaient leur Capitole, où l'on sacrifiait aux trois grandes divinités de la roche Tarpéienne : Jupiter, Junon et Mercure. Il paraît, par les inscriptions recueillies sur les bords du Rhin, qu'on y adorait aussi Mercure, Apollon et les Muses; Diane, Sylvain, et les Nymphes, dieux secourables, représentants d'une domination pacifique; et en même temps Mars, Pluton et Proserpine, Hercule, Castor et Pollux, la Victoire et la Fortune, la Gloire et la Valeur, qui consacraient la guerre et la conquête. Les temples dont on découvre les ruines, les sacerdoces et les corporations religieuses qui ont laissé leurs traces, les pierres votives élevées au départ et au retour des expéditions militaires, font assez voir avec quelle ténacité les Romains des provinces s'attachaient aux croyances de leurs ancêtres, et combien la chute du paganisme fut moins naturelle qu'on ne pense. Mais le paganisme latin n'avait pas d'orthodoxie : ses dogmes ne formaient pas un corps impénétrable aux superstitions étrangères. Les esprits inquiets, que le vieux culte de Numa ne satisfaisait point, cherchaient le repos dans les mystères de l'Orient; en sorte qu'il ne faut pas s'étonner de trouver à Cologne et en Souabe des monuments en l'honneur de Sérapis et de Mithra. D'autres fois les colons romains se tournaient vers les dieux du Nord, qu'ils regardaient comme les anciens maîtres du sol, dont ils redoutaient la jalousie et la vengeance. C'est ainsi que dans le pays de Bade on rencontre des inscriptions hérissées de noms barbares, qui appartiennent à la mythologie des Gaulois. Ailleurs on voit des autels élevés aux nymphes du Rhin, aux génies du Danube, des Vosges, de la forêt Noire. Toutes les villes, et jusqu'aux moindres bourgades, avaient leurs déesses locales, qu'elles nommaient leurs mères (*Matronæ*), et qu'on représentait ordinairement au nombre de trois, avec une quenouille, des fruits et des fleurs. Ces personnages mystérieux présidaient à la destinée des peuples et rappelaient à la fois les trois Parques de l'Italie, les trois fées des Celtes, et les trois nornes de l'Edda. En même temps donc que le sénat admettait dans ses rangs les chefs des nations vaincues, l'Olympe classique s'ouvrait à leurs divinités. J'en remarque deux qui reçurent un culte public dans les colonies romaines des Pays-Bas. L'une est Hludana, la Vesta des Scandinaves, la déesse du foyer domestique ; l'autre, Nehallenia, une de ces fileuses divines que les Germains se figuraient parcourant les campagnes et répandant les émanations salutaires qui font croître la laine des brebis et le blé des sillons (1).

(1) Welser, *Rerum augustanar.* et *Acta sanctæ Afræ martyris*. L'église de Sainte-Marie, bâtie à Cologne au septième siècle, fut appelée « Sancta Maria in Capitolio. » Fiedler, *Rœmische Denkmæler*; Mone, *Urgeschichte des badischen Landes*; Rhudart. *Ælteste Geschichte Bayerns*; Hefele, *Geschichte der Einführung*, etc. ;

Ainsi les superstitions germaniques gagnaient les Romains : mais on ne trouve pas que la théologie romaine pénétrât profondément chez les barbares. Sans doute ceux d'entre eux qui se trouvaient mêlés aux populations latines devaient en adopter les fêtes publiques et les pratiques journalières : mais les cœurs n'étaient pas changés. En effet, les Romains n'avaient rien à enseigner aux hommes du Nord en matière de religion. Le fond des deux paganismes était le même. Sous des noms divers ils adoraient des divinités pareilles, et nous avons reconnu avec surprise les ressemblances qui éclatent dans la constitution des sacerdoces, dans la discipline des augures, dans tous les détails des pompes sacrées. S'il reste cependant des différences incontestables, elles paraissent à l'avantage des Germains. On reconnaît chez eux un culte moins corrompu : ils versaient le sang humain sur leurs autels, mais leurs orgies n'approchèrent jamais des impuretés par lesquelles Rome honorait Vénus et Priape. La crainte des dieux semble mieux établie chez un peuple qui hésitait à les enfermer dans des

Jaumann, *Colonia Sumlocene*, ont énuméré les monuments religieux trouvés en Allemagne. En Souabe, un monument et deux inscriptions mithriaques (v. Hefele, p. 59). Lersch (*Central Museum Rheinlændischer Inschriften*) donne un grand nombre d'inscriptions religieuses, parmi lesquelles je relève celles-ci : « Soli Serapi. — Honori et vavori (sic). — Matribus Treveris. — Matronis Axsinginehis. — Matronis Humanehabus. — Deæ Hludanæ sacrum. C. Tiberius Verus. » Sur les deux déesses Hludana et Nehallenia, cf. Grimm, *Mythologie*, 255, 390, etc.

temples, à leur prêter la figure de l'homme, que dans la ville impériale qui décernait les honneurs divins à tous ses tyrans, et qui adora la Fièvre et la Peur. Mais surtout la croyance à la vie future faisait la supériorité des barbares sur les Romains. Qu'étaient-ce que les Champs Élysées des poëtes classiques, avec leurs pâles ombres et leurs vagues plaisirs, auxquels même le peuple ne croyait plus, en comparaison des fêtes immortelles de la Valhalla promises aux sectateurs d'Odin ? Les Latins, aussi bien que les Grecs, ne pouvaient s'empêcher d'admirer une foi si ferme. Lucain célèbre avec un sentiment d'envie « ces peuples heureux de leurs « illusions, délivrés de la plus terrible des craintes « humaines, qui est celle de la mort ; toujours « prêts à se précipiter dans les dangers, parce qu'ils « avaient des âmes plus grandes que le trépas, et « qu'ils dédaignaient de ménager une vie qui leur « serait rendue (1). » Rome n'avait pas de prise sur des consciences ainsi trempées : elle n'atteignait pour ainsi dire les esprits que par le dehors, par les arts et par les lois ; elle ne pouvait entreprendre de convertir les Germains : il ne lui restait que de les polir et de les gouverner.

(1) Lucain, *Pharsale*, I :

> ..... Certe populi quos despicit Arctos
> Felices errore suo, quos ille timorum
> Maximus haud urget leti metus : inde ruendi
> In ferrum mens prona viris, animæque capaces
> Mortis, et ignavum rediturae parcere vitæ.

Les arts ont assurément un pouvoir civilisateur ; mais ce pouvoir leur vient de l'idée qui les remplit, qu'ils s'efforcent de reproduire, et qui, en se manifestant sous des formes dignes d'elle, finit toujours par toucher les hommes. Si donc l'idée se corrompt ou se retire, si elle ne trouve plus de foi dans le cœur de l'orateur et du poëte, si elle les laisse s'engager au service de la vaine gloire ou de la cupidité, l'impuissance se fait sentir dans leurs œuvres, punies par l'indifférence publique. Les arts ne mettent alors dans la société qu'un désordre de plus ; et, s'ils conservent sur elle quelque ascendant, c'est pour la reconduire par la corruption à la barbarie. Toute l'éducation littéraire de Néron, par exemple, n'aboutit qu'à lui donner l'envie de voir brûler Rome du haut d'une tour, en chantant l'embrasement de Troie : ce caprice valait bien ceux d'Attila et de Genseric. C'est l'état des lettres latines au moment où l'enseignement les popularise dans le nord de la Gaule et jusque sur la frontière de la Germanie. Si la décadence de l'art oratoire était déclarée au temps de Tacite, de Pline le Jeune et de Quintilien ; si dès lors l'éloquence exilée de la tribune s'éteignait dans l'obscurité de l'école et du barreau, comment deux autres siècles de servitude n'auraient-ils pas réduit la parole publique aux derniers abaissements ? Alors fleurissent dans les murs de Trèves, à l'ombre du palais impérial, ces panégyristes qui s'emparent de la lan-

<small>Décadence des lettres dans les derniers impériales.</small>

gue latine, la plus fière qui fut jamais et la mieux faite pour servir la liberté, et la plient à tous les genres de bassesses. Alors le rhéteur Mamertin, louant les deux empereurs Dioclétien et Maximien, leur compare les héros et les dieux : « Il cherche, dit-il, à travers les siècles, et ne trouve rien d'égal à ses maîtres. Cet Alexandre qu'on a appelé Grand lui semble bien petit auprès d'eux. Tout en leurs personnes sacrées rappelle Hercule et Jupiter. Mais ce qui est fable chez ces dieux est devenu vérité dans l'histoire des deux princes : ce sont eux qui terrassent les monstres, qui purgent la terre et disposent du ciel. » La poésie n'était pas descendue moins bas. Après avoir épuisé tous les genres consacrés par l'exemple des Grecs, elle avait fini par s'attacher à l'imitation des derniers poëtes d'Alexandrie, qui, désespérant de trouver la nouveauté dans la pensée, la cherchaient dans les raffinements de la versification. Les Latins apprirent d'eux tout ce qu'on voit en faveur au quatrième siècle : les énigmes, les acrostiches, les compositions en vers inégaux, disposés de manière à figurer un autel, un étendard, une flûte de Pan. Ces jeux de mots tentèrent le poëte Ausone. Le chantre de la Moselle arrachait ainsi les applaudissements d'une cour où les esprits blasés n'étaient plus sensibles qu'au prestige de la difficulté vaincue. Voilà l'école à laquelle les Germains firent leur premier apprentissage ; et je m'assure qu'ils n'échappaient pas à l'exemple de leurs maîtres, en voyant un esprit aussi vigoureux que celui de Mérobaudes se prêter à toutes les lâchetés de la flatterie oratoire. Nous avons à peine quatre pages de sa prose : c'est une préface de son panégyrique d'Aétius. Dans ce court fragment, l'écrivain franc a trouvé le moyen de se déshonorer. S'il faut l'en croire, ce n'est point à ses services militaires, ce n'est point à ses talents poétiques, c'est à ses éloges du ministre en faveur, qu'il doit la statue érigée en son honneur sur le forum de Trajan. Il est vrai de dire qu'on ne peut mettre plus de hardiesse dans la louange. Il se lasse de comparer Aétius avec Aristide, avec Caton, avec César : il le met au-dessus de la condition humaine, au-dessus de cette incertitude de la fortune qui a trahi tant de héros. S'il apprend qu'Aétius a combattu, il ne doute pas de la victoire. « Je ne demande point, s'écrie-t-il, quelle a « été l'issue du combat, mais en quel lieu, de « quelle manière et de combien d'ennemis tu as « triomphé (1). »

Je ne vois pas non plus d'exercices poétiques si épineux, si ingrats, où les Romains n'aient été

(1) Claud. Mamertinus. *Panegyric. Maximian. August.* 2 : « Finguntur hæc de Jove, sed de te vera sunt, imperator. » Cf. *ibid.*, 10 : « Nam ille quidem Magnus Alexander jam mihi humilis videtur. » Ausone, *Idyll.* 12, *eclogarium* 1, etc. Porphyrius Optatianus, *Panegyric.* Symposius, *Ænigmata.* — Merobaudes, præfatio in *Panegyric.* : « Pro his me laudibus tuis Roma cum principe victuro are formavit ; pro his denique nuper ad honoris maximi nomen ille nascenti soli proximus imperator evexit. » etc.

égalés par leurs disciples barbares. A peine les Germains ont-ils goûté aux fruits de la civilisation, que le démon des vers latins semble s'emparer d'eux. Chilpéric, ce digne époux de Frédégonde, se piquait de construire des hexamètres loués par ses courtisans, mais qui boitaient, dit-on, de plus d'un pied. Un peu plus tard, l'Anglo-Saxon Aldhelm adresse au roi de Wessex un savant traité de prosodie, où, remontrant au prince la nécessité de s'appliquer à une lecture si profitable, il lui expose les règles de la quantité jusque dans le plus minutieux détail, et sans lui faire grâce d'aucune espèce de vers catalectique, acatalectique, hypercatalectique. Fort de son savoir, il entreprend, dit-il, de ramener dans son pays les muses de l'antiquité. Mais, au lieu de les chercher sur les libres montagnes de la Grèce, ou à la cour élégante d'Auguste, il va les prendre dans les dernières écoles de l'empire. Ses prédilections sont pour les énigmes, dont il a composé cent quinze, et pour les acrostiches, où il a poussé l'art jusqu'à faire des acrostiches carrés, c'est-à-dire, construits de telle sorte que le même hexamètre se retrouve quatre fois : au commencement de la pièce, à la fin, et en rassemblant, soit les lettres initiales, soit les finales de chaque vers. Ces sortes de compositions eurent une longue popularité dans les monastères savants de France et d'Angleterre. Je me l'explique, en y reconnaissant un de ces points curieux où les littératures qui finissent se rencontrent avec celles qui commencent. En effet, rien n'est plus naturel aux hommes du Nord que le goût des jeux d'esprit. Il faut se rappeler ici les assauts de parole si fréquents dans l'Edda, quand les dieux et les géants se défient à pénétrer des questions obscures, à réciter des nomenclatures sans fin. On ne peut ouvrir un recueil de poésies anglo-saxonnes sans y trouver un grand nombre d'énigmes, d'anagrammes et de fragments, où l'auteur cherche et réussit à devenir inintelligible. Les poëtes barbares aiment tant l'obscurité, qu'ils la portent jusque dans les chants les plus inspirés, et que leurs récits héroïques, leurs improvisations funèbres, sont encore chargés d'hyperboles, de métaphores, de périphrases, d'ellipses, et de toutes les figures qui remplissent les catalogues des grammairiens classiques. Telle est, en effet, la faiblesse de l'homme, qu'il n'y a pas pour lui d'effort plus grand que d'exprimer clairement sa pensée. La puissance de la parole ne va pas plus loin, et cette puissance ne dure qu'un moment : c'est le temps de la plus haute perfection littéraire. Avant et après, la parole est impuissante à dégager la pensée, à la préciser, à l'éclairer. Elle se résout alors à la voiler, elle s'en fait un mérite, elle s'en fait une joie. Chez les barbares, ce sont les prêtres païens qui se réservent ainsi le secret d'une science sacrée dérobée au peuple. Dans les sociétés vieillies, ce sont les écrivains qui déguisent sous des dehors pédantesques la nullité d'une littérature sans inspiration. La barbarie a du moins cet avantage, que l'idée palpite et frémit sous l'enveloppe dont elle parviendra plus tard à se défaire, tandis que les ouvrages de la décadence ressemblent à ces momies dont les bandelettes, peintes et entrelacées avec un art infini, ne cachent plus qu'une dépouille sans âme. En cet état, si les lettres latines rendaient aux Germains le service d'orner leur mémoire, assurément elles risquaient de gâter pour toujours leur goût et leur raison (1).

*Avarice et cruauté du gouvernement romain.*

Au fond, Rome se souciait moins d'éclairer les hommes que de les assujettir. L'art où elle mettait sa gloire était celui de régner. Elle ne se méprenait pas quand elle remerciait le ciel de lui avoir donné le génie du gouvernement. Mais elle porta

---

(1) Gregorius Turonens., III. IV. Grégoire de Tours a le courage de blâmer les vers de Chilpéric : mais Fortunat, moins éclairé ou plus timide, le complimente en ces termes, *Poemat.*, lib. VIII, 1

Regibus æqualis, de carmine major haberis..,
Admirante mihi mimium rex, cujus opime
Prælia robur agit, carmina lima polit.

Aldhelm, *de Septenario et de Re grammatica*, ap. Mai, *Auctores classici*, t. V, ad Acircium regem : « Paterna sollicitudine coactus... commoneo ut quæ difficillima sudoris et laboris industria, ac si gravi sarcini oppressus, dictando descripseram, sine sudoris et laboris contritione rimanda et recensenda nullatenus recusando contemnas, ac solertis ingenii gratiam... tibi collatam torpentis otii segnitie squalere patiaris. » Aldhelm, *Ænigmata*, apud *Biblioth. Patrum maxima sæcul.* VII. Cf. Hrabanus Maurus, *de Laudibus sanctæ crucis*, l. II.

dans ce gouvernement deux vices par où il devait périr quand il cesserait d'être nécessaire au monde; je veux dire l'avarice et la cruauté. Le caractère de Rome est marqué de ces deux traits ineffaçables. On les reconnaît dans ses lois, depuis le temps où les Douze Tables permettaient aux créanciers de tailler en pièces le débiteur insolvable et de s'en partager les membres, jusqu'au siècle des Antonins, où les jurisconsultes examinent froidement s'il faut appeler vente ou louage l'engagement d'une troupe de gladiateurs, et décident qu'il y a contrat légitime, louage de sueur et vente de sang (1). La conquête ne pouvait pas être moins impitoyable que la législation. Quand Rome se donnait pour emblèmes les aigles, ces bêtes de proie, elle annonçait aux peuples ce qu'ils devaient attendre. Ils eurent lieu de reconnaître qu'elle ne les avait pas trompés.

Les Romains avaient eu le mérite de reconnaître, à côté du droit civil qu'ils se réservaient, un droit des gens commun à tous les peuples; mais ils rangeaient dans le droit civil, et par conséquent ils refusaient aux étrangers, les justes noces, la puissance paternelle et la propriété régulière du sol. L'État seul, c'est-à-dire le peuple ou l'empereur,

(1) Gaius, *Institut. Comment.*, III, 146 : « Item si gladiatores ea lege tibi tradiderim ut in singulos qui integri exierant, pro sudore denarii XX mihi darentur; in eos vero singulos qui occisi aut debilitati fuerint, denarii mille, quæritur utrum emptio et venditio, an locatio et conductio contrahatur. »

était propriétaire du territoire des provinces, dont il laissait la possession aux habitants, en percevant une partie du revenu à titre d'impôt en argent ou en nature (1). C'est le principe légal de toutes les exactions, de tous les abus financiers, qui, s'attachant aux plus belles institutions, ruinèrent l'autorité en la rendant insupportable, et la liberté en la rendant illusoire.

Nous avons admiré les puissants moyens par lesquels l'administration romaine portait jusqu'aux extrémités du monde l'autorité des empereurs. Mais elle y portait aussi leurs passions et leurs mauvais exemples. Le génie fiscal des anciens proconsuls avait passé avec leur pouvoir aux Césars, qui le communiquaient aux officiers chargés de les représenter dans chaque province. Pendant que le lieutenant impérial épuisait le pays par des levées d'hommes, le procureur l'écrasait d'impôts ; et les peuples se plaignaient d'avoir à nourrir deux tyrans, l'un altéré de sang, l'autre affamé d'or. Il n'y avait pas cinquante ans que les légions s'étaient montrées sur les bords du Rhin, et déjà on voit le commandant romain Lollius envoyer ses centurions dans les bourgades des Sicambres, pour y lever une contribution de guerre. Les Sicambres se jetèrent

---

(1) Gaius, *Institut. Comment.*, II, 21 : « In eadem causa sunt provincalis prædia, quorum alia stipendiaria, alia tributaria vocamus. Stipendiaria sunt ea quæ in provinciis quæ propriæ Cæsaris esse creduntur. »

sur eux, les condamnèrent à périr par le feu, dans un sacrifice solennel auquel ils invitèrent les Chérusques et les Suèves, et les trois peuples ensemble jurèrent, sur les cendres des victimes, de réunir leurs forces contre les Romains et de partager le pillage. Les Sicambres s'adjugeaient d'avance les captifs, les Chérusques les chevaux, les Suèves l'or et l'argent. C'était quatre siècles trop tôt pour se partager les dépouilles de Rome. Mais il semble que le souvenir de ces serments ne se perdit pas; et les Germains, qui dans la suite rançonnèrent tant d'empereurs, se firent chèrement payer les tributs levés sur leurs aïeux. On sait en effet de quels excès étaient capables des magistrats accoutumés à tous les débordements du luxe, à toutes les ressources de l'usure et de la concussion, chez des nations ignorantes, où l'usage même de la monnaie était à peine connu, qui n'estimaient pas plus les vases d'argent que ceux d'argile. Tantôt, après leur avoir imposé une redevance en peaux de bœufs, les agents du fisc l'exigeaient en peaux de buffles, et, en cas de refus, faisaient vendre les champs, les troupeaux, les familles entières. Tantôt les officiers chargés du recrutement enrôlaient des enfants, des vieillards, des invalides, et ne les relâchaient que moyennant rançon (1).

(1) Tacite, *Agricola*, 15. Sur la défaite de Lollius, Velleius Paterculus, II, 97. Suétone, *in Octaviano*, 23. Tacite, *Annal.*, I, 10. Florus, IV, 12: « Viginti centurionibus incrematis hoc velut sacra-

La réforme administrative de Dioclétien n'atteignit pas ces désordres; au contraire, en multipliant les fonctions, elle multiplia les abus. Les provinces eurent à entretenir tout un peuple de dignitaires et d'employés : préfets, vicaires, présidents, intendants, maîtres des offices, tout ce qui remplissait leurs bureaux, tout ce qui grossissait leur cortége. Il fallut de nouveaux noms pour des impôts sans exemple. Il y en eut qui frappèrent les classes privilégiées et jusqu'aux sénateurs, d'autres qui pesèrent sur les ouvriers et jusque sur les mendiants. Il n'y avait pas de violences auxquelles les exacteurs ne se portassent, forçant les maisons, mettant à la torture les vieillards et les femmes, et sur les déclarations arrachées par la douleur, taxant des biens qui n'existaient pas. La possession du sol n'étant plus qu'un titre aux persécutions fiscales, on vit, s'il en faut croire Lactance, les terres abandonnées et les plus riches cultures changées en déserts. Quand on traitait ainsi les anciens habitants, il ne faut pas croire qu'on épargnât les barbares nouvellement admis sur les frontières, ces hôtes, ces amis des Romains. Aucun

---

mento sumpserant bellum, adeo certa victoriæ spe, ut prædam in antecessum portione diviserint. Cherusci equos, Suevi aurum et argentum, Sicambri captivos elegerant. » Sur les exactions d'Olennius et des autres officiers romains, Tacite, *Annales*, IV, 72 *Histor.*, IV, 15. — *Germania*, 5 : « Videre est apud eos argentea vasa legatis et principibus eorum muneri data, non in alia vilitate quam quæ humo finguntur. »

peuple n'avait payé plus cher cette amitié que les Visigoths, lorsque écrasés par les Huns, ils demandèrent à Valens un asile sur la rive droite du Danube. En passant le fleuve, ils avaient livré leurs armes et promis leurs fils pour recruter les légions. Bientôt une famine cruelle se déclara au milieu de cette multitude transplantée sans ordre et sans prévoyance. Les officiers romains élevèrent le prix des vivres à un taux si exorbitant, que les émigrants se virent forcés de vendre leurs esclaves et leurs enfants mêmes, en retour des viandes immondes qu'on leur distribuait; jusqu'à ce que leurs chefs ayant été attirés dans un banquet où on se proposait de les égorger, la découverte de cette perfidie les souleva et les poussa à la ruine de l'empire (1).

(1) En ce qui touche la fiscalité romaine sous Dioclétien et après lui, Lactance, *de Mortibus persecutorum*, 7 : « Adeo major esse cœperat numerus accipientium quam dantium, ut enormitate indictionum consumptis viribus colonorum desererentur agri, et culturæ verterentur in silvam... provinciæ quoque in frusta concisæ, multi præsides et plura officia singulis regionibus ac pene jam civitatibus incubare, item rationales multi et magistri et vicarii præfectorum... exactiones rerum innumerabilium, non dicam crebræ, sed perpetuæ, et in exactionibus injuriæ non ferendæ. » Idem, *ibid.*, 23 : « Agri glebatim metiebantur, vites et arbores numerabantur... Tormenta ac verbera personabant, filii adversus parentes suspendebantur, fidelissimi quique servi contra dominos vexabantur, uxores adversus maritos. » Cf. Zosime, II, *Code Théodosien*, XI, 7, 3, loi de Constantin portant peine infamante contre les gouverneurs qui employaient la torture pour contraindre les débiteurs du fisc. — Naudet, *des Changements opérés dans l'administration romaine*, t. II, p. 200 et suiv. — Sur le massacre des Goths admis dans l'empire, Jornandès, *de Rebus Geticis*, 26.

Un pouvoir qui se ménageait si peu ne pouvait pas respecter la liberté, ou du moins cette image qui s'en conservait encore dans les institutions municipales. Le régime municipal, destiné à perpétuer dans les villes l'exercice de tous les droits publics, devint, par une révolution bien connue, l'instrument de toutes les oppressions. Les curies furent chargées, comme on sait, de la perception de l'impôt, et ceux qui les composaient durent suppléer de leurs deniers à l'insolvabilité des contribuables. La dureté d'une telle condition fit déserter les sénats municipaux. Ce fut un privilége d'en sortir, une disgrâce d'y entrer. Il fallut les repeupler de force, en y jetant des hommes mal famés, des bâtards, des clercs dégradés, des repris de justice. Assurément des corporations composées de la sorte devaient porter peu de délicatesse dans la répartition des charges publiques. Il ne faut plus s'étonner si un prêtre éloquent du quatrième siècle, Salvien, accuse hautement ceux qui devraient être les tuteurs des cités et qui en sont devenus les tyrans, qui surchargent d'impôts les petits patrimoines, pour dégrever de riches domaines, qui n'oublient jamais le pauvre quand il s'agit d'augmenter les contributions, et qui l'oublient toujours quand il y a lieu de les réduire. « Car, « s'écrie-t-il, un petit nombre décrète, et tous « payent; et à qui est-il permis de discuter ce qu'il « débourse et de vérifier ce qu'il doit? » Ces maux désolèrent tout l'empire, mais ils ruinèrent surtout les cités des Gaules. Les habitants désespérés s'enfuyaient dans les forêts et les montagnes, pour y vivre de brigandage, en déclarant la guerre à une société corrompue; ou bien ils passaient sur le territoire des Germains, où ils trouvaient du moins cette vertu de la barbarie, l'hospitalité. On n'a pas assez remarqué un fait qui jette tant de jour sur les derniers temps de l'empire, je veux dire l'émigration des Romains chez les barbares, et les intelligences qui se nouèrent ainsi entre les opprimés et leurs voisins, qu'ils s'accoutumaient à regarder comme des libérateurs. L'entraînement devint si général, que pour l'arrêter ce ne fut pas assez des supplices ordinaires : il fallut qu'une loi de Constantin prononçât la peine du feu contre ceux qui, par des communications coupables, ouvriraient la frontière aux ennemis ou partageraient avec eux le butin. Ainsi, pendant que les empereurs prenaient des barbares à leur solde, les provinces en appelaient d'autres à leur secours. Le vœu des peuples acheva de donner à la conquête germanique le caractère d'un établissement régulier, et de ce côté aussi l'invasion fut consentie (1).

(1) Sur la décadence du régime municipal, voyez Guizot, *Essais*; Fauriel, *Histoire de la Gaule méridionale*, t. 1; *Code Théodosien*, lib. XII, tit. 1, 3, 18: Digeste, *ad municipalem, de Decurionibus*, etc.; *Cod. Justinian., de Decurionibus et filiis eorum*; Salvien, *de Gubernatione Dei*, le livre V tout entier : « Quid enim niquius esse aut indignius potest, quam ut soli sitis immunes a

En même temps que les Romains fatiguaient le monde par leur avarice, ils le poussaient à bout par leur cruauté. Il avait fallu un fratricide pour consacrer la première enceinte de la ville : quel crime pouvait leur coûter pour étendre leur empire? Ils faisaient gloire d'être sans pitié pour ceux qui leur résistaient, et de répandre l'épouvante, qu'ils prenaient trop souvent pour du respect. Rien ne fut plus inhumain que ces conquêtes destinées à servir plus tard les intérêts généraux de l'humanité. On sait avec quel artifice la politique romaine entretenait les divisions intestines chez les peuples qu'elle voulait affaiblir d'abord, pour les écraser ensuite. Nulle part ces odieuses manœuvres ne furent conduites avec plus de persévérance qu'en Germanie. Déjà Tibère, en ordonnant aux légions de se replier sur le Rhin, avait déclaré qu'on pouvait abandonner l'ennemi à ses discordes intestines. On travailla cependant à les attiser. Il n'y eut bientôt plus un peuple où Rome n'eût son parti, où elle ne parvint à placer un roi de sa façon, dévoué à ses intérêts, pénétré de ses vices.

debito qui cunctos facilis debitores?... Cui enim licet discutere cur solvatur, aut cui permittitur explorare quod debeat? Duo ant tres statuunt quod multos necet... proculcantur in tantum, ut multi eorum, et non obscuris natalibus editi, et liberaliter instituti ad hostes fugiunt... Itaque possim vel ad Gothos, vel ad Burgundos, vel ad alios ubique dominantes barbaros migrant, et commigrasse non pœnitet. » Cf. *Code Théodosien*, lib. VII, 1, 1. Loi de Constantin portant peine du feu contre ceux qui introduisent les barbares dans l'empire.

C'est ainsi que chez les Suèves on voit une suite de princes imposés, soutenus par l'autorité des empereurs; c'est ainsi qu'on trouve un neveu d'Arminius, élevé en Italie, devenu roi des Chérusques, et introduisant parmi eux l'usage du vin, dangereux présent dont on avait calculé les effets. C'est la remarque de Tacite, qu'il « suffit de favo- « riser chez les Germains la passion des liqueurs « fortes, pour les réduire par la débauche plus fa- « cilement que par les armes. » Voilà les leçons qu'un grand esprit, un disciple du stoïcisme, donne aux hommes d'État de son temps, et voici les vœux qu'il y ajoute. Il vient de rapporter l'extermination des Bructères par leurs voisins et il en remercie les dieux : « Car, dit-il, plus de soixante « mille hommes sont tombés, non pas sous nos « coups, mais ce qui est plus magnifique, pour « notre passe-temps et pour le plaisir de nos yeux. « Puissent ces nations, sinon nous aimer, du « moins se haïr toujours! » Les vœux et les conseils de Tacite furent écoutés, mais ils ne sauvèrent pas l'empire. Toute l'habileté des Césars et de leurs ministres, jusqu'aux derniers, fut d'opposer aux barbares d'autres barbares. Marc-Aurèle conduisit les Germains du Rhin contre ceux du Danube. Plus tard, le rhéteur qui prononça le panégyrique de Maximien se réjouissait de voir les Burgondes aux prises avec les Goths, les Thuringiens avec les Vandales. Car, sous d'autres princes, la félicité publique était au comble quand on apprenait que les ennemis se tenaient en repos. « Mais, dit-il, combien est-il plus joyeux d'entendre répéter autour de soi : Les barbares courent aux armes, mais pour s'égorger! Ils ont vaincu, mais vaincu leurs frères! » Et il finit par cette prière, bien digne d'un païen : « Jupiter très-saint, et vous, Hercule très-bon, soyez loués d'avoir enfin porté la guerre civile chez des nations qui en étaient dignes, et, délivrant l'empire des discordes qui l'affligèrent si longtemps, de les avoir renvoyées à nos ennemis! Par vous, les peuples qui n'ont pas le bonheur d'être Romains s'infligent la peine de leur barbarie obstinée, et courent verser un sang qui est le leur (1)! »

La Germanie était donc comme une arène, où des nations dressées à combattre s'entre-tuaient afin de récréer le peuple-roi. Mais comment fût-il

(1) Tacite, *Annales*, II, 10, 26, 65 ; XI, 16 ; XIII, 20. *Germania*, 42, 25 : « Si indulseris ebrietati, suggerendo quantum concupiscunt, haud minus facile vitiis quam armis vincentur. » 33 . « Super XL millia, non armis telisque romanis, sed, quod magnificentius est, oblectationi oculisque, occiderunt. Maneat, quaeso, duretque gentibus, si non amor nostri, at certe odium sui ; quando, urgentibus imperii fatis, nihil jam præstare fortuna majus potest quam hostium discordiam! » — Claud. Mamertin., *Genethliacus Maximian. Aug.*, 16 : « Sancte Jupiter et Hercules bone, tandem bella civilia ad gentes illa vesania dignas transtulistis... Ruunt omnes in sanguinem suum populi quibus nunquam contigit esse Romanis! » 18 : « At enim quanto hoc est lætabilius ac melius quod de prosperitate seculi vestri certatim omnium hominum ore circumfertur : Barbari ad arma concurrunt, sed invicem dimicaturi ; vicere barbari, sed consanguineos suos! »

resté spectateur pacifique de ces jeux qui l'enivraient ? Il finissait tôt ou tard par se jeter dans la mêlée, prenant parti tantôt contre le plus faible pour l'achever, tantôt contre le plus fort pour l'étouffer avant qu'il devînt dangereux. Assurément, on ne peut blâmer des guerres nécessaires à la conservation du territoire romain ; mais il faut détester l'horreur de ces guerres païennes, sans droit des gens, sans honneur militaire, sans respect pour la vie humaine. Les barbares eux-mêmes s'étonnaient de tant de férocité chez un ennemi dont ils avaient entendu vanter la sagesse. « Voilà donc, disaient-« ils, ces Romains législateurs du monde ? tuer, « piller, voilà ce qu'ils appellent régner ; et là où « ils ont fait le désert, ils se glorifient d'avoir mis « la paix ! » C'est ce qu'on vit surtout dans les expéditions de Maximin et de Probus, dont tout l'effort fut non pas de soumettre les Germains, mais de les décimer. Les soldats des frontières chassaient les barbares comme des bêtes sauvages, et recevaient une pièce d'or par chaque tête. Les mêmes excès déshonorèrent les armes de Constantin, lorsque, avant sa conversion, il guerroyait sur les bords du Rhin : c'était peu d'avoir brûlé les villages, égorgé les troupeaux qu'il ne pouvait enlever ; tout ce qu'il ramena de prisonniers en état de porter les armes fut jeté aux bêtes dans les amphithéâtres de la Gaule. Deux chefs des Francs, Ascaric et Radagaise, périrent ainsi ; et le nombre des malheureux livrés au supplice fatigua la dent des lions. La même foule qui demandait la mort des chrétiens applaudissait à celle des barbares ; elle ne prévoyait pas que ces deux sortes de proscrits allaient devenir les maîtres du monde. L'orateur Eumène félicitait publiquement Constantin de renouveler l'ancienne et courageuse coutume qui voulait que les rois vaincus, après avoir servi d'ornement au char du triomphateur, fussent conduits à la mort pour servir d'exemple aux ennemis du peuple romain. « Que « nos ennemis te détestent, s'écrie-t-il, pourvu « qu'ils tremblent ! Car c'est ta gloire qu'ils t'ab- « horrent, et que néanmoins ils se contiennent : et « quand un prince compte sur son courage et sur « sa fortune, il est digne de lui, non d'acheter la « paix par des ménagements, mais d'aller au-devant « de la victoire par des provocations. » Il se peut que je me trompe, mais dans l'atrocité même de ces paroles je trouve quelque chose d'antique et d'éloquent. J'y reconnais le vieil accent païen et comme le dernier hurlement de la louve de Romulus (1).

(1) Tacite, *Agricola*, 30. Vopiscus, *in Probo* : « Quum quotidie ad eum barbarorum capita deferrentur, jam ad singulos aureos singula. » Trebell. Pollio, *Maximini duo*, lettre de Maximin au sénat : « Non possumus tantum, P. C., loqui, quantum facimus. Per ccce millia Germanorum vices incendimus, greges abduximus, captivos abstraximus, armatos occidimus. » — Eumenes, *Panegyric. Constantin.* 12 : « Cæsi igitur innumerabiles, capti plurimi. Quidquid fuit pecoris captum aut trucidatum est. Vici omnes igne consumpti. Puberes, quorum nec perfidia erat apta militiæ, nec ferocia servituti, sævienies bestiis multitudine fatigarunt. Hoc est, impo-

Voilà les enseignements que les peuples germaniques trouvaient dans la société romaine au moment d'y faire leur entrée. Ils apprirent à cette école la politique qui ruine les empires : on s'en aperçoit à la courte durée des premières monarchies fondées par les Bourguignons, les Goths, les Vandales. Ils reçurent des leçons de rapacité et de violence, et l'on peut croire qu'ils en profitèrent, lorsqu'on voit, d'un côté, l'application des rois mérovingiens à conserver les cadastres, les impôts établis, toutes les traditions fiscales ; et, d'un autre côté, les rafinements de cruauté qui firent comparer Chilpéric à Néron, qui se reproduisirent chez tant d'autres rois barbares, et qui furent poussés jusqu'à ce point, qu'au onzième siècle l'empereur d'Allemagne Henri IV condamnait encore le fils d'un de ses ennemis à combattre dans l'arène avec un lion (1). Mais il est vrai de dire que la barbarie

*La société romaine corrompait les barbares.*

rator, fretum esse virtute sua atque fortuna, hoc est non pacem orare parcendo, sed victoriam quærere provocando ! 10 : Renovasti, imperator, veterem illam Romani imperii fiduciam quæ de captis hostium ducibus vindictam morte sumebat. Tunc enim captivi reges, cum a portis usque ad forum triumphantium currus honestassent, simul atque in Capitolium currum flectere cœperat imperator, abrepti in carcerem necabantur. » Cf. Eutrope, *Histor.* X. Symmaque, lib. II, *Epist.*, xLvi, rapporte que vingt-neuf Saxons destinés à combattre dans l'arène se tuèrent pour échapper à cette honte.

(1) Sur Chilpéric, voyez Grégoire de Tours, lib. IV. — En ce qui touche Henri IV, voyez la chronique de Rastedt : *Apud Heinecvii scriptores rerum german.*, p. 88, et l'annaliste saxon, *ad ann.* 1068 : « Quia nefanda stupra nefandiora generant homicidia, erat omnibus horribiliter crudelis, sed maxime familiarissimis suis. »

n'eut jamais besoin d'apprendre à aimer l'or et à verser le sang. Seulement ces deux mauvais instincts de la nature humaine, déjà si puissants chez les hommes du Nord, étaient irrités par quatre siècles de provocations. Comment oublier l'injuste invasion de la Germanie, les exactions des commandants romains, tant de guerres d'extermination, tant d'hommes jetés dans les fers et dans les amphithéâtres? Les Germains avaient leurs injures à venger; mais en même temps, quand on considère ces peuples implacables, chez qui les ressentiments étaient héréditaires, chez qui la passion de la vengeance éclatait si fortement dans les lois, dans la religion, dans les traditions poétiques, on les trouve bien choisis pour exercer contre Rome les représailles de l'univers.

*Haine de la civilisation chez les Germains.* Si Rome eut deux politiques à l'égard des Germains, l'une civilisatrice, l'autre malfaisante, on trouve aussi chez les Germains, en présence de la domination romaine, deux dispositions contraires. Pendant qu'elle subjuguait les uns en satisfaisant ce besoin d'ordre qui tourmente les sociétés même les plus déréglées, elle irritait chez les autres l'esprit d'indépendance que nous avons reconnu comme le propre de la barbarie. Des nomades, accoutumés à mettre leur gloire dans leur isolement et leur droit dans leurs armes, ne pouvaient subir volontairement une civilisation dont tout l'effort était de désarmer les hommes pour les rapprocher. Aussi, à côté des nations sujettes ou alliées de l'empire et jusque dans leur sein, on voit des peuples, des partis, des chefs, ennemis du nom romain, repoussant avec horreur, bien moins les violences inséparables de la conquête, que le régime légal qu'elle menait à sa suite. Ce qu'ils détestaient, ce n'était pas seulement les abus, c'était la loi même, c'était cette règle inflexible qui prévoyait tout et qui ne laissait pas de place à l'impunité. J'en trouve la preuve dans le soulèvement de la Germanie contre Varus, événement célèbre, mais dont il faut considérer de plus près les causes.

Les premiers lieutenants d'Auguste avaient fasciné les barbares par l'éclat de leur puissance militaire et de leurs victoires. Varus, qui leur succéda, n'avait aucune des passions sanguinaires qui font les tyrans. Les contemporains ne lui reprochent qu'un seul tort, d'avoir pris ces barbares pour des hommes, d'avoir transporté au milieu d'eux les institutions de la paix. Il osa évoquer leurs querelles à son tribunal, rendre des jugements comme un préteur en plein forum ; il crut faire plier sous la verge des licteurs ceux qui avaient fatigué les légions. Ces Germains, arrachés à leurs belliqueuses coutumes, à leur combats en champ clos, n'assistaient qu'avec mépris aux solennités verbeuses de la procédure romaine. La toge leur était plus odieuse que les armes, et le droit plus insupportable que la guerre. Ils avaient obéi à des généraux victorieux ; ils se soulevèrent en haine des gens de loi. Les Chérusques les premiers reprirent leurs épées rouillées, ils écrasèrent dans la forêt de Teutoburg les trois légions de Varus. Mais, dans la chaleur du carnage, ils s'acharnaient avec la dernière cruauté sur les légistes qu'ils reconnurent : il y en eut un auquel ils arrachèrent la langue, et, la prenant dans leurs mains : « Enfin, disaient-ils, « vipère, tu ne siffleras plus. » Le chef de la révolte, Arminius, était lui-même un déserteur de la cause romaine, à laquelle la moitié de sa famille resta fidèle. Il parlait la langue latine, il avait porté le titre de citoyen et l'anneau de chevalier ; mais rien ne pouvait séduire ce cœur indomptable. Arminius était retourné dans ses forêts, et n'avait plus nourri d'autre pensée que de soulever premièrement les Chérusques ses frères, ensuite les nations voisines. Pendant douze ans, il tint en échec les forces et la science militaire des Romains ; il eut la gloire de les décourager, et d'arracher une province aux vainqueurs du monde. Mais les Allemands ont trop honoré ce barbare, en le célébrant comme le héros national, le bienfaiteur de la Germanie. Je ne retrouve pas en lui les traits des héros civilisateurs de la Grèce et de Rome ; je ne vois pas qu'il ait rien fait pour éclairer, pour policer les peuples. J'admire chez Arminius le grand homme de guerre ; mais, dans cette haine de l'étranger qui fait sa grandeur, je reconnais par-dessus tout la haine de la civilisation (1).

Arminius périt assassiné par les siens. Mais l'esprit qui l'animait ne périt pas : il passa des Chérusques aux Marcomans ; il ne cessa de soulever des résistances, de former des factions, de susciter aux Romains des ennemis d'un bout à l'autre de la Germanie. Enfin il éclata avec plus de force dans les quatre grandes confédérations des Saxons, des Francs, des Alemans et des Goths, qui, au troisième siècle, rassemblèrent les restes des anciens peuples pour les précipiter sur l'empire. Les Saxons n'avaient jamais subi la souveraineté des Césars. Libres comme la mer qu'ils couvraient de leurs vaisseaux, ils menaçaient les côtes de la Gaule, paraissant tout à coup sur les points mal gardés, se félicitant des tempêtes, parce qu'elles servaient à cacher leurs manœuvres, laissant partout le meur-

(1) Velleius Paterculus, II, 117 : « Varus Quinctilius, illustri magis quam nobili ortus familia, vir ingenio mitis, moribus quietus, ut corpore et animo immobilior, otio magis castrorum quam bellicæ assuetus militiæ ; pecuniæ vero quam non contemptor, Syria cui præfuerat declaravit... » Idem, ibid., 120 : « Varum sane gravem et bonæ voluntatis virum. » Idem, ibid., 117 : « Concepit esse homines qui nihil præter vocem membraque haberent hominum, quique gladiis domari non poterant posse jure mulceri... » Florus, IV, 12 : « Ausus ille agere conventum ; et in castris jus dicebat, quasi violentiam barbarorum et lictoris virgis et præconis voce posset inhibere... Nihil illa unde per paludes perque silvas cruentius, nihil insultatione barbarorum intolerantius, præcipue tamen in causarum patronos. Aliis oculos, aliis manus amputabant : unius os sutum, recisa prius lingua, quam in manu tenens barbarus Tandem, inquit, vipera, sibilare desine. » Cf. Tacite, Annales, I, 55 et suiv. ; Dion, LVI, 18 et suiv.

tre et l'incendie, et retournant dans leur sauvage patrie pour y sacrifier aux dieux la dîme de leurs captifs. La terreur qu'ils inspiraient fut si grande, qu'elle força l'empereur Maximien à créer un nouveau commandement militaire pour la défense du littoral (*comes saxonici littoris*). Mais cette mesure eut si peu d'effet, et les Saxons s'établirent sur les deux bords de la Manche en si grand nombre, qu'ils préparèrent les voies à la conquête de la Grande-Bretagne, achevée par leurs compatriotes cent cinquante ans plus tard. La même fureur poussait les Alemans vers le point le plus faible de la frontière, entre le Rhin et le Danube. Depuis Alexandre Sévère, on les voit s'attacher au retranchement romain qui lie les deux fleuves; ils le forcent enfin, et il ne faut pas moins que l'épée de Probus pour leur enlever le territoire de soixante cités gauloises. Mais ni ce revers, ni la sanglante défaite que Julien leur fit essuyer sous les murs de Strasbourg, ni les victoires remportées sur eux par Valentinien, ne découragent leur opiniâtreté. Ils paraîtront encore comme les champions de la barbarie à Tolbiac, où Clovis invoquera contre eux le Dieu de Clotilde. Les Francs eux-mêmes, ces fidèles auxiliaires de Rome, s'en étaient d'abord montrés les ennemis implacables. Ils avaient tant d'horreur de cette société policée, dont ils devaient un jour devenir les gardiens et les continuateurs, qu'une troupe des leurs, transplantée par la politique impériale dans une des plus belles provinces de l'Asie, au lieu de se rendre au charme d'un ciel si doux et d'une terre si féconde, se jeta sur quelques navires à l'ancre dans un port, traversa les mers en les écumant, ravagea les côtes de l'Asie Mineure, de la Grèce et de la Libye, saccagea Syracuse, passa les colonnes d'Hercule, et, chargée de dépouilles, rentra en Germanie par l'Océan. Enfin, toute l'histoire des Goths les fait voir partagés entre ces deux instincts qui se disputent les nations barbares, celui de l'ordre et celui de l'insubordination. Si on les trouve engagés sous les drapeaux de Constantin et de Théodose, on ne peut pas oublier la violence de leurs premiers débordements, lorsqu'ils inondèrent la Thrace, la Macédoine, la Troade et la Cappadoce, pillèrent le temple d'Éphèse, et livrèrent la terrible bataille de Philippopolis, qui coûta la vie à l'empereur Dèce (1).

Ainsi, en même temps qu'on assiste à l'établissement pacifique des barbares, qui est le fondement légitime des États modernes, on voit commencer les irruptions violentes qui firent la ruine du monde ancien. Il faut assurément suivre les pro-

*Violence des irruptions.*

---

(1) Sur les Saxons, Sidoine Apollinaire, lib. VIII, epist. vi. Salvien, *de Gubernatione Dei*, lib. IV. Zosime, lib. III. Ammien Marcellin, XXVII, 8; XXXVIII, 5. — Pour les Alemans, Vopiscus, *in Probo* : « Septuaginta urbes nobilissimæ captivitate hostium vindicatæ. » — En ce qui touche les Francs, Vopiscus, *in Aureliano* : « Francos irruentes, quum vagarentur per totam Galliam, sic adflixit... » Eumenes, *Panegyric. Constantin.*, etc. — Sur les rruptions des Goths, Jornandes, *de Rebus Geticis*, 18, 26.

grès de cette infiltration lente qui introduisait les Germains en qualité d'alliés, de colons, de mercenaires, sur tous les points de l'empire ; mais il ne faut pas méconnaître, comme un grand publiciste a semblé le faire (1), cette marche précipitée des peuples du Nord, échelonnés du fond de l'Asie jusqu'au Rhin, se poussant les uns les autres vers la limite romaine, et jetant, par les brèches qu'ils y faisaient, des flots d'hommes qui ne respiraient que le carnage et la destruction. Il ne faut pas dire, même avec un écrivain de tant d'autorité, que les contemporains s'abusent et nous trompent, lorsqu'ils comparent les catastrophes dont ils sont témoins à des inondations, à des incendies, à des tremblements de terre. Les barbares eux-mêmes savaient bien ce qu'il y avait de terrible dans leur mission. Ils s'annonçaient comme les fléaux de Dieu. Alaric, troublé par la vieille majesté de Rome, et craignant d'en forcer les portes, déclarait qu'une voix intérieure et puissante le pressait de renverser cette ville ; et Genséric, mettant à la voile pour aller ravager l'Italie, ordonnait au pilote de se diriger « là où était la colère du ciel. » Si les chefs de l'invasion se jugeaient ainsi, on doit voir autre chose que le langage de la prévention et de l'égoïsme dans les récits des spectateurs et des victimes. Renfermons-nous dans le

(1) Guizot, *Histoire de la civilisation en France*, t. I, p. 251 et suiv.

cinquième siècle, parcourons l'Occident, et nous ne trouverons pas de provinces qui n'aient été ravagées, non sur quelques points, mais d'un bout à l'autre; non par des bandes peu nombreuses, mais par des nations entières, animées d'une fureur qui n'épargnait ni les villes, ni les campagnes, ni les populations désarmées. La question vaut la peine de recueillir les témoignages, et de les donner avec tous leurs détails, qui font leur force, avec toutes leurs répétitions, qui font la marque de leur unanimité.

Au nord, c'est l'invasion anglo-saxonne, qui dure cent quarante ans, qui couvre d'un peuple nouveau les trois quarts de la Grande-Bretagne, et menace d'y effacer jusqu'aux derniers vestiges de civilisation. L'historien Gildas, témoin de ces désastres, représente « l'incendie balayant de sa langue rouge la surface de l'île, d'une mer à l'autre ; les colonnes des églises tombant sous les coups des béliers, les prêtres et le peuple pressés de tous les côtés par le fer et les flammes. On voyait pêle-mêle sur les places publiques les décombres des tours et des murailles, les pierres des autels, les cadavres ensanglantés, tous ces débris confondus comme le raisin sous le pressoir, sans que les morts eussent d'autre sépulture que les ruines des maisons ou le ventre des bêtes fauves et des oiseaux de proie. Parmi ceux qui avaient échappé au glaive, les uns, surpris dans leurs retraites, étaient égorgés par troupeaux;

les autres, vaincus par la faim, offraient leurs mains aux chaînes d'un esclavage éternel, regardé comme la plus rare des faveurs. D'autres allaient chercher un asile au delà des mers; en tendant les voiles de leurs navires, ils chantaient avec de grands cris, au lieu des refrains accoutumés des matelots, ce psaume de David : « Mon Dieu, vous nous avez livrés comme des brebis au boucher; vous nous avez dispersés parmi les nations (1). »

La Gaule était plus heureuse. Aucun pays n'avait un plus grand nombre de ces colonies, de ces garnisons germaniques, destinées d'abord à contenir les irruptions, ensuite à briser le choc, en s'interposant entre les envahisseurs et les anciens habitants du pays. Cependant, dès le commencement du cinquième siècle, les Ripuaires avaient occupé Cologne et toutes les villes situées entre le Rhin et la Meuse. On peut juger de leurs ravages par le tableau que fait Salvien de la ruine de Trèves, prise alors pour la troisième fois : « La première cité des Gaules n'était plus qu'un sépulcre. Ceux que l'ennemi avait épargnés n'échappèrent pas aux calamités qui suivirent. Les uns mouraient lentement de leurs blessures, les autres périssaient de

---

(1) Gildas, *de Excidio Britanniæ*, 24 : « Confovebatur ultionis justæ, præcedentium scelerum causa, de mari usque ad mare ignis orientalis, sacrilegorum manu exaggeratus et finitimas quasque civitates populosque populans, donec cunctam pene exurens insulæ superficiem, rubra occidentalem trucisque oceanum lingua delamberet, » etc.

faim et de froid; et ainsi par divers chemins tous arrivaient ensemble au tombeau. J'ai vu, et mes yeux en ont soutenu le spectacle, j'ai vu des corps d'hommes et de femmes, nus, déchirés par les chiens et les oiseaux de proie, étendus dans les rues qu'ils profanaient. L'infection des cadavres tuait les vivants, et la mort, pour ainsi dire, s'exhalait de la mort. » En même temps le reste de la Gaule était dévasté par la grande invasion des Suèves, des Alains et des Vandales qui, franchissant le Rhin près de Mayence, détruisirent cette ville, passèrent au fil de l'épée plusieurs milliers d'habitants réfugiés dans l'église, ruinèrent Worms, prirent Spire, Strasbourg, Reims, Tournay, Arras, Amiens, et traversèrent le pays dans toute sa longueur, pour se jeter sur la Narbonnaise et l'Aquitaine. Si quelques places réussissaient à fermer leurs portes, elles voyaient le carnage au pied de leurs murs, et la famine au dedans. Les moissons, les vignes, les oliviers avaient péri par les flammes; les bêtes mêmes s'effrayaient de leur solitude, les oiseaux fuyaient ces lieux désolés; les ronces et les épines effacèrent la trace de tout ce qui avait vécu (1).

(1) Salvien, *de Gubernatione Dei*, lib. VI : « Exciro ter continuatis eversionibus summa urbe Gallorum, cum omnis civitas bustum esset, malis per excidia crescentibus. Nam quos hostis in excidio non occiderat, per excidium calamitas obruebat... Alii interibant fame, alii nuditate, alii tabescentes, alii rigentes, ac sic in unum exitium mortis per diversa itinera corruebant... Jacebant

Le bruit de tant de ruines avait déjà porté l'épouvante en Espagne, quand les barbares passèrent les Pyrénées. Les Suèves occupèrent le nord de la Péninsule, les Alains l'ouest, et les Vandales le midi. Les habitants effrayés leur livraient les villes; les terres étaient divisées et tirées au sort. La guerre menait à sa suite toutes les horreurs de la peste et de la faim. Telle fut la détresse publique, s'il en faut croire la chronique de l'évêque Idace, que les hommes se nourrirent de chair humaine, et qu'il y eut des enfants mangés par leurs mères : en même temps les bêtes, accoutumées à dévorer les morts, commençaient à se jeter sur les vivants. Toutefois il semble que les Vandales eussent jusque-là contenu leurs fureurs, pour les décharger sur la dernière province où ils s'abbatirent, je veux dire l'Afrique. Leur apparition sous les murs d'Hippone désola les derniers jours de

siquidem passim, quod ipse vidi et sustinui, utriusque sexus cadavera nuda, lacera, urbis 'oculos incestantia, avibus canibusque laniata : lues erat viventium fœtor funereus mortuorum, mors de morte exhalabatur. » — 8. Jérôme, *Epist. ad Geruntiam* : « Morguntiacum quondam nobilis civitas capta atque subversa est, et in ecclesia multa hominum millia trucidata, Vangiones longa obsidione deleti; Remorum urbs præpotens, Ambiani, Atrebatæ, extremique hominum Morini, Tornacum, Nemetæ, Argentoratus translata in Germaniam. Aquitaniæ, novemque populorum, Lugdunensis et Narbonensis provinciæ præter paucas urbes populata sunt cuncta, quas et ipsas foris gladius, intus vastat fames. » Cf. S. Jérôme *in Soph*. Festus Avienus, *Ora maritima*, v. 589 à 595 :

Densarum statisse fama casas tradidit
At nunc Helodus, nunc et Orobus flumina
Vacuos per agros et ruinarum aggeres
Amœnitatis indices priscæ meant.

saint Augustin. Ce grand cœur ne tint pas à un spectacle si terrible, et il pria Dieu de le retirer d'ici-bas, plutôt que de le laisser témoin des maux de son peuple. « En effet, continue son biographe, il voyait les villes ruinées, les villages détruits, les habitants massacrés ou mis en fuite. Les uns avaient expiré dans les tourments, les autres avaient péri par le glaive; d'autres, réduits en esclavage, servaient des maîtres impitoyables. Ceux qui, échappant aux vainqueurs, s'étaient réfugiés dans les bois et dans les trous des rochers, mouraient de faim et de misère. » De tant de cités puissantes qui faisaient la force de l'Afrique, Carthage, Hippone et Cirtha opposèrent seules quelque résistance. Les Vandales, furieux de rencontrer un obstacle, égorgeaient chaque jour au pied des murailles, des milliers de captifs, afin d'empoisonner l'air et de vaincre les assiégés par la contagion (1).

Lorsque les barbares s'acharnaient ainsi sur toutes les provinces, comment eussent-ils épargné l'Italie, le plus riche pays de la terre s'ils cherchaient le pillage, le plus coupable envers leurs

(1) Idaco, *Chronic.* : « Debacchantibus per Hispaniam berbaris... fames dira grassatur, adeo ut humanæ carnes ab humano genere vi famis fuerint devoratæ ; matres quoque necatis vel coctis præ so natorum suorum pastæ sint corporibus. Bestiæ cadaveribus assuetæ, passim in generis humani efferantur interitum. » Possidius, *Vit. Augustin.*, cap. xxviii, xxx. S. Augustin, *Epist.* cxxviii. Dans cette lettre, il donne d'admirables conseils aux évêques des diocèses envahis. Victor Vitensis, *Historia persecutionis Vandalicæ.*

aïeux s'ils cherchaient la vengeance? Dans l'espace de cinquante ans, l'Italie essuya quatre invasions : celles de Radagaise et d'Attila, qui précipitèrent sur le nord de la Péninsule des hordes de deux cent mille hommes; celles d'Alaric et de Genseric, qui désolèrent le Midi et saccagèrent Rome, l'un pendant trois jours, l'autre pendant deux semaines. Sans doute c'était trop peu de temps pour détruire la ville éternelle. Il y eut des quartiers livrés aux flammes, des égorgements, des viols, des spoliations; on enleva jusqu'au plomb des toitures; mais les monuments restèrent debout. Je ne sais quelle terreur religieuse mit un frein au meurtre et au pillage. Toutefois, les contemporains ne se firent pas d'illusions sur la grandeur de l'événement. Les idolâtres comprirent que toute la puissance temporelle de la cité de Romulus et de Numa avait péri, et ils s'en prirent au christianisme. Les chrétiens eux-mêmes furent étonnés. Saint Jérôme, au fond de sa solitude de Bethléem, écrivit cette lettre fameuse, où l'on sent bouillonner encore le vieux sang romain : « Un bruit ter-
« rible est venu d'occident : c'est Rome assiégée,
« les citoyens rachetant leur vie au poids de l'or,
« et ensuite pressés par un ennemi qui, après leurs
« biens, veut leurs vies. Ma voix s'arrête, et les
« sanglots étouffent les paroles que je dicte. Elle
« est prise, la ville qui prit tout l'univers! Que
« dis-je? Elle meurt de faim avant de mourir par

« le glaive : à peine s'est-il trouvé un petit nom-
« bre d'hommes réservés à la captivité. La rage de
« la faim les a fait se jeter sur des viandes détesta-
« bles, ils se sont déchirés les uns les autres; on a
« vu la mère ne pas épargner l'enfant à la ma-
« melle, et engloutir dans ses entrailles le fruit qui
« venait d'en sortir. » Saint Jérôme continue, et,
dans l'égarement de ses douleurs, il épuise toutes
les images, il confond toutes les réminiscences,
pour retracer une scène si lugubre; il emprunte à
Isaïe la peinture de Jérusalem profanée par les in-
fidèles, et à Virgile le tableau de la ruine de Troie.
Son patriotisme ne s'explique pas la ruine de cette
ville, aussi sainte que celle de David, plus glo-
rieuse que celle de Priam. Plus tard seulement, et
dans un autre endroit, on voit que le mystère se
dévoile aux yeux du saint docteur. Il comprend
que toutes les expiations se soient réunies où s'é-
taient rassemblés tous les crimes, et que le monde
ancien tout entier ait été châtié dans la cité même
qui en était la tête. Mais cette vérité était dure
pour les esprits effrayés; et il fallut que saint Augustin, Paul Orose, Salvien, écrivissent, afin de
justifier la Providence (1).

(1) Hieronym., *Epist. ad Principiam* : « Terribilis de occidente rumor affertur obsideri Romam, et auro salutem civium redimi, spoliatosque rursum circumdari, ut post substantiam, vitam quoque perderent. Hæret vox, et singultus intercipiunt verba dictantis. Ca-pitur urbs quæ totum cepit orbem... Deus, venerunt gentes in hæreditatem tuam, polluerunt templum sanctum tuum. Posuerunt

Il est vrai qu'on a plus d'une fois accusé d'hyperbole le langage des Pères de l'Église, et c'est en effet le défaut de leur époque, d'avoir perdu cette sobriété d'expressions qui marque l'âge d'or des littératures. Mais on ne peut accuser ces grands hommes ni de dureté, ni de faiblesse, ni de vouloir épouvanter les peuples pour les pousser à la pénitence. Au contraire, on les voit pressés d'étouffer leurs douleurs personnelles et de ressaisir, au milieu du désordre de leur temps, la trace rassurante du plan divin qui embrasse et explique tous les siècles. Gildas et Salvien, malgré toute leur fougue, sont si loin de calomnier les Germains, qu'ils les comparent, qu'ils les préfèrent aux Romains dégénérés. Saint Jérôme, en décrivant le sac de Rome, relève un trait d'humanité et de continence qui honore les vainqueurs. Saint Augustin n'a pas d'autre pensée, en écrivant la *Cité de Dieu*, que de rassurer les cœurs troublés ; et rien n'est touchant, par exemple, comme les raisons qu'il trouve pour consoler les vierges chrétiennes déshonorées par les barbares. Paul Orose va plus loin,

Jerusalem in pomorum custodiam : posuerunt cadavera sanctorum tuorum escas volatilibus cœli...

Quis cladem illius noctis, quis talia fando
Explicet aut possit lacrymis æquare dolorem ?
Urbs antiqua ruit, multos dominata per annos... »

Idem, *Præfatio in Ezechiel* : « Postquam clarissimum omnium lumen exstinctum est, imo imperii romani truncatum caput, et ut verius dicam, in una urbe totus orbis interiit. »

il démêle déjà parmi les ravageurs de l'empire les fondateurs d'une société nouvelle (1). Quand donc des esprits si fermes sont ébranlés, quand ils ont besoin de toute leur foi, de toute leur sagesse, pour soutenir l'épreuve, on a lieu de croire qu'elle fut terrible. Et si l'on veut justifier la Providence, il faut s'y prendre comme eux, non pas en niant les horreurs de l'invasion, mais en les reconnaissant nécessaires, c'est-à-dire méritées; en montrant dans les destructeurs de la puissance romaine les instruments d'un châtiment exemplaire, mais non pas en les dépouillant de leur caractère odieux, comme on l'a essayé en Allemagne, pour ranger Alaric, Radagaise, Genseric, parmi les bienfaiteurs du genre humain. Le gouvernement de Dieu fait comme tous les gouvernements sages : il a des exécuteurs de ses justices, mais il ne les honore pas.

La barbarie des Germains était si violente au moment des irruptions, qu'elle résista longtemps encore au spectacle de la société policée, à ses lumières, à ses douceurs. Ne croyez pas le combat terminé quand les légions eurent abandonné le champ de bataille; jamais, au contraire, la lutte ne fut plus opiniâtre ; elle divisa les vainqueurs et mit la guerre dans leur camp. Si les Francs, les Burgondes et les Goths se considèrent comme les

La barbarie après les irruptions.

---

(1) Augustin, *de Civitate Dei*, lib. I. Orose, *de Miseria hominum*, lib. III, VII.

héritiers de l'empire, s'ils en défendent le territoire et en conservent les institutions, d'autres obéissant encore à l'impulsion qui les a précipités sur l'Occident pour en être les fléaux. Au Nord paraissent les Anglo-Saxons et les Scandinaves, destinés à porter pendant cinq cents ans l'épouvante sur toutes les mers. Au centre on voit les Saxons, les Alemans, les Bavarois, qui ne laissèrent pas de repos aux rois mérovingiens. On peut se représenter la férocité de ces peuples par l'exemple d'une bande de Thuringiens, qui, après avoir ravagé l'Ostrasie, se retirait emmenant en captivité deux cents jeunes filles. Poursuivis de près, et désespérant sans doute de garder leurs prisonnières, ils écartelèrent les unes, ils clouèrent les autres à terre avec des pieux, et firent passer sur elles des chariots pesamment chargés. Enfin, au Midi, viennent les Lombards, « cette « cruelle nation, sortie de ses déserts comme le « glaive sort du fourreau, pour faucher encore une « fois la moisson de l'espèce humaine. » Ainsi les jugeait saint Grégoire le Grand, témoin de leur invasion ; et plus tard, lorsqu'il voyait les bandes d'Agilulfe menacer Rome, il interrompait le cours de ses homélies sur Ézéchiel ; « car, disait-il, les cités sont détruites, les campagnes dévastées ; la terre n'est plus qu'un désert ; les champs n'ont plus de cultivateurs, et les villes n'auront bientôt plus d'habitants... Que personne donc ne me blâme si je mets fin à ces discours, puisque nos tribulations se sont accrues sans mesure. De toutes parts nous sommes entourés d'épées, de toutes parts nous ne voyons que péril de mort. Les uns nous reviennent les mains coupées; des autres nous entendons dire qu'ils ont été mis à mort ou emmenés en esclavage. Je suis contraint de suspendre l'exposition de la divine Écriture, parce que désormais la vie m'est à charge. » Ne nous alarmons pourtant pas de ces paroles de découragement. C'est précisément saint Grégoire, ce prêtre effrayé, qui entreprendra la conversion des Lombards et des Anglo-Saxons, et qui décidera, par un coup si hardi, la soumission du monde barbare (1).

Cependant les peuples mêmes qui avaient pris le parti de la civilisation, qui s'étaient établis avec respect dans ses ruines, y avaient apporté les passions et les habitudes de leur première patrie. Les rois des Francs portaient la pourpre et parlaient latin; mais on retrouve en eux les deux mauvais instincts des hommes du Nord, la soif de l'or et la soif de la vengeance. Quand Grégoire de Tours raconte les fureurs de Frédégonde, quand il rapporte comment Clovis, après avoir fait assassiner le roi des Ripuaires par son fils, fit tuer le meurtrier à coups de hache, au moment où celui-ci se baissait pour considérer de près ses trésors, on croirait

(1) Gregor. Turon., *Hist. Franc.*, lib. III. Greg. Magn., *Dialog.*, III, 58. *In Ezechiel.*, homel. xviii, homel. ult.

lire les plus tragiques récits de l'Edda. Chez les Visigoths, nous avons vu Ataulfe, séduit par la douceur des mœurs romaines, embrasser le service des Césars en même temps qu'il épouse leur sœur Placidie. Il aime à se montrer vêtu de la toge, traîné avec sa noble épouse sur un char à quatre chevaux. Mais ses compagnons d'armes s'indignent de ce changement comme d'une trahison ; ils égorgent Ataulfe à Barcelone, et se donnent pour chef Sigeric, qui inaugure son règne en poignardant de sa main les six enfants de son prédécesseur. Les Goths d'Italie n'opposèrent pas la même résistance à la politique réparatrice de Théodoric. Cependant ce grand homme ne signait ses édits qu'à l'aide d'une lame d'or découpée à jour. Il relevait les écoles, mais seulement pour ses sujets romains ; « il craignait, disait-il, que la main accoutumée à trembler sous la férule ne tînt pas le glaive avec fermeté. » Aussi, au bout d'un règne glorieux, il fit éclater l'humeur sanguinaire de sa race par le supplice de Symmaque et de Boëce. Nous avons trouvé des rhéteurs et des légistes latins dans toutes les cours ; mais, en y regardant de près, nous les verrons souvent humiliés et inquiets, comme Sidoine Apollinaire, « au milieu de ces guerriers « hauts de sept pieds, frottant de beurre rance leur « longue chevelure, et chantant à tue-tête des re- « frains sauvages qu'il faut applaudir. » Si les villes avaient conservé leur sénat municipal et quelques restes de leur droit public, dans chacune d'elles siégeait un comte barbare, qui l'écrasait de ses exactions. Enfin, quand on considère la multitude des bandes conquérantes qui couvrirent les campagnes et qui formèrent le gros de la population dans les provinces du Rhin ou du Danube, on est surpris de reconnaître à peu près les Germains de Tacite. Au sixième siècle, Wodan avait encore des adorateurs dans toute la Gaule orientale, dans les vallées des Vosges, sur les bords des lacs de Zurich et de Constance, et jusqu'en Italie. Le culte des dieux du Nord était public; on leur sacrifiait impunément des victimes humaines. Les libations païennes se faisaient non en secret, mais jusqu'à la table des rois ; sans parler des superstitions innombrables qui s'attachaient aux pierres sacrées, aux arbres, aux fontaines. Elles avaient jeté leurs racines dans la terre comme dans les âmes ; elles y tenaient si fort, qu'après avoir disparu pour un temps devant le zèle des prédicateurs et la sévérité des lois, elles n'attendaient pour reparaître qu'un nouveau flot de barbares qui vînt raviver ces vieux germes. C'est ce qu'on vit lorsque, à la suite des premières descentes des Normands en Angleterre, il fallut renouveler les anciennes lois contre l'idolâtrie. Vers le commencement du onzième siècle, Burchard, évêque de Worms, dressant la liste des interrogations qu'il faut faire aux pénitents, y énumère encore toutes les pratiques du polythéisme (1). En même temps, les lois germaniques défendaient le terrain pied à pied contre le droit romain. Il y en eut, comme la loi salique, qu'il n'entama pas. S'il pénétra dans plusieurs codes, ce fut ordinairement pour y introduire un certain nombre de dispositions politiques, sans toucher au fond même des institutions civiles, ni surtout aux coutumes judiciaires, derrière lesquelles se retranchait l'antique indépendance. Partout on retrouve les causes débattues dans l'assemblée des hommes libres ; partout la composition pécuniaire, le duel, le jugement de Dieu. Charlemagne mit la main, la plus forte main qui fut jamais, à la réforme des lois et des mœurs. Il corrigea plusieurs codes barbares ; il n'osa pas les abolir. Et quand leur autorité s'éteignit, leur esprit subsista dans cette insubordination, dans ces guerres privées et ces éternelles représailles, qui firent le malheur et souvent le crime du moyen âge.

(1) Gregor. Turon., *passim*. Prosper, *Chronicon*, ad annum 415. — Sur les dernières années de Théoderic et les cruautés qui les déshonorèrent, rien n'est plus instructif que le fragment de l'auteur anonyme publié par Valois. — Sidon. Apollinar., *ad Catullinum*. — Sur la durée du paganisme après les invasions, *Vita S. Remigii* : « Multi denique de Francorum exercitu, necdum ad fidem conversi. » Procop, *de bello Gothico* : Οἱ βάρβαροι γὰρ ὄντα, χριστιανοὶ γεγονότες, τὰ πολλὰ τῆς παλαιᾶς δόξης φυλάσσουσι, θυσίαις τε χρώμενοι ἀνθρώπων καὶ ἄλλα οὐχ ὅσια ἱερεύοντες... *Vita S. Vedasti* : « Domum (regis Chlotarii) introiens conspicit, gentili ritu, vasa plena cervisim... Alia christianis, alia vero paganis obposita, ac gentili ritu sanctificata » *Vita S. Amandi*; *Vita S. Columbani*; *Sermo S. Eligii*. *Indiculus superstit. ad concilium Liptinense*, Burchard Wormatiensis, *Magnum volumen canonum*.

Cependant les Germains devaient se laisser arracher à la longue leurs dieux et leurs lois; mais rien ne put les détacher de leurs habitudes poétiques. Nulle part leur caractère ne resta plus profondément empreint que dans les chants inspirés par les invasions.

Il était impossible que des peuples passionnés pour la gloire fissent la conquête de la moitié de l'Europe, et achevassent la guerre la plus épique qui fut jamais, sans que le souvenir s'en conservât dans les récits des poëtes, sans que ce grand épisode vînt s'ajouter comme un anneau de plus à la chaîne des traditions nationales. Les rois et les chefs de chaque nation y devaient paraître, non plus sous les traits que leur prête l'histoire, mais avec une grandeur plus qu'humaine, avec tout le cortége des fables qui plaisaient aux hommes du Nord. Les débris de cette épopée de l'invasion nous sont parvenus dans la seconde partie du poëme des Nibelungen, dans les fragments du livre des héros (*Heldenbuch*), dans les sagas scandinaves. Attila y occupe pour ainsi dire le fond du théâtre, entouré d'un nombre infini de guerriers de toutes les langues et de toutes les religions. On voit entrer en scène les princes de Suède et de Danemark, ceux des Francs, des Burgondes, des Thuringiens, des Lombards; mais l'intérêt principal s'attache à la personne de Théodoric, devenu le type de l'héroïsme barbare. Issu d'une race divine, il en porte la marque dans ses cheveux dorés qui tombent sur ses épaules, et dans son grand cœur qui le fait chevaucher jour et nuit à travers les bois et les landes désertes, « ne craignant ni les hommes ni les bêtes. » Ce caractère se développe dans une suite d'aventures, depuis le jour où le jeune héros, assisté de son compagnon Hildebrand, armé de l'épée magique qu'un nain lui a donnée, attaque deux géants dans leur caverne et ravit leurs trésors. Il continue d'errer, grossissant son cortége des guerriers qu'il combat et qu'il fait prisonniers jusqu'au nombre de douze, qui est un nombre mystérieux. On le voit ensuite, fuyant la colère d'Hermanaric, son oncle, chercher un asile à la cour d'Attila. Il sert le roi des Huns pendant vingt ans, et revient enfin, avec son vieil ami Hildebrand, gagner une bataille décisive à Ravenne, et prendre possession de son royaume d'Italie. C'est là qu'il trouve le repos, et qu'il règne dans sa belle ville de Vérone pendant de longues années, dont on ne sait pas le compte. On dit seulement qu'un jour, à la chasse, le vieux roi, ne trouvant plus son cheval familier, s'élança sur un coursier noir qui passait, et qui l'emporta avec la rapidité de l'éclair : ses compagnons l'entendirent pousser un cri de terreur, et les peuples le crurent mort. Cependant, en 1197, le bruit courait que Théodoric avait reparu sur les bords de la Moselle, et que, se nommant à quelques paysans effrayés, il leur avait annoncé le déclin de l'empire et l'abaissement de l'Allemagne (1). Mais ces récits, remaniés d'âge en âge, ne nous montreraient pas dans toute sa rudesse le génie des conquérants germains. Heureusement un manuscrit du neuvième siècle nous a conservé un chant teutonique sur l'aventure de Hildebrand, ce fidèle ami de Théodoric, lorsque, revenant en Italie, il rencontra en chemin son fils Hadebrand, qui ne le reconnut point, et lui proposa le combat.

« J'ai ouï dire qu'un jour se provoquèrent au combat Hildebrand et Hadebrand, le père et le fils. Les deux héros disposèrent leur vêtement de guerre : ils se couvrirent de leurs cuirasses, ils ceignirent leurs épées sur leurs cottes de mailles. Et comme ils s'élançaient à cheval pour en venir aux mains, Hildebrand, fils de Herebrand, parla. C'était un homme noble et d'un esprit sage. Et en peu de mots il demanda à son ennemi quel était son père dans la race des hommes ou encore : « De « quelle famille es-tu? Si tu me le dis, je te don-« nerai un vêtement à triple fil; car, ô guerrier, « toutes les générations des hommes me sont con-« nues. »

*Chant de Hildebrand et de Hadebrand.*

« Hadebrand, fils de Hildebrand parla : « Des « hommes de mon pays, des hommes qui mainte-« nant sont morts, m'ont dit que mon père s'ap-

---

(1) Dans ce court résumé, je me suis attaché surtout aux récits de la *Vilkina Saga*, dont la rédaction remonte au treizième siècle, et qui présente le cycle entier de l'épopée germanique.

« pelait Hildebrand : je m'appelle Hadebrand. Un
« jour il s'en alla vers l'Est, il fuyait la haine d'O-
« doacre; il était avec Théodoric et avec un grand
« nombre de héros. Il laissa dans son pays sa jeune
« épouse, son fils tout enfant, et ses armes sans
« maître, et il s'en alla du côté de l'Orient. Les
« malheurs de mon père commencèrent avec ceux
« de Théodoric : alors il devint un homme sans
« ami.... Mon père avait coutume de combattre à
« la tête de son peuple; il aimait trop la guerre, et
« les hommes vaillants le connaissaient bien. Je
« ne pense pas qu'il vive encore. »

« Dieu de tous les hommes, s'écria Hildebrand,
« toi qui habites au haut du ciel, ne souffre pas
« un combat semblable entre deux guerriers si
« rapprochés par le sang. » Alors il ôta de son bras un anneau d'or fin que le roi des Huns lui avait donné : « Accepte-le, dit-il, comme un
« présent pacifique. »

« Hadebrand, fils de Hildebrand, parla : « C'est
« avec la lance et pointe contre pointe qu'on doit
« recevoir tes présents. Vieux Hun, tu es rusé et
« habile ; tu veux m'abuser par tes paroles et me
« frapper de ta lance. Tu as tant vécu, et tu peux
« encore mentir! Des hommes de mer, qui avaient
« navigué vers l'Occident sur la mer des Wendes,
« m'ont assuré qu'on avait ouï parler d'une ba-
« taille où Hildebrand fils de Herebrand avait
« péri. »

« Hildebrand fils de Herebrand parla : « Je vois
« bien à ton armure que tu sers un bon maître,
« que jamais tu n'as erré comme un proscrit sur
« cette terre. Hélas! Dieu puissant, quelle est ma
« destinée! J'ai vécu errant soixante étés, soixante
« hivers; toujours on me plaça au premier rang
« des combattants : jamais je ne portai les fers
« dans aucun donjon. Et maintenant il faut que
« l'épée de mon enfant m'abatte la tête, il faut
« qu'il me terrasse avec sa lance, ou que je devienne
« son meurtrier. Tu peux, si ton bras est fort, ra-
« vir les armes d'un brave; tu peux dépouiller son
« cadavre, si tu crois y avoir quelque droit. Que
« celui-là soit regardé comme le plus infâme des
« hommes de l'Est, qui te détournerait d'un assaut
« qui te plaît tant. — Bons compagnons, voyez
« qui de nous deux aujourd'hui pourra se vanter
« du butin qu'il aura fait et rester maître de deux
« armures. »

« Alors ils dardèrent leurs lances aux pointes aiguës, si bien qu'elles restèrent fixées dans les boucliers. Puis ils se précipitèrent l'un sur l'autre... Ils frappaient durement sur les boucliers blancs jusqu'à ce que ceux-ci tombassent en morceaux brisés par les coups (1). »

(1) Le chant de Hildebrand et de Hadebrand, découvert à Cassel par Grimm, a été publié de nouveau par Lachmann, qui a proposé de nombreuses variantes. M Ampère en a donné une excellente traduction (*Histoire littéraire de la France*, t. II). Si je m'écarte en plusieurs points du sens qu'il a donné, c'est que je crois avoir

Ici le fragment s'interrompt; mais il y a bien assez de ce dialogue héroïque et de la fable où il trouve sa place, pour faire voir comment le spectacle de l'invasion inspirait les chants populaires des Germains, pendant qu'il touchait d'une manière si différente les esprits séduits par les mœurs romaines, et formés comme Mérobaudes à l'école des grammairiens et des rhéteurs. La tradition s'empare des personnages de l'histoire : elle aime ces noms fameux d'Ermanaric, d'Attila, d'Odoacre, de Théodoric. Mais l'histoire les sépare, elle met un intervalle de cent cinquante ans entre le premier et le dernier de ces quatre princes. Au contraire, la tradition dispose souverainement du temps et de l'espace; elle se plait à rapprocher, à mettre aux prises des héros qu'elle trouve de même taille. Sans doute on reconnaît les traits véritables de Théodoric, vainqueur d'Odoacre, qu'il défit en effet sous les murs de Ravenne, maître de l'Italie, et fixant sa résidence favorite à Vérone. Mais on ne voit rien qui rappelle son séjour auprès de l'empereur Zénon, la protection dont il couvrit les Romains, ses efforts pour discipliner son peuple. On

sous les yeux un texte plus pur et plus complet. Voici les premiers vers :

IK gihôrta dhat seggen...,
Dhat sih urheittun — œnon muotin
Hiltibrant enti Hadhubrant — untar herjun tuêm
Sunu, fatar ungôs. — Iro saro rihtun,
Garutun sa iro gûdhamun, — gurtun si irô svert ana,
Helidos ubar hringa, — dô sie tô derô hiltju ritun...

ne trouve aucune trace de civilisation, aucun souvenir des monuments, des institutions qui devaient frapper les Goths à leur entrée en Italie. Au contraire, les poëtes du Nord ont prêté au conquérant du sixième siècle les attributs, les aventures de leurs anciens dieux; ils en ont fait un être mythologique, un pourfendeur de géants et de monstres. Ils l'ont conduit au camp d'Attila comme à l'école des vertus guerrières. Épris de ce personnage qu'ils avaient façonné à leur gré, ils ne pouvaient se résoudre à le laisser mourir comme le reste des hommes; il fallait qu'il disparût d'une façon mystérieuse et qui permît d'espérer son retour. Un cadre si merveilleux admettait facilement l'épisode qu'on vient de lire; récit d'une admirable simplicité, où l'art n'a rien mis, et qui remue si puissamment les deux passions auxquelles se rapportent tous les préceptes de l'art, la terreur et la pitié. Rien ne manque à l'horreur de ce combat parricide. On y reconnaît bien le même souffle qui anime les tragiques figures de Sigurd, de Brunhilde et de Wéland : et il faut avouer qu'en poésie, comme dans tout le reste, longtemps après l'invasion, le génie barbare n'était pas étouffé.

Nous ne conclurons pas que la civilisation romaine n'avait rien fait pour les Germains : nous savons quelle trace profonde elle laissa dans le sol, dans les institutions, dans les esprits. Mais nous ne

*Conclusion*

dirons pas non plus qu'elle fût en mesure d'achever l'éducation de ces peuples, puisqu'elle les gâtait par ses exemples et les révoltait par ses injustices. En montrant d'un côté la puissance de Rome, de l'autre son impuissance, nous n'avons pas voulu établir un parallèle inutile, mais poser sans ménagement les deux termes d'une question qu'il faut résoudre : Quelle fut la mission des Romains en Germanie ?

Quand la Providence prend à son service des ouvriers comme les Romains, assurément elle ne se propose rien de médiocre. Quand elle permet qu'un pays soit labouré, pendant plus de trois cents ans, par les plus terribles guerres, c'est qu'elle se réserve de semer dans le sillon. Au moment où Drusus jetait des ponts sur le Rhin et perçait des routes à travers la forêt Noire, il était temps de se hâter; car dix ans après, devait naître, dans une bourgade de la Judée, Celui dont les disciples passeraient par ces chemins pour achever la défaite de la barbarie. Ce n'était pas trop des bras des légions pour élever ces villes superbes de Mayence, de Cologne, de Trèves et de tant d'autres, qui devaient résister au fer et au feu des Vandales, et abriter les premiers développements de la société chrétienne. Les lois des empereurs, si savamment commentées par les jurisconsultes, introduisaient le règne de la justice, qui préparait celui de la charité. La langue latine donnait aux esprits ces habitudes de clarté, de précision, de fermeté, aussi nécessaire au progrès de la science qu'au maintien de la foi. Les vices mêmes de la conquête avaient leur utilité. Il fallait peut-être toute la dureté des César et de leurs lieutenants pour faire la police du monde païen, pour dompter les peuples violents, et pour les rendre plus dociles à des leçons plus douces. Il fallait surtout que l'exemple de la civilisation romaine nous apprît à juger la raison humaine dans ce qu'elle a produit de plus grand, et à reconnaître, non pas qu'elle ne peut rien, mais qu'elle ne suffit pas.

Ce que Rome païenne ne fit jamais, ce fut la conquête des consciences, et ce fut par là que lui échappa l'empire du monde. Jamais ses législateurs et ses philosophes s'inquiétèrent-ils des âmes immortelles de tant de millions de barbares ensevelis dans l'ignorance et dans le péché? Au contraire, c'était cette inquiétude qui poursuivait les missionnaires chrétiens, qui troublait leur sommeil, qui les entraînait jusqu'au delà des fleuves où s'étaient arrêtées les légions. Ils ne songeaient qu'à sauver les âmes; mais par elles ils sauvèrent tout le reste. De toutes les fondations romaines, on n'en voit point qui se fussent conservées, si le christianisme ne fût venu les purifier et y mettre son signe. Les défrichements commencés par les colons militaires étaient perdus, sans les colonies monastiques qui en héritèrent et qui les poussèrent plus loin. Les villes restèrent debout, mais parce qu'elles eurent des saints, comme saint Aignan, saint Loup, saint Severin, pour relever le courage des habitants et pour fléchir la colère des barbares. Les institutions municipales ne périrent pas, mais parce que, au milieu de leur décadence, elles furent protégées par un pouvoir nouveau, celui de l'évêque devenu le défenseur de la cité. Les anciens municipes avaient coutume de mettre leur liberté sous la protection des dieux, et de dresser la statue de Silène, en signe de franchise, sur leurs places publiques. De même, mais avec toute la supériorité du symbolisme chrétien, les villes qui jouissaient de l'immunité ecclésiastique érigèrent les statues de leurs saints patrons (*Weichbild*) sur les limites de leur territoire. Les violence des seigneurs voisins s'arrêtaient devant ces images pacifiques, qui n'étendaient la main que pour bénir. La monarchie impériale recommença avec Charlemagne. Mais les peuples, qui avaient droit de se défier d'un pouvoir si dangereux, voulurent que cette monarchie régénérée s'appelât le Saint-Empire; ils voulurent que la personne de l'empereur fût sacrée, non par une fiction de la loi, mais par l'onction du souverain pontife; qu'au jour de son couronnement il fût ordonné diacre, c'est-à-dire serviteur des pauvres; qu'il fît porter devant lui la croix, symbole d'humilité et de miséricorde. On est moins surpris de l'autorité des lois romaines au moyen âge, quand on les trouve déclarées saintes et vénérables par les canons de l'Église ; quand on les voit corrigées, tempérées par le droit canonique, à travers lequel, pour ainsi dire, elles passèrent avant de descendre dans nos législations. Enfin, pendant que les lettres s'éteignaient à l'ombre des écoles dégénérées, l'éloquence se refugiait dans la chaire évangélique, où elle retrouvait les grands intérêts et les grands auditoires qui l'inspirent. La poésie, cet art religieux et populaire, revivait dans les hymnes sacrées, dans les légendes aimées des ignorants et des petits. Ne dédaignons pas ce latin d'église, dont on ne remarque pas assez la naïveté et la grâce : ce fut pendant plusieurs siècles le seul langage possible de l'enseignement et des affaires ; c'est lui qui conserva tout ce qui resta de lumières aux temps barbares ; c'est lui, bien plus encore que la langue morte de Cicéron et de Sénèque, qui donna ses grandes qualités à nos langues modernes.

Il y avait bien plus que du génie à recueillir ainsi l'héritage de l'antiquité, à le débrouiller sans rien laisser perdre de ses richesses légitimes, et à reconnaître en même temps chez les Germains, chez des peuples si désordonnés, les fondateurs d'un ordre nouveau. Il fallait un amour infini des hommes pour ne pas abandonner avec horreur les restes de cet empire romain qui avait fait tant de martyrs, et pour ne pas désespérer de ces conquérants du Nord qui avaient fait tant de ruines. L'histoire n'a peut-être pas de plus beau moment que celui où le christianisme intervient de la sorte entre le monde civilisé et la barbarie, afin d'achever un rapprochement préparé de loin, mais arrêté par des ressentiments terribles. L'Église, dont la mission est de réconcilier les ennemis, conclut cette pacification, elle en dicta les termes; elle resta gardienne du pacte sur la foi duquel la société européenne se constitua.

Voilà le spectacle qu'on aurait, si l'on poussait ces recherches jusqu'à l'établissement du christianisme chez les Germains. J'avais besoin de cette perspective pour m'engager dans un travail dont je ne me suis pas dissimulé les périls, mais par lequel il fallait passer pour arriver à des études plus attrayantes et plus aimées. Une pensée m'a soutenu. Nous vivons dans un siècle de réparation. De toutes parts, dans nos basiliques, des manœuvres, suspendus aux échafaudages, travaillent à gratter la chaux sous laquelle le mauvais goût des derniers temps avait caché les vieilles fresques. Le dessin était trop ferme et la couleur avait trop profondément pénétré pour s'effacer à si peu de frais; et les saints de nos aïeux reparaissent avec leurs têtes inspirées et leurs auréoles d'or. En achevant cette pénible reconstruction des antiquités germaniques, je voudrais avoir porté mon échelle assez haut pour atteindre aux temps chrétiens, et pour être l'un des ouvriers qui dégageront de l'oubli les glorieuses figures de nos pères dans la foi et dans la civilisation.

# NOTES
## ET
## PIÈCES JUSTIFICATIVES

---

I

### JORNANDES

CONSIDÉRÉ COMME HISTORIEN DES MŒURS ET DES TRADITIONS
GERMANIQUES.

Ce serait le sujet d'une étude épineuse, mais féconde, de discuter l'autorité historique de Jornandes, le premier des chroniqueurs barbares, de ce Goth du sixième siècle qui eut la pensée d'écrire les annales de sa nation, au moment où elle disparaissait de l'Italie, balayée par les armes de Bélisaire et de Narsès. Sans m'enfoncer dans des recherches si difficiles, j'ai eu lieu d'établir que, sur le point le plus attaqué de son histoire, c'est-à-dire en ne faisant qu'un même peuple des Goths et des Gètes, Jornandes s'accorde avec tous les écrivains classiques, depuis Dion Cassius jusqu'à Procope. Je me propose de montrer ici comment ce qu'il rapporte des traditions et des mœurs barbares est confirmé par les plus vieux monuments poétiques des Anglo-Saxons et des Scandinaves. Ce rapprochement a été commencé par les critiques allemands; mais on peut le pousser plus loin et en tirer de nouvelles lumières.

L'historien des Goths n'est pas si épris de l'antiquité grecque et latine, qu'il dédaigne de recourir à d'autres sources. Il aime à citer les traditions héroïques de son peuple, et les chants qui célébraient les faits d'armes des anciens chefs. A la suite de ces hommes belliqueux, il trouve le roi Ermanaric, vanté comme l'Alexandre du Nord, et il en raconte ce qui suit : « Encore que Ermanaric eût triomphé d'un grand nombre de nations, néanmoins la race perfide des Roxolans, qui, à cette époque, lui rendait obéissance, trouva occasion de le trahir, comme on va le voir. Une femme de cette race, appelée Svanibilda, dont le mari avait traîtreusement déserté, fut, par ordre du roi, liée à des chevaux sauvages qui l'écartelèrent. Ses frères, Sarus et Ammius, vengèrent la mort de leur sœur en frappant Ermanaric d'un coup d'épée dans le flanc. A la suite de cette blessure, il ne traîna plus qu'une vie misérable dans un corps épuisé (1). »

Ce tragique récit était sans doute au nombre de ceux qui frappaient l'imagination des peuples et qui se perpétuaient par des chants; car, en ouvrant l'Edda de Sæmund, on y trouve un fragment (*Hamdismal*) où l'aventure, si brièvement contée par le chroniqueur, prend toute la grandeur et tout

(1) Jornandes, *de Rebus Geticis*, 4, 5, 23, 24 : « Ermanaricus, rex Gothorum, licet multarum gentium dominus exstiterit, Roxolanorum gens infida quæ tunc inter alias illi famulatum exhibebat, tali cum nanciscitur occasione decipere. Dum enim quamdam mulierem Svanibildam (*sic*) nomine ex gente memorata pro mariti fraudulento discessu, rex furore commotus equis ferocibus alligatam, incitatisque cursibus, per diversa divelli præcepisset, frater ejus (*sic*) Sarus et Ammius, germanæ obitum vindicantes, Ermanarici latus ferro petierunt, quo vulnere saucius ægrum vitam corporis imbecillitate contraxit. »

l'éclat de l'épopée. Gudruna, la veuve de Sigurd, a vengé son époux en faisant périr ses deux frères ; elle vit dans la solitude avec ses deux fils Sœrli et Hamdir ; et, un jour, les appelant tous deux, elle leur dit : « Vous aviez une sœur : on la « saluait du nom de Svanhilda : c'est celle que Jormunrek a « fait fouler aux pieds des chevaux blancs et noirs sur le che- « min public; c'est celle qu'il a livrée à ses coursiers, accou- « tumés à bondir sous l'éperon des voyageurs. Et moi, cepen- « dant, je suis demeurée seule comme le peuplier dans la « forêt, car je n'ai point d'hommes de mon sang pour me « venger. » Hamdir et Sœrli comprirent le dessein de leur mère, et le premier parla : « C'était bien assez que tu eusses à « pleurer tes frères et tant d'autres de ton sang que tu as « poussés aux combats; il faut encore que tu nous pleures, « Gudruna, nous que voici dévoués à la mort où nos chevaux « nous mèneront. Nous mourrons loin d'ici. » Alors les deux héros s'en allèrent chevauchant à travers les montagnes, et, chemin faisant, ils trouvèrent leur frère Erp, né d'un autre lit, qui s'ébattait joyeusement. Ils lui demandèrent donc s'il voulait leur prêter main forte. Ce fils d'une autre mère leur répondit « qu'il aiderait ses frères comme le pied aide le pied. « — Que peut le pied pour le pied ? répliquèrent-ils ; que « peut la main pour la main ? » Et, tenant la réponse pour un outrage, ils tuèrent leur frère et continuèrent leur chevau- chée. Or, on annonça au roi Jormunrek qu'on voyait paraître des hommes armés de casques, des hommes puissants venus pour venger la femme foulée aux pieds des chevaux. Alors Jormunrek se prit à rire ; il caressa sa barbe avec sa main ; il ne demanda point sa cuirasse, mais il branla sa tête fauve ; il regarda son bouclier blanc ; il se fit mettre dans la main une coupe d'or, et demanda le vin des banquets : « Je serais joyeux, « dit-il, de voir dans ma demeure les deux fils de Gudruna, « et de les faire lier avec des cordes d'arc, ces hommes valeu- « reux, et de les suspendre à un gibet. » Bientôt les deux

guerriers paraissent : ils se précipitent dans la salle, un grand trouble se fait, les coupes tombent en éclats, et les hommes glissent dans le sang. Sœrli et Hamdir ont porté au roi deux coups terribles ; mais ils succombent sous le nombre : enveloppés de tous côtés, ils comprennent trop tard la parole de leur frère ; ils se reprochent sa mort. « Il ne nous conve-
« nait pas, s'écrient-ils, de suivre l'exemple des loups, et de
« nous jeter les uns sur les autres... Bien qu'à vrai dire il
« nous fallût mourir hier, si ce n'était aujourd'hui. Nul ne
« vit un soir au delà de ce que les Nornes ont décrété (1). »

Si le chant perpétuait de siècle en siècle les fables héroïques des Goths, il les répandait aussi de peuple en peuple. Ermanaric demeura longtemps célèbre dans les chroniques allemandes, comme dans les ballades anglo-saxonnes. L'histoire de Reims par Flodoard, la chronique de Quedlimburg, celle de l'abbé d'Ursperg, celle d'Otton de Freysingen, rappellent les emportements du roi des Goths, et ses cruautés punies par de terribles représailles. Le poëme de *Beowulf* et le *Chant du Voyageur* vantent sa richesse et ses libéralités (2). Mais je relève un dernier trait qu'on n'a pas cité, et qui montre à quel point tous les détails de cette tradition étaient encore familiers aux Anglo-Saxons du dixième siècle. — Malmesbury rapporte que le roi Athelstan, trompé par son échanson, crut son frère Edwin coupable de félonie, et le fit jeter sur une barque sans rameurs et sans voiles. Le jeune prince, emporté en haute mer, ne résista pas au désespoir et se pré-

(1) *Edda Sæmundar*, II ; *Hamdismal*, 14 : « Respondit illo diversa matre genitus, — dicens ita se laturum — opem cognatis — ut pes pedi. --- « Quid poterit pes pedem juvare ? — Aut corpori
« adcreta — manus alteram ?... » 28 : « Non opinor in nos quadrum — exempla luporum, — ut nos ipsi mutuo insectemur... Etsi nobis vel hodie vel heri moriendum. — Vesperam nemo vivit ultra decretum Nornarum. »
(2) Voyez les textes rapportés par W. Grimm, *Heldensage*, 18, 21, 50, 51, 56.

cipita dans les flots. Quelque temps après, Athelstan reconnut son erreur, et se condamna à sept ans de pénitence. Et comme, un jour de banquet solennel, le roi était servi par ses officiers, l'échanson glissa, et se retenant d'un pied : « C'est ainsi, dit-il, « que le frère aide son frère. » A ces mots, Athelstan sentit se réveiller ses remords, et ordonna qu'on décapitât le calomniateur. Le proverbe du frère qui aide le frère comme le pied aide le pied, rappelait l'histoire du fratricide antique, et suffisait pour troubler le roi coupable au milieu de la joie des festins(1).

Une autre comparaison qu'on n'a pas faite montrera Jornandes aussi fidèle historien des mœurs que des traditions. Je veux parler du passage où il rapporte la mort d'Attila et les funérailles que lui firent ses peuples. — Le roi des Huns vient d'ajouter au nombre de ses épouses une jeune fille d'une rare beauté. Il meurt subitement, des suites de l'orgie par laquelle il a voulu célébrer ses noces royales. Le matin, ses serviteurs, inquiets de ne pas le voir paraître, forcent la porte de sa tente; ils le trouvent sans vie et sans blessure, et auprès de lui la jeune fille qui se tient debout, les yeux baissés, et pleurant sous son voile. « Or, continue Jornandes, voici quels honneurs on rendit à ses mânes. Des cavaliers, choisis parmi toute la nation des Huns, tournèrent autour du lieu où on l'avait déposé, faisant plusieurs évolutions à la manière des jeux du cirque, et célébrant les exploits du mort par un chant funèbre : « Le plus grand des Huns, le roi Attila, fils de Mundzuc, « fut le maître des plus vaillantes nations du monde, le seul « qui, avec une puissance jusque-là inouïe, réunit sous ses « lois les royaumes des Scythes et des Germains. Il fit aussi

(1) Malmesbury, *de Gestis regum Anglorum*, lib. II, cap. vi :... « Sic frater fratrem adjuvat. Quo rex audito perfidum obtruncari præcepit. » Malmesbury ne rapporte ce trait que sur la foi des chansons populaires (cantilenis) per successiones temporum detritis). Le rapprochement n'en a que plus de force. La poésie avait lié l'un à l'autre les deux fraticides par un trait que le second empruntait au premier.

« trembler les deux empires romains par la prise de leurs
« cités, et, lorsqu'il aurait pu les livrer au pillage, se laissa
« fléchir par des prières, et consentit à recevoir un tribut
« annuel. Après tant de prospérité, il meurt, non sous les
« coups de l'ennemi, non par la trahison des siens, mais sans
« humiliation pour son peuple, sans douleur, dans la joie,
« dans les fêtes ! Comment donc appeler du nom de mort une
« fin qui ne laisse rien à venger ? » Après l'avoir pleuré de la
sorte, ils célébrèrent un grand festin sur le tertre funéraire.
Le corps fut enseveli pendant la nuit ; il eut trois cercueils,
d'or, d'argent et de fer, pour montrer que tout appartenait à
un roi si puissant : le fer par lequel il avait vaincu ; l'or et
l'argent, rançon des deux empires. On y ajouta des armes,
dépouilles de l'ennemi, des ornements resplendissants de
pierreries, ces vains trésors qui font l'orgueil des grands. Les
esclaves qui creusèrent cette sépulture y trouvèrent la leur :
la mort fut le détestable salaire de leur travail (1). »

Le dernier trait est d'une barbarie toute païenne, et rappelle les esclaves noyés dans le lac où ils avaient lavé l'image de la déesse Hertha. Tout le reste, c'est-à-dire l'or enfoui dans le tombeau, le chant funèbre, la chevauchée des guerriers qui le récitent, reparaît dans l'épopée anglo-saxonne de *Beowulf*, ouvrage des temps païens, mais retouché par une main chrétienne, qui en a sans doute adouci les couleurs et effacé les

---

(1) « Nam de tota gente Hunnorum electissimi equites in eo loco quo erat positus in modum circensium cursibus ambientes, facta ejus cantu funereo tali ordine referebant : « Præcipuus Hunnorum « rex Attila, patre genitus Mundzucco, fortissimorum gentium domi-« nus, qui inaudita ante se potentia, solus Scythica et Germanica « regna possedit, necnon utraque Romanæ urbis imperia rap-« tis civitatibus terruit, et ne prædæ quidem reliqua subderentur, « placatus precibus, annuum vectigal accepit. Cumque hæc omnia « proventu felicitatis egerit, non vulnere hostium, non fraude suo-« rum, sed gente incolumi, inter gaudia lætus, sine sensu doloris « occubuit ! Quis ergo hunc dicat exitum quem nullus æstimat vin-« dicandum ? » etc. Jornandes, *de Rebus Geticis*, 49.

traits les plus durs. Beowulf est mort en combattant le dragon. « Alors, continue le poëte, le peuple d'Occident éleva une colline au bord de la mer ; ils la firent haute et large, facile à être aperçue par les navigateurs au-dessus des vagues... Ils l'entourèrent d'un mur, de la manière la plus honorable que les hommes sages purent enseigner ; ils enterrèrent dans ce lieu des anneaux et des pierreries étincelantes... Ils permirent que la terre gardât ces trésors des guerriers, et que cet or demeurât là inutile aux hommes comme il l'était autrefois. Ensuite, tout autour de la colline chevaucha une troupe de nobles, montés sur leurs coursiers de guerre : ils étaient douze en tout. Ils voulurent célébrer le roi, le rappeler à la mémoire des hommes, le louer par des paroles chantées. Ils vantèrent sa valeur, ils jugèrent ses actions d'éclat, et les récompensèrent par des éloges, comme il convient qu'un homme exalte son seigneur dont il fut aimé, comme il doit lui rester fidèle dans l'âme après qu'il l'a perdu sur la terre... Ainsi, Beowulf fut pleuré comme un cher seigneur par son peuple et par ses compagnons. Ils disaient que ce fut de tous les rois du monde le plus libéral et le plus généreux, le plus gracieux pour ses sujets, et le plus jaloux de sa gloire (1). »

(1) Beowulf, 6332 :
>
> Dha ybe hlæv riodan
> Hilde-deore
> Æthelinges... cann,
> Eatra twelfa.
> Wohlen cwidhan
> Kyning mænan,
> Word-gid wrecen
> Sylfea precan.
> Eahtodan eorl scype
> And his ellen weore
> Duguthu demdon...
> Cwædon that he wære
> Wyrold-cyninga
> Manna mildust
> And mon thwærust,
> Leodu lid host
> And lof-geornost.

## II

### DION CHRYSOSTOME A OLBIA,

#### OU LA CIVILISATION GRECQUE CHEZ LES GÈTES.

Dion Chrysostome, condamné à mort par Domitien, s'était réfugié chez les Gètes. Après la mort du tyran, il revint à Pruse en Bithynie, sa ville natale, où il fit le récit de ses aventures dans une harangue publique, dont voici quelques fragments (1).

« Je me trouvai l'été dernier sur les rives du Borysthène, où j'avais abordé par mer en fuyant Rome et l'empire. Mon désir était alors de pénétrer par le pays des Scythes jusque chez les Gètes, afin de connaître ces peuples... Or, la cité des Borysthénites (Olbia) n'est pas d'une grandeur qui réponde à son antique gloire, à cause des guerres et des captivités fréquentes qu'elle a subies, enveloppée qu'elle est depuis si longtemps de nations barbares, et des plus belliqueuses, ou peu s'en faut, qui furent jamais. Elle a donc des ennemis éternels, et qui l'ont prise plusieurs fois. La dernière et la plus terrible de ces catastrophes ne date que de cent cinquante ans. La cité fut prise alors par les Gètes, comme toutes les autres de la côte occidentale du Pont-Euxin jusqu'à Apollonie. Les colonies grecques de ce pays en souffrirent beaucoup : les unes ne relevèrent plus leurs murs ; les autres les relevèrent mal et les barbares y affluèrent en grand nombre... Les Borysthénites rétablirent donc leur cité, et je pense que

(1) Dionis Chrysostomi *Orationes*, LXXX; Lutetiæ, 1604, p. 457.

les Scythes le permirent ainsi, ne pouvant se passer du commerce des navigateurs grecs ; car ceux-ci ne paraissaient plus sur la côte, n'y trouvant plus de comptoirs tenus par des hommes de la même langue ; et les Scythes, de leur côté, ne savaient ni ne daignaient ouvrir des marchés, selon l'usage de la Grèce. Les traces d'une restauration si récente se reconnaissent encore au caractère chétif des constructions, et au peu d'espace où elles se sont resserrées. En effet, une partie de la ville est rebâtie sur ses anciennes limites, et de ce côté on voit encore un petit nombre de tours, qui ne rappellent ni la première grandeur de la place, ni sa force. L'espace qui les sépare est fermé d'une suite de maisons sans intervalles, défendues par une muraille basse et de peu de résistance. De l'autre côté, les tours restées debout sont si éloignées des lieux habités, qu'à peine pourriez-vous croire qu'elles firent partie de la même enceinte. Voilà des signes manifestes d'une ville saccagée ; ajoutez qu'il n'y a pas une statue intacte dans les temples, mais que toutes sont mutilées, aussi bien que celles qui décorent les tombeaux.

« Je me promenais donc, comme j'ai dit, aux portes de la ville, et quelques-uns des Borysthénites étaient sortis pour s'entretenir avec moi selon leur coutume ; et un peu après parut à cheval le jeune Callistrate. Il nous passa d'abord de quelques pas, poussant du côté de la campagne : mais bientôt après il mit pied à terre, confia son cheval à un écuyer, et s'approcha d'un air singulièrement modeste, la main sous le manteau. Or, il avait un grand cimeterre de cavalier, des braies, et le reste du costume des Scythes ; sur ses épaules flottait un manteau court, noir, d'un tissu léger, comme les Borysthénites ont coutume d'en porter ; car ils aiment en général la couleur noire dans tous leurs habits, à l'exemple d'un peuple scythe que les Grecs appellent par cette raison Melanchlænes, c'est-à-dire, les hommes aux noirs vêtements. Callistrate pouvait avoir dix-huit ans ; il était beau, de haute taille; sa figure tenait beaucoup du type ionien. On le disait vaillant dans les combats, où il avait tué ou pris un grand nombre de Sarmates. Mais il s'appliquait aussi à l'art de bien dire et à la philosophie, jusque-là qu'il fut tenté de quitter son pays et de s'embarquer avec moi... Le sachant donc épris d'Homère, j'en fis le sujet de mes premières questions. Car tous les Borysthénites, ou peu s'en faut, se sont appliqués à l'étude de ce poëte, soit parce qu'ils vivent toujours en guerre, soit à cause de leur zèle pour la gloire d'Achille, qu'ils honorent plus qu'on ne peut croire, et qui a chez eux deux temples, l'un dans l'île appelée l'île d'Achille, l'autre dans la cité. Ils poussent la passion au point de ne vouloir entendre parler que d'Homère, et, bien que n'ayant pas conservé la pureté de la langue grecque, à cause du voisinage des barbares, presque tous savent l'*Iliade* par cœur, et la réciteraient d'un bout à l'autre. C'est pourquoi j'interpellai Callistrate en plaisantant : « Lequel, ô Callistrate, te semble plus grand « poëte, Homère ou Phocylide? » Et lui avec un sourire : « En vérité, dit-il, le second de ces poëtes ne m'est pas même « connu de nom, et je ne pense pas que nul de ceux que voici « le connaisse davantage, car nous n'estimons point qu'il y « ait d'autre poëte qu'Homère ; mais pour celui-ci il n'est « guère personne de nous qui l'ignore. » En effet, c'est le seul que les chanteurs publics célèbrent dans leurs chants ; et ils ont coutume de réciter ses poèmes dans plusieurs occasions, mais toujours quand il faut marcher à l'ennemi. Les vers d'Homère servent, comme à Lacédémone ceux de Tyrtée, à réveiller l'ardeur des combattants. Tous les chanteurs sont aveugles, et les gens du pays ne pensent pas qu'aucun autre puisse devenir poëte : c'est le service que rend Homère à ces aveugles comme lui.

Je répondis : « Ce Phocylide que vous ne connaissez point « fut du nombre des poëtes illustres. Or, quand un marchand « aborde pour la première fois sur vos côtes, vous ne le

« repoussez point d'abord avec ignominie, mais vous com-
« mencez par goûter son vin ou par examiner un échantil-
« lon des marchandises qu'il apporte ; et vous achetez de lui
« si vous le jugez bon, sinon vous le laissez partir. Fais-en de
« même avec Phocylide, et juge-le sur un court échantillon
« de sa poésie. Voici donc une sentence où il a mis à bon droit
« son nom :

« Ceci est encore de Phocylide ; une humble cité bâtie sur un
« écueil, bien ordonnée, vaut mieux que la ville délirante de Ni-
« nus (1). »

« Ces vers ne peuvent-ils pas se comparer à toute l'*Iliade* et
« à toute l'*Odyssée*, si l'on y prête un esprit attentif? Aimez-
« vous mieux entendre conter les grands coups d'Achille, quel
« espace il franchissait d'un saut, et comment d'un seul cri il
« mit en fuite les Troyens? De tels récits vous sont-ils plus
« profitables que de savoir comment une petite cité bâtie
« sur un écueil, si elle se gouverne avec sagesse, est meil-
« leure et plus heureuse qu'une grande ville dans une large
« plaine, peuplée d'hommes insensés, sans ordre et sans
« lois ? » — Alors Callistrate, un peu mécontent de ce discours : « Étranger, dit-il, il faut que nous t'aimions et te
« respections beaucoup, autrement nul d'entre les Borysthé-
« nites n'eût souffert que tu traitasses de la sorte Homère et
« Achille... Parle cependant, et considère que tout ce monde
« veut entendre un discours de toi ; et c'est pourquoi tant de
« gens se sont rassemblés au bord du fleuve, quoiqu'ils ne
« soient ni sans affaires ni sans alarmes. Car tu sais qu'hier à
« midi les Scythes se montrèrent tout à coup, et surprirent
« quelques éclaireurs imprudents, dont ils tuèrent les uns et
« firent les autres prisonniers. » Il disait vrai : on voyait les

(1) Καὶ τόδε Φωκυλίδου, πόλις ἐν σκοπέλῳ κατὰ κόσμον
Οἰκεῦσα σμικρή, κρείσσων Νίνου ἀφραινούσης.

portes fermées, et le signal de la guerre arboré sur les remparts. Cependant les habitants étaient si curieux d'entendre discourir, et si bien Grecs de goûts et de mœurs, que presque tous étaient là, tout en armes et désireux de m'écouter.

Et moi, admirant leur bon vouloir : « Permettez-vous, leur « dis-je, que, rentrant dans la ville, nous nous asseyons quel- « que part? Car peut-être tous n'entendraient pas en mar- « chant ; et ceux qui se trouveraient derrière gêneraient ceux « de devant pour vouloir s'approcher davantage. » A peine avais-je parlé, que tous se précipitèrent vers le temple de Jupiter, où ils avaient coutume de délibérer. Et les vieillards, les principaux, les magistrats, s'assirent tout autour sur les degrés ; le reste de la foule se tint debout, car il y avait une large place devant le temple. Si quelque philosophe les eût considérés dans ce moment, il eût été joyeux de les voir tous à la manière antique, et comme les Grecs d'Homère, avec de longs cheveux et de longues barbes... Puis, quand on eut fait silence, je dis que je les trouvais sages, eux qui habitaient une cité grecque et antique, de vouloir entendre traiter de la *Cité.* »

Ici Dion Chrysostome rapporte son discours, où il traite longuement de la cité des dieux, c'est-à-dire du monde, type de la cité des hommes. L'orateur ne voulait pas qu'un morceau si brillant, applaudi par des auditeurs demi-barbares, fût perdu pour ses compatriotes plus éclairés et plus polis. Il ne se doutait guère que, de toute sa harangue, le passage le plus instructif pour la postérité serait l'introduction où il représente si vivement la petite ville d'Olbia, et cette poignée de Grecs perdus au milieu des Germains et des Scythes.

## III

### SERMON DE S. ÉLOI.

#### LE PAGANISME GERMANIQUE AU SEPTIÈME SIÈCLE.

L'épiscopat de saint Éloi commence en 640 pour finir en 659. C'est dans le cours de ce long apostolat qu'Éloi porta la parole de Dieu aux peuples de la Flandre et de la Frise, aux Suèves établis près de Courtray, à tous ceux qui vivaient encore dans l'idolâtrie, soit qu'ils s'attachassent aux anciennes coutumes romaines, soit qu'ils adorassent les faux dieux des Germains. Il attaque ces deux sortes de paganisme dans l'homélie suivante, recueillie par saint Ouen, son disciple et son historien (1) :

« Avant tout, je vous déclare et vous signifie que vous ne devez pratiquer aucune des sacriléges coutumes des païens; qu'il ne faut consulter ni devins, ni sorciers, ni enchanteurs, pour aucune affaire ou maladie, car celui qui fait ce péché perd aussitôt la grâce du baptême (2). Semblablement vous n'observerez point les augures, les éternuments; et, si vous cheminez, vous ne prendrez point garde au chant des oiseaux : mais, quand vous commencerez un voyage ou quelque travail, signez-vous au nom du Christ, et dites le Symbole et l'Oraison Dominicale avec foi, et vous n'aurez rien à craindre de l'ancien

---

(1) Ex vita S. Eligii, auctore Audoeno, apud d'Achery Spicilegium, t. V, p. 215.
(2) Non caraios, non divinos, non sortilegos, non præcantatores, etc.

ennemi. Que nul chrétien n'observe quel jour il quitte sa maison et quel jour il y rentre, car Dieu a fait tous les jours. Que nul n'attende, pour mettre la main à quelque ouvrage, un certain jour ou une certaine lune. Que nul ne se livre aux pratiques ridicules ou criminelles des calendes de janvier, comme de contrefaire les vieillards ou les animaux (1). Qu'on ne dresse point les tables pendant la nuit ; qu'il n'y ait ni étrennes, ni excès de boisson. Que nul chrétien ne croie aux bûchers superstitieux, que nul ne s'asseye auprès pour chanter, car ce sont là des œuvres du démon. Que nul ne profane la fête de Saint-Jean, ni aucune autre fête des saints, en solennisant les solstices par des danses, des chœurs et des chants diaboliques. Que nul n'ose invoquer les noms des démons, comme Neptune, Orcus, Diane, Minerve ou le Génie ; et qu'on n'ajoute point de foi à ces folies ni aux autres qui leur ressemblent. Que nul ne chôme le jour de Jupiter, à moins qu'il n'y tombe quelque fête chrétienne, ni au mois de mai, ni en aucun autre temps, non plus qu'aucun autre jour (2), si ce n'est celui du Seigneur. Que nul n'allume des lampes auprès des sanctuaires païens, des pierres, des fontaines et des arbres, ni dans les carrefours. Que nul ne suspende des bandelettes au cou d'un homme ou de quelque animal, quand ce seraient des clercs qui les auraient faites, et qu'il les donneraient pour des choses sacrées, disant qu'ils y ont mis des paroles de l'Écriture sainte : car de pareilles amulettes ne recèlent point la vertu bienfaisante du Christ, mais le venin de Satan. Que nul n'ose faire des cérémonies lustrales, ni enchanter des plantes, ni faire passer les bêtes par des arbres percés de part en part, ou par des trous creusés en terre, car c'est ainsi qu'on pense les consacrer au diable. Aucune

(1) Nullus in Kal. Jan. nefanda aut ridiculosa, *vetulos*, aut *cervulos*, aut *jotticos*, faciat.
(2) Neque dies *tiniarum* vel *murorum*, aut vel unum omnino diem, nisi tantum Dominicum.

femme ne doit porter au cou des sachets ; ni, quand elle tisse la toile ou qu'elle la teint, ou qu'elle s'occupe de quelque ouvrage, invoquer Minerve ou d'autres esprits malfaisants ; mais elle doit désirer que dans toutes ses actions la grâce du Christ l'assiste, et mettre toute la confiance de son cœur en ce nom divin. S'il arrive que la lune s'éclipse, il ne faut point pousser de grands cris, car c'est l'ordre de Dieu qu'elle s'éclipse à certains temps déterminés. Il ne faut pas craindre non plus de commencer un travail à la nouvelle lune, car Dieu a fait la lune dans le dessein qu'elle servît à marquer les temps, à tempérer les ténèbres des nuits, et non pour qu'elle suspendît les travaux, ni pour qu'elle troublât la raison des hommes, comme le pensent quelques insensés qui prennent pour des victimes de la lune les possédés du démon. Que nul n'appelle le soleil et la lune du nom de seigneurs, ni ne jure par eux, car ce sont des créatures de Dieu, et que Dieu a mises au service des hommes. Que nul ne se considère comme soumis à un destin, à un sort, à un horoscope, comme on a coutume de dire « que chacun sera ce que sa naissance l'a fait (1). » Car Dieu veut que tous les hommes se sauvent et arrivent à la connaissance de la vérité. Et encore une fois, quand une maladie survient, qu'on ne recoure point aux enchanteurs, aux devins, aux sorciers, et qu'on n'aille pas suspendre des bandelettes diaboliques aux arbres, auprès des fontaines, ou à la croisée des chemins... Mais chaque jour de dimanche rendez-vous à l'église, et là ne vous occupez ni d'affaires, ni de querelles, ni de vaines fables, mais écoutez en silence les divines leçons. »

(1) Aut genesin quæ vulgo *nascentia* dicitur, ut dicat : qualem nascentia attulit, taliter erit.

## IV

### LÉGENDE DE S. WULFRAM.

#### LA VALHALLA DES FRISONS (1).

Au commencement du huitième siècle, les peuples de la Frise repoussaient encore la foi chrétienne, quand l'archevêque de Sens, Wulfram, abandonna son siége pour leur annoncer la foi. Mais tout son zèle ne put toucher le cœur du duc Ratbod, qui mourut dans l'impénitence. L'auteur de la légende explique cette opiniâtreté par un récit d'où ressort une singulière ressemblance entre la Valhalla des Scandinaves, et le séjour d'immortalité que le paganisme promettait aux héros de la Frise.

« Le duc Ratbod étant malade, comme un jour il s'abandonnait au sommeil, le démon, qui trompe les hommes, et qui peut, avec la permission du Dieu tout-puissant, prendre la figure d'un ange de lumière, lui apparut tout à coup, la tête ceinte d'un diadème d'or avec des pierreries étincelantes, et tout couvert d'un vêtement dont le tissu était d'or. Et longtemps ledit Prince étonné le considéra avec frayeur et tremblement, admirant la beauté et la magnificence de celui qui venait le trouver. Et cet ancien serpent, dont la cruauté est féconde en moyens de nuire, lui adressa ce discours :
« Parle, ô le plus vaillant des hommes! Qui donc t'a séduit
« jusqu'à ce point, que tu veuilles déserter les dieux et la
« religion de tes ancêtres! N'en fais rien, je t'en avertis, mais

(1) Vita *S. Wulframni*, apud Mabillon, *Acta SS. O. B.* I, 385.

« persévère dans le culte que tu as pratiqué jusqu'ici ; et tu
« iras habiter *les palais d'or* qui durent éternellement, et que
« je veux te donner bientôt, afin d'ajouter de l'autorité à mes
« paroles. C'est pourquoi, dès demain, mande Wulfram, le
« maître chrétien, et enquiers-toi auprès de lui où est la
« demeure d'éternelle clarté qu'il te promet dans le ciel, si tu
« reçois la doctrine chrétienne. Et comme il ne pourra te la
« montrer, qu'on envoie des délégués des deux partis : moi-
« même je leur indiquerai le chemin, et je leur ferai voir
« cette autre maison d'une beauté achevée et d'une splendeur
« immense, que je te donnerai dans un peu de temps. » Là-
dessus le duc s'éveilla, et, s'adressant au saint pontife Wulfram, lui raconta tout le songe de point en point. Mais le serviteur de Dieu, gémissant de la damnation de cette âme, lui
répondit : « Ceci est une illusion du diable, qui veut la perte
« de tous les hommes. N'ajoute donc aucune foi à ses men-
« songes. Car lui qui promet à ses croyants des maisons d'or,
« les conduit, au contraire, dans sa demeure infernale, au
« fond du Tartare, au bord du lac fétide qu'on nomme le
« Cocyte (1). » A ces paroles, et à toutes celles que put ajouter le saint évêque, ledit prince, persévérant dans son incrédulité, répondit qu'il ferait tout ce qu'on voudrait de lui, si son
dieu ne lui montrait pas la maison promise. Et comme le
pontife du Christ le vit décidé à ne rien céder, de peur de
quelque artifice des païens, il envoya son diacre en compagnie
d'un Frison. Or, comme ils venaient de quitter la ville, ils
virent venir à eux un personnage qui avait la figure humaine,
et qui s'offrit pour être leur compagnon de route, en disant :

(1) « Nam qui promittit aureas mansiones largiri sibi credenti-
bus, tartareas potius inferi deducit ad sedes fœtidumque lacum Co-
cyti. » Il y a tout lieu de croire que le bon moine Jonas de Fonte-
nelle, auteur de la légende, pense orner la harangue du saint, en
lui prêtant ces expressions mythologiques, qui sentent la lecture des
poètes latins.

« Pressez le pas, car je veux vous montrer cette demeure
« d'une beauté parfaite, que le dieu du duc de Ratbod lui a
« préparée. » Ils suivirent donc leur guide, cheminant longtemps par des lieux inconnus, jusqu'à ce qu'ils entrassent dans une avenue très-large, qu'ils virent décorée de plusieurs espèces de marbres polis avec soin : alors ils aperçurent de loin une maison d'or, et ils arrivèrent jusqu'à une place qui était au devant; et la place était pavée d'or et de pierres précieuses. Ils entrèrent donc dans la maison qui leur parut toute resplendissante d'or et d'une incroyable beauté, et ils y virent un trône d'une admirable grandeur. Alors celui qui montrait le chemin leur dit : « Voilà le palais et la demeure superbe
« que le dieu du prince Ratbod a promis de lui donner après
« sa mort. » Mais le diacre, stupéfait d'un tel spectacle, s'écria : « Si c'est l'œuvre de Dieu, elle demeurera éternelle-
« ment ; mais si c'est l'œuvre du démon, qu'elle disparaisse
« à l'heure même. » Et en même temps il se munit du signe de la sainte croix. Aussitôt le guide qui avait pris la figure humaine redevint démon, la maison d'or se changea en boue ; les deux voyageurs, je veux dire le Frison et le diacre, se virent au milieu d'un contrée marécageuse remplie de broussailles et de joncs d'une extrême hauteur ; et il leur fallut trois jours d'immenses fatigues pour regagner la ville. En arrivant, ils trouvèrent que le duc de Frise était mort.

## V

### CATALOGUE

DES SUPERSTITIONS ET DES PRATIQUES PAÏENNES RÉPANDUES
CHEZ LES FRANCS,

Dressé au concile de Leptines, 744 (1).

A la suite du capitulaire de Carloman, portant publication du concile de Leptines, on lit le document qui suit, et dans lequel il faut reconnaître un certain nombre de rubriques, répondant sans doute à autant de chapitres perdus, où l'on avait traité des superstitions contemporaines. Ce fragment si court n'en est pas moins un des monuments les plus instructifs du paganisme germanique. On y voit des temples encore debout, des idoles avec leurs prêtres et leurs prêtresses, plusieurs sortes d'augures et de sacrifices, des processions en l'honneur des anciens dieux, des fêtes célébrées sur les tombeaux, enfin, les mêmes institutions, les mêmes pompes que chez les peuples les plus polis de l'antiquité. Si cependant les fêtes de Wodan et de Thor ont perdu de leur splendeur, si les simulacres, par exemple, ne sont plus que des mannequins en haillons, il faut se souvenir qu'on est au milieu du huitième siècle, et qu'il y a plus de deux cents ans que Childebert et Clotaire ont ordonné la destruction de tout ce qui rappelait l'ancienne idolâtrie.

(1) *Indiculus superstitionum et paganiarum ad concilium Liptinense.*

« 1. Du sacrilége qui se commet auprès des sépultures. — 2. Du sacrilége qui se commet à l'occasion des morts, c'est-à-dire des complaintes funèbres qu'on appelle *dadsisas* (1). — 3. Des pratiques honteuses (*spurcalibus*) du mois de février. — 4. Des chapelles (*casulis*) ou oratoires des païens. — 5. Des sacriléges qui se commettent dans les églises. — 6. Des sacrifices qu'on fait dans les forêts, et qu'on appelle *nimidas*. — 7. Des oblations qu'on fait sur les pierres. — 8. Du culte rendu à Mercure ou à Jupiter (2). — 9. Du sacrifice adressé à quelqu'un des saints. — 10. Des phylactères et ligatures. — 11. Des fontaines où l'on sacrifie. — 12. Des enchantements. — 13. Des augures qu'on tire des oiseaux, des chevaux, du fumier des bœufs, ou de l'éternument. — 14. Des devins ou sorciers. — 15. Du feu sacré qu'on obtient en frottant deux morceaux de bois, et qu'on nomme *nodfyr*. — 16. De la cervelle des animaux. — 17. Des superstitions païennes attachées au foyer des maisons, et au commencement de quelque ouvrage. — 18. Des lieux sans maîtres qu'on honore comme sacrés. — 19. D'une prière que les gens de bonne foi appellent prière de Sainte-Marie. — 20. Des fêtes célébrées en l'honneur de Jupiter ou de Mercure. — 21. De l'éclipse de lune, où l'on crie *Vince luna*. — 22. Des tempêtes, des cornes et des limaçons. — 23. Des sillons tracés autour des domaines (3). — 24. De la procession païenne qu'on nomme *yrias*, et qui se fait avec des habits et des chaussures déchirés. — 25. De l'usage où l'on est de considérer tous les morts comme autant de saints. — 26. Du simulacre poudré de farine (4). — 27. Des simulacres qu'on fait avec

(1) « De sacrilegio super defunctos, id est *dadsisas*. » M. Grimm propose de donner à ce mot le sens de chants funèbres.
(2) « De sacris *Mercurii* vel *Jovis*. » C'est la traduction latine des noms de Woden et de Thor.
(3) C'est probablement le sillon qui servoit à consacrer l'héritage.
(4) Je crois reconnaître le simulacre de l'hiver, qu'on précipitait dans le Rhin au retour du printemps.

des haillons. — 28. Du simulacre qu'on porte dans les champs. — 29. Des pieds et des mains de bois dont on se sert, à la manière des païens. — 30. De l'opinion où l'on est que certaines femmes commandent à la lune, et qu'elles peuvent arracher le cœur des hommes, ce qui est la croyance des idolâtres. »

## VI

### LETTRE DE PÉTRARQUE.

LE CULTE DU RHIN A COLOGNE AU QUATORZIÈME SIÈCLE (1).

« Je venais de quitter Aix-la-Chapelle, mais non sans m'être baigné dans les eaux qui passent pour avoir donné leur nom à cette ville, et qui sont tièdes comme celles de Bain. Cologne me reçut dans ses murs, assise sur la rive gauche du Rhin, cité fameuse par sa situation, par son fleuve et par son peuple. C'est merveille, sur une terre barbare, de trouver tant de civilisation, une ville si magnifique, chez les hommes tant de gravité, tant d'élégance chez les femmes ! Il se trouva que j'arrivais la vigile de Saint-Jean-Baptiste, et déjà le soleil penchait vers son coucher. Aussitôt mes amis (car là aussi j'avais des amis que la renommée m'avait faits avant le mérite) m'emmenèrent, du lieu où j'étais descendu, au bord du fleuve, où ils me promettaient un curieux spectacle. On ne m'avait point trompé, car toute la rive était couverte de plu-

(1) F. Petrarcha, *de Rebus familiaribus epistolæ*, lib. 1, ep. 4. Je n'ai pu m'empêcher de citer cette charmante lettre de Pétrarque, encore qu'on y sente trop cette faiblesse de cœur qui le tourmenta de sa vie, mais qui fut expiée par le repentir de sa vieillesse.

sieurs rangs de femmes, troupe innombrable et charmante. Je demeurai comme ébloui. Grands dieux! quelle beauté, quels visages, quelles parures! Il y avait de quoi éprendre quiconque eût apporté un cœur libre d'amour. Je m'étais arrêté sur un point un peu élevé, d'où je pouvais considérer ce qui se passait. La foule était plus grande qu'on ne peut croire, et cependant sans désordre : toutes s'empressaient à l'envi, et beaucoup, le front couronné d'herbes odorantes, les manches retroussées derrière le coude, baignaient dans le courant leurs mains blanches et leurs bras, en échangeant je ne sais quels doux murmures que je ne comprenais point. Jamais peut-être je n'ai mieux éprouvé la vérité de ce vieux proverbe qui a l'assentiment de Cicéron : « Qu'au milieu d'hom-
« mes qui parlent une langue inconnue, on est comme sourd
« et comme muet. » Une seule consolation me restait, c'était d'avoir des interprètes excellents. Car, avec tout le reste, il faut encore admirer ceci : qu'un tel climat nourrit des esprits inspirés des Muses. Si donc Juvénal admire que la Gaule éloquente ait formé des avocats bretons,

*Gallia causidicos docuit facunda Britannos,*

il pourrait aussi admirer que la Germanie savante nourisse des poëtes harmonieux,

*Docta quod argutos aloit Germania vates...*

« C'étaient ces compagnons qui, selon le besoin, me servaient d'oreilles pour entendre, ou de langues pour répondre. Je m'adressai donc à l'un deux, dans mon étonnement et mon ignorance de ce qui se passait, et je l'interrogeai par ces vers de Virgile :

..... *Quid vult concursus ad amnem?*
*Quid ve petunt animæ?*

« On me répondit que c'était l'antique usage de la nation;

que c'était la persuasion de tout le peuple et surtout des femmes, qu'avec l'ablution de ce jour le fleuve emmenait tous les maux qui menaçaient l'année, et qu'ensuite il n'arrivait plus rien que d'heureux : qu'ainsi, chaque année, cette cérémonie lustrale était observée avec une infatigable fidélité, et le serait longtemps encore. A quoi je répondis en souriant : « Trop « heureux les peuples du Rhin, puisqu'il emporte leurs mi- « sères ! Jamais ni le Pô ni le Tibre ne suffirent à balayer les « nôtres. Grâce à votre fleuve, vous envoyez aux Anglais les « maux qui vous menacent. Volontiers, nous enverrions les « nôtres aux peuples d'Afrique et d'Illyrie. Mais il paraît que « nos fleuves sont trop paresseux ! » Et, comme il se faisait tard, nous nous retirâmes en riant. »

## VII

### YNGLINGA SAGA.

#### TRADITIONS DE LA NATION SUÉDOISE, SES PREMIERS ÉTABLISSEMENTS ET SES PREMIÈRES LOIS (1).

« La terre qui est à l'orient du Tanaïs fut anciennement appelée Asaland ou encore Asaheim, c'est-à-dire la terre et la demeure des Ases ; et la ville capitale du pays reçut le nom d'Asgard. Dans cette ville fut un prince nommé Odin ; et il se faisait là de grands sacrifices ; et c'était la coutume que douze chefs plus puissants que les autres prissent soin des immolations et rendissent la justice au peuple, d'où vient

(1) *Heims Kringla*, Historia regum septentrionalium a Snorre Sturlesonidæ conscriptæ, quas illustravit Peringskiœld ; Stockholm, 1697, cap. II, 3, 4, 5, 8.

qu'on les appelait *Diar* et *Drottnar*, c'est-à-dire dieux ou seigneurs, et que tout le peuple leur rendait honneur et obéissance. Odin l'emportait sur tous les autres par ses voyages lointains et par la science de la guerre, car il avait soumis à ses lois beaucoup de pays et de royaumes. Il fut si heureux dans les combats, qu'il en revint toujours victorieux et chargé de butin : c'est pourquoi ses compagnons d'armes restèrent persuadés que la victoire lui appartenait, quelque part qu'il combattît. Quand ses hommes allaient à la guerre ou s'engageaient dans quelque entreprise, ils avaient coutume de se faire bénir par l'imposition de ses mains, espérant ainsi un heureux succès en toutes choses. Bien plus : si quelques-uns d'entre eux se trouvaient en péril sur terre ou sur mer, ils invoquaient sur-le-champ le nom d'Odin, comptant sérieusement sur son secours, et comme s'il était avec eux. Il visita plusieurs fois des contrées si éloignées, qu'il lui fallut plusieurs années pour mettre fin à ses voyages.

« Odin avait deux frères, Ve et Vilir. C'étaient eux qui gouvernaient en son absence. Il arriva qu'une fois Odin s'étant rendu dans un autre pays très-éloigné et son absence prolongée ayant fait désespérer de son retour chez les Ases, ses frères se partagèrent son héritage et son royaume, et tous deux prétendirent à la main de Frigga, son épouse. Mais, bientôt après, Odin de retour ramena son épouse dans la couche nuptiale.

« Odin conduisit son armée contre les Vanes. Mais ceux-ci étaient sur leurs gardes : ils défendirent leur pays, et la victoire resta en suspens. Chacun des deux peuples ravagea les terres de l'autre, et ils se firent beaucoup de mal. A la fin, las de la guerre des deux côtés, ils tinrent une assemblée solennelle, où ils conclurent la paix en se donnant mutuellement des otages. Les Vanes donnèrent pour otages à Odin deux de leurs hommes les plus puissants, Niordh le riche et son fils Freyr. De leur côté, les Ases donnèrent un des leurs, nommé Hœner, qu'ils regardaient comme destiné à devenir chef, à cause de la beauté et de la majesté de sa personne ; ils lui avaient adjoint un nain appelé Mimir, le plus sage d'entre eux. Les Vanes, en retour, avaient livré Quasir, le plus éloquent des leurs. Mais à peine Hœner fut-il arrivé au pays des Vanes, qu'il devint leur chef, et Mimir l'assistait de ses conseils. Or, quand Hœner tenait l'assemblée pour rendre la justice ou pour expédier d'autres affaires, et qu'en l'absence de Mimir il avait à résoudre des questions difficiles, c'était sa coutume de dire : « Que d'autres en jugent ! » C'est pourquoi les Vanes, pensant que dans cet échange d'otages ils avaient été trompés par les Ases, prirent Mimir, lui coupèrent la tête, et la renvoyèrent aux siens. Odin reçut la tête, l'embauma d'aromates, et fit par ses enchantements qu'elle s'entretint avec lui et lui révéla beaucoup de mystères. Il préposa Niordh et Freyr aux sacrifices des dieux et ils furent appelés dieux chez les Ases. Niordh avait une fille nommée Freya, qui fut prêtresse : ce fut aussi la première qui enseigna aux Ases l'art magique, appelé *Seid*, très-pratiqué chez les Vanes. Au temps où Niordh habitait au pays des Vanes, il avait épousé, selon leurs lois, sa propre sœur, qui lui avait donné ces deux enfants, Freyr et Freya. Mais chez les Ases le mariage était défendu entre des personnes si proches par le sang.

« A partir du point où le soleil se lève en été, jusqu'à celui où le soleil se couche en hiver, s'étend une longue chaîne de montagnes très-hautes, qui sépare le royaume de Suède de tous les autres. Au midi, et non loin de ces montagnes, est le pays des Turcs : c'était là qu'Odin possédait un grand territoire. En ce temps, les généraux des Romains parcouraient la terre et mettaient sous leurs lois tous les peuples, d'où vint que plusieurs chefs abandonnèrent leurs possessions. Or, comme Odin était très-habile dans la divination et dans toute sorte de connaissances, il prévit que sa postérité régnerait dans le Nord. C'est pourquoi, laissant à ses frères Ve et Vilir le gouvernement de sa ville d'Asgard, lui-même s'éloigna avec le reste des dieux et un grand nombre d'hommes, et se dirigea d'abord du côté de l'occident, vers le royaume de Garderikie ; puis il tourna au midi vers la terre des Saxons. Odin soumit donc plusieurs royaumes en Saxe, et, comme il avait plusieurs fils, il les y établit pour défendre la terre conquise. Ensuite il se choisit une demeure vers le nord, au bord de la mer, en un lieu appelé aujourd'hui Odensé, dans l'île de Fionie. De là, il envoya Gefione du côté du septentrion, au delà du détroit, pour y chercher de nouvelles terres. Chemin faisant, elle alla trouver Gylfo, roi de Suède, qui lui donna un champ de terre labourable. Puis, arrivant au pays des Géants, elle eut de l'un d'eux quatre fils, qu'elle changea en bœufs. Elle les mit à la charrue, détacha tout le champ, et l'entraîna dans la mer du côté de l'occident, où elle s'arrêta près de l'île d'Odin ; et tout son soin fut de cultiver cette terre, qui est appelée maintenant Sélande. Skiold, fils d'Odin, devint l'époux de Gefione, et s'établit avec elle dans la ville de Lethra. Au même endroit de la Suède d'où le champ fut détaché, se trouve aujourd'hui un lac sinueux appelé Mœlar, et les golfes du lac répondent parfaitement aux caps de Sélande. Sur cette aventure, Bragi l'Ancien a composé le chant suivant :

« Gefione, riche en or, — enleva au roi Gylfo — la terre qui « devoit accroître le Danemark. — Elle l'arracha d'un élan si fort, « — qu'autour des bœufs attelés — la mer rejaillissait comme une « pluie impétueuse. — Et, pendant que les taureaux marchaient « tirant ce poids énorme, — ils portaient sur leurs fronts huit blan- « ches étoiles. »

« Odin connut donc que la terre était bonne du côté de l'orient dans le royaume de Gylfo ; et, s'y étant rendu, il conclut un traité avec le roi ; car celui-ci comprit qu'il avait peu de force pour résister aux Ases. En effet, Odin et Gylfo ayant lutté en toute sorte de sortiléges et d'enchantements, les Ases furent toujours les plus forts. Odin fixa son séjour au bord du lac Moelar, au lieu qu'on appelle l'ancienne Sigtuna ; où, ayant élevé un temple magnifique, il rétablit les sacrifices selon la coutume des Ases. Il devint maître de tout le pays autour de Sigtuna, et assigna des résidences et des demeures à chacun des sacrificateurs. Niordh s'établit à Noatun ; Freyr, à Upsal ; Heimdall, à Himmelbærg ; Thor, à Trudvanger ; Balder, à Brodablik ; et tous reçurent d'Odin des terres cultivables.

« Odin remit en vigueur pour son pays les anciennes lois des Ases. Il y était ordonné que la dépouille des morts serait livrée aux flammes, où l'on jetterait aussi leurs richesses. Odin ajouta qu'autant on brûlerait de richesses sur le bûcher, autant le mort en emporterait dans la Valhalla. Ceux qui, de leur vivant, avaient enfoui des trésors en terre, devaient en jouir aussi dans l'autre vie. Il y avait ordre de jeter dans la mer les cendres des bûchers, ou de les couvrir de terre amoncelée. On devait élever aux chefs et aux princes des tertres funéraires, afin de les rappeler à la mémoire de la postérité. Aux hommes vaillants, et qui s'étaient distingués de la foule par de grandes épreuves, on devait ériger des pierres monumentales, et cette coutume se conserva longtemps chez les nations qui suivirent. Odin voulut encore qu'il y eût un premier sacrifice aux premières brumes pour obtenir d'heureuses moissons ; un second au milieu de l'hiver, pour les autres biens de la terre, et une troisième fête au commencement de l'été : c'était le sacrifice de la victoire. Par toute la Suède, chaque tête payait une pièce d'argent à Odin, qui, en retour, se chargeait de défendre le territoire, de repousser l'ennemi et de veiller aux sacrifices de l'année. »

## VIII

### LA JUSTIFICATION DE GUDRUNA,

OU L'ÉPREUVE DE L'EAU BOUILLANTE CHEZ LES SCANDINAVES (1).

Gudruna, la veuve de Sigurd, devenue l'épouse d'Atli (d'Attila), est accusée d'infidélité par une esclave appelée Herkia. Gudruna demande l'épreuve du feu.

« Convoque mes frères, dit-elle, avec leurs guerriers cuiras-
« sés; que je sois entourée de tous ceux qui me tiennent de
« près par le sang.

« Fais venir, du pays des Saxons qui habitent au midi,
« l'homme puissant, celui qui sait consacrer par des paroles la
« chaudière bouillante. » — Sept cents hommes sont entrés dans la salle avant que l'épouse du roi plongeât la main dans la chaudière.

« Je ne vois point Gunar, dit-elle ; je n'appelle point
« à mon secours Hogni... Je ne reverrai plus mes deux
« frères. Je pense que l'épée d'Hogni vengerait une si
« grande injure ; maintenant je suis réduite à me défendre
« moi-même. »

« Aussitôt elle plongea sa main blanche jusqu'au fond, et elle en tira les cailloux verdoyants. « Maintenant, soyez té-
« moins, guerriers, que je sois déclarée innocente, selon les
« rites sacrés, si fort que bouille cette chaudière. »

« Alors Attila rit dans son cœur, en voyant Gudruna lever ses mains intactes. « J'ordonne maintenant, dit-il, que l'es-

(1) *Edda Sæmundar*, II, *Gudrunar quida en Thridia*.

« clave Herkia s'approche de la chaudière, elle qui a porté
« contre Gudruna le témoignage du crime. »

« Nul n'a vu chose digne de pitié, s'il n'a vu comment les mains d'Herkia furent brûlées. On emmena la jeune fille, on la noya dans le marais fangeux. Ainsi Gudruna eut satisfaction de ses injures. »

## IX

### LE CALENDRIER DES ANGLO-SAXONS.

FRAGMENT D'UN TRAITÉ DE BÈDE SUR LE CALCUL DES TEMPS (1).

« Les anciens Anglo-Saxons (car il ne me semble point convenable de faire connaître le calendrier des autres peuples, et de passer sous silence celui de ma nation) mesuraient leurs mois sur le cours de la lune ; d'où vient que, chez eux, la lune nommait le mois, comme chez les Hébreux et les Grecs. En effet, dans leur langue la lune est appelée *mona*, et le mois *monath*. Et leur premier mois, celui que les Latins nomment janvier, s'appelle *guili* ; février, *sol monath* ; mars, *rhed monath* ; avril, *eostur monath* ; mai, *trimilchi* ; juin, *lida* ; juillet, *lida* ; août, *weid monath* ; septembre, *haleg monath* ; octobre, *wuyntyr fyllyth* ; novembre, *blot monath* ; décembre, *guili*, du même nom que janvier. Or ils commençaient l'année le huitième jour avant les calendes, où nous célébrons maintenant la Nativité du Seigneur ; et la nuit, qui est sainte pour nous, était appelée d'un nom païen *mœdrenech*, c'est-à-dire, la mère des nuits, probablement à

(1) Beda presbyter, *de Ratione temporum*, cap. XIII.

cause des cérémonies qu'on y célébrait pendant la veille sacrée. Et, toutes les fois que l'année était commune, ils donnaient à chaque saison trois mois. Mais quand il y avait lieu à l'intercalation, c'est-à-dire si une année de treize mois lunaires, ils ajoutaient le mois excédant à l'été; en sorte qu'alors trois mois prenaient le nom de *lida*, et, par cette raison, l'année s'appelait *trilidi*, avec quatre mois d'été et trois mois pour chacune des autres saisons. Ils faisaient aussi deux grandes divisions de toute l'année entre l'hiver et l'été, attribuant à l'été les six mois où les jours sont plus longs que les nuits, et les six autres à l'hiver ; d'où vient que le mois où commençait le temps d'hiver était appelé *wuyntyr fyllyth*, d'un nom composé de celui de l'hiver et de celui de la pleine lune, parce que l'hiver commençait à la pleine lune de ce mois. Il n'est pas non plus hors de propos d'expliquer la signification des noms qu'on donnait aux autres mois. Les deux appelés *guili* tirent leur nom du retour du soleil, et de la croissance des jours, que l'un de ces mois précède, et que l'autre suit. *Sol monath* peut se traduire le mois des gâteaux sacrés, parce qu'alors ils en offraient à leurs dieux. *Rhed monath* était le nom de leur déesse Rheda, à qui ils faisaient alors des sacrifices. *Eostur monath*, qu'on appelle aujourd'hui le mois pascal, était ainsi nommé de leur déesse Éostre, dont ils célébraient alors la fête. Ils ont conservé la même dénomination au temps de Pâques, désignant ainsi par le nom d'une observance antique les joies d'une solennité nouvelle. *Trimilchi* se nommait ainsi, parce que dans ce mois on avait coutume de traire les troupeaux trois fois par jour ; car telle était autrefois la fécondité des pâturages en Bretagne ou en Germanie, d'où sortit le peuple des Anglo-Saxons. *Lida* signifie clément ou navigable, parce que dans ces deux mois le ciel est clément et serein, et que c'est le temps ordinaire de la navigation. *Weid monath* est le mois de l'ivraie, parce que c'est alors surtout qu'elle foisonne. *Haleg monath* était le mois des cérémonies sacrées. *Wuyntyr fyllyth* désignait, d'un nom composé, la pleine lune et l'hiver. *Blot monath* signifiait le mois des immolations, parce qu'alors ils égorgeaient les victimes vouées à leurs dieux. Grâces vous soient rendues, ô bon Jésus, qui, nous retirant de ces vaines superstitions, nous avez donné de vous offrir des sacrifices de louanges ! »

## X

### ALPHABET RUNIQUE SCANDINAVE.

Rien ne prouve mieux la communauté des traditions du Nord que la comparaison du poème anglo-saxon sur l'alphabet runique, dont j'ai donné la traduction, avec le chant scandinave qu'on va lire, où les mêmes lettres se reproduisent dans le même ordre, accompagnées des mêmes interprétations et souvent des mêmes sentences. Seulement chaque strophe se compose ici de deux vers rimés, liés entre eux par la consonnance et non par le sens. Les retouches chrétiennes s'y font mieux sentir, sans effacer cependant les allusions mythologiques obscures maintenant, mais qui avaient alors leur commentaire dans la tradition.

| | | |
|---|---|---|
| F. *Fe*, l'argent. | | L'argent allume la discorde entre les hommes du même sang. — Le loup se nourrit dans les bois. |
| V. *Ur*, l'étincelle. | | L'étincelle jaillit du fer embrasé. — Souvent le patin se hâte sur la neige durcie. |
| Th. *Thuss*, géant. | | Le géant fait la terreur des femmes. — Personne ne se réjouit de l'inimitié. |

| | |
|---|---|
| O. *Os*, l'entrée. | L'entrée du port pour les voyageurs ; — l'entrée du fourreau pour l'épée. |
| R. *Ridr*, la chevauchée. | La chevauchée est le pire moment des chevaux. — *Ragn* est le plus prompt des glaives. |
| K. *Kaun*, la peste. | La peste prend le frère avec la sœur. — Le malheur met le plus fort au tombeau. |
| H. *Hagl*, la grêle. | La grêle est la plus froide des graines. — Le Christ créa le vieux monde. |
| N. *Naud*, pauvreté. | Pauvreté fait maigre chère. — Celui qui est nu a froid au temps de la gelée. |
| I. *Is*, la glace. | La glace est le plus large des ponts. — L'aveugle a besoin d'être conduit. |
| A. *Ar*, l'année. | L'année abondante est le bonheur des hommes. — J'entends dire que le roi Frode était libéral. |
| S. *Sol*, le soleil. | Le soleil est le flambeau de la terre. — Je me soumets à l'oracle saint. |
| T. *Tyr*, le dieu Tyr. | Tyr est le dieu manchot parmi les Ases. — Le forgeron commence ordinairement par souffler. |
| B. *Biarkan*, le bouleau. | Le bouleau est l'arbre à la feuille verte. — Loki porta le mensonge au milieu du bonheur des dieux. |
| L. *Laugr*, l'eau. | L'eau tombe des montagnes. — L'or est un bien précieux. |
| M. *Madr*, l'homme. | L'homme est l'accroissement de la terre. — Grande est la serre de l'épervier. |
| Y. *Yr*, l'arc. | L'arc est aussi flexible en été qu'en hiver. — Où la maison brûle, là est le deuil. |

## XI

### BEOWULF ET LE DRAGON.

FRAGMENT DE L'ÉPOPÉE ANGLO-SAXONNE (1).

Beowulf est le héros de l'épopée anglo-saxonne. Jeune encore, il est allé chercher aventure au pays des Danois; il a combattu contre l'esprit mauvais qui hantait le palais du roi Hrothgar, et contre la fée malfaisante qui habitait le lac voisin. Vainqueur dans ces deux combats, il est revenu au pays des Angles, où il règne depuis cinquante ans, quand on vient lui apprendre qu'un dragon désole la contrée. Tout le jour le monstre reste accroupi dans son antre au bord de la mer; il y garde un trésor enseveli depuis mille ans. Mais chaque nuit il sort de son repaire, s'élève dans les airs sur ses larges ailes, et vomit le feu sur les habitations des hommes. Le vieux roi jure de tuer le dragon et de ravir le trésor. Une crainte secrète trouble d'abord son cœur : « Mais, dit-il, je ne reculerai point d'un seul pas ; il en sera de moi comme le destin, maître de tous les hommes, en aura disposé. » Le poëte le représente s'avançant avec un jeune guerrier, Wiglaf, qu'il laisse à l'écart, et le récit continue en ces termes :

« Le héros illustre se leva chargé de son bouclier, la tête

(1) Beowulf, édit. Kemble ; *in fine*.

armée du casque menaçant, et tout couvert de sa cuirasse. Il descendit au pied du rocher, se fiant à son seul courage : ce n'est point la coutume des lâches. Alors il considéra le rocher escarpé, lui le guerrier puissant qui avait si souvent tenté la fortune des combats, quand les bataillons se précipitaient pour s'entretuer. Il vit une voûte de pierre, d'où s'échappait un fleuve de feu ; et nul ne pouvait entrer ni s'approcher du trésor, sans traverser ces flammes que vomissait le dragon couché dans la caverne. Alors le roi des Angles poussa du fond de sa poitrine un cri de colère. Ce héros au cœur fort était irrité. Sa voix retentissante pénétra sous la pierre blanche. Le gardien du trésor sentit s'éveiller sa haine : il avait reconnu la voix d'un homme ; il ne tarda pas longtemps à se jeter sur lui...

« La terre trembla ; le héros se tenait au pied de la colline, opposant le bouclier à son farouche ennemi. Le bon roi leva le glaive antique qu'il reçut en héritage, et dont le tranchant fut terrible à tous ceux qu'il fallait punir... Il étendit le bras, ce chef des Angles ; il frappa son hideux ennemi, selon ce que j'ai entendu conter ; il le frappa de telle sorte que le tranchant s'émoussa contre les écailles noires. L'arme fut impuissante au moment où son maître eut besoin d'elle, réduit aux dernières extrémités. Alors le gardien de la caverne s'élança d'un bond puissant, le cœur plein de rage. Il vomit le feu meurtrier ; il répandit au loin les tourbillons homicides. En ce moment, le roi des Angles ne se vantait pas de la victoire ; l'épée avait trahi sa main désarmée dans le combat. Ce n'était point ce qu'il devait attendre de cette lame autrefois invincible. Le temps ne tarda pas à venir, où cet illustre fils des rois eût voulu changer de lieu ; il aurait voulu, de toute son âme, se trouver dans les murs de sa ville... Il était dans les angoisses, enveloppé de flammes, celui qui autrefois régnait sur un peuple...

« Wiglaf vit son seigneur succomber sous le casque, en

essuyant une injure mortelle. Alors il se rappela les honneurs qu'il avait autrefois reçus de lui : de beaux domaines, la puissance sur les routes, le droit de juger le peuple, et tout ce qu'avait possédé son père. Il ne put se contenir ; il saisit son bouclier de tilleul pâle ; il ceignit son épée; arme sans égale, venue de ses aïeux... « Je me souviens, dit-il, du temps où « nous buvions l'hydromel à notre aise. Alors, dans la salle « des banquets, quand notre seigneur venait de nous distri- « buer les bracelets d'or, nous promettions de lui rendre ses « bienfaits au jour des combats, si jamais il était surpris par « quelque nécessité semblable à celle-ci ; nous jurions de le « servir sous le casque et avec le glaive d'acier... »

« En même temps il s'élança dans le tourbillon du combat. Il courut tout armé au secours de son chef; il parla en peu de mots : « Bien-aimé Beowulf, rappelle-toi comme, au temps « de ta jeunesse, tu promettais de ne jamais laisser languir « une vengeance. Maintenant, chef intrépide, célèbre par « tant d'exploits, il faut défendre ta vie de toutes tes forces. « Me voici, moi, ton fidèle, à tes côtés. » Alors le roi retrouva ses esprits ; il leva son couteau de guerre, aigu et effilé, qu'il portait sur la cuirasse. Il frappa le dragon au milieu du corps, il réunit toute la force de son courage pour achever son ennemi...

« Cependant Beowulf connut qu'il était blessé mortellement, et il parla ainsi : « J'ai été maître de ce peuple durant « cinquante hivers, et il n'y avait pas de roi voisin qui osât « m'attaquer. J'ai vécu sur la terre le temps qui m'était « donné. J'ai gardé comme je devais ce qui était à moi. Je « n'ai pas cherché de querelles injustes, et je n'ai pas souvent « juré de faux serments. Voilà pourquoi, blessé à mort, je « puis encore me réjouir ; voilà pourquoi le créateur des « hommes n'aura pas de crimes à me reprocher, quand mon « âme va se séparer de mon corps. » Alors j'ai ouï dire que Wiglaf, sur l'ordre de son maître blessé, pénétra dans la caverne... Il vit des coupes d'or où s'étaient abreuvés es hommes d'autrefois; il vit des casques nombreux couverts de rouille, et beaucoup de bracelets travaillés avec art. Ce trésor pourrait aisément l'emporter sur toutes les richesses enfouies en terre, quel que soit celui qui les y ait cachées. Wiglaf vit aussi des signes dorés sculptés sur la voûte, des signes merveilleux tracés par un art magique, et qui jetaient assez de lumière pour que le héros pût embrasser des yeux tout le lieu où il était, et contempler sa vengeance... Alors Beowulf parla une dernière fois : « Jeune et vieux, j'ai eu cou« tume de distribuer l'or autour de moi. Je remercie de « ces trésors le roi de gloire, le Seigneur éternel, parce « qu'avant le jour de ma mort j'ai pu acquérir à mes guer« riers de telles richesses. Je veux qu'on mette en réserve « ces dépouilles; elles serviront plus tard au besoin du peu« ple. Je ne resterai pas longtemps ici. Ordonnez qu'après « avoir éteint mon bûcher flamboyant, on m'élève sur le « promontoire un tertre immense qui me serve de monument « chez ma nation, en sorte que les navigateurs nomment le « tertre de Beowulf, quand ils sillonneront au loin les flots « brumeux. »

## XII

### LE COMBAT DU PÈRE ET DU FILS.

##### DANS LA POÉSIE DU NORD.

###### Poëme irlandais de Cuchullin.

Il semble que le combat de Hildebrand et de Hadubrand soit encore du nombre de ces traditions poétiques dont l'héritage resta commun aux nations du nord et à celle de l'Orient. M. Ampère (*Hist. littéraire*, t. II) a signalé l'étonnante ressemblance du récit germanique avec l'épisode du *Schahnameh*, où le héros de la Perse Rostam combat Zohrab son fils, qu'il tue sans le reconnaître. Il a retrouvé la même aventure dans deux chants celtiques, l'un, publié parmi les fragments supposés d'Ossian, l'autre dans une collection de poëmes irlandais, dont on s'accorde à reconnaître l'authenticité. C'est celui que j'ai essayé de traduire, comme un document de plus à l'appui de l'antique parenté qui unissait les Celtes et les Germains.

Sous le règne de Conor Mac Nessa, roi d'Ulster, vers les approches de l'ère chrétienne, l'Irlande était peuplée de guerriers si célèbres, que toute l'Europe connaissait « les héros de l'île d'Occident. » Cuchullin, après de lointaines expéditions, aima en Albanie (Écosse) une belle princesse appelée Aïfé; et, rappelé par les affaires de son pays, il la laissa enceinte en lui recommandant, si elle avait un fils, de le faire exercer au métier des armes, et de l'envoyer ensuite en Ulster. Il devait s'y faire reconnaître au moyen d'une chaîne d'or que Cuchullin remit à la mère, en y ajoutant ces trois préceptes que le jeune guerrier observait : De ne jamais révéler son nom à un ennemi ; de ne point livrer passage à quiconque semblerait l'exiger comme un droit ; et de ne jamais refuser le combat à aucun chevalier sous le soleil.

Aifé envoie son fils ; mais il semble que par jalousie elle ait évité de lui donner les instructions qui lui auraient fait connaître son père... Il arrive tout armé. Un héraut va le reconnaître.

« Conloch, superbe et hardi, a traversé les flots qui baignent la terre d'Érin. Animé par la gloire, il est venu des murs de Dunscaik pour visiter la côte d'Érin, pour éprouver l'armée puissante.

« Sois le bienvenu, jeune homme au visage intrépide, cou-
« vert d'armes éclatantes. Sans doute tes pas se sont éga-
« rés, hôte illustre. Mais puisque le vent d'est t'a poussé sain
« et sauf sur ce rivage, raconte-nous tes courses ; fais-nous le
« récit des exploits qui ont étendu ta gloire,

« Ne fais point comme d'autres venus de la terre d'Albanie,
« ne rejette point ma demande, ne force pas l'épée conqué-
« rante à sortir du fourreau pour te terrasser, ô jeune homme !
« si comme eux, par un vain orgueil, tu refusais de payer au
« passage du pont le tribut accoutumé. »

— Le jeune homme répondit : « Si telle a été jusqu'ici
« la coutume de votre île odieuse, sachez qu'elle n'humiliera
« plus aucun chef, car ce bras va effacer votre orgueilleuse
« loi. »

En disant ces mots, Conloch se met en défense : son épée ne trouve pas de repos qu'il n'ait jeté autour de lui cent guerriers sur la poussière. Conor demande s'il n'y a plus de héros qui veuille se mesurer avec cet étranger. Conall s'avance, et il est fait prisonnier. On envoie chercher Cuchullin dans sa

ET PIÈCES JUSTIFICATIVES.   477

haute demeure de Dundalgan; on lui montre des morts et son ami enchaîné. Il hésite cependant à combattre ce guerrier inconnu. Il ne cède qu'aux prières réunies de tous ses compagnons d'armes.

Alors, d'un pas ferme et d'un air intrépide, Cuchullin s'avança, et adressa ces mots à l'ennemi : « Permets, ô vaillant
« guerrier, que je requière ceci de ta courtoisie : confie-moi
« ton dessein et ton nom; quel est ton lignage et ton pays?
« Ne repousse pas une main amie, et ne rejette pas la paix
« que je t'offre. Cependant, si tu préfères le hasard des armes,
« alors je te présente le combat, jeune homme aux beaux
« cheveux. »

« — Jamais la peur ne sera maîtresse du cœur d'un héros ;
« jamais, pour satisfaire une oreille curieuse, je ne trahirai
« ma renommée. Non, ô noble chef, je ne révélerai à per-
« sonne ni mon nom, ni mon dessein, ni ma naissance. Et je
« ne cherche point à éviter le combat que tu m'offres, encore
« que ton bras semble fort et ton glaive éprouvé.

« Cependant, je le confesse : si mon vœu l'eût permis, je
« n'aurais point résisté à ta requête, j'aurais serré avec joie
« ta main pacifique, tant la vue de ce visage étouffe en moi
« toute pensée ennemie, tant ces nobles traits maîtrisent mon
« cœur. »

Alors, et malgré eux, les chefs commencèrent le combat : l'honneur réveillait leurs forces endormies. Terribles étaient les coups que portaient les bras vaillants, et longtemps leurs destins demeurèrent indécis. Car, jusqu'à cette heure, l'œil n'avait jamais vu un combat soutenu de la sorte, une victoire si opiniâtrement poursuivie. A la fin, la colère et la honte soulevèrent l'âme de Cuchullin ; il poussa sa lance étincelante avec une habileté fatale, et jeta sur le champ de bataille le jeune guerrier mourant...

« Noble jeune homme! cette blessure, je le crains, n'est
« pas de celles qu'on peut guérir. Maintenant donc fais-moi

« savoir ton nom et ton lignage, et d'où tu viens et pourquoi,
« afin que nous puissions t'élever une tombe qui t'honore, et
« qu'un chant de gloire immortalise ta louange.

« — Approche, répliqua le jeune blessé, plus près, plus
« près de moi ! Oh ! que je meure sur cette terre chérie, et dans
« tes bras bien-aimés ! Ta main, mon père, guerrier malheu-
« reux ! Et vous, défenseurs de notre île, approchez pour en-
« tendre ce qui fait l'angoisse de mon âme : car je vais briser
« de douleur le cœur d'un père.

« O le premier des héros ! écoute ton fils, reçois le dernier
« soupir de Conloch ; vois le nourrisson de Dunscaik, vois
« l'héritier chéri de Dundalgan. Vois ton malheureux fils
« trompé par les artifices d'une femme et par une fatale pro-
« messe. Il tombe, triste victime d'une mort prématurée.

« O mon père ! n'as-tu pas reconnu que je n'étais qu'à
« moitié ton ennemi ? et quand ma lance était dardée contre
« toi, n'as-tu pas vu qu'elle se détournait de ta poitrine ? »

FIN.

# TABLE DES MATIÈRES

## PREMIÈRE PARTIE

### LA GERMANIE AVANT LES ROMAINS

Préface. . . . . . . . . . . . . . . . . . . . . . . . . . 1

#### CHAPITRE PREMIER.

##### ÉTENDUE DE LA GERMANIE. — ORIGINE DES GERMAINS.

| | |
|---|---|
| La Germanie connue des Romains. . . . . . . . . . . . . . . . | 21 |
| Les Germains de César et de Tacite. . . . . . . . . . . . . . | 22 |
| Les Goths. . . . . . . . . . . . . . . . . . . . . . . . . . | 25 |
| Les Scandinaves. . . . . . . . . . . . . . . . . . . . . . . | 27 |
| Les Germains connus des Grecs. . . . . . . . . . . . . . . . | 34 |
| Les Gètes. . . . . . . . . . . . . . . . . . . . . . . . . . | 34 |
| Les Hyperboréens. . . . . . . . . . . . . . . . . . . . . . . | 38 |
| Origine orientale des peuples germaniques. . . . . . . . . . . | 39 |

#### CHAPITRE II.

##### LA RELIGION.

| | |
|---|---|
| Si les Germains eurent des institutions religieuses. . . . . . | 46 |
| Religion des Scandinaves. — Leur culte. . . . . . . . . . . . | 47 |
| Doctrine religieuse de l'Edda. . . . . . . . . . . . . . . . . | 51 |
| Superstition des Scandinaves. . . . . . . . . . . . . . . . . | 60 |
| Religions des autres peuples germaniques. . . . . . . . . . . | 66 |
| Le culte. . . . . . . . . . . . . . . . . . . . . . . . . . . | 67 |
| Les dieux des Germains. . . . . . . . . . . . . . . . . . . . | 70 |
| Les déesses. . . . . . . . . . . . . . . . . . . . . . . . . | 78 |
| Suite de la mythologie des Germains. . . . . . . . . . . . . . | 82 |
| Superstitions des Germains. — Fétichisme. . . . . . . . . . . | 90 |

Magie. . . . . . . . . . . . . . . . . . . . . . . . . 95
Sacrifices humains. — Cannibalisme. . . . . . . . . . . . . . 99
Origine des religions du Nord. . . . . . . . . . . . . . . . 100
Rapports avec les religions de la Grèce et de l'Orient. . . . . . 102
Différences des religions du Nord et de celles du Midi. . . . . . 111
Conclusion. . . . . . . . . . . . . . . . . . . . . . . . 112

## CHAPITRE III.

### LES LOIS.

Contradictions des historiens sur les lois des Germains. . . . . 115
Analyse des institutions germaniques. — La personne et la propriété. . . . . . . . . . . . . . . . . . . . . . . . . . 117
La famille. . . . . . . . . . . . . . . . . . . . . . . . 125
Commencement de la société politique . . . . . . . . . . . 133
Institutions judiciaires. . . . . . . . . . . . . . . . . . . 147
Caractère général des institutions germaniques. . . . . . . . . 159
Rapport des institutions germaniques avec les législations de l'antiquité. . . . . . . . . . . . . . . . . . . . . . . . . . 161
Lois romaines. . . . . . . . . . . . . . . . . . . . . . . 162
Lois grecques. . . . . . . . . . . . . . . . . . . . . . . 172
Lois indiennes. . . . . . . . . . . . . . . . . . . . . . . 175
Conclusion. . . . . . . . . . . . . . . . . . . . . . . . 185

## CHAPITRE IV.

### LES LANGUES.

Énumération des langues germaniques. . . . . . . . . . . . 187
Vocabulaire des langues du Nord. — Théologie. . . . . . . . . 190
Droit. . . . . . . . . . . . . . . . . . . . . . . . . . 194
Astronomie. . . . . . . . . . . . . . . . . . . . . . . . 197
Ce qui manque au vocabulaire des langues du Nord. . . . . . . 208
Grammaire des langues du Nord. . . . . . . . . . . . . . 210
Euphonie. . . . . . . . . . . . . . . . . . . . . . . . . 211
Déclinaison. . . . . . . . . . . . . . . . . . . . . . . . 214
Conjugaison. . . . . . . . . . . . . . . . . . . . . . . . 216
Étymologie. — Origine des langues germaniques. . . . . . . . 220
Rapport avec les langues indo-européennes. . . . . . . . . . 224
Alphabet runique. . . . . . . . . . . . . . . . . . . . . 227
Conclusion. . . . . . . . . . . . . . . . . . . . . . . . 236

## CHAPITRE V.

### LA POÉSIE.

Si les Germains eurent une poésie savante. . . . . . . . . . . 238
La tradition poétique chez les Germains. . . . . . . . . . . 239
Poésie lyrique. . . . . . . . . . . . . . . . . . . . . . . 239
Poésie didactique. . . . . . . . . . . . . . . . . . . . . 241

TABLE DES MATIÈRES. 481

Commencement de la poésie épique. . . . . . . . . . . 241
Interprétation de la fable de Sigurd. . . . . . . . . . . 254
Rapports de l'épopée germanique et de l'épopée grecque. . . . 256
Origine commune des grandes épopées. . . . . . . . . . 260
L'art poétique des Germains. . . . . . . . . . . . . . 262
L'art des vers chez les Scandinaves. . . . . . . . . . . 263
La condition des poëtes chez les Germains. . . . . . . . . 267
Combats poétiques. . . . . . . . . . . . . . . . . 274
Prosodie des langues germaniques. — Allitération. . . . . . 277
Ce qu'il y a de barbare dans la poésie du Nord. . . . . . . 282
Fable de Weland. . . . . . . . . . . . . . . . . 283
Conclusions de la première partie. . . . . . . . . . . 291
Rapports des Germains avec les autres peuples du Nord. . . . 292
Les Celtes. . . . . . . . . . . . . . . . . . . . 294
Les Slaves. . . . . . . . . . . . . . . . . . . . 297
Fraternité des peuples indo-européens. . . . . . . . . . 300

## SECONDE PARTIE

LA GERMANIE EN PRÉSENCE DE LA CIVILISATION ROMAINE

### CHAPITRE VI.

LA CIVILISATION ROMAINE CHEZ LES GERMAINS.

Destinée de Rome. — Ce qui faisait sa puissance. . . . . . 303
Ce qui faisait l'impuissance de Rome. . . . . . . . . . 308
Histoire de la conquête romaine en Germanie. . . . . . . . 315
Résultats de la conquête. . . . . . . . . . . . . . . 325
Voies romaines. — Défrichement du sol. — Villes fondées. . . . 327
Les institutions politiques. . . . . . . . . . . . . . 333
Administration impériale. . . . . . . . . . . . . . 334
Organisation militaire. . . . . . . . . . . . . . . 339
Régime municipal. . . . . . . . . . . . . . . . . 341
Les écoles. . . . . . . . . . . . . . . . . . . . 346
Si la civilisation romaine eut prise sur les Germains. . . . . 355
Les Germains esclaves. . . . . . . . . . . . . . . 358
Les Germains colonisés sur les terres de l'empire. . . . . . 360
Les Germains dans l'armée romaine. . . . . . . . . . 362
Les Germains dans les offices publics. . . . . . . . . . 366
Les Germains initiés aux lettres latines. . . . . . . . . . 369
L'invasion pacifique. . . . . . . . . . . . . . . . 374

## CHAPITRE VII.

### RÉSISTANCE DES GERMAINS A LA CIVILISATION ROMAINE.

| | |
|---|---|
| Vices de la civilisation romaine. | 380 |
| Le paganisme romain impuissant chez les barbares. | 380 |
| Décadence des lettres dans les écoles impériales. | 383 |
| Avarice et cruauté du gouvernement romain. | 390 |
| La société romaine corrompait les barbares. | 403 |
| Haine de la civilisation chez les Germains. | 404 |
| Violence des irruptions. | 400 |
| La barbarie après les irruptions. | 410 |
| Chant de Hildebrand et Hadebrand. | 427 |
| Conclusion. | 431 |

## NOTES ET PIÈCES JUSTIFICATIVES

| | |
|---|---|
| I. — Jornandes considéré comme historien des mœurs et des traditions germaniques. | 439 |
| II. — Dion Chrysostome à Olbia, ou la civilisation grecque chez les Gètes. | 446 |
| III. — Sermon de saint Éloi. — Le paganisme germanique au septième siècle. | 451 |
| IV. — Légende de saint Vulfram. — La Valhalla des Frisons. | 454 |
| V. — Catalogue des superstitions et des pratiques païennes répandues chez les Francs, dressé au concile de Leptines, 743. | 457 |
| VI. — Lettre de Pétrarque. — Le culte du Rhin à Cologne au quatorzième siècle. | 459 |
| VII. — Ynglinga Saga. — Traditions de la nation suédoise, ses premiers établissements et ses premières lois. | 461 |
| VIII. — La justification de Gudruna, ou l'épreuve de l'eau bouillante chez les Scandinaves. | 466 |

IX. — Le calendrier des Anglo-Saxons. — Fragment d'un traité de Bède sur le calcul des temps. . . . . . . . . . . . . . . 467
X. — Alphabet runique scandinave . . . . . . . . . . . . . . 469
XI. — Combat de Beowulf et du dragon. — Fragment de l'épopée anglo-saxonne. . . . . . . . . . . . . . . . . . 471
XII. — Le combat du père et du fils, dans la poésie du Nord. — Poème irlandais de Cuchullin. . . . . . . . . . . . . . 475

FIN DE LA TABLE.

www.ingramcontent.com/pod-product-compliance
Lightning Source LLC
Chambersburg PA
CBHW050244230426
43664CB00012B/1817